**Teoria dos Gastos
Fundamentais**

Teoria dos Gastos Fundamentais

ORÇAMENTO PÚBLICO IMPOSITIVO – DA ELABORAÇÃO À EXECUÇÃO

2021

Marcus Abraham

ALMEDINA

TEORIA DOS GASTOS FUNDAMENTAIS
ORÇAMENTO PÚBLICO IMPOSITIVO – DA ELABORAÇÃO À EXECUÇÃO
© Almedina, 2021
AUTOR: Marcus Abraham

DIRETOR ALMEDINA BRASIL: Rodrigo Mentz
Editora Jurídica: Manuella Santos de Castro
EDITOR DE DESENVOLVIMENTO: Aurélio Cesar Nogueira
ASSISTENTES EDITORIAIS: Isabela Leite e Larissa Nogueira

DIAGRAMAÇÃO: Almedina
DESIGN DE CAPA: FBA

ISBN: 9786556273006
Agosto, 2021

Dados Internacionais de Catalogação na Publicação (CIP)
(Câmara Brasileira do Livro, SP, Brasil)

Abraham, Marcus
Teoria dos gastos fundamentais : orçamento público impositivo da elaboração à execução / Marcus Abraham. – São Paulo : Almedina, 2021.

Inclui bibliografia
ISBN 978-65-5627-300-6

1. Direitos fundamentais 2. Finanças públicas 3. Orçamento público 4. Orçamento público – Direito financeiro 5. Responsabilidade fiscal I. Título.

21-70529   CDU-34:336

Índices para catálogo sistemático:

1. Direito financeiro 34:336

Cibele Maria Dias - Bibliotecária - CRB-8/9427

Este livro segue as regras do novo Acordo Ortográfico da Língua Portuguesa (1990).

Todos os direitos reservados. Nenhuma parte deste livro, protegido por copyright, pode ser reproduzida, armazenada ou transmitida de alguma forma ou por algum meio, seja eletrônico ou mecânico, inclusive fotocópia, gravação ou qualquer sistema de armazenagem de informações, sem a permissão expressa e por escrito da editora.

EDITORA: Almedina Brasil
Rua José Maria Lisboa, 860, Conj.131 e 132, Jardim Paulista | 01423-001 São Paulo | Brasil
editora@almedina.com.br
www.almedina.com.br

Para a minha família, com respeito, amor e gratidão.

Para a Faculdade de Direito da UERJ, com orgulho.

SOBRE O AUTOR

É Desembargador Federal do Tribunal Regional Federal da 2ª Região (desde 2012). Foi Procurador da Fazenda Nacional (2000-2012). Foi advogado de escritório de advocacia e de empresa multinacional (1992--2000).

Pós-Doutorado na Universidade Federal do Rio de Janeiro – FND/UFRJ (2019). Pós-Doutorado na Universidade de Lisboa (2018). Doutor em Direito Público pela Universidade do Estado do Rio de Janeiro – UERJ (2005). Mestre em Direito Tributário pela Universidade Candido Mendes (2000). MBA em Direito Empresarial pela EMERJ/CEE (1998). Graduação em Administração pela Universidade Candido Mendes (1996). Graduação em Direito pela Universidade Candido Mendes (1992).

É atualmente Professor Titular de Direito Financeiro da Universidade do Estado do Rio de Janeiro – UERJ (ingresso como professor adjunto em 2006). É hoje o Diretor-Geral da EMARF para o biênio 2021-2023, tendo sido membro da Diretoria da Escola da Magistratura Regional Federal da 2ª Região – EMARF desde 2013. É Coordenador do Núcleo de Estudos em Finanças Públicas, Tributação e Desenvolvimento da Faculdade de Direito da UERJ – NEFIT/UERJ desde 2010. Foi Diretor da Escola Superior da PGFN (2003-2004). Foi Diretor da Associação Brasileira de Direito Financeiro (2006-2013). Foi Professor da Universidade Candido Mendes Ipanema (1996-2007). Foi Professor da Pós-Graduação da Fundação Getúlio Vargas – FGV (2000-2006) e do Instituto Brasileiro de Mercado de Capitais – IBMEC (2003-2010). Foi Professor da Faculdade Carioca (1996-1997).

É autor de diversos livros jurídicos, dentre eles o *Curso de Direito Tributário Brasileiro*, 2ª edição, Editora Forense, 2020; *Curso de Direito Financeiro Brasileiro*, 6ª edição, Editora Forense, 2021; *Lei de Responsabilidade Fiscal Comentada*, 3ª edição, Editora Forense, 2021; Raízes Judaicas do Direito, 1ª edição, Editora Forense, 2021. É autor de mais de 100 artigos e capítulos de livros, publicados nos mais diversos meios, inclusive em jornais de grande circulação e no exterior.

NOTA DO AUTOR

O presente livro, originário de minha tese para professor titular apresentada à Faculdade de Direito da UERJ, pretende reconstruir a teoria da impositividade orçamentária, demonstrando que as leis orçamentárias no Brasil possuem natureza de lei material e devem ser elaboradas de maneira vinculada aos objetivos, valores e preceitos constitucionais, e executadas obrigatoriamente em sua plenitude para a sua materialização (exceto nos casos inexigíveis, a serem estudados), inexistindo a dita discricionariedade ampla dos Poderes Legislativo e Executivo no processo orçamentário (de elaboração, aprovação e execução), sobretudo quando se está diante de despesas públicas que visam a atender os direitos sociais e fundamentais, as quais denominamos de "*gastos fundamentais*".

Ao longo dos capítulos busquei responder aos seguintes questionamentos: i) em que consiste a finalidade da atividade financeira e sobre que versam as necessidades públicas no Estado moderno; ii) existem gastos fundamentais que devem ser obrigatoriamente previstos e executados no orçamento público; iii) diante da atual estrutura do orçamento público no Brasil, as leis orçamentárias estão vinculadas na sua elaboração e são vinculantes na sua execução; iv) em que medida a teoria orçamentária de Paul Laband influenciou a doutrina e jurisprudência brasileiras; v) o conceito de discricionariedade e de legalidade evoluíram o suficiente para afetar a atividade orçamentária; vi) há relação entre o fenômeno da judicialização dos direitos fundamentais e o orçamento público; vii) qual é a dimensão da impositividade do orçamento público brasileiro, sobretudo diante das recentes alterações no texto constitucional.

Antes de irmos ao texto, cabe-me fazer um registro prévio de natureza acadêmica, referente à forma e conteúdo desta obra, versão adaptada e sintetizada daquela elaborada como requisito e elemento principal do procedimento de progressão para Professor Titular de Direito Financeiro da Universidade do Estado do Rio de Janeiro – UERJ, no qual foi obtida a aprovação pela banca – com menção de louvor e distinção – em dezembro do ano de 2020.

Pois bem, o educador que almeja a cátedra da titularidade tem de conciliar, de um lado, o viés didático para contribuir com os alunos na construção da aprendizagem e, do outro, a capacidade de ousar propor reflexões novas voltadas à evolução da ciência a que se dedica. Assim, a redação de uma tese de titularidade, como momento culminante da carreira magisterial, leva sempre a mirar para frente e para trás simultaneamente.

Para frente, pelo necessário ineditismo da proposta a ser formulada, a coroar a atividade de pesquisador, indissociável daquela de professor. Paulo Freire, glória da educação brasileira, cujos ensinamentos singraram os mares, legou-nos, em aparente simplicidade, a lapidar máxima de que "não há ensino sem pesquisa e pesquisa sem ensino."[1] *Para trás*, por ser momento de revisitar os fundamentos da ciência cujo estudo é proposto, por ser a *explicação* tarefa inarredável do mestre, como indica a etimologia da palavra, do latim *ex* (para fora), e *plicare* (dobrar), isto é, o nobre mister de *tirar a dobra* de um assunto de modo a tornar sua compreensão mais simples.

Por certo, nenhuma tese recém-chegada tem a pretensão de exaurir esse processo evolutivo do caminhar da humanidade no aperfeiçoamento do pensamento. Sobretudo nas ciências sociais, o progresso se dá de forma modesta, paulatina, sem grandes espetáculos ou sem que espoquem fogos de artifício no céu estrelado. Cada nova conquista avança discretamente no conhecimento de uma dada realidade. Nenhum ser humano é capaz de esgotar a essência das coisas como elas são: haverá sempre um inédito enfoque, uma perspectiva inexplorada a partir da qual olhar, o que motivou Tomás de Aquino a exclamar que "nenhum filósofo poderia investigar perfeitamente sequer a natureza de uma única

---

[1] Freire, Paulo. *Pedagogia da Autonomia*: saberes necessários à prática educativa. São Paulo: Paz e Terra, 1996. p. 32.

mosca".² Somos, em verdade, *anões sobre os ombros dos gigantes que nos precederam*, como afirmava Isaac Newton.³ Se vemos além, é pelo fato de que o suporte de outros nos permitiu alçar a vista ainda mais longe.

Portanto, trata-se de abrir sendas ainda não trilhadas, que depois serão retomadas por outros que marcharão adiante, mas sem olvidar os passos já dados até aqui. Fazer hoje a semeadura das consciências, para que a colheita seja cumprida pelos que estão por vir. Consolidar o antigo, abrindo-se ao frescor. Essa a tensão que se coloca, e que procurei captar nesta obra, buscando, tal qual o acrobata, equilibrar-me entre esses dois polos para poder rumar avante sem vacilar.

Acredito que este texto contempla tanto os fundamentos basilares do tema e de maneira didática, assim como oferece novas propostas para reflexão e futura construção.

Rio de Janeiro, maio de 2021.

MARCUS ABRAHAM
Professor Titular de Direito Financeiro da UERJ

---

[2] AQUINAS, Thomas. *Collationes in Symbolorum Apostolorum* (*The Sermon Conferences of St. Thomas Aquinas on the Apostle's Creed*). Translated by Nicholas Ayo. Indiana: University of Notre Dame Press, 1988. p. 21: "But, our knowledge is weak to such a point that no philosopher would be able to investigate perfectly the nature of a single fly."
[3] NEWTON, Isaac. Letter to Robert Hooke dated February 5, 1676. *The Correspondence of Isaac Newton*: 1661-1675. TURNBULL, H.W. (Ed.). Vol. 1. London: Royal Society, 1959. p. 416.

APRESENTAÇÃO

Teoria dos gastos fundamentais: orçamento público impositivo – da elaboração à execução foi a tese apresentada por Marcus Abraham à Faculdade de Direito da UERJ, como requisito para sua promoção à categoria de Professor Titular de Direito Financeiro. Elaborada com mãos de Mestre, calejadas pelos anos de experiência contínua no magistério e na pesquisa acadêmica, o trabalho foi aprovado, com louvor e distinção, pela Banca Examinadora, da qual tive a honra de participar na qualidade de Presidente, ao lado dos ilustres Professores Ana Paula de Barcellos (UERJ), Denise Lucena Cavalcante (UFC), Ricardo Perlingeiro (UFF) e João Ricardo Catarino (Universidade de Lisboa), que recomendou expressamente a sua publicação. A obra agora vem a público, com o prestigioso selo da Editora Almedina.

Marcus Abraham é um desembargador federal dos mais respeitados, que alia a judicatura com o magistério, sem confundir os ofícios. O juiz é um intérprete do direito à luz de casos e circunstâncias concretos. O *scholar* é um formulador e estudioso crítico de teses. O primeiro, busca em seu ofício revelar o que o direito é. O segundo labora no que o direito deveria ou poderia ser. Pois Marcus Abraham consegue a proeza de honrar pai e mãe em sua trajetória: saiu ao pai como jurista de escol; herdou da mãe a vocação de professor militante.

Sua tese envolve o controvertido tema da impositividade orçamentária, isto é, o tratamento do orçamento como lei não apenas formal, mas também material. Em outras palavras, o autor sustenta que o orçamento não apenas autoriza as despesas, mas as impõe. Mais do que isso: a partir de uma teoria de gastos fundamentais, a impositividade se entenderia também ao legislador na elaboração da peça orçamentária, de modo a atender a demandas essenciais da sociedade previstas na Constituição.

O autor entende a seriedade do problema e trabalha com prudência, valendo-se de boa pesquisa doutrinária e argumentos convincentes. Filia-se à tendência mais favorável à impositividade, mas procura conciliá-la com preocupações com a legitimidade democrática e a governabilidade. A obra é de grande riqueza bibliográfica e refaz o percurso histórico da evolução dos orçamentos públicos no mundo para revelar que talvez os financistas adeptos da corrente do orçamento meramente autorizativo estejam ainda vinculados à crença na atemporalidade do passado.

Cumprimento o Professor Marcus Abraham pela chegada em boa hora à titularidade, pela excelência do livro ora publicado e convido os operadores e cultores do direito público ao deleite intelectual que é a sua leitura.

Rio de Janeiro, maio de 2021

GUSTAVO BINENBOJM
Professor Titular de Direito Administrativo da UERJ

PREFÁCIO

Foi com alegria que recebi o convite para prefaciar o novo livro de Marcus Abraham, cuja brilhante trajetória profissional e acadêmica tenho acompanhado desde quando nos tornamos colegas como Procuradores da Fazenda Nacional em São Paulo. Atento, diligente e estudioso, Marcus prenunciava, já naquela época, no início dessa amizade que se estende há mais de 20 anos por cidades e ocupações variadas, a inquietação intelectual que o levaria a enfrentar desafios crescentemente complexos, sempre com sucesso. A obra ora publicada, mais um marco desses êxitos, é originária da tese com a qual galgou a titularidade de Direito Financeiro na Universidade Estadual do Rio de Janeiro e apresenta importante contribuição ao debate a respeito da natureza e do alcance da lei orçamentária no Brasil.

Como bem assinalado pelo autor, o Direito Financeiro não teve, entre nós, o mesmo desenvolvimento que o Direito Constitucional. Na raiz desse descompasso, que induz que seja a lei orçamentária tratada como lei meramente formal, está a ideologia legitimada pela teoria desenvolvida na segunda metade do século XIX, na Alemanha, por Paul Laband, para responder à expansão dos gastos bélicos, não aprovada pelo parlamento, no contexto da monarquia prussiana. O orçamento seria meramente estimativo e não se prestaria a satisfazer necessidade jurídica, mas somente econômica, não se caracterizando como ato típico do processo legislativo. Essa teoria dualista do orçamento, fundada na dicotomia lei formal/lei material, difundiu-se por vários países e teve ampla aceitação entre expressivos doutrinadores de todo o mundo, apesar de ter sido sempre alvo de críticas dos adeptos de uma teoria monista.

Para o autor, o Direito Financeiro não se resume a disciplinar o ingresso, a gestão e a aplicação dos recursos financeiros do Estado, mas tornou-se instrumento de mudança social, passando a exercer múltiplas funções: assegurar o controle da arrecadação e dos gastos públicos, proteger o contribuinte, redistribuir riquezas e fomentar, com ampla participação e transparência, o desenvolvimento econômico e social.

Esse entendimento resulta de longa e controvertida evolução doutrinária e jurisprudencial, que teria culminado com as Emendas Constitucionais n. 86/2015, 100/2019 e 102/2019, as quais teriam sedimentado entre nós a natureza impositiva do orçamento.

No entanto, como reconhecido pelo autor, a discussão acerca da natureza e dos efeitos da lei orçamentária não se esgotou com a mudança constitucional, pois há dúvidas e dificuldades práticas relacionadas com a obrigatoriedade ou não do cumprimento dos programas e da realização de despesas previstos pelo Poder Executivo; a vinculatividade das prioridades constitucionais que constam obrigatoriamente no orçamento; a existência ou não de direitos subjetivos, sindicáveis judicialmente, quanto a programas e despesas previstos na lei orçamentária, bem assim no que tange a direitos fundamentais e direitos sociais garantidos na Constituição, e a possibilidade de seu controle concentrado de constitucionalidade pelo Supremo Tribunal Federal.

Conquanto não haja ainda respostas inequívocas a essas indagações, é induvidoso que a Teoria dos Gastos Fundamentais, com suas percucientes análises das correntes doutrinárias e jurisprudenciais em permanente entrechoque, estimulará frutífero debate quanto à adequação das leis orçamentárias aos imperativos constitucionais de promoção do bem-estar social e da dignidade humana.

Brasília, maio de 2021

RICARDO VILLAS BÔAS CUEVA
Ministro do Superior Triunal de Justiça

A GRANDE CONTRIBUIÇÃO DESTA OBRA

Há Estados cuja organização legal parte de princípios e costumes que se transformaram em leis e cujo longo período de uso e maturação foi essencial para reduzir os contraditórios que naturalmente surgem quando o objetivo é tentar coordenar a maximização de vários resultados ao mesmo tempo. Este é o caso da Inglaterra, que a partir da Magna Carta, quando o rei João teve de reconhecer limites do seu poder frente aos barões, começou a ter de ponderar várias questões que podem ser sintetizadas em um ponto básico: a mobilização e aplicação dos recursos nacionais pelo Estado não poderia ser decidida exclusivamente pelo Executivo, no caso o monarca. A arbitrariedade com os recursos alheios, sejam fluxos ou estoques, foi, implicitamente, reconhecida como equivalente à perda de liberdade. E, mesmo que de forma primitiva, a discussão sobre Finanças Públicas, isto é, sobre quem deveria decidir como e quanto gastar e onde arranjar os recursos, passou a ser colocada como tema fundamental.

Séculos depois, em Boston, o famoso Tea Party recusou-se a aceitar a imposição de tributos sobre a importação de chá, sem a devida representação parlamentar daqueles que iriam pagá-los, dando origem à guerra pela Independência Americana.

Se entendermos por Processo Orçamentário todo o conjunto de ações e interações que são realizadas para obtenção e aplicação dos recursos públicos, então se pode com certeza afirmar que os países anglo-saxões e mais umas poucas ex-colônias britânicas e alguns países europeus foram copiando e aperfeiçoando ideias longamente maturadas no Reino Unido, sobretudo a partir da Revolução Gloriosa de 1688, numa evolução com muitas idas e vindas e uma miríade de bifurcações, cujo principal resultado foi o surgimento de uma dicotomia entre países com ou sem bons processos orçamentários.

Um bom Processo Orçamentário é aquele que enseja a consecução de um bom planejamento, casando os desafios de curto, médio e longo prazo e permitindo a concretização das aspirações da nação. Em economias capitalistas, ele, entre inúmeras outras coisas, promove a ideia de que o Estado através de uma sábia gestão alavanca as aspirações econômicas, sociais e geopolíticas.

Nem todas as nações possuem um bom processo orçamentário. França e o Reino Unido, por exemplo, são duas velhas nações europeias com evoluções nesta discussão distintas. Em 1815, Napoleão Bonaparte foge de Elba, retoma o poder na França e reúne um exército para enfrentar britânicos e prussianos em Waterloo. Ele é derrotado por Wellington e terminará seus dias na ilha de Santa Helena, perdida na zona equatorial do Oceano Atlântico.

Muitas são as razões apontadas para esta derrota. Porém, a mais importante e menos romântica, é o fato que o governo dele, absolutista, tinha menos crédito que o governo britânico. Se ele perdesse, a dívida não seria paga por um novo governo francês. Já na Grã-Bretanha, quem votava a autorização para emitir dívida era o Parlamento, parlamentares estavam entre aqueles que a compravam e eles mesmos votavam os impostos para pagá-la: o crédito do governo britânico era maior.

No Brasil, o processo orçamentário ainda tem muito o que evoluir. Podemos dizer que este é o nosso problema fundamental.

A belíssima e profunda obra do professor e desembargador Marcus Abraham estuda e esclarece a importância para a existência de um verdadeiro Estado Democrático de Direito de um bom processo orçamentário. Um tema extremamente complexo e interessante, que exige uma profundidade e amplitude de conhecimentos que desafiam as cabeças mais capazes.

É impossível não admirar a sua discussão sobre os modos como, sob diferentes óticas, se pode entender o conjunto de normas que embasam um dado processo orçamentário, geralmente adotadas em função de objetivos claros e factíveis.

No Brasil, infelizmente, como fica claro em vários pontos da obra aqui em questão, é nítido que temos tido grandes dificuldades em fazer isto. A Constituição de 88 e suas emendas, por vezes oportunistas, misturaram conceitos e funções, criaram obrigações impossíveis de serem atendidas com graves impedimentos para a sustentabilidade política de uma sã evolução político e social de longo prazo. Fixação de despesas, vinculações de impostos, planos para a execução das políticas públicas completamente desfocados ou descolados da realidade e etc., são os maiores responsáveis pelo baixo crescimento econômico das últimas décadas.

A falta de compromisso entre o que é planejado e o que é realmente executado é uma assustadora constante. O que deveria de ser uma exceção excepcional foi instituído e generalizado em lei com os funestos contingenciamentos que alguns apontam como causadores da fragmentação partidária e do aumento da corrupção. O país, ou a sua administração, parece não saber viver com o conceito de impositividade do orçamento.

Orçamento impositivo não é igual a um orçamento mandatório. Ele precisa ser desmistificado e a sua importância como instrumento básico precisa ser esclarecida. A poupança privada não consegue pivotar para o investimento privado sem ele. O governo se financia mais caro. A alavancagem diminui e, portanto, o desenvolvimento.

Cada país tem as suas características. Não adianta nem dar soluções rasteiramente formuladas, nem apenas copiar, sem entender se é o adequado, soluções alienígenas. Neste sentido, esta "Teoria dos Gastos Fundamentais: orçamento público impositivo da elaboração à execução" não só cobre uma lacuna importante como ajuda o imprescindível aumento do nível de compreensão de questão tão delicada.

Rio de janeiro, maio de 2021

CARLOS IVAN SIMONSEN LEAL
Presidente Fundação Getulio Vargas

SUMÁRIO

INTRODUÇÃO 25

CAPÍTULO 1 – O REFLORESCIMENTO DO DIREITO FINANCEIRO 31

CAPÍTULO 2 – INSTRUMENTALIDADE DA ATIVIDADE FINANCEIRA 37
2.1. O fenômeno do Estado 39
2.2. Economia Política e Finanças Públicas 48
2.3. Necessidades públicas 56
2.4. Atividade financeira na Constituição de 1988 78
2.5. Orçamento público no Brasil 82

CAPÍTULO 3 – OS GASTOS FUNDAMENTAIS 95
3.1. A dignidade da pessoa humana: alicerce dos direitos fundamentais 96
    3.1.1. A visão do Mundo Antigo, do Judaísmo e do Cristianismo 99
    3.1.2. A fundamentação iluminista da dignidade humana 105
    3.1.3. A anti-metafísica do século XIX 107
    3.1.4. A era dos direitos humanos 109
3.2. Os direitos fundamentais e os direitos sociais 111
3.3. O mínimo existencial 122
3.4. Direitos fundamentais sociais e o orçamento brasileiro: os gastos fundamentais 137
    3.4.1. As principais espécies de gastos fundamentais sociais presentes no orçamento brasileiro 142
        3.4.1.1. Educação 142
        3.4.1.2. Saúde 146
        3.4.1.3. Saneamento básico 149

3.4.1.4. Moradia.. 153
3.4.1.5. Assistência Social 156

CAPÍTULO 4 – A TEORIA LABANDIANA DO ORÇAMENTO 163
4.1. O princípio monárquico e o constitucionalismo germânico
do século XIX 163
4.2. A teoria labandiana: o binômio lei formal / lei material e suas
implicações orçamentárias.. 171
4.3. O impasse orçamentário prussiano dos anos de 1860-1866 179
4.4. A teoria labandiana e seu desenvolvimento em outros países 184
    4.4.1. O impacto na França 185
    4.4.2. O impacto na Itália... 193
    4.4.3. A influência da doutrina labandiana sobre os juristas nacionais... 195

CAPÍTULO 5 – IMPOSITIVIDADE ORÇAMENTÁRIA 203
5.1. O significado de impositividade orçamentária 206
5.2. Natureza jurídica do orçamento público e o binômio lei
formal-lei material 207
    5.2.1. A lei orçamentária como lei formal: orçamento autorizativo...... 210
    5.2.2. A lei orçamentária como lei material: orçamento impositivo 215
5.3. O verdadeiro sentido do princípio da legalidade orçamentária 231
5.4. A lei orçamentária como norma jurídica: lei em sentido unívoco........ 241
5.5. Efeitos do modelo de Orçamento-Programa e a sua densidade normativa 247
5.6. O mito da discricionariedade ilimitada orçamentária 256
5.7. O princípio da sinceridade orçamentária 268
5.8. A judicialização dos direitos e o orçamento público 274
    5.8.1. Judicialização dos direitos fundamentais e sociais 276
    5.8.2. Políticas públicas e capacidades institucionais 289
    5.8.3. Paternalismo judicial excessivo e o orçamento impositivo 300
    5.8.4. Dignidade da pessoa humana, mínimo existencial e a reserva
do possível vistas pelo Poder Judiciário....................... 307
    5.8.5. Judicialização dos direitos e a impositividade orçamentária 317
5.9. O controle concentrado de constitucionalidade de leis orçamentárias... 318
5.10. Efeitos decorrentes das Emendas Constitucionais nº 100 e nº 102
de 2019 324

CAPÍTULO 6 – CONSIDERAÇÕES GERAIS 335

CONCLUSÕES 359

REFERÊNCIAS... 361

Introdução

De pouco vale reconhecermos como efetivos e devidos os direitos fundamentais e sociais, em respeito ao mínimo existencial e em nome da dignidade da pessoa humana, se não houver dotações orçamentárias suficientes e obrigatoriamente destinadas e executadas para a sua imprescindível materialização.

A consagração destes direitos, sem a alocação de recursos para sua realização, assemelhar-se-ia ao episódio histórico do Rei de Épiro, Pirro, após as batalhas de Heracleia e de Ásculo, em que, apesar de vencedor contra os romanos, sofreu consideráveis baixas em seu exército, naquela que ficou famosa como a "vitória de Pirro", isto é, uma conquista que não atinge o seu objetivo e não produz o retorno mínimo razoável e desejado.[4]

Apesar de assistirmos, nas últimas três décadas, ao amadurecimento e à consolidação da teoria da efetividade das normas constitucionais no ordenamento jurídico brasileiro, com o reconhecimento e a introdução dos direitos fundamentais em quase todos os ramos do Direito, inclusive

---

[4] Plutarco, ao narrar a batalha de Heracleia (280 a.C.), faz menção a dois relatos, o de Dionísio e o de Jerônimo de Cardia. No relato de Dionísio, o exército de Pirro teria matado cerca de quinze mil soldados romanos, mas teria perdido treze mil soldados. Já no relato de Jerônimo, teriam sido sete mil soldados romanos mortos, e cerca de 4 mil mortos das hostes de Pirro. No confronto de Ásculo, no relato de Jerônimo, teriam morrido seis mil romanos, e da parte de Pirro, três mil quinhentos e cinco militares. Para Dionísio, teriam morrido quinze mil homens de cada exército. A diferença está no fato de que, como Pirro lutava na terra do inimigo, era mais fácil aos romanos repor os soldados mortos que a Pirro repor as suas baixas. Por isso, ao ser parabenizado pelas vitórias, Pirro teria dito que, se vencesse os romanos em mais uma batalha como essas, ficaria arruinado. Cf. PLUTARCO. *Las vidas paralelas*. Tomo II. Madrid: Imprenta Nacional, 1821. p. 424, 433-434.

na tributação, tal evolução ainda está a dar os primeiros passos nas finanças públicas no Brasil.

Foram valiosos os estudos iniciais realizados nesta área por parte da doutrina financista nacional, germinando a ideia da constitucionalização do tema orçamentário. Entretanto, parece-nos que esta temática integrante do Direito Financeiro pátrio pouco progrediu, quedando-se estagnada no tempo e não recebendo os bons fluidos de todo o desenvolvimento do constitucionalismo em nosso país.

Até a edição da Emenda Constitucional nº 86/2015, e mais recentemente das Emendas Constitucionais nº 100/2019 e nº 102/2019, boa parte da doutrina nacional e da jurisprudência dos nossos tribunais ainda pregava que a decisão sobre a despesa pública possuiria uma natureza exclusivamente política, definida no orçamento a partir da ideologia e pretensões dos governantes, sendo consideradas as leis orçamentárias normas de natureza formal e meramente autorizativas da despesa pública, e não impositivas e vinculadas quanto a sua elaboração e execução. Nesta compreensão – registre-se desde já, para nós ultrapassada e que não se aplica mais ao contexto constitucional de hoje –, excluídas as despesas obrigatórias, a cargo do administrador público, haveria uma plena e ampla liberdade de escolha do conteúdo dos gastos orçamentários e de discricionariedade na sua execução e na realização de contingenciamentos.

Tais premissas, que ainda hoje se apresentam no contexto jurídico-orçamentário brasileiro, originárias da dogmática "Labandiana"[5] de fins do século XIX, elaborada para validar juridicamente os ideais do princípio monárquico prussiano e garantir a soberania do governante, infelizmente conferem certa legitimidade aos Poderes Executivo e Legislativo para, respectivamente, proporem e aprovarem as leis orçamentárias sem observar as prioridades estabelecidas pela Constituição de 1988, assim como as executarem livremente, menoscabando os objetivos e mandamentos constitucionais, sobretudo os que provêm dos direitos fundamentais e sociais.

---

[5] Refiro-me aqui a Paul Laband (1838-1918), jurista alemão que foi o principal artífice da teoria do orçamento como lei meramente formal, contendo em si um mero ato de autorização de gastos.

Uma das reflexões a ser feita diz respeito exatamente à questão da insuficiente priorização do custeio desses direitos fundamentais e sociais para a efetivação do mínimo existencial e da dignidade da pessoa humana, o que se revela a partir das recorrentes falhas do Estado brasileiro no atendimento e realização de prestações básicas e essenciais ao cidadão. Exemplos evidentes da falta de concretização desses direitos, especialmente em relação ao saneamento básico, saúde e educação, se revelam pela avassaladora e progressiva busca pelo cidadão do Poder Judiciário a fim de obter provimentos judiciais para materializarem seus pleitos, fenômeno que se tornou conhecido há quase duas décadas como a "judicialização dos direitos fundamentais".

Nesse contexto, quando um magistrado, no bojo de tais medidas judiciais, confirma que tais direitos são devidos, ao reconhecer a carência no seu fornecimento ao cidadão, e determina a sua implementação, qual seria o significado de tal ato? Haveria, por detrás da lógica da decisão judicial concessiva do pleito, uma norma impondo a sua realização prévia, agindo o Poder Judiciário – ainda que de maneira excepcional – como mero corretor em caso de omissão da Administração Pública, uma vez que tais recursos já deveriam estar previstos no orçamento público?

E, assim sendo, haveria propriamente uma ingerência indevida do Poder Judiciário sobre o Executivo, com violação da separação de poderes, ou um mero ato corretivo e pontual, vez que, ao reconhecer como devido e conceder um direito fundamental ou social em nome da dignidade da pessoa humana e com base no mínimo existencial, o Judiciário estaria apenas regularizando uma omissão relativa a um direito cuja garantia já deveria ter contado com previsão orçamentária para posterior materialização? Essas também são perguntas a serem respondidas nesta obra.

Por sua vez, quanto à atuação do Poder Legislativo, se o Poder Executivo não contemplar determinados gastos e em volume suficiente e adequado no orçamento, estaria o Congresso Nacional (ou respectivas casas legislativas estaduais e municipais) – no exercício do seu múnus constitucionalmente previsto de examinar, emitir parecer e aprovar os projetos de leis orçamentárias, assim como no uso da prerrogativa de propor emendas ao orçamento público –, jungido a revisar e obrigatoriamente oferecer correções aos projetos de leis orçamentárias para que estas possam atender adequadamente aos ditames constitucionais?

Será que hoje se pode afirmar serem, no mínimo, extemporâneas, para não dizermos inconstitucionais, as clássicas afirmações doutrinárias e jurisprudenciais de que a atividade financeira e orçamentária seriam pautadas e conduzidas por critérios políticos e discricionários a cargo e em linha com a ideologia e objetivos daqueles que detêm o poder em cada época e lugar?

Por decorrência, será que poderíamos afirmar que as escolhas de gastos e seu dimensionamento em rubricas orçamentárias não prioritárias e não relacionadas às efetivas necessidades da sociedade – sem se alinharem com os preceitos constitucionais, sobretudo os relativos ao mínimo existencial e a dignidade humana – caracterizariam uma frustração de expectativas do cidadão, eleitor dos integrantes dos Poderes Executivo e Legislativo, responsáveis pela elaboração, execução e controle do orçamento público? Haveria, então, uma espécie de falta de lealdade por parte desses agentes políticos ao apresentarem as leis orçamentárias em desacordo com as promessas constitucionais?

Precisamos refletir sobre estas questões e repensá-las a partir da realidade jurídica atual em nosso país: conforme o modelo constitucional vigente, o chefe do Poder Executivo – que detém o poder-dever de iniciativa do projeto de leis orçamentárias – e o Poder Legislativo – que possui o poder de aprovar e transformar em lei o orçamento público – são meros mandatários da vontade popular que os elegeu para a prioritária e imperativa efetivação das necessidades públicas, ou lhes foi concedido um "cheque em branco" para definir, conduzir e administrar livremente a coisa pública com base em sua ideologia? Em que medida se dá sua obediência aos objetivos, princípios e valores constitucionais que estabelecem determinadas despesas, nesta obra identificadas em sua expressão financeiro-orçamentária como *"gastos fundamentais"*?

Não olvidamos que os recursos são limitados e escassos, tal como destacado na Teoria dos Custos dos Direitos (*Cost of Rights Theory*). Por isso, as escolhas de onde, como e quanto gastar devem ser feitas criteriosamente para que se possa atender adequadamente às necessidades essenciais da sociedade. Prioridades devem ser eleitas a partir das precedências estabelecidas pela Constituição e observadas na elaboração e execução orçamentária, e não de maneira aleatória e, por vezes, populista ou eleitoreira, como sói ocorrer.

Pretendemos neste esforço acadêmico esclarecer que, quando se diz que tais escolhas são de ordem política, estas não podem derivar da vontade discricionária do governante, mas sim da previsão legal e dos objetivos e prioridades constitucionais estabelecidos, já que não se pode confundir as políticas de Estado com as políticas de Governo. As primeiras decorrem do processo democrático do Poder Legislativo e do Executivo, que se materializam no ordenamento jurídico e político vigente, manifestados através do perfil e conteúdo da Constituição. Já as políticas de Governo dizem respeito à ideologia daquele que detém o poder em cada momento e lugar e se impõem apenas quanto ao modo em que será concretizada a política de Estado, não cabendo se sobrepor em relação a esta.

Assim, é de se questionar se ainda existe uma discricionariedade ampla – tal como em seu conceito clássico – ao administrador público diante dos direitos sociais e fundamentais constitucionalizados nos dias de hoje.

Um dos eixos temáticos do presente estudo revolve precisamente em torno da ideia de que esvaziar a significância das leis orçamentárias e infirmá-las pela categorização como meras leis formais, de elaboração e conteúdo livres, e de execução discricionária e facultativa – com a possibilidade de uso constante de decretos de contingenciamento imotivados (ou com motivação ficta) –, enseja conceder uma supremacia ao Poder Executivo sem qualquer respaldo legal ou constitucional. Em consequência, o Poder Legislativo se tornaria mero órgão de chancela ou "carimbador" dos projetos de leis orçamentárias, ainda que estas sofram emendas na Casa legislativa, uma vez que segundo esta linha dogmática a sua execução seria não vinculada, conceito que aqui adotaremos através da expressão "impositividade orçamentária" como sinônimo de obrigatoriedade e vinculação das leis orçamentárias, tanto na sua elaboração como na sua execução.

Devemos reconhecer que, em pleno século XXI, ainda estamos a adotar no Brasil o modelo "labandiano" de cerca de 150 anos atrás. Mas não seria este o único pecado que ainda nos acomete em matéria financeira, como se pretende aqui revelar. Pretendemos lançar luzes sobre a ideia de que esta forma de pensar pode vir a amputar também o princípio da legalidade orçamentária, que integra um dos lados de uma mesma moeda, em cujo verso encontra-se o princípio da legalidade tributária. Moeda, no seu todo, que representa o consentimento popular na arrecadação e na alocação dos recursos para o atendimento das necessidades coletivas.

Ora, o ideal da legalidade nas finanças públicas, forjado inicialmente na Magna Carta de 1215 e desenvolvido no constitucionalismo, presente hoje em praticamente todas as Constituições modernas, é o de conceder ao povo, através dos seus representantes eleitos, definir o quanto irão pagar de tributos e onde eles irão ser aplicados. Ingresso e destinação de recursos integram um binômio inseparável. Entretanto, apenas fazer valer a legalidade tributária sem conferir vigência à legalidade orçamentária – no seu aspecto material e não meramente formal – não tornaria ineficaz o espírito republicano?

Outro aspecto que não pode ser desprezado e que pretendemos trazer também a lume e ao debate é o do princípio da sinceridade orçamentária, pouco tratado no Brasil. Este postulado se revela através do princípio da transparência e se materializa no ideal de ética e boa-fé, uma vez que, estabelecidos determinados montantes de gastos em prol da coletividade, a sua não execução na integralidade através de contingenciamentos imotivados causa quebra de expectativas na sociedade, induzindo a erro a população e tornando as leis orçamentárias meras "peças de ficção".

Ademais, não podemos ignorar que as leis orçamentárias são normas de foro constitucional (art. 165), não obstante tratadas hoje, infelizmente, como leis de segunda categoria. A esse respeito, nunca é tarde para lembrar da pertinente consideração feita pelo Ministro do STF Carlos Ayres Britto, no julgamento da ADI nº 4.048, para quem a lei orçamentária anual seria a lei materialmente mais importante do ordenamento jurídico logo abaixo da Constituição.

O *poder da bolsa* ("*the power of the purse*"), inarredável para a vida em sociedade, continua movendo, como outrora, corações e mentes no direito público contemporâneo.

Capítulo 1
O Reflorescimento do Direito Financeiro

O Direito Financeiro brasileiro está em franca evolução e pode-se dizer que já não é mais aquela ciência jurídica inóspita e sem vida, que estudava apenas as finanças do Estado sob os olhares da economia e da contabilidade pública[6], à sombra do Direito Tributário e à margem da Constituição, preocupado tão somente com as operações contábeis e financeiras relacionadas com as receitas e despesas públicas.

Hoje, os holofotes jurídicos voltam-se para o Direito Financeiro, na ampla percepção da sua importância para o necessário e imprescindível desenvolvimento sustentado do país, ao incorporar a preocupação com a ética pública e com os direitos humanos fundamentais, sobretudo pela efetivação da sua função social, na realização da almejada justiça fiscal.

Temas como cidadania e transparência fiscal, elaboração e financiamento de políticas públicas, orçamento participativo, responsabilidade fiscal, equilíbrio e metas fiscais, limitações orçamentárias na judicialização dos direitos fundamentais e sociais, federalismo fiscal cooperativo, repartições federativas de receitas, dentre outros, recebem a influência e os valores da Constituição de 1988, dentro do processo de constitucionalização das finanças públicas que se verifica nesta quadra do século XXI.

---

[6] De fato, a economia e a contabilidade pública permeiam as finanças públicas como importantes ciências integrantes da atividade financeira do Estado, fornecendo teorias, dados e elementos técnicos para a sua condução. Contudo, devemos compreender que as receitas e despesas públicas, bem como a sua gestão, são todas disciplinadas por normas jurídicas, inclusive os orçamentos, que são leis e precisam ser rigorosamente cumpridos.

Se, por um lado, há uma longa senda ainda por ser trilhada, especialmente na seara orçamentária que é o objeto da presente obra, por outro devemos reconhecer que o estudo dessa disciplina fiscal é regido, hoje, por normas que prezam a equidade na arrecadação, a eficiência na aplicação, a transparência nas informações, o rigor no controle das contas públicas e, sobretudo, a busca do atendimento das necessidades mais prementes do cidadão e da sociedade, de conteúdo constitucionalmente fixado.

Nesse contexto, o moderno Direito Financeiro preocupa-se com a maneira mais equitativa de arrecadação, especialmente na sua fonte tributária. Desenvolve os mecanismos de gestão do Erário, que passam a se pautar em normas de governança pública, direcionando sua atuação por medidas que se parametrizam pela moralidade, transparência, eficiência e responsabilidade. Impõe aos gastos públicos novas formas de controle e destinação, a fim de observar o melhor interesse da coletividade, atribuindo ao gestor da coisa pública a responsabilização por seus atos e decisões na sua administração.

Outra constatação importante é a de que o Direito Financeiro caminha para sair da sombra do Direito Tributário que o enevoa já há algumas décadas[7], passando ambas as disciplinas a iluminarem em conjunto a temática da arrecadação, gestão e aplicação de recursos públicos, na realização do que podemos denominar de *justiça fiscal em sentido amplo*.

De fato, não podemos negar que sempre houve maior preocupação com a arrecadação das receitas públicas, especialmente a tributária, que com a gestão e a aplicação de tais recursos. Os gastos públicos, a sua gestão e controle acabavam sempre por ficar em segundo plano de importância se comparados com a tributação, perdendo visibilidade a sua vocação distributiva e redistributiva da riqueza nacional. Todavia, acredi-

---

[7] No Brasil, é a partir da década de 1960 que identificamos o desenvolvimento do Direito Tributário como disciplina autônoma e metodologicamente estruturada, descolando-se de vez do Direito Financeiro, tendo como marcos normativos a edição da Emenda Constitucional nº 18/1965, que reorganizou o sistema tributário brasileiro, e da Lei nº 5.172/1966, que instituiu o Código Tributário Nacional. Desde então, o Direito Tributário assumiu um papel de relevo e importância fundamental na defesa dos interesses e direitos do contribuinte, atraindo para si as atenções da doutrina, dos operadores do direito e da jurisprudência no que se refere ao tema da tributação.

tamos que, hodiernamente, o Direito Tributário – este que, aliás, teve no Direito Financeiro a sua matriz e disciplina apenas uma das suas fontes de receitas[8] – já tem o seu espaço consolidado no mundo jurídico e os seus efeitos positivos se propagam continuamente. Caminha-se agora para completar este ciclo virtuoso, alçando novamente o Direito Financeiro a um posto mais elevado perante a sociedade civil e, em especial, nas áreas acadêmica e profissional, não se ignorando que o nível de conhecimento da real importância dos principais aspectos do Direito Financeiro ainda é muito incipiente no Brasil.

Além disso, percebe-se também um nítido amadurecimento do Poder Judiciário brasileiro no julgamento das questões fiscais, tal como se tem visto na evolução de posicionamento da Corte Suprema brasileira sobre a possibilidade de haver questionamento de lei orçamentária por uma Ação Direta de Inconstitucionalidade (ou seja, acolhendo a possibilidade do controle abstrato de constitucionalidade das leis orçamentárias), bem como na possibilidade de o Poder Judiciário intervir, de maneira eventual e excepcional, em questões afetas a políticas públicas relativas a direitos fundamentais e sociais em que são trazidos argumentos de ordem orçamentária, especialmente no que tange à superação do dogma da reserva do possível e do princípio da separação de poderes.[9]

Merece, ainda, encômios e destaque a nova tônica de interpretação e de aplicação – realizadas a partir de uma filtragem constitucional[10] – dos dois grandes diplomas financistas brasileiros em vigor: a Lei

---

[8] Na lição de Sacha Calmon Navarro Coêlho, "o Direito Tributário cuida especificamente das receitas derivadas do patrimônio particular transferidas para o tesouro público mediante 'obrigações tributárias' previstas em lei." (COÊLHO, Sacha Calmon Navarro. *Curso de Direito Tributário Brasileiro*. 7. ed. Rio de Janeiro: Forense, 2004. p. 34)

[9] Sobre a mencionada evolução jurisprudencial no STF, merecem destaque os seguintes julgados: ADI nº 4.663, ADI 4.049-MC, ADI nº 3.949, ADI nº 2.925, ADI nº 5.449-MC, ADI nº 5.468, ADPF nº 45, Recurso Extraordinário nº 410.715-SP, STA nº 175-CE, Recurso Extraordinário nº 592.581 e ADPF nº 347.

[10] A noção de filtragem constitucional, segundo Paulo Ricardo Schier, *"tende, portanto, a afirmar a capacidade do direito de intervir e transformar a realidade social... afinal, se a Constituição possui valores que se pretendem realizar, há de se reconhecer que a sua efetivação importará em certa transformação da sociedade..."* (SCHIER, Paulo Ricardo. *Filtragem Constitucional*. Construindo uma nova dogmática jurídica. Porto Alegre: Sergio Antonio Fabris, 1999. p. 55-57).

nº 4.320/1964 (Lei Geral dos Orçamentos) e a Lei Complementar nº 101/2000 (Lei de Responsabilidade Fiscal), aquela hoje já tendo ultrapassado meio século, e esta com mais de 20 anos de vigência.

Percebe-se, também, uma mudança de postura dos Tribunais de Contas nos últimos anos, deixando a passividade e a aquiescência típicas de outrora, para se tornarem verdadeiras instituições republicanas defensoras do Erário, no efetivo exercício do seu poder-dever de fiscalização e controle.

Estes novos paradigmas do Direito Financeiro ostentam uma especial simbologia hoje para as finanças públicas brasileiras, após pouco mais de 800 anos de vigência e influência da Magna Carta de 1215, diploma embrionário do constitucionalismo moderno, cujos reflexos na seara financeira são inequívocos, especialmente a partir do desenvolvimento do *Constitucionalismo*, no final do século XVIII.

Sendo o tributo o *"preço da liberdade"*[11], deverá o cidadão possuir direitos e amplos mecanismos para participar ativamente, desde a formulação das políticas públicas, passando pelo dispêndio dos recursos, até o controle da execução orçamentária. Esse contexto faz-nos lembrar da célebre frase de Oliver Wendell Holmes Jr., *Justice* da Suprema Corte norte-americana: *"I like to pay taxes. With them, I buy civilization."* (*Gosto de pagar tributos. Com eles, eu compro civilização*). Por outro lado, se o tributo é o preço da liberdade, o orçamento seria o *"reflexo da vida do Estado"*, porque é através dele que o administrador se compromete a executar o que colocou no papel (no orçamento público).

Inequivocamente, para garantir a efetividade dos direitos humanos e sociais, e materializá-los em bens e serviços oferecidos aos cidadãos, o Estado dependerá de uma atividade financeira conduzida em observân-

---

[11] Expressão utilizada por Ricardo Lobo Torres (A Legitimação da Capacidade Contributiva e dos Direitos Fundamentais do Contribuinte. In: SCHOUERI, Luis Eduardo (Coord). *Direito Tributário* – Homenagem a Alcides Jorge Costa. São Paulo: Quartier Latin, 2003. p. 432), citando BUCHANAN, James M. *The Limits of Liberty* (Chicago: The University of Chicago Press, 1975. p. 112), que fala em *LIBERTY TAX* para significar que o tributo implica sempre perda de uma parcela de liberdade (*"one degree of freedom is lost"*) e KIRCHHOF, Paul, *Besteuerung und Eigentum* (WDStRL 39: 233,1981): "O direito fundamental do proprietário não protege a propriedade contra a tributação, mas assegura a liberdade do proprietário no Estado Fiscal".

cia aos preceitos e normas pátrias das finanças públicas, tendo o orçamento público papel capital nesta tarefa e despontando como relevante instrumento de planejamento, gestão e controle financeiro, ao contemplar a participação conjunta dos Poderes Executivo e Legislativo, tanto na sua elaboração e aprovação quanto no controle da sua execução, configurando um instituto fundamental no Estado Democrático de Direito.

Deixa a tríade orçamentária – Plano Plurianual, Diretrizes Orçamentárias e Orçamento Anual (leis orçamentárias de foro constitucional) – de ter um conteúdo meramente técnico, ao definir e materializar as políticas públicas e as escolhas adotadas pelo Estado para atenderem às necessidades e interesses da sociedade, conjugando-as com as pretensões e possibilidades de realização dos cofres públicos.

Nos dias de hoje, percebe-se que o Direito Financeiro brasileiro não se trata de um conjunto de boas práticas contábeis ou recomendações de ordem econômica, mas sim um ramo jurídico dotado de normas jurídicas imperativas que devem ser diuturnamente consideradas e respeitadas. Somente assim será possível realizar uma justa arrecadação e a correta aplicação dos recursos públicos e alcançar, enfim, a realização dos objetivos da República brasileira constantes do artigo 3º da nossa Constituição: construir uma sociedade livre, justa e solidária, desenvolver o país, acabar com a pobreza e a marginalização e minimizar as desigualdades sociais e regionais, promovendo o bem de todos.

Mas esta condição somente atingirá a sua plenitude no momento em que as leis orçamentárias deixarem no passado o seu papel ficcional para se tornarem verdadeiras leis cogentes, que beneficiem toda a sociedade brasileira, devendo ser observadas pelo gestor público e cujo cumprimento precisa ser exigido por todos, para que se possa realizar o seu desígnio: oferecer ao cidadão brasileiro e aos governos, nas três esferas federativas, os mecanismos necessários para o desenvolvimento econômico e social, com a criação de uma sociedade mais digna e justa.

Capítulo 2
Instrumentalidade da Atividade Financeira

Nada no mundo jurídico publicista existe senão para atender ao interesse público[12], sendo esta a missão precípua e inafastável da atividade financeira.

Esta tarefa, todavia, encontra seu grande desafio no entrechoque, por um lado, da infinitude das necessidades e desejos humanos e, por outro, da limitação das possibilidades materiais em atendê-los. Como agravante, a atividade pública é conduzida por indivíduos que, pela própria natureza humana, muitas vezes são movidos por ideologias e interesses particulares e não cumprem adequadamente sua função, deixando de atender aos anseios sociais. James Madison, em famosa passagem de *O Federalista*[13], exclama que os homens não têm a natureza de seres angélicos, razão pela qual necessitam de um Governo, o qual deveria apresentar órgãos que se limitassem e controlassem entre si, naquilo que ficou conhecido como sistema de *checks and balances* (freios e contrapesos).

---

[12] Não se confunda aqui "interesse público" com mero interesse da máquina estatal ou do Estado.

[13] "It may be a reflection on human nature, that such devices should be necessary to control the abuses of government. But what is government itself, but the greatest of all reflections on human nature? If men were angels, no government would be necessary. If angels were to govern men, neither external nor internal controls on government would be necessary. In framing a government, which is to be administered by men over men, the great difficulty lies in this: you must first enable the government to control the governed; and in the next place oblige it to control itself." (MADISON, James. The meaning of the Maxim, which requires a Separation of the Departments of Power, examined and ascertained. n. LI. *The Federalist*: on the new Constitution, written in 1788 by Mr. Hamilton, Mr. Jay and Mr. Madison. New York: Williams & Whiting, 1810. p. 31.).

E, em um país como o Brasil, caracterizado por uma manifesta heterogeneidade, decorrente da multiplicidade de interesses e diferenças regionais – culturais, sociais e econômicas –, a necessidade de um instrumento capaz e bastante para disciplinar esta tarefa se mostra mais do que imperiosa.

Neste contexto, assume o Direito Financeiro a nobre e relevante função de direcionar positivamente os atos dos governantes durante a atividade financeira e influenciar para melhorar a vida em sociedade. Mais do que um conjunto de normas sobre o ingresso, a gestão e a aplicação dos recursos financeiros do Estado, é uma *ferramenta de mudança social*[14], pois essa ciência trata, além de tudo, do estatuto protetivo do cidadão-contribuinte, da redistribuição de riquezas, da cooperação e equilíbrio financeiro entre os entes federativos, da participação direta e indireta da coletividade na elaboração do orçamento, do controle da arrecadação e dos gastos públicos e da preocupação em seus princípios com o bem-estar da comunidade. Enfim, versa sobre tudo o mais que se faça necessário para que a justiça fiscal se traduza em justiça social.

Este capítulo 2 visa apenas a contextualizar, de maneira didática e sintética, as funções e finalidades do Estado contemporâneo na realização do bem comum através da atividade financeira e orçamentária, e a relação do Direito Financeiro com a Economia Política na definição das necessidades públicas e suas respectivas prioridades. Por isso, esta parte do livro não tem a pretensão de construir qualquer nova teoria, mas apenas alicerçar e estabelecer as bases conceituais para a formulação da proposta final desta obra, que é a compreensão do modelo de orçamento impositivo dentro da teoria dos gastos fundamentais.

Não obstante, na seção 2.3, investigamos de maneira mais detida – com minudência e profundidade devidas – a teoria das necessidades públicas, alicerce para a edificação da teoria dos gastos fundamentais, a qual será mais adiante também desenvolvida em capítulo próprio.

---

[14] ABRAHAM, Marcus. *Curso de Direito Financeiro Brasileiro*. 6. ed. Rio de Janeiro: Forense, 2021. p. XIII.

2.1. O fenômeno do Estado

Uma das grandes criações do homem é o Estado em suas conformações históricas concretas.[15] Forma de associação humana, produto do desenvolvimento de uma determinada comunidade que se estabelece e se desenvolve em um território, com características e pretensões comuns, e que se submete a um ordenamento jurídico próprio, foi idealizado para proporcionar à sociedade os meios necessários para concretizar os desideratos do bem-estar, uma pacífica convivência e a adequada ordenação das relações sociais. Tem na garantia de uma existência digna e satisfatória dos seus integrantes a sua razão de ser.

Na marcha do pensamento humano, diversos foram os modos de buscar explicar a realidade estatal e as ideologias em embate defendendo cada uma seu modelo ideal de Estado. Assim, não há uma conceituação unívoca de Estado, sendo mais proveitoso analisar seus contornos na História e os grandes autores que dele trataram.

No Mundo Antigo, a visão platônica da *polis* (cidade-Estado, embora a palavra *Estado* ainda não fosse utilizada à época) guarda estreita ligação com o ponto de vista de Platão sobre a alma humana. A *polis* seria um espelho em ponto maior da ordem presente na alma humana, que deveria refletir, em ponto pequeno, a ordem do macrocosmo. Assim, o microcosmo que é cada ser humano estaria ordenado para aquela comunidade que está acima dele (a *polis*), e esta, por sua vez, comportar-se-ia como um microcosmo em relação à ordem geral do cosmo ou universo. Have-

---

[15] Sobre o conceito de Estado e sua gênese, cf. ZIPPELIUS, Reinhold. *Teoria geral do Estado*. Trad. António Cabral de Moncada. 2. ed. Lisboa: Calouste Gulbenkian, 1984; OPPENHEIMER, Franz. *L'État, ses origines, son évolution et son avenir*. Trad. M. W. Horn. Paris: M. Giard et E. Brière, 1913; JELLINEK, Georg. *Teoría general del Estado*. Trad. Fernando de los Ríos. Buenos Aires: Albatros, 1981; BLUNTSCHLI, Johann Kaspar. *The Theory of the State*. Oxford: Clarendon Press, 1895; HELLER, Herman. *Teoría del Estado*. Trad. Luis Tobío. México D.F.: Fondo de Cultura Económica, 1971; KELSEN, Hans. *Teoria Geral do Direito e do Estado*. Trad. Luís Carlos Borges. São Paulo: Martins Fontes, 2000; MALBERG, R. Carré de. *Contribution à la théorie générale de l'État*. Tome Premier. Paris: Recueil Sirey, 1920; PÉREZ, Francisco Porrúa. *Teoría del Estado*. 39. ed. México, D.F.: Porrúa, 2005; LASTRA, Arturo Pellet. *Teoría del Estado*. Buenos Aires: Abeledo-Perrot, 1999; AZAMBUJA, Darcy. *Teoria Geral do Estado*. 4. ed. São Paulo: Globo, 2008; MALUF, Sahid. *Teoria Geral do Estado*. 31. ed. São Paulo: Saraiva, 2013; REALE, Miguel. *Teoria do Direito e do Estado*. 5. ed. São Paulo: Saraiva, 2000.

ria degraus ou níveis de organização de todas as coisas. Tanto na vida humana como na *polis*, a vivência das virtudes ou *excelências* (*aretê*, em grego) seria essencial para a reta ordenação da alma e da comunidade. O tema das virtudes como caminho para a felicidade (*eudaimonia*) e para a boa convivência social, lançado por Platão, dominará o pensamento político até finais da Idade Média.[16]

Aristóteles, por sua vez, parte das elucubrações prévias de Platão, que foi seu mestre. Para ele, a política é qualificada como uma ciência prática ordenada ao exercício da virtude e consequente felicidade dos cidadãos. O Estagirita traça uma analogia entre sua teoria filosófica das quatro causas (causa material, formal, eficiente e final) e a *polis*. Assim, por exemplo, uma mesa de madeira tem por *causa material* a madeira (matéria de que é feita), por *causa formal* a forma de mesa (e não de cadeira nem de outro utensílio doméstico), por *causa eficiente* o marceneiro (ou seja, o agente que a fabrica) e por *causa final* a finalidade para que existe (apoiar outros objetos). Também a *polis* ostentaria essas quatro causas: sua causa material são os cidadãos (povo), sua causa formal é sua constituição (aqui entendida não em sentido moderno, mas sim como forma de organização específica de uma população), sua causa eficiente é o governante (*archôn*) e o legislador (*nomothetês*), pois, para ele, o exercício da autoridade decorre da natureza mesma da vida em comunidade. Sua causa final, ou finalidade a ser atingida, é a *vida boa* (*eu zen*, em grego) e feliz (*eudaimôn*) de seus cidadãos.[17]

Em Roma, Cícero discorre, sob a forma de diálogos, acerca da República (Estado) romana, criando personagens que debatem entre si sobre temas referentes à organização política. O método de escrita inspira-se naquele da *República* (*Politeia*, em grego) e *As Leis* de Platão, inclusive copiando-lhe os títulos. No *De officiis* (Dos deveres), Cícero retoma a

---

[16] PLATÃO. *A República*. Trad. Albertino Pinheiro. Bauru: Edipro, 1994; *As leis*: incluindo Epinomis. Trad. Edson Bini. São Paulo: Edipro, 1999.
[17] ARISTÓTELES. *Ética a Nicômaco*. Trad. Edson Bini. São Paulo: Edipro, 2002; *Política*. Lisboa: Vega, 1998.

relação entre a ética e a política presente em Platão e Aristóteles, de modo que sua filosofia política é um revisitar dos temas gregos.[18]

Já na Idade Média europeia católica e teocêntrica, despontam como grandes expoentes, também na reflexão política, Agostinho[19] e Tomás de Aquino.[20] Em Agostinho, a política realizada no *saeculum*, isto é, o reino da existência temporal, ainda que imperfeita, serve ao fim de manutenção da ordem, evitando as contendas e rixas entre os seres humanos. Como os seres humanos são propensos à falha (em sua linguagem teológica, *pecadores*), o Estado deve assumir a função preventiva e punitiva, isto é, alertar que as transgressões serão punidas (função preventiva) e efetivamente punir os transgressores da paz social (função repressiva).

Para o Aquinate, assim como para Aristóteles, a associação dos seres humanos em comunidade política se dá de forma natural, em razão da necessidade de cooperação entre eles, como se vê logo no início do opúsculo *De regno*.[21] Ademais, em Tomás de Aquino, discute-se sobremaneira

---

[18] CICERO, Marcus Tullius. *The Republic and the Laws*. Oxford: Oxford University Press, 1998; *De officiis*. London: William Heinemann, 1913.

[19] AGOSTINHO. *A Cidade de Deus*: contra os pagãos. Trad. Oscar Paes Leme. Petrópolis: Vozes, 1990. 2 volumes. Para uma discussão mais aprofundada do tema, cf. WEITHMAN, Paul. Augustine's political philosophy. In: KRETZMAN, Norman; STUMP, Eleonore (Ed.). *The Cambridge Companion to Augustine*. Cambridge: Cambridge University Press, 2006. p. 234-252.

[20] AQUINO, Tomás de. *Escritos políticos de Santo Tomás de Aquino*. Trad. Francisco Benjamin de Souza Neto. Petrópolis: Vozes, 1997; BIGONGIARI, Dino. *The political ideas of Saint Thomas Aquinas*. New York: Hafner, 1957.

[21] "É, todavia, o homem, por natureza, animal sociável e político, vivendo em multidão, ainda mais que todos os outros animais, o que se evidencia pela natural necessidade. Realmente, aos outros animais preparou a natureza o alimento, a vestimenta dos pêlos, a defesa, tal como os dentes, os chifres, as unhas ou, pelo menos, a velocidade para a fuga. Foi, porém, o homem criado sem a preparação de nada disso pela natureza, e, em lugar de tudo, coube-lhe a razão, pela qual pudesse granjear, por meio das próprias mãos, todas essas coisas, para o que é insuficiente um homem só. Por cuja causa, não poderia um homem levar suficientemente a vida por si. Logo, é natural ao homem viver na sociedade de muitos." (TOMÁS DE AQUINO. Do reino. *Escritos políticos de Santo Tomás de Aquino*. Trad. Francisco Benjamin de Souza Neto. Petrópolis: Vozes, 1997. p. 127).

o conceito de *bonum commune* (bem comum), entendido como a finalidade própria da comunidade política.[22]

Entre os islâmicos medievais, pode-se citar a figura de Alfarabi, com seu conceito de *regime virtuoso*, isto é, uma ordenação política cuja diretriz precípua é a realização da excelência ou virtude humana. O regime político virtuoso seria aquele em que os homens se congregam e cooperam entre si tendo em vista este objetivo de se tornarem virtuosos, realizarem atos nobres e, assim, alcançar a felicidade. E a busca dessa felicidade é feita pelo aperfeiçoamento daquela potência do espírito humano que lhe é a característica, a saber, a potência racional ou intelectiva. [23]

Na reflexão judaica medieval, desponta a obra do Rabi Moisés Maimônides, para quem o homem, dentre todos os animais, é o único animal propriamente político, por refletir e prever para o futuro de modo a sobreviver. Como o homem é um animal débil, necessita exercitar sua faculdade racional para afiançar a sua subsistência, pois os materiais precisam ser transformados pelo homem para serem utilizados, tais como o tecido usado para fazer roupas, o cozimento dos alimentos, a semeadura de plantas. Ademais, como os homens estão dotados de habilidades diferentes, sua sobrevivência também fica na dependência de uma divisão do trabalho e de um arranjo social que permita a cada um devotar-se a trabalhos específicos.[24]

---

[22] Para uma investigação mais aprofundada do conceito de bem comum em Tomás de Aquino, cf. FINNIS, John. Public Good: The Specifically Political Common Good in Aquinas. In: FINNIS, John; GEORGE, Robert (Ed.). *Natural Law and Moral Inquiry*: Ethics, Metaphysics, and Politics in the Thought of Germain Grisez. Washington, D.C.: Georgetown University, 1998. p. 174-209.

[23] MAHDI, Muhsin. Alfarabi. In: CROPSEY, Joseph; STRAUSS, Leo (Ed.). *History of Political Philosophy*. 3. ed. Chicago: University of Chicago, 1987. p. 209-210.

[24] MAIMÓNIDES. *Guía de perplejos*. Parte I. Cap. 72. 3. ed. Madrid: Trotta, 2001. p. 202-203: "Distinto y único es el caso del hombre. Si suponemos un individuo solitario, al margen de todo régimen, semejante a los animales, perecería sin demora, ni podría subsistir un solo día, salvo contingencia, quiero decir que encontrara casualmente algo con que sustentarse. En efecto, los alimentos necesarios para su manutención precisan trabajo y larga preparación, que solamente a fuerza de reflexión y diligencia, con la ayuda de múltiple instrumental y numerosas personas, cada una encargada de particular función, puede realizarse. Por eso se necesita quien los guíe y reúna a fin de que su sociedad se organice y perpetúe y puedan prestarse mutua ayuda. Lo mismo para preservarse del calor en la

Mas como é grande a variedade de indivíduos, e inerente a sua sociabilidade (o viver juntos), faz-se necessário um guia que coordene os esforços individuais, suprindo aquilo que for deficiente e moderando os excessos, bem como prescrevendo ações e normas eticamente obrigatórias, de modo a se criar uma harmonia e ordem entre os seres humanos.[25] Aí Maimônides insere a noção central de *lei* como princípio de normas reitoras éticas do comportamento humano.[26]

Passado o medievo, chega-se àquelas visões ditas *modernas*. Saliente-se aqui o contratualismo, por exemplo, de Thomas Hobbes[27], John Locke[28], Jean-Jacques Rousseau[29] e Immanuel Kant.[30]

É conhecida a teoria de Hobbes sobre o estado de natureza, que consistiria em um estado de liberdade irrestrita, mas em que seria constante a ameaça à vida e aos bens dos seres humanos por parte dos outros seres humanos. São célebres as expressões de que o homem seria "o lobo do próprio homem", ou seja, os seres humanos estariam, no estado de natureza, em permanente guerra uns contra os outros. A vida sem regras e sem uma autoridade para impedir os homens de se prejudicarem mutuamente tornaria impraticável qualquer segurança mínima necessária para a vida sociável e civilizada. Por esse motivo, os homens estariam dispostos a abdicar dessa liberdade irrestrita a fim de se submeterem a

---

estación estival y del frío en la invernal, para ponerse a cubierto de lluvias, nieves y vientos necesita numerosos preparativos, que no pueden efectuarse sino mediante reflexión y diligencia. Por tal motivo está dotado de esa facultad racional, mediante la cual piensa, reflexiona y obra, y prepara con ayuda de diversas artes sus alimentos, albergue y vestido."

[25] Ibidem. Parte II. Cap. 40. p. 344.

[26] A noção de *lei* é um dos pontos fulcrais do pensamento judaico, o qual toma como base a reflexão acerca da revelação de uma lei divina no monte Sinai a Moisés.

[27] HOBBES, Thomas. *Leviatã*: ou matéria, forma e poder de uma república eclesiástica e civil. São Paulo: Martins Fontes, 2003. Para uma análise aprofundada sobre a gênese do Estado em Hobbes, cf. VIALATOUX, J. *La cité de Hobbes*: théorie de l'État totalitaire – essai sur la conception naturaliste de la civilisation. Paris: J. Gabalda et Compagnie, 1935. (Segunda parte – Cap. V).

[28] LOCKE, John. *Two Treatises of Government*. Cambridge: Cambridge University Press, 1988.

[29] ROUSSEAU, Jean Jacques. *O Contrato Social*: princípios do direito político. Trad. Antonio Danesi. São Paulo: Martins Fontes, 1999.

[30] KANT, Immanuel. *A metafísica dos costumes*: contendo a doutrina do direito e a doutrina da virtude. Trad. Edson Bini. São Paulo: Edipro, 2003.

uma autoridade que possa garantir a paz e a segurança (proteção) para a manutenção da vida e dos bens pessoais. Essa é a gênese do contrato social em Hobbes.

Locke também é um dos grandes teóricos do contratualismo, mas, diferentemente de Hobbes (que o precedeu temporalmente), não tem uma visão tão pessimista do estado de natureza. Em Locke, decorre da natureza humana o princípio ou lei natural de que todos os homens são iguais e independentes e, por isso, não devem prejudicar uns aos outros na vida, saúde, liberdade ou posses. Mas, para obviar os incômodos decorrentes dos atos daqueles que transgridem essa lei, torna-se conveniente que os homens reúnam-se em governo civil, de modo a evitar o estado de guerra, isto é, que alguns homens subjuguem a outros de modo injusto. Veja-se que Locke critica a postura hobbesiana de que o estado natural seria um *estado de guerra*. Ao contrário, seria justamente para evitar o estado de guerra que os homens sairiam do estado de natureza, consentindo (expressa ou tacitamente) em fundar uma comunidade política (*commonwealth*) que os protegeria da guerra de todos contra todos.

Segundo Rousseau, o homem no estado de natureza viveria só, com poucas necessidades e inquietações, sem a coerção dos outros membros da comunidade. Contudo, seria ignorante e limitado sem o acesso a outros seres humanos (embora fosse feliz, sem a premência de perseguir interesses). É a sociedade que permite aprimorar o homem, mas para isto, esta deveria oferecer uma formação libertadora, o que não ocorre, pois os homens acabam sendo corrompido por nossa civilização e pela educação que lhe damos. Daí a expressão *bom selvagem* que se lhe é atribuída, por esposar uma visão tida como *romântica* do homem em estado de natureza. É um dos principais partidários da ordem social como resultado de uma convenção ou pacto social.

Em Kant, o objetivo do Estado é assegurar a paz por meio do império da lei. Passa-se de um estado de natureza beligerante para o estado de paz que o cumprimento da lei pode trazer. De certa forma, vê-se aqui um embrião do *Rechtsstaat* (Estado de Direito), constructo teórico tipicamente alemão do século XIX. Não à toa, a ética kantiana é construída sobre o conceito do imperativo categórico, a saber, de que o indivíduo deve agir como se a máxima da própria ação devesse tornar-se, através da vontade do indivíduo, uma lei universalmente aplicável.³¹ Assim, o homem abandonaria uma liberdade selvagem e sem lei do estado de natureza, para reencontrar uma nova liberdade geral dentro do estado de direito, regido por leis que são fruto da própria vontade do ser humano.³²

No período posterior (século XIX), destacam-se Friedrich Hegel³³, Karl Marx³⁴ (para quem o Estado é uma superestrutura criada para mitigar as lutas entre as classes, a serviço da classe dominante na conservação do *status quo*) e Max Weber³⁵ e, mais recentemente, teóricos como Habermas³⁶ (com sua teoria do agir comunicativo como forma de buscar um entendimento mútuo que permita a convivência social em uma democracia), Bourdieu³⁷ e Bauman (este último a tratar do tema da dissolução das fronteiras dos Estados nacionais frente à globalização).³⁸

---

[31] HASSNER, Pierre. Immanuel Kant. In: CROPSEY, Joseph; STRAUSS, Leo (Ed.). *History of Political Philosophy*. 3. ed. Chicago: University of Chicago, 1987. p. 581-582.

[32] VEGA, Mauricio Plazas. *Ideas políticas y teoría del derecho*. Bogotá: Temis, 2003. p. 314-315.

[33] Sobre a relação do Estado com o indivíduo, Hegel afirmava: "Em face do direito privado e do interesse particular, da família e da sociedade civil, o Estado é, por um lado, necessidade exterior e poder mais alto; subordinam-se-lhe as leis e os interesses daqueles domínios mas, por outro lado, é para eles fim imanente, tendo a sua força na unidade do seu último fim universal e dos interesses particulares do indivíduo; esta unidade exprime-se em terem aqueles domínios deveres para com o Estado na medida em que também têm direitos.[...] Na verdade, não deve o interesse particular ser menosprezado e banido, mas sim conservado em concordância com o interesse geral para que, assim, um e outro sejam assegurados." (HEGEL, Georg Wilhelm Friedrich. *Princípios da filosofia do direito*. Trad. Orlando Vitorino. São Paulo: Martins Fontes, 1997. p. 226-228).

[34] MARX, Karl; ENGELS, Friedrich. *A ideologia alemã*. São Paulo: Martins Fontes, 1998.

[35] WEBER, Max. *Economía y Sociedad*: esbozo de sociología comprensiva. Madrid: Fondo de Cultura Económica, 2002.

[36] HABERMAS, Jürgen. *Consciência moral e agir comunicativo*. Rio de Janeiro: Tempo Brasileiro, 1989; *Direito e democracia*: entre facticidade e validade. vol. 1 e 2. 2. ed. Rio de Janeiro: Tempo Brasileiro, 2003.

[37] BOURDIEU, Pierre. *Sobre o Estado*: cursos no Collège de France (1989-92). Trad. Rosa Freire d'Aguiar. São Paulo: Cia. das Letras, 2014.

[38] BAUMAN, Zygmunt. *Globalização*: as consequências humanas. Trad. Marcus Penchel. Rio de Janeiro: Jorge Zahar, 1999. Bauman pontua o desmantelamento do Estado nacional tal qual o conhecemos pela força da globalização: "A Nova expropriação: dessa vez, do Estado. Com efeito, não se espera mais que os novos Estados, exatamente como os mais antigos na sua condição atual, exerçam muitas das funções outrora consideradas a razão de ser das burocracias da nação-estado. A função mais notória abandonada pelo Estado ortodoxo

Apesar de todas as ingentes discussões, pode-se afirmar em linhas gerais que o arquétipo do Estado contemporâneo é fundado no poder legitimado pelo reconhecimento de uma ordem política[39] e jurídica, com o respeito e aplicação do Direito como a base do seu funcionamento e de orientação de suas funções básicas[40] a serem materializadas por sua atividade financeira[41].

Tal atividade financeira destina-se a atender a uma série de necessidades, que podem ser divididas em três grandes grupos: 1) *necessidades dos indivíduos*, em temas como nutrição para subsistência, vestes e moradia para proteção corporal; 2) *necessidades da coletividade*, em matérias como sistema de educação e de saúde e manutenção de um sistema judicial;

---

ou arrancada de suas mãos foi a manutenção do 'equilíbrio dinâmico' que Castoriadis descreve como uma 'igualdade aproximada entre os ritmos de crescimento do consumo e de elevação da produtividade' – tarefa que levou os Estados soberanos em diversas épocas a impor intermitentes proibições de importação ou exportação, barreiras alfandegárias ou estimulação estatal keynesiana da demanda interna. Qualquer controle desse 'equilíbrio dinâmico' está hoje além do alcance e mesmo das ambições da imensa maioria dos Estados de outro modo soberanos (estritamente no sentido de policiamento da ordem). A própria distinção entre o mercado interno e o global ou, mais genericamente, entre o 'interior' e o 'exterior' do Estado, é extremamente difícil de manter senão no sentido mais estreito, de 'policiamento do território e da população'. O tripé da soberania foi abalado nos três pés. Claro, a perna econômica foi a mais afetada. Já incapazes de se manter se guiados apenas pelos interesses politicamente articulados da população do reino político soberano, as nações-estados tornam-se cada vez mais executoras e plenipotenciárias de forças que não esperam controlar politicamente. No veredito incisivo do radical analista político latino-americano, graças à nova 'porosidade' de todas as economias supostamente 'nacionais' e à condição efêmera, ilusória e extraterritorial do espaço em que operam, os mercados financeiros globais "impõem suas leis e preceitos ao planeta. A 'globalização' nada mais é que a extensão totalitária de sua lógica a todos os aspectos da vida. Os Estados não têm recursos suficientes nem liberdade de manobra para suportar a pressão – pela simples razão de que 'alguns minutos bastam para que empresas e até Estados entrem em colapso'."

[39] WEBER, Max. op. cit. p. 695-1.103 (Cap. IX. Sociología de la dominación).

[40] STIGLITZ, Joseph E. *Economics of the Public Sector*. 3rd ed. New York/London: W.W. Norton & Company, 1999.

[41] Como destacou Ernst Blumenstein, a atividade financeira é regida pelo princípio fundamental do moderno Estado de Direito, pelo qual toda manifestação do poder público se submete a um ordenamento jurídico (BLUMENSTEIN, Ernst. El orden jurídico de la economía de las finanzas. In: GERLOFF, Wilhelm; NEUMARK, Fritz (Org.). *Tratado de Finanzas*. Vol. I. Buenos Aires: El Ateneo, 1961. p. 111).

3) necessidades difusas ou transindividuais, em assuntos como a preservação ambiental, a defesa externa, a proteção dos direitos humanos e o auxílio ao desenvolvimento econômico.

Assim, a visão contemporânea do Estado é a de que ele não é um fim em si mesmo, sendo antes um *instrumento* a serviço dos seres humanos que compõem uma sociedade, buscando oferecer as condições para o florescimento humano e a realização do bem comum.[42]

Desconsiderando a expressão da atividade financeira da Antiguidade Clássica até fins da Idade Média[43], com o início do constitucionalismo moderno, mormente diante de um perfil meramente arrecadatório e tributário[44] (e sem olvidar que a tributação deu causa a diversas revoltas e revoluções[45]), a atividade financeira tal qual a conhecemos hoje é fruto de um desenvolvimento ocorrido a partir de fins do século XVIII, com o advento do liberalismo, em que se preconizava uma doutrina de mínimo intervencionismo estatal com despesas públicas bastante reduzidas. Seguiu-se uma fase de maior intervenção, como reação ao capitalismo exacerbado que marcou o século XIX, desembocando no século XX no chamado Estado Social, em que se ampliam exponencialmente os gastos públicos, com vistas a garantir os direitos sociais. Por fim, levanta-se o Estado dito "Fiscal" (também denominado "Orçamentário"), em que se busca equilibrar despesas e receitas, mantendo uma visão realista das limitações dos orçamentos, mas alocando os gastos primordialmente na atenção aos direitos humanos.

---

[42] DEL VECCHIO, Giorgio. *Lições de Filosofia do Direito*. 5. ed. Coimbra: Armenio Amado, 1979. p. 81.

[43] Até fins do século XVIII e início do século XIX, não se podia falar em finanças públicas e, muito menos, em uma atividade financeira estatal destinada às necessidades coletivas. Certo também é que não podemos comparar os modelos estatais do século XX e do início do século XXI com a estrutura e finalidade estatal da Antiguidade ou mesmo da Idade Média.

[44] Sobre o tema recomendam-se as seguintes obras: ARDANT, Gabriel. *Histoire de l'impôt*. Paris: Fayard, 1972; ADAMS, Charles. *For Good and Evil*: the Impact of Taxes in the Course of Civilization. New York: Madison Books, 1993; AMED, Fernando José; NEGREIROS, Plínio José Labriola de Campos. *História dos Tributos no Brasil*. São Paulo: Sinafresp, 2000.

[45] Como a Revolução Francesa, a Independência das Colônias Americanas e, entre nós, a Inconfidência Mineira (devido à derrama).

As características do individualismo e de intervenção mínima típicas do liberalismo conduziram a consideráveis injustiças que foram o nascedouro dos movimentos sociais dos séculos XIX e XX, indicando a sua inadequação e insuficiência na resolução dos conflitos sociais e levando a uma maior tomada de consciência acerca da relevância de implantação de meios concretos de efetivação da justiça social. Nesta perspectiva, levanta-se o denominado *Welfare State* (Estado de Bem-Estar Social), o qual, contudo, apresenta a marca de certo excesso nos gastos e na intervenção estatal. Isto inexoravelmente desembocou numa crise do Estado de Bem-Estar, sobretudo em seu modelo europeu, crise esta que vivemos ainda hoje.

Para responder a esta crise em que ingressou o Estado Social, em sua vertente fiscal, surge em fins do século XX o Estado Democrático Social, que parte do modelo do Estado Democrático de Direito (entendido como o Estado regido pelo *rule of law*) mas avança para considerações de cunho social, ainda que tendo os pés no chão quanto ao esgotamento dos recursos disponíveis. O equilíbrio orçamentário passa a ser sua pedra de toque, bem como a escolha cuidadosa acerca daqueles investimentos que devem ser feitos, sobretudo em áreas sensíveis como educação, saúde e redução de desigualdades sociais.

Como se percebe, há uma relação direta entre o perfil estatal e seus objetivos, suas finanças e o bem-estar da coletividade que o integra.

2.2. Economia política e finanças públicas

Não há como dissociar o estudo da Economia e das Finanças Públicas, e a necessidade de compreensão da influência daquela sobre esta, nomeadamente no que se refere as definições de políticas públicas e escolhas na espécie e na dimensão do gasto público.

Nos pensadores econômicos até finais do século XIX[46], usa-se a expressão "Economia Política" como sinônima daquilo que atualmente

---

[46] Até o século XIX, entre os economistas em geral era bastante comum o uso da expressão "Economia Política" para tratar de todos os aspectos da Economia, como se pode ver do título das seguintes obras: MILL, John Stuart. *Principles of Political Economy with some Of their Applications to Social Philosophy*. London: Longmans, Green and Co., 1848; BAGEHOT, Walter. *The Postulates of English Political Economy*. London: Longmans, Green,

denominamos simplesmente de "Economia". O estadista britânico Robert Lowe, captando sucintamente o espírito da época, afirma que a "Economia Política não pertence a qualquer nação; não é de país algum: é a ciência das leis da produção, acumulação, distribuição e consumo da riqueza. Ela se impõe queira-se ou não. É fundada nos atributos da mente humana e nenhum poder pode mudá-la."[47] Com isso, fica claro que o escopo da Economia Política buscava abarcar todo o fenômeno econômico, e não apenas em suas relações com o Estado.

A obra seminal de Alfred Marshall, *Principles of Economics* (1890), marca a passagem da economia política clássica para a economia neoclássica.[48] A denominação "economia política" cada vez mais vai caindo em desuso, com a assunção de um paradigma econômico mais individualista, à exceção de autores de viés marxista, nos quais se percebe uma sobrevivência da expressão durante todo o século XX.[49] Recorde-se de que a obra mestra da tradição marxista, *O Capital*, tem por subtítulo "uma crítica da economia política" ao representar a busca por, através do materialismo histórico, explicar o mecanismo de funcionamento da sociedade, em que a economia funciona como base estrutural para a construção da chamada *superestrutura*, isto é, outras facetas da vida social tais como política, cultura, história e direito.

---

and Co., 1885; HODGSKIN, Thomas. *Popular Political Economy*: Four Lectures Delivered at the London Mechanics' Institution. London: Charles Tait, 1827; CAIRNES, John Elliot. 2nd ed. *The Character and Logical Method of Political Economy*. London: Macmillan and Co, 1875; SAY, Jean Baptiste. *Traité d'économie politique*. Paris: Guillaumin, 1841; MARX, Karl. *O Capital*: crítica da economia política. Vol. 1. Tomo 1. Trad. Regis Barbosa e Flávio Kothe. São Paulo: Nova Cultural, 1996; PARETO, Vilfredo. *Manual de Economia Política*. Trad. João Guilherme Vargas Netto. São Paulo: Nova Cultural, 1996.

[47] LOWE, Robert. *Speech on the Irish Land Bill*, April 4th, 1780 apud LESLIE, Thomas. *Essays in Political Economy*. 2nd ed. London: Longmans, Green, and Co., 1888. p. 21.

[48] FINE, Ben; MILONAKIS, Dimitris. *From political economy to economics*: method, the social and the historical in the evolution of economic theory. London: Routledge, 2009. p. 119.

[49] É o caso de PESENTI, A. *Manual de economía política*. Trad. Emilio Muñiz, Ema Rosa Fondevila. Madrid: Akal, 1979. 2 vols.; NIKITIN, Piotr Ivanovich. *Economía política*. México, D.F.: Fondo de Cultura Popular, 1962. Entre nós, NETTO, José Paulo; BRAZ, Marcelo. *Economia política*: uma introdução crítica. São Paulo: Cortez, 2006. Em geral, a chamada escola crítica filia-se à tradição marxista.

Mais recentemente, verifica-se um ressurgimento da expressão *Economia Política*[50] como um ramo interdisciplinar das ciências sociais que tem por objeto o estudo da realidade social, dos fatores econômicos e dos elementos da riqueza existentes à disposição do Estado, a fim de identificar e utilizar os recursos financeiros do patrimônio público e particular que lhe estejam disponíveis. Além disso, e principalmente, tem por escopo definir as finalidades e prioridades estatais de acordo com o ambiente jurídico, econômico e social no qual se está inserido, elencando os meios financeiros mais adequados para a sua efetivação. Assim, essencialmente, a Economia Política identifica e relaciona as questões de natureza econômica e política na interação do indivíduo em sociedade, estudando e definindo os fins a serem perseguidos pelo Estado, assim como os meios para a sua obtenção.[51] É nesse sentido que a expressão será utilizada nesta obra.

Cabe registrar, todavia, que a Economia Política é apenas um dos ramos que integram a Ciência das Finanças, segmento do conhecimento financeiro com campo de pesquisa abrangente[52], ao englobar o estudo de

---

[50] PAYNE, Anthony (Ed.). *Key debates in new political economy*. London: Routledge, 2006; PERSSON, Torsten; TABELLINI, Guido. *Political economics*: explaining economic policy. Cambridge, MT: MIT Press, 2000; SCHOFIELD, Norman; CABALLERO, Gonzalo (Ed.). *Political economy of institutions, democracy and voting*. Berlin: Springer, 2011; WEINGAST, Barry R.; WITTMAN, Donald A. (Ed.). *The Oxford handbook of political economy*. Oxford: Oxford University, 2008.

[51] Para a discussão sobre o objeto da atividade financeira e da Economia Política, cf. PÉREZ, Julio Banacloche. *Manual de economía financiera*. Madrid: Editorial de Derecho Financiero, 1971. p. 11-14; PESENTI, A. *Manual de economía política*. Madrid: Akal, 1979. Vol. 1. p. 17-40. (para uma perspectiva marxista e gramsciana); DE AYALA, José Luis Pérez. *Economía Política*. Tomo I. Madrid: Editorial de Derecho Financiero, 1971. p. 11-25; AMOROS, Narciso; MARIN, Manuel. *Hacienda Pública*: actividad financiera, presupuesto y gasto público. Madrid: Editorial de Derecho Financiero, 1973. p. 1-11.

[52] A Ciência das Finanças engloba outras áreas do conhecimento humano, a saber: a) *Economia Política*, que tem por objeto a explicação causal da realidade social e econômica; b) *História*, que estuda os fatos passados relacionados com as finanças públicas; c) *Estatística*, que ensina a registrar sistematicamente dados quantitativos referentes às finanças públicas; d) *Contabilidade*, que auxilia na elaboração do orçamento público, obedecendo a uma padronização necessária à sua utilização; e) *Direito*, que cria as normas jurídicas para a aplicação na atividade financeira do Estado (CAMPOS, Dejalma de. *Direito Financeiro e Orçamentário*. 3. ed. São Paulo: Atlas, 2005. p. 35).

todos os elementos e variáveis – sociais, econômicos, políticos, históricos, contábeis, estatísticos, jurídicos etc. aptos a influir sobre a aquisição de receitas financeiras, sua administração e destino.

Já por *Finanças Públicas*, expressão consagrada e popularizada no mundo anglo-saxão (*public finance*), entende-se algo mais restrito: em apertada síntese, trata-se de uma ciência que se dedica ao estudo dos "ingressos e gastos dos entes públicos e da adequação entre eles"[53] e, "nos tempos atuais, inclui este estudo quatro divisões principais: arrecadação pública, gastos públicos, dívida pública e certos problemas do sistema fiscal em seu conjunto, como administração fiscal e política fiscal".[54] Com destaque no estudo do papel do Estado sobre a economia, sobretudo de suas funções preponderantes perante a sociedade, finanças públicas e instrumentalização da atividade financeira, merecem referência Pigou[55], Musgrave[56], Arrow[57] e Buchanan[58], dentre outros.

Em breve síntese, as principais correntes econômicas que se sucederam desde o advento da Modernidade são a mercantilista (séculos XV a XVII), a fisiocrática (século XVIII), a clássica (segunda metade do século XVIII e XIX), a marxista (segunda metade do século XIX), a neoclássica (fins do século XIX), a keynesiana (primeiras décadas do século XX), a neoliberal (últimas décadas do século XX) e a neodesenvolvimentista (início do século XXI). Faremos sucinta exposição daquelas que granjearam maior projeção.

---

[53] DALTON, Hugh. *Principios de finanzas públicas*. Trad. Carlos Luzzetti. 2. ed. Buenos Aires: Arayú, 1953. p. 3.
[54] GROVES, Harold M. *Finanzas Públicas*. Trad. Odón Durán de Ocón. México: F. Trillas, 1965. p. 16.
[55] PIGOU, Arthur Cecil. *A study in public finance*. 3rd. ed. London: Macmillan, 1960.
[56] MUSGRAVE, Richard; MUSGRAVE, Peggy. *Public finance in theory and practice*. 5th ed. New York: McGraw-Hill, 1989.
[57] ARROW, Kenneth. *Social choice and individual values*. 2nd ed. New York: Wiley & Sons, 1963.
[58] BUCHANAN, James. *Hacienda pública*. Trad. Alfonso Rodríguez Sáinz. Madrid: Editorial de Derecho Financiero, 1968; BUCHANAN, James; TULLOCK, Gordon. *The Calculus of Consent*: the logical foundations of constitutional democracy. Ann Arbor: University of Michigan, 1965.

Em primeiro lugar, salienta-se a figura de Adam Smith[59], como principal representante da escola econômica clássica, lançando as bases liberais da economia de "livre mercado", que se autorregularia de modo espontâneo, sem intervenção estatal, gerando maiores riquezas a beneficiar não apenas as pessoas individualmente consideradas, mas também a sociedade como um todo. O mercado se encarregaria, assim, da alocação ótima de recursos. Na sua esteira, vemos as obras de David Ricardo[60], Jean-Baptiste Say[61] e John Stuart Mill.[62]

Do ponto de vista jurídico, a implantação do liberalismo econômico se deveu sobretudo ao surgimento de Constituições liberais e, de modo mais concreto, pela técnica de elaboração de Códigos civis, começando pelo Código Napoleônico de 1804, que consagraram uma visão de mundo liberal e burguesa. A exploração excessiva dos trabalhadores advindas do excesso do liberalismo e as práticas de maximização de lucro com pouca consideração pela dimensão social do empreendedorismo por vezes acarretaram desvirtuamentos dos instrumentos e formas previstas em lei, demonstrando a insuficiência dos meios legais então existentes para coibir tais abusos.

Foi exatamente em razão desse cenário instaurado no século XIX que iremos assistir à ascensão dos movimentos socialistas, como forma de resposta a tal situação de exploração, tendo por seu grande prócer a figura de Karl Marx, com sua obra "O Capital"[63], que marcou época e até hoje é um dos textos mais influentes do pensamento ocidental. Propunha um Estado fortemente centralizado e interventor, detentor dos meios de produção, de modo que pudesse planejar centralmente uma alocação

---

[59] SMITH, Adam. *Riqueza de las naciones*. Trad. José Alonso Ortiz. Barcelona: Bosch, 1955. 3 vols.

[60] RICARDO, David. On the Principles of Political Economy and Taxation. In: SRAFFA, Piero (Ed.). *The Works and Correspondence of David Ricardo*. Vol. 1. Cambridge: Cambridge University, 1951.

[61] SAY, Jean Baptiste. *Traité d'économie politique*. Paris: Guillaumin, 1841.

[62] MILL, John Stuart. *Principles of Political Economy with some of their Applications to Social Philosophy*. London: Longmans, Green and Co., 1848.

[63] MARX, Karl. *O Capital*: crítica da economia política. Vol. 1. Tomo 1. Trad. Regis Barbosa e Flávio Kothe. São Paulo: Nova Cultural, 1996.

ótima dos recursos dentre a população, e com o desiderato de diminuir as desigualdades sociais. Contudo, as experiências históricas concretas do socialismo não se demonstraram tão auspiciosas como se esperava a partir da teoria marxista.

Contudo, é a partir desta visão que se desenvolverá toda uma linha de pensamento de maior intervenção do Estado como promotor do desenvolvimento econômico e social, com destaque para Adolph Wagner[64], que formula a chamada *Lei de Wagner*, pela qual, à medida que avança a industrialização e o incremento da renda, "o sector público vai, gradualmente, alargando a sua esfera de acção a novas atividades e, ao mesmo tempo, desenvolve 'de uma maneira cada vez mais completa e mais perfeita' as tarefas correspondentes ao conjunto das suas atividades".[65]

Na esteira desse protagonismo estatal como locomotiva do desenvolvimento, o principal autor do século XX foi o britânico John Maynard Keynes[66], propugnando que o Estado deveria combater o desemprego e a recessão econômica por meio do aumento dos gastos governamentais em bens, serviços e investimentos, bem como da contração de dívida pública considerável, ainda que criando déficits públicos.[67]

Seguindo a trilha de Keynes, temos a Alvin Hansen, que em sua obra "*Fiscal policy and business cycles*"[68] retoma as ideias keynesianas, afirmando que a política fiscal, com a ampliação das despesas públicas (política fiscal expansionista), poderia dar uma resposta hábil ao desemprego e a períodos de depressão econômica.

---

[64] WAGNER, Adolph. *Les fondements de l'économie politique*. Trad. Léon Polack. Paris: V. Giard et E. Brière, 1904-1914. 5 vols.
[65] SANTOS, J. Albano. A lei de Wagner e a realidade das despesas públicas. *Estudos de Economia*, vol. VI, nº. 2, jan./mar. 1986. p. 170.
[66] KEYNES, John Maynard. *The General Theory of Employment, Interest and Money*. San Diego: Harcourt, Brace, Jovanovich, 1964.
[67] LAIDLER, David. Keynes and the birth of modern macroeconomics. In: BACKHOUSE, Roger; BATEMAN, Bradley (Ed.). *The Cambridge Companion to Keynes*. Cambridge: CUP, 2006. p. 40.
[68] HANSEN, Alvin H. *Business cycles and fiscal policy*. New York: W.W. Norton & Company, 1941.

Por sua vez, Richard Musgrave, em seu seminal artigo "*A Teoria da Economia Pública da Troca Voluntária*"[69], divide as funções do Estado em matéria de política fiscal em três: 1) *função alocativa*, isto é, de destinar recursos a determinados bens e serviços a serem prestados pelo Estado; 2) *função redistributiva* da renda, para mitigar as desigualdades sociais; 3) *função estabilizadora*, para conter o aumento dos preços e manter alta a taxa de empregos.

Já James M. Buchanan foi o principal nome da "teoria da escolha pública" (*Public Choice Theory*), cujo objetivo é analisar, a partir de ferramentas econômicas, como os indivíduos, na condição de agentes racionais, tomam decisões políticas. Em sua obra, realiza uma investigação sobre *A demanda e oferta dos bens públicos*[70], isto é, o que leva o setor estatal a oferecer diretamente bens e serviços à coletividade.

Contudo, após as crises mundiais causadas pelos choques do petróleo de 1973 e 1979, o Estado de Bem-Estar ou Estado-Providência, com forte dirigismo estatal, começou a dar sinais de fadiga, sobretudo em função dos déficits significativos de algumas nações. A partir daí, viu-se o avançar das teses neoliberais, iniciadas anos antes com as obras de Friedrich Hayek[71] e Ludwig von Mises[72] (a chamada Escola Austríaca de Economia) e continuada com a denominada Escola de Chicago, encabeçada que foi por Milton Friedman.[73] A linha mestra de tais escolas é a de rigorismo fiscal, a atuação mínima do Estado e o fomento à livre concorrência pela iniciativa privada. Contudo, faz a concessão de que o Estado deve prover aqueles bens e serviços cujo atendimento não seja interessante fornecer por parte do setor privado.

---

[69] MUSGRAVE, Richard. The Voluntary Exchange Theory of Public Economy. *The Quarterly Journal of Economics*, vol. 53, nº. 2 (feb., 1939). p. 213-237.

[70] BUCHANAN, James M. *The Demand and Supply of Public Goods*. Indianapolis: Liberty Fund, 1999.

[71] HAYEK, Friedrich A. *Individualism and economic order*. Chicago: The University of Chicago, 1958; HAYEK, Friedrich A. *The Pure Theory of Capital*. Auburn: Ludwig von Mises Institute, 2009.

[72] MISES, Ludwig von. *A Critique of Interventionism*. Auburn: Ludwig von Mises Institute, 2011; MISES, Ludwig von. *Ação humana*: um tratado de economia. São Paulo: Instituto Ludwig von Mises Brasil, 2010.

[73] FRIEDMAN, Milton. *Capitalism and freedom*. Chicago: the University of Chicago, 2002.

Mais recentemente, ganha força um movimento de retomada das ideias keynesianas, por meio da corrente *neodesenvolvimentista*, tendo como principais propugnadores Amartya Sen[74] e Joseph Stiglitz[75], sustentado a busca de um equilíbrio entre Estado e mercado, a atuar como realidades complementares voltadas ao desenvolvimento econômico norteado por preocupações de fundo ético e de equidade entre os cidadãos.

Após a crise dos *subprimes*[76] nos EUA em 2008, e com seus nefastos efeitos ao redor do mundo, a corrente neokeynesiana ganhou fôlego, de modo que diversas nações desenvolvidas tiveram de lançar mão de instrumentos monetários e fiscais como aumento das despesas e investimentos públicos, concessão de benefícios fiscais e diminuição da taxa de juros para reerguer suas economias.

A propósito, estas circunstâncias voltaram ao cenário global no ano de 2020 com a pandemia da Covid-19, impondo uma forte atuação dos governos de quase todo o planeta na implementação de estímulos financeiros, monetários e fiscais para a sustentação da economia mundial e na busca e realização de políticas sociais e sanitárias para o enfrentamento do Coronavírus.

As intensas modificações no cenário mundial contemporâneo demonstram a necessidade de reflexão aprofundada acerca dos modelos macroeconômicos, acompanhada de um repensar do papel do Estado, evitando-se tanto o extremo do "*laissez-faire*" como do Estado hiperintervencionista. Deve-se buscar uma solução intermédia, capaz de assegurar os direitos fundamentais, o desenvolvimento sustentável e o combate às desigualdades sociais sem gerar imensos déficits orçamentários a serem suportados pelas futuras gerações.

Ao terminar esta seção, cabe uma advertência: a Economia Política fornece um substrato teórico, de natureza econômica, para que o Estado

---

[74] SEN, Amartya. *Collective choice and social welfare*. 2nd ed. New York: North-Holland, 1984.
[75] STIGLITZ, Joseph E. *Economics of the public sector*. 3rd ed. New York: W.W. Norton & Company, 2000.
[76] A crise dos *subprimes* deveu-se ao fato da concessão excessiva de financiamentos imobiliários nos EUA, sem os devidos critérios de avaliação de risco, provocando inadimplemento em massa dos mutuários. Tal situação conduziu a um colapso do sistema financeiro dos EUA, com reflexos em todo o mundo.

possa realizar de modo mais eficiente a atividade financeira, porém não deve desconsiderar como um de seus componentes as previsões valorativas de direitos fundamentais e sociais que a Constituição elegeu, por se tratar exatamente de um fator político que influencia diretamente as escolhas econômicas.

2.3. Necessidades públicas

Ao se pretender identificar quais gastos públicos são fundamentais a serem previstos e devidamente executados no orçamento público, um conceito essencial a ser conhecido é o das *necessidades públicas*. Afinal, a determinação de quais serão as finalidades com as quais o Estado deverá gastar terá, sempre, em seu núcleo conceitual, a necessidade pública, razão pela qual cumpre investigá-la agora.

A palavra *necessidade* provém do latim *necessitas, necessitatis* e indica algo indispensável, demandas ou requisitos inarredáveis ou um dever ou obrigação inafastáveis.[77] Da perspectiva da economia política, "todo ser humano tem desejos de dispor de meios aptos para fazer que cessem as situações de insatisfação ou aumentar suas situações de sensação de agrado. Este amplo conjunto de desejos recebe o genérico nome de *necessidades*".[78] No pensamento econômico, as necessidades humanas são eminentemente subjetivas e condicionadas por diversos fatores psicológicos, possuindo um conteúdo muito amplo e de motivações para sua existência, em razão do desejo potencialmente ilimitado dos seres humanos. Embora sua cogitação possa ser ilimitada, a capacidade real de atendê-las é limitada, colocando-se assim dois problemas essenciais da economia: a escassez dos recursos e, diante da escassez, o imperativo da escolha ou eleição de que necessidades podem efetivamente ser satisfeitas.[79]

---

[77] OXFORD DICTIONARY OF LATIN. Verbete *necessitas, necessitatis*. Oxford: Clarendon Press, 1968. p. 1.165.
[78] DE AYALA, José Luis Pérez. *Economía Política*. Tomo I. Madrid: Editorial de Derecho Financiero, 1971. p. 13.
[79] Ibidem. p. 13 e 17. Cf. tb. BUJANDA, Fernando Sainz de. *Sistema de derecho financiero*. Introducción. Vol. I. Madrid: Facultad de Derecho de la Universidad Complutense, 1977. p. 37-42.

Já o termo *pública* é oriundo do adjetivo latino *publica*, significando aquilo que pertence coletivamente ao povo, bem como aquilo que é fornecido ou mantido pelo Estado e aquilo comum a todos ou disponível para ser fruído por todos.[80] O historiador romano Tácito, em seus *Anais* (história de Roma de Tibério até Nero), relata precisamente que o Imperador Tibério ordenou fosse feito um documento contendo todos os recursos estatais de que dispunha o Império (*opes publicae*), dentre os quais também as despesas públicas a serem executadas (*necessitates ac largitiones*).[81] Portanto, percebe-se que, desde as sociedades antigas, a discussão acerca das necessidades públicas se faz presente, por ser impossível imaginar-se uma sociedade que não atenda minimamente a algumas demandas coletivas.

Por certo, no início de qualquer discussão sobre *necessidades*, encontram-se as necessidades humanas basilares diretamente relacionadas à manutenção biológica da própria existência. A nutrição, o vestuário básico para proteger-se das intempéries, algum local onde a pessoa possa habitar, ou seja, a posse efetiva de alguns bens básicos é inarredável à condição humana.[82]

Mas, para além dessa noção que poderíamos dizer *fisiológica* ou *biologizante*, o ser humano é, dentre todos os animais, aquele que tem consciência de sua própria existência, de seu próprio *eu*[83], um *eu* pessoal capaz

---

[80] OXFORD DICTIONARY OF LATIN. Verbete *publicus, publica, publicum*. Oxford: Clarendon Press, 1968. p. 1.512-1.513.

[81] TACITUS. *The Annals*. Translation John Jackson. Vol. II. Cambridge, MA: Harvard University, 1962. p. 266-267.

[82] Herbert Hart, em sua obra "O Conceito de Direito", afirma constituir um fato que os seres humanos necessitem de bens como comida, roupa e abrigo e que estes bens, por serem escassos e necessitarem ser produzidos, exigem uma forma mínima de instituição da propriedade que permita ao homem fruir deles. Em sua visão, este é um dos pontos que constitui o conteúdo mínimo de uma noção aceitável de Direito Natural. (HART, Herbert. *O Conceito de Direito*. Trad. A. Ribeiro Mendes. Lisboa: Calouste Gulbenkian, 2007. p. 209 e 212).

[83] Esta experiência do *eu* ou *self* é tão potente que levou Descartes a formular, como ponto de partida de seu *iter* filosófico, a afamada expressão: "*Cogito, ergo sum*"! (Penso, logo existo), cf. DESCARTES, René. *Principia philosophiae*. Pars prima, VII. Amstelodami: Ludovicum Elzevirium, 1644. A edição consultada foi aquela de ADAM, Charles; Tannery, Paul (Org.). *Oeuvres de Descartes*. Vol. VIII. Paris: Léopold Cerf, 1905. p. 7.

de entender (dimensão intelectual), querer (dimensão volitiva) e amar (dimensão afetiva). Por isso, a realidade humana, embora não se descole do dado natural inexorável (afinal, partilhamos com todos os animais a necessidade de certas condições mínimas de subsistência), supera-o. O ser humano atribui *valor* e significado às coisas, aos fatos da vida, a seus pensamentos e sentimentos.

A perspectiva *valorativa*[84] da existência humana nos conduz a uma outra constatação: a de que as necessidades humanas a serem atendidas, para além de serem fisiológicas (sem que estas deixem de ser importantes, pois são o substrato *sine qua non* para a própria vida), devem responder a certas condições mínimas essenciais ou aspectos básicos do *florescimento humano*.[85] Esta é uma discussão que o constitucionalismo moderno formula ao tratar da *dignidade da pessoa humana*, estabelecendo que as sociedades devem garantir a seus membros não apenas a vida, mas adjetivando o substantivo "vida" com uma carga valorativa: deve-se garantir o mínimo essencial para uma vida *digna*. Como lembra o economista inglês Hugh Dalton, as despesas públicas podem ser voltadas a atender a necessidades humanas de "manter a vida social segura e ordenada ou fazer esta vida segura e ordenada *mais digna de ser vivida*".[86]

Contudo, aquilo que efetivamente viria a ser uma *necessidade pública* configura um conceito aberto. Que o ser humano apresente necessidades é algo inconteste e um truísmo. Mas uma pergunta que se segue logicamente a esta constatação é a seguinte: quem irá satisfazê-las, e em que grau? A resposta a esta pergunta é historicamente condicionada, pois está na dependência radical das escolhas fundamentais feitas por cada sociedade. A barreira que separa as necessidades que deverão ser atendidas privadamente e publicamente é tênue e cambiante, pois depende

---

[84] No mundo do direito, temos uma expressão disso que dizemos na teoria tridimensional do direito de Miguel Reale, calcada na tríade *fato-valor-norma*, cf. REALE, Miguel. *Filosofia do direito*. 19. ed. São Paulo: Saraiva, 2002.

[85] A expressão *florescimento humano* é extraída de FINNIS, John. *Natural Law & Natural Rights*. 2nd. ed. Oxford: Oxford University Press, 2011.

[86] DALTON, Hugh. *Princípios de finanças públicas*. Trad. Maria de Lourdes Modiano. Rio de Janeiro: Fundação Getúlio Vargas, 1960. p. 181.

daquilo que cada sociedade entende que, coletivamente, deve a cada um de seus membros.

Um exemplo pode facilitar a compreensão: as sociedades modernas ocidentais veem a instrução pública como algo a ser oferecido a todos os cidadãos. Porém, qual será o grau de instrução que uma dada sociedade se comprometerá a fornecer às expensas do Erário? Em nível primário, médio ou superior? Ou o acesso será universal nos níveis fundamentais, mas afunilado nos níveis superiores de ensino? Que algum tipo de instrução tenha de ser fornecido às novas gerações é inequívoco. Qual será ela, e em que nível de profundidade, esta será uma decisão de cada sociedade.

Outro exemplo diz respeito à alimentação. Embora, em regra, a aquisição de alimentos seja uma iniciativa privada da pessoa e das famílias, situações extremas de pobreza podem fazer com que a sociedade assuma um compromisso de fornecer gratuitamente alimentos a camadas mais pobres da população, ou mesmo de subsidiar programas de combate à fome, como sói ocorrer com programas de restaurantes populares a preços subsidiados.

Tais respostas quanto ao atendimento, pela sociedade, de necessidades humanas, não podem ser dadas *a priori*, mas dependerão das condições concretas e históricas de cada sociedade.[87] Assim, a *summa divisio* entre necessidades a serem atendidas pública ou privadamente depende, em última instância, de escolhas inicialmente *políticas*[88], entendida política aqui não como a política partidária, mas sim como mecanismos por meio dos quais uma sociedade institucionalmente toma decisões sobre seu próprio destino.[89]

---

[87] AHUMADA, Guillermo. *Tratado de Finanzas Públicas*. Vol. I. Córdoba: Assandri, 1948. p. 44-46; JARACH, Dino. *Finanzas públicas y derecho tributario*. 3. ed. Buenos Aires: Abeledo Perrot, 1999. p. 44-45.

[88] Bayona de Perogordo e Soler Roch sustentam que a atividade financeira é essencialmente política, e indicam que esta é a posição majoritária encontrada entre os autores que tratam do tema. Para eles, o critério que preside a opção entre os meios a serem empregados e os fins a serem obtidos são sobretudo resultado de valorações políticas. (PEROGORDO, Juan José Bayona de; ROCH, María Teresa Soler. 2. ed. *Derecho Financiero*. Vol. I. Alicante: Compas, 1989. p. 18-20)

[89] BUCHANAN, James. *Hacienda pública*. Trad. Alfonso Rodríguez Sáinz. Madrid: Editorial de Derecho Financiero, 1968. p. 10.

Nesse mesmo sentido, o mexicano Gabino Fraga correlaciona as necessidades a serem atendidas pelo poder público com a concepção que se tenha de Estado em cada momento histórico e das atribuições que este é chamado a cumprir.[90] Assim, sendo as atribuições estatais meros meios para alcançar fins, o número e a extensão das atribuições variarão de acordo com os fins que se entenda devam ser alcançados por cada tipo de Estado. Compreende este autor que tal critério corresponde primeiro às ciências políticas. Somente depois que já ocorreu a definição político--ideológica do tipo de Estado e que funções este é chamado a cumprir se poderá passar ao segundo momento, propriamente jurídico: o de definição em normas jurídicas daquelas atribuições ou competências concretas de que um determinado Estado estará dotado para atingir aqueles fins presentes na concepção ideológico-política de Estado que esteja a prevalecer em uma dada sociedade.[91]

Desta forma, quando uma sociedade toma para si o encargo de custear uma determinada necessidade humana, às expensas dos recursos públicos, isto significa que aquela sociedade se compromete politicamente a, no todo ou em parte, suprir aquela necessidade de todos os cidadãos ou de grupos determinados de cidadãos.[92] A via para estabelecer e perenizar esta assunção de responsabilidades (e o nível em que se dará) é a *norma jurídica*, que estatui de forma clara o compromisso daquela sociedade com o atendimento daquela necessidade humana concreta escolhida.

O elemento jurídico constrói a ponte entre a mera *intenção* e o efetivo *compromisso* após a tomada de decisão no campo político. A norma garante a eficácia de *exigibilidade* daquilo que foi previamente assumido

---

[90] Também o nosso Aliomar Baleeiro afirma o mesmo: "determinadas necessidades coletivas são consideradas públicas em determinada época, ou em certo país, e não se revestem desse aspecto em outra época ou noutro país. É que a medida das intervenções do Estado, na vida humana, varia de país para país, e até mesmo no mesmo país, conforme a época, as tradições, as instituições políticas, é menor nos países de inclinações individualistas ou de fortes iniciativas individuais" (BALEEIRO, Aliomar. *Uma Introdução à Ciência das Finanças*. 15. ed. Rio de Janeiro: Forense, 1997. p. 7).

[91] FRAGA, Gabino. *Derecho administrativo*. 24 ed. México, D.F.: Porrúa, 1985. p. 13-14.

[92] "A verdade, naturalmente, é que apenas os indivíduos têm necessidades, mas algumas dessas necessidades podem ser otimamente satisfeitas por ação estatal e por meio da despesa pública". (DALTON, Hugh. op. cit. p. 178).

como fruto de um acordo político. Mas não só isso: no âmbito financeiro, o acordo político, agora transmudado em norma, ao trazer consigo a nota da *exigibilidade*, porta também a necessidade de efetivo custeio.

Como teremos a oportunidade de ver mais adiante, a norma jurídica que, por excelência, consagra de maneira detalhada estas escolhas sobre *em que, como* e *quando* gastar é o orçamento público.[93] Mas as grandes linhas mestras da eleição de prioridades de gastos encontram-se, sem sombra de dúvida, na Lei Maior do país, como recorda Giovanni Ingrosso ao aduzir que, se a atividade financeira está voltada para a geração de condições para que o Estado cumpra suas tarefas, por sua vez, as causas que impõem a despesa pública são enunciadas na própria Constituição.[94]

Se o direito consubstanciado na norma é exigível, não se pode separá-lo de uma pretensão de que a sociedade, pelo meio institucional que é o Estado, venha a arcar com os seus custos. Embora não visando diretamente à vertente financeira, este é o conteúdo do debate que, no direito constitucional, se trava acerca da *efetividade das normas constitucionais*, mormente aquelas garantidoras de direitos fundamentais e sociais.[95] Ainda que o objeto formal seja distinto (ou seja, o *ponto de vista* ou *ângulo de mirada*), o debate ao fim e ao cabe tem o mesmo propósito: se o direito constitucional afirma a *exigibilidade do cumprimento da norma*, o direito financeiro assevera a *exigibilidade da alocação de recursos para atender o cumprimento daquela norma*.

Obviamente, na composição dessas escolhas, além de critérios ideológico-políticos, entrarão considerações de caráter econômico acerca das necessidades a serem atendidas pelo poder público. A lógica da eficiência na produção e fornecimento dos bens pelos mercados também entra na equação, de modo que, onde houvesse falhas ou incapacidades do mercado (*"market failures"*) na produção ou fornecimento de bens e serviços,

---

[93] "Como se ve, el centro de esas elecciones vendría dado por el presupuesto del Estado que recoge en cada sociedad las elecciones financieras programadas". (PÉREZ, Julio Banacloche. *Manual de economía financiera*. Madrid: Editorial de Derecho Financiero, 1971. p. 13).
[94] INGROSSO, Giovanni. *Corso di Finanza Pubblica*. Napoli: Jovene, 1969. p. 143.
[95] Sobre a efetividade das normas constitucionais, cf. BARROSO, Luís Roberto. *O Direito Constitucional e a Efetividade de Suas Normas*. 9. ed. Rio de Janeiro: Renovar, 2009; HESSE, Konrad. *A força normativa da Constituição*. Trad. Gilmar Mendes. Porto Alegre: Sergio Antonio Fabris, 1991.

deveria o Estado corrigir tal falha suprindo tais demandas por uma lógica não mercadológica.[96]

Mas não se pode aqui ser ingênuo: nem sempre as decisões políticas se fazem somente com base na eficiência econômica alocativa de recursos, mas tomam em consideração outros aspectos históricos e ideológicos.[97] Como recorda Michael Sandel, existem imperativos não econômicos (éticos) a serem considerados na distribuição de bens à população que não podem ser ignorados pela lógica de mercado[98], sob pena de se olvidarem elementos essenciais da experiência humana, sobretudo a característica de *sujeitos morais* dos seres humanos, de modo que nossas construções são dotadas de carga valorativo-moral.[99]

Sainz de Bujanda procura conciliar ambos os aspectos (político e econômico) na escolha das necessidades a serem satisfeitas pelo Estado. Afirma que a atividade financeira é "constitutivamente uma manifestação da atividade política", como produto da vontade estatal e resultado de um

---

[96] FRANCO, António L. de Sousa. *Finanças públicas e direito financeiro*. Vol. I e II. 4. ed. Coimbra: Almedina, 2008. p. 17-18. Para reflexões similares e mais aprofundadas sobre as falhas de mercado e a atuação estatal, ver também CATARINO, João Ricardo. *Princípios de finanças públicas*. Coimbra: Almedina, 2011. 42-50.

[97] "Sujeita que está a estes critérios fundamentais numa economia descentralizada de mercado, a actividade financeira nem por isso deixa de ser regida por critérios essencialmente políticos: é de *decisões políticas* – embora não subtraídas a um racionalidade econômica – que em última instância se trata. Estas estão, pois, submetidas a *critérios doutrinários e ideológicos* acerca do desenvolvimento da vida social, designadamente no campo econômico, mesmo em sistemas capitalistas; e são profundamente influenciadas pela época histórica em que ocorrem." (FRANCO, António L. de Sousa. op. cit. p. 41).

[98] SANDEL, Michael. *What money can't buy*: the moral limits of markets. London: Penguin, 2012. Nesta obra, Sandel critica a entrada indiscriminada dos valores de mercado em áreas que, tradicionalmente, não tinham como fator decisivo de escolha a lógica de mercado. Alguns exemplos por ele formulados são curiosos e valem menção: 1. a melhoria nas acomodações da cela do preso por meio do pagamento de 82 dólares por noite em algumas cidades da Califórnia, em que se pode obter uma cela mais limpa e separada dos demais presos que não podem por ela pagar; 2. o pagamento de 8 dólares para poder utilizar o acostamento em horários de *rush*; 3. a contratação de "barriga de aluguel" na Índia, a preços bem menores do que aqueles praticados nos EUA; 4. o direito de caçar um rinoceronte negro ameaçado de extinção por 150 mil dólares.

[99] ABRAHAM, Marcus; PEREIRA, Vítor P. A influência da Torá nas instituições jurídicas brasileiras. *Revista do IHGB*, Rio de Janeiro, ano 176, n. 466, jan./mar. 2015. p. 23-24.

cálculo político, mas que tal cálculo necessariamente tomará em consideração fatores de natureza diversa, entre os quais as variáveis econômicas (bem como a situação externa do país, sua situação interna, convulsões sociais, desigualdades acentuadas, os prognósticos eleitorais etc.).[100]

Entre os economistas, Musgrave ressalta ser necessário lançar mão de um processo político "1) para obter a revelação de preferências (isto é, para dizer ao Governo que bens sociais devem ser ofertados) e 2) proporcionar-lhe os recursos fiscais necessários para pagá-los. Isto se faz mediante a votação sobre as decisões relativas a impostos e gastos." E será a decisão orçamentária (portanto, uma *norma*) o veículo obrigatório para demonstrar as preferências e permitir a determinação da provisão do bem social.[101]

Também Griziotti adverte que a eleição das necessidades públicas se trata de um conceito cambiante, que nem sempre se manteve igual ao longo da História. Afirma que, quando a potência econômica do Estado (encarnado simbolicamente na pessoa do monarca) era grande em comparação com aquela dos privados, grande também eram as atribuições do Estado. Mas com o desenvolvimento do capitalismo, houve uma redução da atuação estatal. Mais recentemente, o influxo de diferentes forças, com a crescente influência política e social do povo, o desenvolvimento da riqueza e da população, as transformações econômicas, as novas concepções da política e da assistência social, as crises econômicas, a necessidade de intervenção estatal para sustentar as forças econômicas, tudo isso tem contribuído para uma extensão das tarefas do Estado, o que altera as divisões clássicas de cometidos estatais e privados.[102]

A esse respeito, Maurice Duverger correlaciona historicamente os tipos de Estado e concepções sobre o mesmo e aquilo que se qualifica como necessidades a serem atendidas às expensas do erário público. Assim, na doutrina clássica acerca da Fazenda Pública, dever-se-ia limitar ao máximo as atividades a cargo do Estado, a partir de uma noção

---

[100] BUJANDA, Fernando Sainz de. op. cit. p. 116-122.
[101] MUSGRAVE, Richard; MUSGRAVE, Peggy. *Public finance in theory and practice*. 5th ed. New York: McGraw-Hill, 1989. p. 48.
[102] GRIZIOTTI, Benvenuto. *Principios de ciencia de las finanzas*. Buenos Aires: Depalma, 1949. p. 22.

de Estado liberal, chamado "Estado-polícia ou *gendarme*"[103] ou, entre os marxistas, de "Estado burguês". As tarefas exclusivas do Estado seriam aquelas de polícia, justiça, exército e diplomacia (relações exteriores), devendo as demais atividades serem conferidas à iniciativa privada. Na seara econômica, o Estado deveria abster-se de participação direta, deixando espaço para a livre iniciativa dos privados, que se regem pelas "leis de mercado".[104]

Continua Duverger afirmando que a essa configuração estatal sucedeu o Estado do bem-estar social ou *Welfare State*, momento em que se percebe que a livre concorrência, abandonada a si mesma, tende a destruir-se através da constituição de concentrações corporativas e restrição consciente da produção para manipular as leis de demanda e oferta. Assume-se então que a distribuição de riquezas e riscos resultantes das leis econômicas liberais produz injustiças. Assim, o *Welfare State* passa a ter o cometido de intervir na vida da sociedade, estimulando a produção em períodos de crise, buscando evitar aumentos de preços, manter o poder aquisitivo da moeda em períodos de inflação, visando a assegurar uma otimização no uso das riquezas e melhor distribuição de renda, com o fito de garantir um patamar mínimo geral de bem-estar aos cidadãos.[105]

A relatividade histórica do conceito de necessidade pública é colocada a nu pela experiência recente do avanço tecnológico na área das comunicações. No início do século XXI, alguns países já tiveram a oportunidade de classificar o acesso à Rede Mundial de Computadores (Internet) como uma necessidade a ser publicamente atendida, ao menos no estágio civilizacional em que tais nações se encontram. Assim, o Estado impõe às empresas de telecomunicações a obrigação de fornecer, a um preço razoável e acessível, o acesso à Internet. Em 2010, a Finlândia inseriu o direito ao acesso à Internet (velocidade de ao menos 1 Mbps) em sua lei de telecomunicações. Também em 2010, a Suprema Corte da Costa Rica,

---

[103] A palavra francesa "gendarme", originária do francês antigo "gens d'arme", ou seja, "pessoas com armas", ou, por extensão, poder de polícia na área da segurança pública.
[104] DUVERGER, Maurice. *Hacienda pública*. Trad. José Travesí. Barcelona: Bosch, 1968. p. 7.
[105] Ibidem. p. 8.

na *Sentencia 12790*[106], de 30/7/2010, "afirmou o caráter de direito fundamental que reveste o acesso a estas tecnologias, concretamente, o direito de acesso à Internet".

Feita esta advertência, de que não há um conteúdo apriorístico daquilo que constituiria uma necessidade pública (isto é, aquela a ser atendida com recursos públicos), pode-se agora intentar classificações do tema.

Acerca da classificação formal das necessidades públicas e privadas, interessante a perspectiva do colombiano Mauricio Plazas Vega, que divide as necessidades humanas em função do destinatário atual e imediato de sua satisfação, utilizando esse critério para separá-las em dois grandes grupos, a saber, *necessidades privadas* e *necessidades públicas*.

As *necessidades privadas* são aquelas "cuja satisfação interessa, de maneira imediata e atual, ao particular e só de maneira mediata ou eventual à coletividade." Após apresentar essa singela definição, Plazas Vega subdivide esse grupo em *necessidades privadas primárias, secundárias* ou *terciárias*, segundo o critério de intensidade.

As *primárias* seriam aquelas ínsitas à própria sobrevivência do ser humano, como moradia, alimentação e vestuário, já antes indicadas. As *secundárias* seriam aquelas oriundas da ligação do ser humano com os demais membros da sociedade, como a procriação e a reunião, daí chamá-las também de *sociais*. As *terciárias* relacionam-se com o mundo da cultura, ou seja, da ação transformadora do homem sobre a natureza, também denominadas *culturais*.

Assevera que, em regra, as necessidades privadas devem ser atendidas pelos próprios particulares destinatários dessas necessidades, mas que, por motivo de inferioridades físicas, psíquicas ou econômicas, o Estado pode ser chamado a assumir a responsabilidade de atender a essas necessidades. Neste caso, tais necessidades são *publicizadas*, pois o interesse em sua satisfação já não é atinente somente ao particular, mas é atinente à coletividade como um todo, a quem interessa beneficiar um membro da comunidade que esteja em situação de inferioridade, até mesmo como

---

[106] Disponível em: <http://www.litigioscomplejos.com/sentencias/costa-rica/12790.pdf>. Acesso em: 31/08/2020.

forma de controlar tumultos e revoltas que decorreriam da falta de oportunidades mínimas oferecidas a todos.[107]

Quanto às necessidades públicas, o autor colombiano as define como aquelas cujo "destinatário de sua satisfação, de maneira imediata e atual, é a coletividade ou a coletividade e o particular", e prossegue subdividindo-as em necessidades públicas *absolutas* ou *essenciais* e *relativas* ou *gerais*, classificação esta que leva em consideração a possibilidade de privar de sua satisfação àqueles que não queiram ou não possam pagar por essas necessidades.

Nas necessidades públicas absolutas ou essenciais, o destinatário imediato e atual de sua satisfação é a coletividade ou a coletividade e o particular. Inclui-se aqui o que o autor denomina *serviços públicos de primeiro grau*, sobretudo aquelas atividades inerentes ao Estado, como a polícia e o exercício da jurisdição. São necessidades que devem obrigatoriamente ser atendidas por serviços públicos que não podem sofrer solução de continuidade e que estejam disponíveis a todos, dada a sua importância para a harmonia e paz social. Nesse caso, não é necessário que haja pagamento específico do usuário para a manutenção do serviço, o qual é tipicamente mantido por impostos (ou, mesmo que haja pagamento, como nas taxas judiciárias, ele não custeia por si só a manutenção do serviço).

Já nas necessidades *gerais* ou *relativas*, "o interesse atual e imediato de satisfação de esta espécie de necessidades reside, ao mesmo tempo, na coletividade e no particular." Quer-se com isto dizer que, embora os benefícios sejam coletivos, deve-se fornecer uma estrutura que permita sua fruição individual, sendo indispensável uma organização impessoal, coletiva e de grandes proporções, como os serviços de telefonia, saneamento, água e energia (*serviços públicos de segundo grau*, na nomenclatura do autor). É precisamente esta condição simultânea, pública e individual, que permite explicar a possibilidade de ser excluída da satisfação dessa necessidade aquela pessoa que não estiver disposta a por ele pagar (sem que se olvide a possibilidade, sempre presente, de que o Estado subsidie ou custeie o uso pelos hipossuficientes). Estes serviços são tradicional-

---

[107] VEGA, Mauricio A. Plazas. *Derecho de la hacienda pública y derecho tributario*. Tomo I. 2. ed. Bogotá: Temis, 2006. p. 316-317.

mente custeados por taxas (ou, se concedidos a empresas privadas, por tarifas).[108]

No mesmo sentido é a apreciação de Benvenuto Griziotti[109], o qual afirma que são necessidades e interesses propriamente públicos aqueles diretamente relacionados à "existência da entidade política Estado em relação com seus fins", sendo as funções fundamentais do Estado as de segurança, proteção e justiça. Já as necessidades e os interesses individuais são relacionados às necessidades físicas e espirituais do ser humano, independentemente das relações que possuem com o Estado ou com a coletividade, como alimentação, vestimentas e habitação. E as necessidades coletivas, que para ele são distintas das públicas, dizem respeito à convivência e associação dos indivíduos como a cultura, o entretenimento e a assistência social.[110]

Contudo, para os fins concernentes às finanças públicas, ou seja, desde uma perspectiva mais restrita, são públicas todas aquelas necessidades e interesses que o Estado satisfaz *de facto*, a serem custeadas com recursos estatais.[111] Portanto, Griziotti elege um critério formal para a definição

---

[108] VEGA, Mauricio A. Plazas. op. cit. p. 318-319.
[109] GRIZIOTTI, Benvenuto. op. cit. p. 17.
[110] DALTON, Hugh. op. cit. p. 179. Hugh Dalton também faz essa distinção, ao afirmar que, para além das necessidades atendidas pelo próprio indivíduo (e que são cada vez menores) e por aquelas atendidas pelo Estado, é possível também figurar a alternativa da ação coletiva mediante associações privadas.
[111] GRIZIOTTI, Benvenuto. op. cit. p. 19. Também este autor italiano esboça uma classificação das necessidades públicas, as quais, em sua concepção, se dividiriam em *necessidades públicas primárias* e *necessidades públicas secundárias*. As primeiras, como aquelas de defesa nacional, são tão sensíveis que não podem ser atribuídas a regiões particulares ou apenas a certas categorias de pessoas. Tais necessidades correspondem aos gastos públicos indivisíveis entre os contribuintes, os quais devem ser realizados antes mesmo de que a coletividade tenha a percepção de sua ausência, como, por exemplo, a satisfação das exigências de segurança interna e externa. Tais atuações estatais devem estar sempre disponíveis, sem necessidade de provocação específica da coletividade. Já as *secundárias* são aquelas relacionadas a fins coletivos e individuais que são atendidos a pedido dos particulares (como as necessidades de educação e prestação de justiça), bastando para tanto o interesse dos particulares para promover a satisfação de dessas necessidades. Parece-nos, contudo, que as classificações de Plazas Vegas e James Buchanan são mais claras, razão pela qual as expusemos no corpo do texto.

de necessidade pública, a saber, o custeio com recursos públicos, independentemente do fato de as necessidades serem qualificadas pela economia política como públicas, coletivas ou privadas.[112] No Brasil, Aliomar Baleeiro trilha a mesma senda, ao proclamar que necessidade pública "é toda aquela de interesse geral, satisfeita pelo processo do serviço público. É a intervenção do Estado para provê-la, segundo aquele regime jurídico, que lhe dá o colorido inconfundível. A necessidade torna-se pública por uma decisão dos órgãos políticos."[113]

Aqui convém uma advertência: deve-se fazer uma distinção entre o *financiamento público* e a *execução pública*. Quando um bem ou serviço atende a uma necessidade coletiva totalmente ou em forma suficiente, justifica-se o financiamento público daquela atividade. Porém, não se deve confundir o custeio pelos cofres públicos com a efetiva execução pelo Estado por meio de suas entidades e órgãos. É possível também que, em alguns casos, o ente estatal contrate uma empresa privada para exercer, em seu lugar, uma atividade eminentemente pública. O critério que justificaria tal situação seria a eficiência econômica na alocação de recursos: se um privado, ainda que custeado com recursos públicos, atua de forma mais eficiente que o Estado no atendimento de uma necessidade pública, então caberia ao Estado meramente pagar tal privado para a realização da finalidade pública.[114]

Entre as atividades diretamente executadas pelo próprio Estado está, tradicionalmente[115], a defesa externa, a qual não pode ser delegada. Por outro lado, no Brasil, vê-se atualmente os efeitos da chamada *privatização*

---

[112] Assim também Giovanni Ingrosso, que louva a teoria subjetivista dos bens públicos, qualificando como públicos todos aqueles bens cuja responsabilidade pela satisfação cabe ao Estado. Assim, é o *sujeito* fornecedor do bem ou serviço que delimita a divisão entre necessidades públicas ou privadas. (INGROSSO, Giovanni. op. cit. p. 155.)

[113] BALEEIRO, Aliomar. *Uma introdução à ciência das finanças*. 17. ed. Rio de Janeiro: Forense, 2010. p. 4-5.

[114] BUCHANAN, James. *Hacienda pública*. op. cit. p. 22-23.

[115] Dizemos tradicionalmente por saber que, historicamente, a defesa externa por vezes era feita por tropas de milicianos pagos pelo Estado com esse fim. Mais recentemente, nas guerras no Oriente Médio levadas a cabo pelos EUA, também foi possível encontrar, *a latere* da atuação das Forças Armadas estadunidenses, o desempenho de milícias privadas profissionais cujos serviços eram pagos pelo Estado norte-americano.

da saúde que ocorre há pelo menos uma década, em que o Estado contrata Organizações Sociais para prestarem serviços de atenção à saúde da população em geral. Na verdade, o financiamento de tal atividade remanesce público, para atender a uma necessidade pública, ainda que por meio de uma entidade privada que executará o serviço, sendo paga pelo Erário para tanto.

Com a edição da Lei nº 14.026, de 15 de julho de 2020, conhecida como "marco regulatório do saneamento básico", objetiva-se a universalização dos serviços de água potável e tratamento e coleta de esgoto para a população, além de acabar com os lixões a céu aberto. Mas, infelizmente, a realidade brasileira de hoje é triste, uma vez que quase 35 milhões de pessoas não têm acesso à água tratada e mais de 100 milhões não dispõem dos serviços de coleta de esgoto.

Atualmente, o abastecimento de água e o esgotamento sanitário são oferecidos, essencialmente, pelo Poder Público, com participação considerável da Administração Pública indireta (autarquias e empresas estatais), através dos chamados "contratos de programa", sem que haja concorrência ou metas a serem atingidas. A referida lei acaba com o direito de preferência das entidades da Administração Indireta e prevê a participação de empresas privadas, por licitação, na modalidade de contratação por concessão. Não podemos olvidar que o investimento em saneamento, além de um direito fundamental decorrente da dignidade da pessoa humana, tem por efeito a prevenção e redução de doenças.

Segundo Héctor Villegas, as necessidades humanas são múltiplas e tendem a ampliar-se com o grau de civilização, podendo ser tanto de ordem material (alimento, vestimenta, habitação) como imaterial (intelectuais, morais, religiosas). Villegas indica que, tradicionalmente[116],

---

[116] Narciso Amoros e Manuel Marín também apontam para essas necessidades públicas tradicionais, chamando-as de "utilidades de ordem pública", isto é, que correspondem às garantias de segurança nacional frente ao exterior, segurança e garantia internas, exercício dos direitos, proteção das pessoas etc. Trata-se de atividades políticas e administrativas cujo valia ou relevância para a vida em sociedade é difícil ou impossível de valorar economicamente. (AMOROS, Narciso; MARIN, Manuel. *Hacienda Pública*: actividad financiera, presupuesto y gasto público. Madrid: Editorial de Derecho Financiero, 1973. p. 9.). No mesmo sentido: DE LA GARZA, Sergio. *Derecho financiero mexicano*. 28. ed. México: Porrúa, 2008. p. 9.

aquelas necessidades que são vistas como devendo ser atendidas pelo poder público, e não privadamente, são: 1) a *defesa externa*, a saber, resguardar o grupo de agressões externas (ou seja, proteção contra guerras realizadas por outros grupos humanos); 2) o estabelecimento de uma *ordem interna*, ou seja, uma regulação de condutas por meio de um ordenamento jurídico que garanta direitos mínimos a serem mutuamente respeitados, capaz de gerar uma convivência pacífica e harmoniosa entre os membros da comunidade; 3) a *administração de justiça*, de modo a evitar que disputas sejam resolvidas por meio da força exercida pelos privados uns contra os outros (*vingança privada*), assegurando a manutenção da ordem jurídica, a resolução de conflitos e a punição dos transgressores da lei.[117]

As necessidades públicas anteriormente elencadas são classificadas por Villegas no grupo de *necessidades públicas absolutas*, entendida essa classificação como sinônimo de necessidades que só podem ser adequadamente atendidas pelo Estado e que constituiriam a sua própria razão de ser (o Estado existiria para, no mínimo, cumprir essas funções). O seu caráter repousa precisamente no fato de que só o Estado poderia, *de forma absoluta*, cumprir a contento tais atividades.[118]

Percebe-se que este conceito de necessidades a serem atendidas pelo poder público confunde-se com a própria noção das funções que o Estado liberal era chamado a cumprir. Manutenção da ordem externa e interna, garantia de direitos mínimos e administração da justiça compõem a noção clássica das funções que um Estado mínimo deveria realizar. Mesmo assim, estamos aqui a falar já de uma noção de Estado moderno, pois, no Estado pré-moderno (como no feudalismo medieval), não era incomum que algumas dessas funções fossem cumpridas também de forma privada, tal como o sistema de vingança privada que coexistia com canais oficiais de punição, ou a existência de exércitos de mercenários.

Villegas contrapõe às necessidades ditas *absolutas* as chamadas *necessidades públicas relativas*, isto é, aquelas que poderiam também ser atendidas pelos particulares, mas que, na atualidade, têm sua satisfação, em medida

---

[117] VILLEGAS, Héctor B. *Curso de finanzas, derecho financiero y tributario*. 7. ed. Buenos Aires: Depalma, 2001. p. 3-4.
[118] Ibidem. p. 4.

cada vez maior, dada pelo próprio Estado, por serem atinentes à evolução emergente da civilização, como educação, assistência social, transportes e comunicações.[119] Adverte este autor que, para que hoje se possa classificar estas necessidades como públicas, deve-se estar atento para o fato de que o Estado contemporâneo ampliou sua atuação econômico-social, assumindo novas funções que se vinculam ao progresso e bem estar social.[120]

Para o cumprimento dessas funções, o Estado deverá contar com agentes públicos, sob o comando de membros da comunidade que sejam capazes de liderá-la, exercendo nela autoridade (as autoridades políticas, que podem ser instituídas das mais diversas formas). Com a estruturação desta autoridade política de forma orgânica, chega-se à noção de Governo, isto é, exercício de atividades pelas autoridades públicas visando a atender a estas necessidades anteriormente elencadas, que, em regra, não podem ser satisfatoriamente atendidas pelos particulares. O Governo representa o Estado nesta tarefa de satisfação dessas necessidades.[121]

Sousa Franco indica que esta provisão de bens públicos pelo Estado se ancora em diversas razões, tais como: 1) o Estado tem a perspectiva do interesse geral, ou ao menos é obrigado a confrontar-se com a sociedade tendo diante de si os interesses gerais; 2) o Estado apresenta duração ilimitada, podendo também suportar os riscos em grau mais elevado que a iniciativa privada; 3) o Estado dispõe de autoridade tanto para criar regras de utilização dos bens e para, coativamente, fazê-las cumprir; 4) o Estado tem uma dimensão que lhe permite conjugar esforços que não estão ao alcance da iniciativa privada.[122]

---

[119] Neste sentido também Pío Ballesteros: "El concepto sobre los fines del Estado, en un principio restringidos a las cuestiones de seguridad y justicia y, poco a poco, ampliados a la conservación y fomento de la riqueza material, instrucción y cultura, creación de nuevas fuentes de riqueza y asistencia social; a veces, el Estado ha tenido que tomar a su cargo funciones que en tiempos eran atendidas por diversas organizaciones sociales: tal es lo relativo a beneficencia cuando ha resultado deficiente, se ha paralizado o ha fenecido dicha acción social". (BALLESTEROS, Pío. *Manual de Hacienda Pública*. Madrid: Revista de Derecho Privado, 1940. p. 13).
[120] VILLEGAS, Héctor B. op. cit. p. 5.
[121] Ibidem. p. 4.
[122] FRANCO, António L. de Sousa. op. cit. p. 37.

Desde a perspectiva econômica, James Buchanan, um dos próceres da *teoria da escolha pública* (*public choice theory*), coloca a questão em termos de bens e serviços coletivos e bens e serviços privados.[123] Os bens coletivos são aqueles que serão fruídos de modo indivisível por diferentes pessoas, não havendo forma de os serviços serem especificamente gozados por determinadas pessoas individualmente, não sendo possível excluir os indivíduos do benefício.[124]

Para explicar a situação, Buchanan formula um singelo exemplo: o de uma ilha povoada apenas por pescadores em que seja necessário construir um farol para guiar os barcos à noite. Ainda que um pescador sozinho construísse o farol, não teria como cobrar de cada beneficiário o valor pelo fornecimento do bem (ou do serviço) de *iluminação*. A luz do farol acabaria por guiar pagantes ou não pagantes, indistintamente. Esta a razão pela qual a construção do farol nessa comunidade de pescadores, em que todos são beneficiados, deveria também ser custeada pela comunidade como um todo, através da repartição dos gastos entre si. Caso um dos beneficiários não deseje participar do rateio de custos, haveria duas soluções: ou seria convidado a se retirar da comunidade (o que, nas democracias modernas, é algo impensável) ou então seria compelido a entrar na partição equitativa das cargas da vida em sociedade. Esta tarefa de compelir o recalcitrante a tomar sua parte no peso da vida em sociedade é cumprida pelo Estado, que deverá deter meios coercitivos para tanto, assegurando assim não só que cada um assuma sua parte, mas reforçando aos demais participantes da vida em sociedade que cumprem espontaneamente o compromisso ético de que todos serão chamados a contribuir, por bem ou por mal.[125]

Entre os principais exemplos de bens coletivos apresentados por Buchanan, cujo fornecimento está iniludivelmente a cargo do Estado, estão a defesa comum contra os inimigos externos, a preservação da ordem interna (ou defesa dos indivíduos contra a conduta depredatória de outros membros da comunidade), a manutenção de um sistema para

---

[123] Chegando a conclusões semelhantes àquelas que aqui serão expostas na doutrina de BUCHANAN, cf. DE AYALA, J. L. Pérez. op. cit. p. 419-424.
[124] BUCHANAN, James. *Hacienda pública*. op. cit. p. 18.
[125] Ibidem. p. 18-19.

obrigar ao cumprimento das leis (tribunais e procedimentos judiciais), a atuação estatal na busca da estabilidade monetária e a execução de medidas de polícia administrativa (regulação do tráfego terrestre, aéreo, vigilância sanitária etc.).[126]

Este autor também veicula a categoria dos bens e serviços *quase coletivos*, isto é, aqueles que possuem as características dos coletivos no fato de que alguns de seus benefícios são indivisíveis, mas reúnem características também de bens e serviços privados, pois uma parcela de seus benefícios pode ser divisível. O exemplo que apresenta é o da educação pública, em que toda a comunidade se beneficia do aumento do padrão educacional, mas, ao mesmo tempo, as famílias e as crianças se beneficiam individualmente do serviço prestado. Contudo, também poderia haver uma oferta desse serviço no sistema privado.

Outro exemplo são os serviços de saúde, que podem tanto ser custeados pelo poder público como pelos privados. É sobre estes bens e serviços que se levanta acendrada polêmica acerca de sua prestação pública ou privada, devendo cada povo decidir se as vantagens de se assumir publicamente estes serviços sobrepassam ou não aquela de cometê-los à iniciativa privada. Uma terceira opção é ainda possível, com a conjugação de financiamento parcialmente público e parcialmente privado desses tipos de serviços[127] (pode-se pensar no caso de universidades públicas americanas que cobram mensalidades dos alunos que podem por elas pagar, juntando os recursos obtidos de forma privada àqueles presentes na dotação orçamentária estatal).

Por fim, Buchanan fala de *serviços privados assumidos publicamente* para se referir àqueles que poderiam ser prestados pela iniciativa privada e que são perfeitamente divisíveis (podem ser individualizados os seus beneficiários), mas que, por razões de interesse coletivo, acabem sendo prestados diretamente pelo próprio Estado. O exemplo formulado aqui é o serviço postal, que se configura como uma atividade econômica que poderia ser prestada por particulares, mas que o Estado entende importante ser

---

[126] Ibidem. p. 20-21.
[127] Ibidem. p. 23-24.

prestada diretamente por si, de modo a que se garanta acesso universal aos usuários, os quais podem ser claramente individualizados.[128]

Sousa Franco[129], por outro lado, empreende uma tripartição dos tipos de atuação econômica em relação às necessidades que visam a atender. Assim, haveria os sistemas de: 1) *economia privada*; 2) *economia social*; 3) *economia pública*.

Na *economia privada*, este autor português assevera que se estaria perante "indivíduos, famílias ou organizações de base contratual que, na produção, no consumo, na repartição ou na circulação, actuam como unidades individuais ou como organizações de mera base contratual, na satisfação das respectivas necessidades, segundo critérios predominantemente individuais". Está embasada na livre atuação dos agentes econômicos e em equilíbrios, parciais e gerais, livremente pactuados entre as partes em conformidade com os imperativos de seus próprios interesses mediante atos transparentes e parametrizados em referenciais comuns, a saber, a livre formação dos preços no mercado.

Já a *economia social*, também chamada por ele de *cooperativa, comunitária* ou *coletiva*, relaciona-se a "organizações que visam a satisfazer necessidades segundo uma lógica cooperativa ou colectiva, recorrendo à disciplina institucional interna do grupo, mas sem a possibilidade de recorrer a mecanismos coactivos externos [por não serem instituições estatais]". Seu fundamento encontra-se na "*solidariedade*, organizada em *grupos* de diversa dimensão e nível econômico, na *liberdade* de comportamento das pessoas e dos grupos, na *combinação* da propriedade privada com a propriedade social e comunitária, na *cooperação* organizada".

A *economia pública*, por último, trata daquelas associações de pessoas em organizações políticas com o fim de atender a "interesse geral de sujeitos indeterminados, indo assim para além da simples satisfação de necessidades comuns sociais. Para isso se socorrem de poderes de autoridade". Assim, há a possibilidade de que tais pessoas, através dos canais políticos, elaborem as normas a serem por todos obedecidas, bem como recorram à coação a ser exercida por órgãos estatais.

---

[128] Ibidem. p. 25.
[129] O resumo das ideias de Sousa Franco apresentadas a seguir se encontram em FRANCO, António L. de Sousa. op. cit. p. 5-6.

Por fim, entre os economistas mais recentes que se dedicam ao fenômeno da economia do setor público, convém destacar algumas relevantes ponderações de Joseph Stiglitz.[130] Este autor inicia a discussão sobre o fornecimento de bens públicos distinguindo-os dos privados a partir de dois critérios: 1) se o bem detém a propriedade do *consumo rival*; 2) se o bem possui a propriedade de *exclusão*.

Por *consumo rival* entende-se que, se um bem é usado por uma pessoa, não pode ser utilizado por outra. O maior exemplo são os bens para consumação própria, como os alimentos, em que a ingestão por uma pessoa afasta o consumo por qualquer outra. *Contrario sensu*, o *consumo não rival* é aquele em que o consumo de um indivíduo não exclui a possibilidade de um simultâneo consumo por outro. O exemplo clássico é a defesa nacional externa, pois a proteção oferecida feita pelas Forças Armadas beneficia a todos os cidadãos indistintamente.

Já a propriedade de *exclusão* refere-se à possibilidade de excluir algumas pessoas dos benefícios fruídos a partir da utilização dos bens públicos. Retornando ao exemplo do farol já antes analisado por Buchanan, não é possível excluir os navegantes, pagantes ou não, dos benefícios da iluminação fornecida. Tampouco é possível excluir um cidadão da proteção nacional geral fornecida pelas Forças Armadas. E, como salienta Stiglitz, não sendo possível excluir da fruição do bem, não há incentivo para que as pessoas paguem por este serviço voluntariamente (embora possam sim ser compelidas pelo Estado a pagar, sobretudo na forma de tributos), gerando o problema do *free rider* ou "caronista", a saber, aquele que se beneficia de um bem sem contribuir para seu custeio (por não ter, psicologicamente, incentivo para fazê-lo). Nestas situações, o sistema de preços é inútil para racionar o bem, tornando altamente improvável que o setor privado venha a fornecê-lo, devendo o Estado assumir tal encargo.

---

[130] STIGLITZ, Joseph. *Economics of the Public Sector*. 3rd. ed. New York: W. W. Norton & Company, 2000. A exposição aqui presente foi extraída do Capítulo 6 da obra, intitulado "Public Goods and Publicly Provided Private Goods" ("Bens públicos e bens privados fornecidos publicamente"), presente entre as páginas 127-155. Para uma classificação similar, da qual Stiglitz certamente se valeu para compor a sua, veja-se MUSGRAVE, Richard; MUSGRAVE, Peggy. *Public finance in theory and practice*. 5th ed. New York: McGraw-Hill, 1989 (Capítulo 4 – "Public Provision for Social Goods". p. 41-58).

Aqueles bens que apresentam ambas as propriedades (consumo não rival e impossibilidade de exclusão) são denominados de *bens públicos puros*, em que o custo marginal (a alteração no custo total da produção oriunda do aumento em uma unidade produzida) de oferta do bem a mais uma pessoa é zero.

Mas existem situações mistas, os chamados bens públicos *impuros*, os quais podem apresentar em alguma medida, e em graus variáveis, uma das duas propriedades. Um exemplo dado por Stiglitz são as estradas com pedágio, em que a exclusão é possível, mas o consumo não é rival (salvo quando a estrada estiver congestionada). Nestes casos, é possível que o Estado cobre uma taxa de uso do bem (o valor do pedágio), embora saliente que a decisão de cobrar ou não fica a cargo do Estado, o qual poderá também nada cobrar e custear a manutenção das estradas com o produto geral da arrecadação dos impostos. Outro exemplo apresentado é o da manutenção do corpo de bombeiros, que se comporta em parte como um bem privado, pois seria fácil excluir da proteção contra o incêndio aqueles que não contribuíram; e em parte como bem público, pois o custo marginal de prestar o serviço a mais uma pessoa que não contribui é mínimo, já que, em regra, os bombeiros, na maior parte do tempo, aguardam serem chamados (além do próprio interesse público de evitar que se propaguem os incêndios).

Formula também outra hipótese possível: a de bens privados em que a exclusão não é possível e tampouco o consumo é rival. Trata-se de situações excepcionais, em que o proprietário privado (em geral, um grande consumidor daquele bem) aufere benefícios tão significativos que compensa fornecê-lo ele mesmo, mesmo sabendo que outras pessoas se beneficiarão do bem sem fazer qualquer contribuição para seu custeio (*efeito carona*). É o exemplo de uma grande companhia de navegação que custeasse a instalação de um farol e boias luminosas para auxílio do tráfego de seus navios, mesmo sabendo que todos os demais barcos e navios também se beneficiarão deste bem. A diferença principal para o fornecimento público do bem reside no fato de que, nestes casos, o reparo do farol e a instalação de novas boias somente se dará *se* e *enquanto* for benéfico para as atividades do proprietário privado, não lhe sendo exigível qualquer melhoria no bem fornecido.

Daquilo que foi exposto nesta seção, podemos extrair conclusões parciais que nos serão úteis mais adiante.

Primeiro: o ser humano, para manutenção de sua vida, tem necessidade de uma série de bens, que variam desde os mais básicos para a sobrevivência até aqueles bens civilizacionais mais sofisticados, de acordo com o grau de desenvolvimento e evolução de um determinado povo. Tais bens são, em regra, escassos, devendo haver uma atividade de escolha ou eleição de que necessidades podem efetivamente ser satisfeitas.

Segundo: não há como responder aprioristicamente à questão acerca da linha divisória entre necessidades públicas e privadas. A distinção se conecta diretamente com a história de cada nação, as ideologias políticas, econômicas e jurídico-constitucionais reinantes em cada momento, dependendo daquilo que cada sociedade entende que, coletivamente, deve a cada um de seus membros.

Terceiro: quando uma sociedade toma para si o encargo de custear uma determinada necessidade humana, às expensas dos recursos públicos, isto significa que aquela sociedade se compromete politicamente a, no todo ou em parte, suprir aquela necessidade de todos os cidadãos ou de grupos determinados de cidadãos. A via para estabelecer e perenizar esta assunção de responsabilidades (e o nível em que se dará) é a norma jurídica, que estatui de forma clara o compromisso daquela sociedade com o atendimento daquela necessidade humana concreta escolhida.

Quarto: embora haja várias formas distintas de classificação das necessidades públicas e privadas, os principais critérios encontrados na literatura especializada são: *a)* possibilidade ou não de exclusão de algumas pessoas da fruição do bem; *b)* possibilidade ou não de o bem ser fruído simultaneamente por mais de uma pessoa; *c)* considerações de hipossuficiência e de igualdade; *d)* maior capacidade de o Estado suportar certos riscos; *e)* possibilidade de o Estado obrigar os cidadãos ao custeio de despesas públicas; *f)* maior eficiência pública ou privada na prestação do serviço.

As necessidades fundamentais das sociedades baseadas em um Estado de Direito estarão em regra, quer implícita ou explicitamente, previstas na sua Constituição e serão reveladas através da concepção que se tiver do conteúdo e extensão dos direitos fundamentais e sociais, que consideramos como gastos prioritários e essenciais e que devem ser previstos nas respectivas leis orçamentárias e executados em sua máxima plenitude pelo governante.

2.4. Atividade financeira na Constituição de 1988

O novo ordenamento jurídico brasileiro surgido com a promulgação da Constituição Federal de 1988 consubstanciou expressiva evolução em praticamente todos os campos jurídicos, inclusive no Direito Financeiro, o qual sofreu os efeitos positivos da irradiação constitucional[131] sobre a disciplina.

Hodiernamente, é perfeitamente admissível falar-se em um *Direito Constitucional Financeiro*.[132] Apesar disso, a doutrina e jurisprudência pátrias ainda dão os seus primeiros passos neste caminho que já foi percorrido – e até com certo amadurecimento – pelos demais ramos jurídicos.

Miguel Carbonell[133] sintetiza com maestria esse fenômeno de constitucionalização apresentando algumas de suas características essenciais. Em primeiro lugar, a *rigidez* e a *garantia jurisdicional da Constituição* afiançam que a Lei Fundamental não possa ser alterada por meio ordinário, bem como faz-se necessário o aparato institucional e procedimental pelo qual se estrutura o Poder Judiciário (e de que não estão dotados os órgãos eminentemente políticos) para que a interpretação e aplicação do texto constitucional tenha uma certa objetividade de significado assegurada.

Em segundo lugar, a constitucionalização do ordenamento jurídico se notabiliza pelo dado da *força vinculante da Constituição*, em que seus dispo-

---

[131] Sobre o fenômeno da constitucionalização do Direito, cf. BARROSO, Luís Roberto. *Curso de direito constitucional contemporâneo*: os conceitos fundamentais e a construção do novo modelo. São Paulo: Saraiva, 2009. p. 351 e ss.; FAVOREU, Louis Joseph. La constitucionalización del derecho. *Revista de Derecho (Valdivia)*, año 2001, vol. XII. p. 31-43; GUASTINI, Riccardo. La "constitucionalización" del ordenamiento jurídico: el caso italiano. In: CARBONELL, Miguel (Ed.). *Estudios de teoría constitucional*. México, D.F.: UNAM, 2001. p. 153-183.

[132] Sobre o tema específico da constitucionalização do Direito Financeiro, cf. TORRES, Heleno Taveira. *Direito constitucional financeiro*: teoria da constituição financeira. São Paulo: Revista dos Tribunais, 2014; CORTI, Horacio. La constitucionalización del gasto público. *Lecciones y Ensayos*, n. 64, 1995. p. 33-91; MENDONÇA, Eduardo Bastos Furtado de. *A constitucionalização das finanças públicas no Brasil*. Rio de Janeiro: Renovar, 2010.

[133] CARBONELL, Miguel; GIL, Rubén Sánchez ¿Qué es la constitucionalización del derecho? *Quid Iuris*, año 6, vol. 15, 2011. p. 34-38.

sitivos estão dotados de conteúdo normativo, ou seja, trata-se de verdadeiras normas jurídicas aplicáveis e vinculantes.

Um terceiro ponto diz respeito à chamada *sobreinterpretação constitucional*, isto é, a possibilidade de se extrair do texto uma interpretação que ultrapassa um sentido meramente literal e restrito, para que abarque extensivamente qualquer aspecto da vida social e política. A Constituição estaria vocacionada a uma espécie de interpretação onicompreensiva, que não deixasse lacunas ou áreas indiferentes a seu influxo. Tal forma de interpretação, para Carbonell, derivaria da teoria axiológica da Constituição, uma vez que esta elege valores e fins a serem cumpridos que condicionarão necessariamente a interpretação do ordenamento jurídico, sobretudo nas matérias envolvendo direitos fundamentais.

Em quarto lugar, aponta-se a nota de *aplicação direta das normas constitucionais*, que se subdivide na vertente de que a Constituição também regula relações entre privados (e não apenas entre privados e o Estado) e na vertente de que todos os operadores jurídicos (sobretudo os magistrados) podem e devem aplicar as normas constitucionais, inclusive os princípios e mesmo aquelas normas reputadas meramente programáticas.

Em quinto, pode-se indicar a técnica de *interpretação conforme das leis*, em que se busca, entre mais de uma interpretação possível da norma infraconstitucional, aquela que se harmonize mais devidamente com a Constituição e que tenha o condão de conferir maior eficácia aos mandamentos constitucionais. Por fim, elenca-se o aspecto da *influência da Constituição sobre as relações políticas*, representada pelo fato de a Constituição apresentar um sistema de soluções de conflitos políticos entre órgãos e Poderes estatais; de os órgãos jurisdicionais responsáveis pelo controle de constitucionalidade não poderem se demitir da responsabilidade de julgar, à luz da Lei Maior, questões tradicionalmente vistas como políticas, uma vez que toda a temática pública possui inequívocos reflexos constitucionais; e de que as normas constitucionais sejam tomadas como base pelos agentes políticos para fundamentar suas ideias e programas de governo.

Em tal ordenamento jurídico constitucionalizado, o Direito Financeiro, também entre nós, não é só mais um ramo absconso do direito, situado na fronteira indigesta da Economia e da Contabilidade, com seus números e matemática a aterrorizarem os juristas. Agora, parte considerável de suas principais instituições ganharam destaque em lugar nobre, o próprio texto da Lei Maior, recebendo diretamente o influxo da principiologia constitucional.

Esse direito financeiro constitucionalizado portará consigo um complexo normativo de hierarquia constitucional que regerá, de forma direta ou indireta, a atuação do Estado em matéria financeira, a ser pautada pela interpretação sistemática harmoniosa com os demais subsistemas constitucionais e em consonância com os princípios e valores constitucionais informadores de nossa República.

Assim, a atividade do Estado na seara financeira vai haurir seu pressuposto de validade na própria Constituição, bem como nela encontrará as metas a serem alcançadas, buscando dar resposta às necessidades coletivas de uma nação de dimensões continentais, levando-se em consideração também as idiossincrasias de cada região do país.

As necessidades fundamentais, como vistas na seção anterior, se traduzem na Constituição pelos direitos fundamentais e sociais por ela reconhecidos, como gastos prioritários a serem realizados pelo gestor público, cuja atuação está jungida aos valores e princípios constitucionais.

A esse respeito, Ricardo Lobo Torres registra que, no Brasil, existe a peculiaridade de que o Direito Financeiro encontra sua fonte no próprio texto constitucional, que trata do tema de forma bastante detalhada, algo atípico no direito constitucional de outros Estados. À legislação infraconstitucional caberia explicitar o que já está contido na Lei Maior.[134]

A matéria financeira na Constituição, de modo resumido, está assim disposta: 1) competência para instituir normas de direito financeiro (arts. 24, 48, 52, 62 e 68); 2) intervenção no caso de não cumprimento de deveres financeiros (arts. 34 e 35); 3) fiscalização da atividade financeira (arts. 21, 70, 71 e 74); 4) normas acerca do sistema tributário nacional (arts. 145 a 156 e 195); 5) partilha de receitas tributárias (arts. 157 a 162); 6) disposições acerca de finanças públicas e sistema monetário nacional (arts. 163 e 164); 7) normas referentes a orçamento (arts. 165 a 169).

Por sua vez, os entes federados menores (Estados, Distrito Federal e Municípios) também terão na Constituição a matriz essencial a partir da

---

[134] TORRES, Ricardo Lobo. *Curso de Direito Financeiro e Tributário*. 18. ed. Rio de Janeiro: Renovar, 2011. p. 37.

qual deverão elaborar as suas próprias normas financeiras, com atenção ao princípio da simetria constitucional. Para os Estados, seu fundamento mais direto está no art. 25 da Constituição Federal e no art. 11 de seu ADCT, ao passo que no art. 29, *caput*, temos a regra dirigida aos Municípios e no art. 32 ao Distrito Federal.

Contudo, a simetria não se traduz em homogeneidade total, não havendo sufocamento integral da autonomia dos entes federados para definir particularidades que são distintas de certas regras financeiras delimitadas na Constituição mas aplicáveis apenas à União. Por exemplo, podemos citar os prazos para apresentar e encaminhar os projetos do Plano Plurianual (PPA), da Lei de Diretrizes Orçamentárias (LDO) e da Lei Orçamentária Anual (LOA), que não necessitam ser os mesmos daqueles previstos na Lei Maior para as leis orçamentárias da União.[135]

Quanto à repartição de competências legislativas em matéria de direito financeiro, a Constituição defere à União a competência para elaborar as normas gerais de finanças públicas, estabelecendo que tais normas gerais, de caráter e aplicação nacional, deverão ser veiculadas por meio de lei complementar (art. 163, CF/88). Por outro lado, concede aos entes federados menores a chamada competência *suplementar*, isto é, para suplementar as normas gerais provenientes do ente central.

Além disso, cada ente federado deverá realizar seu processo legislativo orçamentário específico, com elaboração dos projetos de leis orçamentárias (PPA, LDO e LOA) por parte do Poder Executivo, que os encaminha ao Poder Legislativo para votação e aprovação. É com a promulgação destas normas que poderão ser realizadas as receitas e gastos públicos, consubstanciando a administração financeira estatal.

A Constituição Federal de 1988 contempla uma seção exclusiva e pormenorizada para o tema orçamentário (arts. 165 a 169), também deno-

---

[135] STF. ADI 4.629, Rel. Min. Alexandre de Moraes, Pleno, julg. 20/09/2019, DJe 03/10/2019: "Constitucional. Direito Financeiro e Orçamentário. Constitucional. Direito Financeiro e Orçamentário. Emenda Constitucional 59/2011 do Estado do Rio Grande do Sul. Alteração dos prazos de encaminhamento de leis orçamentárias. Ofensa aos arts. 165 e 166 da Constituição Federal e ao Princípio da Simetria. Não ocorrência. Autonomia dos Estados-Membros. Ausência de Normas Gerais da União. Competência legislativa plena dos Estados (art. 24, § 3º, CF). Improcedência."

minada de *Constituição orçamentária*. No artigo 165 está prevista a tríade orçamentária – Plano Plurianual, Lei de Diretrizes Orçamentárias e Lei Orçamentária Anual –, delineando-se as suas características, conteúdo e funções essenciais. Por sua vez, o artigo 166 da Carta estabelece a apreciação pelo Poder Legislativo dos projetos de leis orçamentárias de iniciativa do Poder Executivo, delimitando e condicionando o seu processo de emenda. Já os artigos 167 e 168 trazem importantes regras para a realização de despesas públicas, operações de crédito, vinculação de receitas, abertura de créditos, transferências de recursos entre entes e sobre entrega de recursos das respectivas dotações orçamentárias pelo Poder Executivo aos órgãos dos demais Poderes. E, finalmente, o artigo 169 cria as regras para a realização das despesas de pessoal.

Importantíssimas mudanças ocorreram no orçamento público brasileiro com a promulgação da Constituição Federal de 1988. Além da criação da nova estrutura trinitária das peças orçamentárias – plano plurianual, diretrizes orçamentárias e orçamento fiscal, da seguridade e de investimentos –, a participação do Poder Legislativo passou a ser determinante, garantindo efetividade ao processo democrático nas finanças públicas brasileiras.

E, com a efetividade das normas constitucionais, não apenas o processo orçamentário – vale dizer, a elaboração, aprovação e a execução das leis orçamentárias – ganha as suas bases a partir dos valores constitucionais, como também os gastos que serão previstos passam a ser considerados pelas normas que priorizam certos direitos dos cidadãos.

2.5. Orçamento público no Brasil

Regressando no tempo para brevemente traçar alguns lineamentos históricos sobre a trajetória do orçamento em nosso país, pode se dizer que, no Brasil colonial, no âmbito da monarquia absolutista portuguesa, à qual estávamos administrativamente ligados, não existia uma Constituição formal a exigir leis orçamentárias.

Contudo, estavam em vigor para todo o território português os chamados *Regimentos dos Contos*, que instituíam normas de gestão de receitas e despesas das contas públicas. Com a edição, em 03/09/1627, do *Regimento dos Contos do Reino e Casa [Real]*, tal administração passou a ser centralizada num órgão conhecido como *Contos do Reino e Casa*, que atuava simultaneamente tanto como órgão central contábil como tribunal fiscal de cúpula do Reino lusitano. A preocupação principal no período, em relação ao Brasil, era de registro das receitas coloniais para controle da metrópole, destacando-se as receitas oriundas da mineração em nosso território.

Em solo brasileiro, o grande marco histórico do que seria um embrião de orçamento foi o Alvará de 28 de junho de 1808, um dos primeiros atos oficiais do recém-chegado Príncipe Regente D. João (futuramente, D. João VI), pelo qual foi criado o Erário Régio e o Conselho da Real Fazenda, "para a mais exata administração, arrecadação, distribuição, assentamento e expediente"[136] do então Tesouro Geral e Público.

O método contábil a ser aplicado na gestão do Erário Régio era aquele chamado de *partidas dobradas* (colunas de créditos e débitos), como se estabeleceu no referido alvará em seu Título II:

> Para, que o methodo de escripturação, e formulas de contabilidade da minha Real Fazenda não fique arbitrario, e sujeito á maneira de pensar de cada um dos Contadores Geraes, que sou servido crear para o referido Erario: ordeno que a escripturação seja a mercantil por partidas dobradas, por ser a unica seguida pelas Nações mais civilisadas, assim pela sua brevidade para o maneio de grandes sommas, como por ser a mais clara, e a que menos logar dá a erros e subterfugios, onde se esconda a malicia e a fraude dos prevaricadores.

O Alvará também previa normas acerca das entradas das rendas no Erário e da saída ou despesa, com seções para os gastos com a Casa Real, despesas com pessoal custeadas pelo tesouro público ("ordenados, pensões, juros e tenças"), gastos militares com Exército e Marinha e com os armazéns reais. Como se pode ver, as despesas públicas se concentravam na manutenção dos gastos do próprio monarca e da máquina estatal.

---

[136] Disponível em: <http://www.planalto.gov.br/ccivil_03/Atos/alv/1808/alv-28-6-1808.html>. Acesso em: 01/03/2021.

Já no contexto do Brasil independente, a primeira Constituição brasileira (a Constituição Imperial de 1824[137]) dedicou um breve capítulo à Fazenda Nacional, estabelecendo, em seu art. 170, que a receita e a despesa da Fazenda Nacional seria encarregada a um órgão denominado Tesouro Nacional, o qual regularia a sua administração, arrecadação e contabilidade, em recíproca correspondência com as Tesourarias e Autoridades das Províncias do Império (precursoras dos atuais Estados).

No seu artigo 171, veiculou os princípios da legalidade e da anualidade na instituição de tributos, ao determinar que todas as contribuições diretas seriam anualmente estabelecidas pela Assembleia Geral, continuando em vigor até que se publicasse a sua derrogação ou fossem substituídas por outras. Assim, já não poderia o monarca criar tributos a seu alvedrio.

Por fim, no art. 172, cria o modelo centralizado de consolidação e elaboração do orçamento público no Poder Executivo (vigente também hoje), em que o Ministro de Estado da Fazenda, havendo recebido dos outros Ministros os orçamentos relativos às despesas das suas repartições, apresentava na Câmara dos Deputados, anualmente, logo que ela se reunisse, um balanço geral da receita e despesa do Tesouro Nacional do ano antecedente, bem como o orçamento geral de todas as despesas públicas do ano futuro, e da importância de todas as contribuições e rendas públicas.

Na Constituição de 1891[138] (a primeira republicana), a competência não apenas para aprovar o orçamento, mas também para elaborá-lo, passa a ser privativa do Congresso Nacional (e não mais do Poder Executivo)[139]. Com a Emenda Constitucional de 03/09/1926, foi também criada uma regra de prorrogação automática do orçamento ante-

---

[137] Disponível em: <http://www.planalto.gov.br/ccivil_03/constituicao/constituicao24.htm>. Acesso em: 02/03/2021.

[138] Disponível em: <http://www.planalto.gov.br/ccivil_03/constituicao/constituicao91.htm>. Acesso em: 02/03/2021.

[139] Art. 34. 1º) orçar a receita, fixar a despesa federal anualmente e tomar as contas da receita e despesa de cada exercício financeiro; (Após a Emenda Constitucional de 03/09/1926: "Art.34 – Compete privativamente ao Congresso Nacional: 1º orçar, anualmente, a Receita e fixar, anualmente, a Despesa e tomar as contas de ambas, relativas a

rior sempre que, até 15 de janeiro, não estivesse o novo orçamento em vigor, bem como inserido um § 1º ao art. 34 prevendo o princípio da exclusividade orçamentária (ou seja, de que as leis dos orçamentos não podem conter disposições estranhas à previsão da receita e à fixação da despesa).

O art. 89 instituiu o Tribunal de Contas da União para liquidar as contas da receita e despesa e verificar a sua legalidade, antes de serem prestadas ao Congresso. Seus membros, assim como hoje, eram nomeados pelo Presidente da República com aprovação do Senado, e recebiam a garantia da vitaliciedade, somente podendo perder seus cargos por sentença judicial.

Esta Constituição também trouxe, em seus art. 54, 7º e 8º, o crime de responsabilidade do Presidente da República por atos atentatórios contra a guarda e emprego constitucional dos dinheiros públicos e contra as leis orçamentárias votadas pelo Congresso.

Foi ainda no período de vigência desta Constituição que o Congresso Nacional aprovou o Código de Contabilidade da União, por meio do Decreto 4.536/1922, diploma normativo extremamente relevante para regulamentar as finanças públicas nacionais. Tal Código apresentava capítulos sobre a centralização dos serviços de contabilidade da União; sobre o exercício financeiro, orçamento e contas da gestão financeira; sobre a receita pública; sobre a despesa pública; sobre os bens públicos e aqueles por eles responsáveis.

É interessante perceber que, embora a iniciativa do projeto de lei orçamentária anual, na época, fosse de competência do Legislativo, o Executivo tinha o dever de colaborar, pois o art. 13 do Código de Contabilidade da União estatuía que o Governo (Poder Executivo) deveria enviar à Câmara dos Deputados, até 31 de maio de cada ano, a proposta de fixação da despesa, com o cálculo da receita geral da República, para servir de base à iniciativa da lei de orçamento. Assim, na prática, a proposta tinha origem no Executivo, embora formalmente a iniciativa do projeto de lei fosse do Congresso Nacional.

---

cada exercicio financeiro, prorogado o orçamento anterior, quando até 15 de janeiro não estiver o novo em vigor;").

Era também permitido ao Governo retificar a proposta em mensagem especial, enquanto pendente de discussão no Congresso o projeto de orçamento. E, para que o Governo organizasse tal proposta, os diversos Ministérios tinham que remeter ao Ministério da Fazenda, até 30 de abril, os elementos necessários àquele fim.

Na Constituição de 1934[140], a iniciativa do projeto de lei orçamentária não apenas *de facto*, mas também *de iure*, retorna ao Poder Executivo, competindo ao Presidente da República enviar à Câmara dos Deputados, dentro do primeiro mês da sessão legislativa ordinária, a proposta de orçamento (art. 50, § 1º). Nova regra de prorrogação automática do orçamento anual foi inserida no art. 50, § 5º, estabelecendo que seria prorrogado o orçamento vigente se, até 3 de novembro, o orçamento vindouro não houvesse sido enviado ao Presidente da República para a sanção.

A Constituição outorgada de 1937[141] (dita "*A Polaca*", por sua inspiração no texto constitucional polonês da época, de molde fascista) previa a existência, junto à Presidência da República, de um Departamento Administrativo com atribuição de organizar anualmente, de acordo com as instruções do Presidente da República, a proposta orçamentária a ser enviada por este à Câmara dos Deputados (art. 67, "b").

Contudo, como o Congresso Nacional esteve fechado durante todo este período, até o advento da Constituição de 1946, era o próprio Presidente da República, Getúlio Vargas, que aprovava os orçamentos por meio de decretos-leis, nos termos dos poderes excepcionais que lhe conferia o art. 180 do texto constitucional.[142]

Com a Constituição de 1946[143], volta-se à normalidade democrática, com funcionamento do Congresso Nacional como responsável

---

[140] Disponível em: <http://www.planalto.gov.br/ccivil_03/constituicao/constituicao34.htm>. Acesso em: 02/03/2021.

[141] Disponível em: <http://www.planalto.gov.br/ccivil_03/constituicao/constituicao37.htm>. Acesso em: 02/03/2021.

[142] Art. 180. Enquanto não se reunir o Parlamento nacional, o Presidente da República terá o poder de expedir decretos-leis sobre todas as matérias da competência legislativa da União.

[143] Disponível em: <http://www.planalto.gov.br/ccivil_03/constituicao/constituicao46.htm>. Acesso em: 02/03/2021.

pela votação do orçamento elaborado pelo Poder Executivo (art. 65, I) e enviado à Câmara dos Deputados pelo Presidente da República dentro dos primeiros dois meses da sessão legislativa (art. 87, XVI – após a Emenda Constitucional nº 8/1963, o prazo passou a ser 31 de julho).

Próximo ao final da vigência desta Constituição, assistimos à promulgação da Lei nº 4.320/1964, até hoje em vigor (recepcionada pela Constituição de 1988 com *status* de lei complementar), estatuindo normas gerais de direito financeiro para elaboração e controle dos orçamentos e balanços da União, dos Estados, dos Municípios e do Distrito Federal. Trata-se, juntamente com a Lei de Responsabilidade Fiscal, de uma das mais importantes leis de direito financeiro de nosso país, embora esteja a merecer atualização, pois editada quase sessenta anos atrás.

Com o advento da Constituição outorgada de 1967[144], recebeu assento constitucional a figura do orçamento plurianual (que viria a se tornar, no texto constitucional de 1988, o Plano Plurianual – PPA), na esteira política desenvolvimentista do regime militar de grandes planos e programas nacionais. Em que pese o caráter autoritário do regime e de uma Carta outorgada, a matéria orçamentária e de fiscalização financeira recebeu grande destaque e detalhamento, estando presente nos arts. 63 a 73 da Constituição.

Atualmente, por decorrência do texto constitucional de 1988, o orçamento público brasileiro é dotado de uma estrutura legal tríplice: a) a *Lei do Plano Plurianual*, que estabelece, de forma regionalizada, as diretrizes, objetivos e metas da Administração Pública para as despesas de capital e outras delas decorrentes e para as relativas aos programas de duração continuada; b) a *Lei de Diretrizes Orçamentárias*, que compreende as metas e prioridades da administração pública, incluindo as despesas de capital para o exercício financeiro subsequente, orienta a elaboração da lei orçamentária anual, dispõe sobre as alterações na legislação tributária e estabelece a política de aplicação das agências financeiras oficiais de

---

[144] Disponível em: <http://www.planalto.gov.br/ccivil_03/constituicao/constituicao67.htm>. Acesso em: 02/03/2021.

fomento; c) a *Lei Orçamentária Anual*, que contempla o orçamento fiscal, de investimentos e de seguridade social.[145]

A presente Constituição nutre uma acentuada preocupação com a questão da efetivação de direitos fundamentais e sociais por meio de recursos orçamentários que não estava presente de modo tão claro em versões anteriores de nossa Lei Maior. Ademais, busca vincular vultosos recursos no atendimento de tais necessidades sociais e coletivas, marcando fortemente a característica de um Estado Democrático e Social de Direito.

Esta contextualização histórica tem especial e significativa importância, pois analisar o orçamento público como um todo – e, em particular a questão da impositividade orçamentária e a dos gastos fundamentais –, a partir das bases das Constituições anteriores à atual, pode nos levar a conclusões intempestivas e, por isso, equivocadas.

Tais concepções representavam a visão que a doutrina clássica do Direito Financeiro – de Themístocles Brandão Cavalcanti, Dejalma de Campos, Aliomar Baleeiro, Amilcar Falcão, Alberto Deodato, Hely Lopes Meirelles, Luiz Emygdio da Rosa Junior, Ricardo Lobo Torres, dentre outros – pregava até o início da última década do século XX, e que ainda encontra eco em certas lições que na verdade não se atualizaram no tempo e no ambiente jurídico, e necessitam passar por uma releitura com a devida filtragem constitucional atual.

O orçamento público nos dias de hoje é considerado como sendo um fundamental instrumento de planejamento, gestão e controle das finanças do Estado, que permite estabelecer a previsão das suas receitas e a fixação das suas despesas para um determinado período de tempo, contemplando ainda, diretrizes, metas, programas e planos de médio e longo prazo, através das três leis orçamentárias – lei do plano plurianual, lei de diretrizes orçamentárias e lei orçamentária anual – que se conectam e se influenciam mutuamente.

---

[145] Ricardo Lobo Torres nos ensina que a tripartição orçamentária no Brasil teve influência do modelo alemão, que prevê o plano plurianual, o plano orçamentário e a lei orçamentária (TORRES, Ricardo Lobo. *Tratado de Direito Constitucional Financeiro e Tributário*: o orçamento na Constituição, Vol. V. 3. ed. Rio de Janeiro: Renovar, 2008. p. 78).

Nas palavras de Luís Roberto Barroso[146] sobre a importância deste instituto:

> É na lei orçamentária que as sociedades democráticas definem suas prioridades, realizam suas opções políticas e fazem suas escolhas trágicas. Este é o momento em que se deve discutir quanto vai para a educação, para a saúde, para a previdência, para o funcionalismo público, para o transporte, para a publicidade institucional...

O orçamento, portanto, ostenta caráter simultaneamente jurídico, político e econômico, o que fica evidenciado pelo fato de que é elaborado com base em técnicas contábeis, financeiras e de economia, mas com obediência às normas de direito financeiro e se consubstanciando por meio de leis orçamentárias oriundas do Executivo, mas votadas e aprovadas pelo Legislativo. E sua efetiva aprovação depende das tensões e negociações políticas entre o Executivo e o Legislativo, mormente em regimes presidencialistas de coalizão como o nosso.

Para a materialização do orçamento público através do processo legislativo orçamentário, as leis orçamentárias são de iniciativa privativa do Poder Executivo (art. 165, CF/1988), que exerce esse seu poder-dever de elaborar os projetos de leis orçamentárias (PPA, LDO e LOA) de forma vinculada, tendo previamente recepcionado as propostas orçamentárias dos outros Poderes e órgãos autônomos para consolidação, segundo as diretivas da Lei de Diretrizes Orçamentárias (LDO).

Posteriormente à sua elaboração pelo Executivo, os projetos são encaminhados ao Legislativo, sendo apreciados primeiramente pela denominada Comissão Mista de Planos, Orçamentos Públicos e Fiscalização. Trata-se de um órgão permanente composto por Senadores e Deputados, previsto no art. 166, § 1º da CF/1988, responsável por examinar e emitir parecer sobre projetos de lei relativos ao plano plurianual, às diretrizes orçamentárias, ao orçamento anual e aos créditos adicionais e sobre as contas apresentadas anualmente pelo Presidente da República, bem como por examinar e emitir parecer sobre os planos e programas nacio-

---

[146] BARROSO, Luís Roberto. *Sem data venia*: um olhar sobre o Brasil e o mundo. Rio de Janeiro: História Real, 2020. p. 208-209.

nais, regionais e setoriais previstos na Constituição e exercer o acompanhamento e a fiscalização orçamentária.

Após este parecer, os projetos serão apreciados pelas duas Casas do Congresso Nacional, na forma do regimento comum (art. 166, *caput*, CF/1988). O § 7º do artigo 166 da Constituição estabelece que se aplicam aos projetos de lei orçamentária, no que não contrariar as regras constitucionais, as demais normas relativas ao processo legislativo.

De maneira sintética, pode-se dizer que a tramitação do projeto de lei orçamentária contempla as seguintes fases no Congresso Nacional (que podem ser replicada nas demais esferas federativas): a) recebimento da proposta do Poder Executivo na Comissão Mista Orçamentária; b) leitura do projeto do Executivo; c) distribuição dos projetos aos parlamentares; d) designação do relator do projeto; e) realizações de audiências públicas; f) apresentação, discussão e votação dos pareceres preliminares (estabelecem as regras gerais para o processo); g) abertura do prazo de emendas ao projeto; h) recebimento e parecer sobre as emendas (realizado pelo relator); i) apreciação e votação do relatório final na CMO (com a aceitação ou rejeição das emendas propostas); j) votação do relatório geral no Plenário do Congresso; e k) encaminhamento ao Presidente da República para sanção, tendo o Presidente três opções: aprovar, vetar parcialmente ou vetar integralmente. As razões do veto devem ser comunicadas ao Presidente do Senado, sendo que sua apreciação deverá ocorrer em sessão conjunta da Câmara e Senado, que podem acatar o veto ou rejeitá-lo. Nessa última opção, o projeto em questão será remetido ao Presidente da República para promulgação.[147]

Ainda dentro do período de avaliação dos projetos de leis orçamentárias, os membros do Congresso Nacional poderão apresentar à Comissão Mista emendas a tais projetos de leis, e este último órgão sobre elas deve emitir seu parecer. Após isto, as emendas também serão apreciadas, de acordo com o regimento, pelo Plenário de ambas as Casas Legislativas.

As apresentações de propostas de emenda às leis orçamentárias são facultativas, podendo ser de quatro espécies: a) *emenda aditiva*: que propõe a inclusão de um novo dispositivo antes ou depois do item sele-

---

[147] ABREU, Welles Matias de; GUIMARÃES, Daniela Rode. op. cit. p. 20.

cionado; b) *emenda modificativa*: que propõe a alteração do texto de um dispositivo específico, sem afetar os demais; c) *emenda substitutiva*: que propõe a exclusão do dispositivo por inteiro, substituindo-o por outro; d) *emenda supressiva*: propõe a exclusão do dispositivo.

Estas emendas ao projeto de lei do orçamento anual ou aos projetos que o modifiquem somente podem ser aprovadas caso: I – sejam compatíveis com o plano plurianual e com a lei de diretrizes orçamentárias; II – indiquem os recursos necessários, admitidos apenas os provenientes de anulação de despesa, excluídas as que incidam sobre: a) dotações para pessoal e seus encargos; b) serviço da dívida; c) transferências tributárias constitucionais para Estados, Municípios e Distrito Federal; ou III – sejam relacionadas: a) com a correção de erros ou omissões; ou b) com os dispositivos do texto do projeto de lei (§§ 2º e 3º do art. 166, CF/1988). E o § 4º do artigo 166 da Constituição ressalva que as emendas ao projeto de lei de diretrizes orçamentárias não poderão ser aprovadas quando incompatíveis com o plano plurianual.

Por sua vez, o atual art. 166-A da Constituição (inserido pela EC nº 105/2019) permite que emendas individuais de cumprimento impositivo apresentadas ao projeto de lei orçamentária anual aloquem recursos a Estados, ao Distrito Federal e a Municípios por meio de transferência especial ou transferência com finalidade definida.

Uma vez que tenham sido aprovados pelo Congresso Nacional, os projetos de leis orçamentárias serão enviados ao Presidente da República para que este, na condição de chefe do Executivo federal, os sancione, promulgue e mande publicar pelo meio oficial de publicações (o Diário Oficial da União).

É importante lembrar que, tanto a elaboração como a execução do orçamento público deverão seguir determinados parâmetros necessários para garantir a sua higidez e efetividade, os quais são comumente denominados de princípios orçamentários. Os princípios orçamentários podem assim ser sinteticamente relacionados: legalidade, anualidade, unidade, universalidade, exclusividade, programação, não vinculação, limitação, tecnicidade, especificação, sinceridade, publicidade, transparência, equilíbrio e sustentabilidade fiscal.

Após publicada a lei orçamentária anual (LOA), o orçamento aprovado sob a forma de lei pode começar a ser executado, efetivando-se no mundo concreto os programas e as ações nele dispostos. É a partir daí que cada entidade ou órgão receberá sua dotação fixada no orçamento, por meio da *descentralização dos créditos orçamentários*, de modo que cada Unidade Gestora Administrativa possa efetuar seus gastos de acordo com o cronograma previsto para cada despesa.

A forma de utilização dos recursos alocados pelo orçamento a cada unidade orçamentária se dá por *aplicação direta* (quando a unidade mesma despende seus recursos); por *transferência* (outra unidade executará a despesa) ou por *movimentação por órgãos centrais de administração geral* (art. 66, Lei nº 4.320/1964). Em todas estas situações, deve ser observado o *iter* legal de empenho, liquidação e pagamento da despesa, tudo de acordo com os limites definidos na programação orçamentária.

De modo a possibilitar a análise da execução do orçamento e de sua eficácia, o Poder Executivo publicará, até trinta dias após o encerramento de cada bimestre, relatório resumido da execução orçamentária (art. 165, § 3º, CF/1988). De acordo com o art. 52 da Lei Complementar nº 101/2000 (Lei de Responsabilidade Fiscal – LRF), este relatório abrangerá todos os Poderes e o Ministério Público, sendo publicado até trinta dias após o encerramento de cada bimestre e composto de balanço orçamentário e demonstrativos da execução das receitas e despesas.

Conforme o art. 8º da LRF, até trinta dias após a publicação dos orçamentos, de acordo com o que dispuser a lei de diretrizes orçamentárias, o Poder Executivo estabelecerá a programação financeira e o cronograma de execução mensal de desembolso.

Para não descuidar do equilíbrio orçamentário durante a sua execução, o art. 9º da LRF estatui que, se verificado, ao final de um bimestre, que a realização da receita poderá não comportar o cumprimento das metas de resultado primário ou nominal estabelecidas no Anexo de Metas Fiscais, os Poderes e o Ministério Público promoverão, por ato próprio e nos montantes necessários, nos trinta dias subsequentes, limitação de empenho e movimentação financeira, segundo os critérios fixados pela lei de diretrizes orçamentárias.

Desta forma, a limitação de empenho pode ser entendida como um instrumento que veda a execução de certo gasto sempre que a receita reste prejudicada em sua arrecadação. Mas, caso haja restabelecimento da receita prevista, ainda que parcial, a recomposição das dotações cujos empenhos foram limitados dar-se-á de forma proporcional às reduções efetivadas (art. 9º, § 1º, LRF).

Por certo, tal execução do orçamento necessita ser controlada e fiscalizada, de modo a evitar qualquer tipo de desvio ou irregularidade por parte dos agentes públicos responsáveis pela gestão das receitas e despesas públicas. A nossa Lei Maior dedica toda uma seção ao tema da fiscalização contábil, financeira e orçamentária, bem como a LRF, em seus arts. 43 a 59, também regulamenta de forma mais detalhada a matéria.

Destacam-se duas modalidades de controle do orçamento no Brasil: o controle externo e o interno. O controle externo fica a cargo do Poder Legislativo de cada ente federado, auxiliado pelo respectivo Tribunal ou Conselho de Contas (arts. 71 e 75, CF/1988). Já o controle interno é executado pelo sistema de controle que cada Poder e órgão autônomo deve constituir em seu âmbito interno (art. 74, CF/1988).

Concluímos este capítulo tendo revisitado os aspectos essenciais da estrutura orçamentária e realizado uma densa análise da teoria das necessidades públicas, tudo com o fito de circunstanciar o leitor, preparando terreno para, a partir de agora, apresentarmos as reflexões primordiais desta obra, que envolvem a concepção de uma teoria dos gastos fundamentais, inserindo-a dentro do arquétipo do orçamento impositivo.

Capítulo 3
Os Gastos Fundamentais

Os direitos fundamentais, como pedra angular e baliza do discurso político e jurídico contemporâneo, constituem o núcleo duro do constitucionalismo ocidental. Por isso, o presente capítulo se dedica a investigar, em um primeiro momento, a dignidade da pessoa humana, em sua poliédrica definição conceitual, como ponto fulcral sobre o qual radicam os direitos fundamentais. O conceito de dignidade será explorado em um breve escorço histórico e ideológico, passando pelo Mundo Antigo, atravessando a Idade Média, o Iluminismo, o século XIX e os dias atuais.

Posteriormente, será analisada a habitual *summa divisio* entre *direitos fundamentais clássicos* e *direitos sociais*, indicando-se as razões tradicionais desta distinção e como, hodiernamente, tem-se colocado em xeque tal diferença, sobretudo à luz da *teoria dos custos dos direitos*, ao se deixar claro que a garantia de direitos fundamentais de qualquer geração está intimamente conectada com o seu custeio, gerando a categoria dos *gastos fundamentais* como sua face financeiro-orçamentária.

Além disso, será apresentada a noção de *mínimo existencial*, tanto sob a perspectiva de um *conceito fraco* (mínimo vital) como de um *conceito forte* (mínimo vital e social), trazendo-se uma reflexão de natureza prática sobre o seu conteúdo e sua exigibilidade em via judicial e também na seara orçamentária como direito público subjetivo do cidadão.

Por fim, será ilustrado, através da análise da realidade orçamentária nacional, de que modo os gastos ou despesas fundamentais figuram no orçamento nacional dentro da estrutura de funções estatais a serem cumpridas, com destaque para cinco espécies de direitos sociais por nós reputadas como principais: educação, saúde, saneamento básico, moradia e assistência social.

3.1. A dignidade da pessoa humana: alicerce dos direitos fundamentais

A Constituição brasileira, em seu art. 1º, inciso III, estabelece como um dos pilares de nossa República a dignidade da pessoa humana. O objetivo desta seção é apresentar alguns lineamentos que indiquem a razão de tal princípio estar na base do tratamento que o Estado deve dar a seus cidadãos. O que se quer dizer quando se declara que o ser humano é digno? Por que a afirmação de uma dignidade do ser humano o torna merecedor de um tipo específico de tratamento? Existe um mínimo a ser oferecido ao ser humano para que se diga que lhe são dadas condições para uma vida digna? Estas são as perguntas que, sem pretensão de esgotar o tema, se buscará responder nesta seção. A preocupação com o tema, além de filosófica, também ocupa juristas nacionais e estrangeiros, chamados a dar concretude ao princípio na aplicação do direito.

O termo "dignidade", em língua portuguesa, é oriundo da palavra latina *"dignitas"*, significando algo que tem valor, excelente e honroso ou, ainda, quanto ao *status* social, a expressão indicava na Antiga Roma altas posições hierárquicas ocupadas por cidadãos romanos, para distingui-los da plebe.

Por sua vez, o termo "pessoa" vem da palavra latina *"persona"*, uma espécie de máscara representativa de personagens que se usava no teatro greco-romano com um dispositivo para ampliar a voz (em uma época em que, obviamente, ainda não havia microfones) para fazer a voz ressoar e se tornar mais audível para a plateia. Assim, por analogia, a palavra usada para representar a personagem do teatro acabou sendo utilizada para designar os indivíduos da espécie humana.

Por fim, a etimologia da palavra "humano", derivada do latim *"humanus"*, seria a de ser feito da terra (em latim, terra é *"humus"*), recordando o fato de que o ser humano, ao fim da vida, está destinado a ser sepultado e voltar para a terra, com ela se misturando, ou tornar-se pó.

O uso da expressão combinada "pessoa humana", tão comum nos tratados jurídicos e Constituições, ao contrário do que poderia parecer, não configura uma redundância. Objeta-se frequentemente afirmando que não seria possível imaginar uma *pessoa* que não fosse humana. Na verdade, no sentido técnico jurídico, a expressão distingue as pessoas jurídicas (também chamadas de pessoas morais ou coletivas) dos seres humanos que possuem existência física concreta. Como assevera Caio Mário da Silva Pereira, há razões de conveniência da vida civil que levam o ordenamento a reconhecer personalidade também a certos agrupamentos de indivíduos e a certas destinações patrimoniais como entes abstratos com aptidão para adquirir e exercer direitos e contrair obrigações.[148] Apenas por este motivo de precisão de conceitos já estaria plenamente justificada sua serventia.

Mas também no jargão filosófico e teológico é importante o uso da expressão completa, uma vez que diferencia os seres humanos de outros entes pessoais, como os entes angélicos e Deus. É que, nesses termos, a marca da *personalidade* está no fato de se possuir, inscrita dentro das possibilidades de uma determinada natureza, a faculdade da razão (também chamada de *intelecto*), como na clássica definição do filósofo neoplatônico Boécio de *pessoa* como "substância individual de natureza racional" (*naturæ rationalis individua substantia*).[149]

Assim, todos os entes dotados de faculdade racional são pessoas, mas como, na teologia (seja ela cristã, muçulmana ou judaica, para citar as três principais religiões monoteístas), ademais dos seres humanos, inequivocamente racionais, faz-se alusão também a anjos e a Deus, também eles entes a quem se atribui a característica da racionalidade, dizer *pessoa humana* para distinguir das demais também cobra relevância nessa área do conhecimento.

Também é preferível evitar o vocábulo *indivíduo* como sinônimo de *pessoa*, embora esse uso tenha se popularizado, sobretudo na seara jurídica e política. Todavia, em sentido técnico filosófico, *indivíduo* é meramente um ser ou ente dotado de uma existência própria e incomunicável[150] ou, ainda, qualquer coisa singular, nada predicando essa nomenclatura acerca da nota constitutiva de racionalidade típica das pessoas. Nesse sentido, uma cadeira, uma mesa, um homem, todos são indivíduos, pois

---

[148] PEREIRA, Caio Mário da Silva. *Instituições de direito civil*. Vol. I. 24. ed. Rio de Janeiro: Forense, 2011. p. 247.

[149] BOECIO. Contra Eutiques y Nestorio (Tratado sobre la persona y las dos naturalezas de Cristo). In: *Cinco opúsculos teológicos* (Opuscula Sacra). Lima: Pontificia Universidad Católica del Perú, 2002. p. 87.

[150] JOLIVET, Régis. *Vocabulário de filosofia*. Verbete "indivíduo". Rio de Janeiro: AGIR, 1975. p. 122.

todos estes entes estão dotados de existência própria e incomunicável que os diferencia de todo e qualquer outro indivíduo. A utilização da palavra *pessoa* é mais consentânea com a especificidade e dignidade de que está revestido o indivíduo de natureza *pessoal*.

Mais recentemente, no chamado movimento pelo direito dos animais (*animal rights movement*), tem-se pleiteado a conferência, em certa medida, de alguns atributos da *personalidade* também aos animais, sobretudo aos mamíferos superiores, como chimpanzés e gorilas. Estes deveriam ter seus interesses protegidos, especialmente pela característica da *senciência*, isto é, a capacidade de experimentar sensações de dor, sofrimento, prazer e felicidade (aptidão esta que partilham com os seres humanos). Assim, os animais não seriam meras coisas (*res*), encontrando-se num campo intermediário de proteção. Tal visão, que vem tomando força com estudos de filósofos morais como Peter Singer[151] e Tom Regan[152], tem inclusive servido de base para algumas ações perante o Judiciário nacional de proteção a grandes primatas, objetivando que sejam colocados em condições de vida que seriam mais propícias do que aquelas em que viviam em jaulas ou confinados em pequenos espaços.[153] Contudo, não aprofundaremos o tema nesta obra, remanescendo aqui com a visão clássica da proteção da dignidade *humana* tão somente.

Para os atuantes na esfera jurídica, é inarredável a necessidade de trabalhar com o conceito de dignidade humana, cujo sentido, *prima facie*, parece ser unívoco e universalmente válido, com aspectos de axioma. Deve-se, contudo, tomar cuidado para não se confundir a realidade significada pelo conceito com o próprio conceito em si. A humanidade como conjunto dos seres humanos é um dado, mas o conceito teórico de sua dignidade é um constructo. Daí a divergência entre correntes filosóficas sobre tal conceituação, embora todas elas se referindo a uma única e

---

[151] SINGER, Peter. *Libertação animal*. Trad. Marly Winckler. São Paulo: WMF Martins Fontes, 2010.

[152] REGAN, Tom. *Jaulas vazias*: encarando o desafio dos direitos dos animais. Trad. Regina Rheda. Porto Alegre: Lugano, 2006.

[153] É o exemplo do HC nº 833085-3/2005, do Tribunal de Justiça da Bahia, e do HC nº. 96.344, perante o Superior Tribunal de Justiça, ambos tratando de condições de vida de chimpanzés e que apresentam os próprios símios como partes do processo (pacientes em cujo favor o *habeas corpus* foi impetrado).

mesma realidade (embora o conceito jamais seja capaz de abarcar e esgotar a própria realidade, antes ressaltando esta ou aquela característica do ente real).

Portanto, apresentaremos brevemente a seguir algumas das principais tentativas teóricas de explicação dessa realidade, apenas para se ter um panorama sumário da discussão.

3.1.1. A visão do Mundo Antigo, do Judaísmo e do Cristianismo

No Mundo Antigo, abstraindo-se do conceito judaico-cristão (a ser visto mais adiante), há uma grande dificuldade filosófica de apreensão da ideia-conceito de dignidade humana como igualdade fundamental entre os homens. Entre os gregos, donde brotou a filosofia ocidental, a condição de cidadão-livre era estendida apenas aos homens maiores de idade que integravam a *"polis"* (não a todos), os quais possuíam direitos como o do voto, de assumir cargos públicos, mas também o dever de auxiliar nas despesas com conflitos militares. O mesmo ocorria na *civis* romana. E, em ambas as culturas, a prática da escravidão era disseminada e naturalizada, a ponto de Aristóteles sustentar inclusive que, para algumas pessoas, a escravidão era uma instituição natural.[154]

Poucas eram as vozes que se levantavam contra tal estado de coisas, sendo um ponto de claridade nesse particular a postura dos estoicos, que por meio de alguns de seus máximos representantes (como Cícero[155] e

---

[154] "Por conseguinte, aqueles homens que se diferenciam entre si, tanto quanto a alma se diferencia do corpo ou o homem do animal (e têm esta disposição aqueles cuja actividade consiste em fazer uso do corpo, e isto é a melhor coisa que podem dar) são escravos por natureza, e para eles é melhor estarem sujeitos a esse tipo de autoridade, se dermos crédito às distinções acima referidas. É um escravo por natureza aquele que pode pertencer a outro (e é esta a razão por que pertence de facto) e também aquele que participa da razão o suficiente para a apreender sem, contudo, a possuir; os animais distintos do homem nem sequer são capazes de participar da forma sensitiva da razão; apenas obedecem passivamente às impressões. Quanto à utilidade, escravos e animais domésticos pouco diferem; prestam ambos auxílio ao corpo, na medida das nossas necessidades". (ARISTÓTELES. *Política*, 1254b, 15-25. Lisboa: Vega, 1998. p. 63-65).

[155] CICERÓN. *Sobre los deberes*. Libro III, XXX. Trad. José Guillén. Madrid: Alianza, 2001. p. 100: "Si queremos considerar la excelencia y la dignidad de la naturaleza humana, veremos la torpeza y la vergüenza que es desbordarse en la lujuria y vivir voluptuosa y muellemente; y, por el contrario, qué honesto es llevar una vida módica, temperante, aus-

Sêneca[156]) defendiam uma dignidade fundamental dos seres humanos pelo simples fato de partilharem a mesma natureza humana racional. Mas, repita-se, tratava-se de uma visão minoritária e que não corresponde ao sentimento médio da época, como registra Eugène Petit[157]:

> A escravidão é a condição das pessoas que estão debaixo da propriedade de um dono. A rigor, em todos os povos antigos, esta instituição foi considerada como direito das gentes. Era um elemento essencial das sociedades antigas, ficando-se surpreendido que os grandes filósofos aceitavam este principio como necessário e natural. (tradução livre)

É nesse sentido que se pode tomar a crítica de Luís Roberto Barroso[158] de que, na Roma Antiga, a dignidade era um conceito vinculado mais ao *status* pessoal de alguns indivíduos ou à proeminência de determinadas instituições, exatamente como visto anteriormente ao analisarmos o significado da palavra latina *dignitas*. Ainda na lição de Barroso, entendida no Mundo Antigo como um *status* pessoal, "a dignidade representava a posição política ou social derivada primariamente da titularidade de determinadas funções públicas, assim como do reconhecimento geral de realizações pessoais ou de integridade moral".

É justamente essa característica da cultura greco-romana tão favorável à escravidão que parece indicar, no debate ocidental sobre a dignidade

---

tera y sobria. Hemos de pensar también que la naturaleza nos ha dotado, por así decirlo, de una doble persona. Una es común a todos los hombres, como resultado de que todos somos partícipes de la razón y de la excelencia que nos sitúa por encima de los animales y de donde procede toda especie de honestidad y de decoro, y se deduce el método que lleva a la investigación y al hallazgo del deber. La otra, en cambio, se atribuye como parte característica a cada uno. Pues, como en los cuerpos hay grandes desemejanzas (unos tienen disposición para correr por su ligereza; otros, para luchar por su fuerza, y lo mismo en la conformación de la persona, en la que unos presentan dignidad y otros belleza), mayor es todavía la variedad en el espíritu."

[156] SÉNECA. *Epístolas morales a Lucilio*. Libro V. Epístola 47. Madrid: Gredos, 1986. p. 278.
[157] PETIT, Eugène. *Tratado Elemental de Derecho Romano*. 23. ed. México, D.F: Porrúa, 2007. p. 76.
[158] BARROSO, Luís Roberto. *A dignidade da pessoa humana no direito constitucional contemporâneo*: a construção de um conceito jurídico à luz da jurisprudência mundial. 3. reimpressão. Belo Horizonte: Fórum, 2014. p. 13.

da pessoa humana, uma maior conexão com os fundamentos judaico-cristãos deste conceito[159], a partir da noção de criação do ser humano a partir de Deus.

No livro bíblico de Gênesis, que narra a criação do mundo, é dito que o ser humano foi feito à imagem e semelhança de Deus (em hebraico, *Tzelem Elohim* – imagem de Deus) como último ser da criação (no sexto dia do relato bíblico de criação do mundo em sete dias, sendo o sétimo o dia de descanso da divindade), a coroar a obra divina de trazer à existência as criaturas. Por isso, ele é também constituído para dominar todas as demais criaturas visíveis.[160]

Nessa imagem e semelhança com Deus residiria o motivo intrínseco da inviolabilidade e mesmo sacralidade da vida humana: se Deus é sumamente sagrado, aquele que com ele se assemelha também guarda em si, por analogia, algo da excelência e honra que são, de modo próprio, tributáveis apenas a Deus.

O respeito à pessoa humana, em virtude de sua dignidade que decorre de ser feita à imagem e semelhança de Deus, perpassa diversos textos dos cinco primeiros rolos de livros (também conhecidos como *Torá*, em hebraico, ou *Pentateuco*, em grego) da Bíblia hebraica (também chamada, na tradição cristã, de Antigo Testamento).

Em primeiro lugar, temos o próprio descanso a cada ciclo de sete dias, conhecido entre o povo judaico como *Shabbat* (em português, sábado), fazendo memória do sétimo dia em que Deus teria descansado da obra da criação, segundo o relato bíblico de Gênesis. Ora, assim também o

---

[159] "Sob uma perspectiva religiosa, o monoteísmo hebraico tem sido considerado como o ponto inicial: a unidade da raça humana é o corolário natural da unidade divina. As ideias centrais que estão no âmago da dignidade humana podem ser encontradas no Velho Testamento, a Bíblia Judaica: Deus criou o ser humano à sua própria imagem e semelhança (*Imago Dei*) e impôs sobre cada pessoa o dever de amar seu próximo como a si mesmo. Essas máximas são repetidas no Novo Testamento cristão. Devido à sua influência decisiva sobre a civilização ocidental, muitos autores enfatizam o papel do cristianismo na formação daquilo que veio a ser conhecido como dignidade humana, encontrando nos Evangelhos elementos de individualismo, igualdade e solidariedade que foram fundamentais no desenvolvimento contemporâneo da sua abrangência". (Ibidem. p. 15).

[160] Gênesis (*Bereshit*) 1,26-27.

ser humano, sendo imagem e semelhança do Criador, deve descansar no sétimo dia.

A lógica por trás deste descanso semanal é recordar que o ser humano não é um mero instrumento que existe apenas para trabalhar, mas que detém uma dimensão espiritual para que sua vida tenha qualidade. É necessário, portanto, momento em que não labore para se dedicar ao lazer do corpo e da mente, ao convívio com familiares e demais membros da sociedade e o cultivo de outros interesses que não os meramente produtivos. Recorda-se, assim, que o valor do ser humano está para além daquilo que é capaz de fazer ou fabricar.

O mínimo existencial no sentido de subsistência humana também se faz presente no texto religioso judaico. Por exemplo, a obrigação de não reter o salário do operário nem pagá-lo fora do prazo, presente no livro de Levítico 19,13. Também se reservava as sobras das colheitas aos reconhecidamente pobres, sobretudo os estrangeiros, viúvas e órfãos, os quais detinham menor proteção na vida social (Levítico 19,9-10 e Deuteronômio 24, 19-22).

Encontramos igualmente a vedação da usura e a impenhorabilidade de certos bens essenciais à vida, como vestimentas (Êxodo 22, 25-27 e Deuteronômio 24,17) e utensílios para a produção de alimentos (Deuteronômio 24,6), de modo que as dívidas não impedissem o devedor de sobreviver.

Diferentemente do que se imagina, o próprio mandamento de "amar ao próximo como a si mesmo", visto como paradigma maior do cristianismo no trato entre os seres humanos, é, na verdade, uma herança do judaísmo, encontrada no livro bíblico de Levítico 19, 18: "Não te vingarás nem guardarás ira contra os filhos do teu povo; mas amarás o teu próximo como a ti mesmo".

Essa visão sobre a dignidade humana foi continuada pelo cristianismo, religião fundada e iniciada por Jesus Cristo, que era judeu, e seus primeiros seguidores, eles também judeus. Embora tenha logo se desconectado formalmente do judaísmo, o cristianismo recebeu dele como legado não só os textos sagrados da Bíblia hebraica (Antigo Testamento), mas também a ética de base que informou a nova religião (a qual, por certo, também sofreu aportes das filosofias gregas e romanas então vigentes, sobretudo do neoplatonismo e do estoicismo).

É com a difusão do cristianismo, inicialmente no Velho Continente (com a assunção desta religião como sendo a oficial do Império Romano), mas depois, no período das grandes navegações e do colonialismo, também em direção às Américas, África, Ásia e Oceania, que esta visão de mundo se espalhará pelos quatro cantos do planeta.

No pensamento cristão, o termo hebraico "*Tzelem Elohim*" (imagem de Deus) é traduzido em primeiro lugar para o grego "*ikon tu Theu*" ("*ikon*", ícone ou imagem; "tu Theu", de Deus) e, posteriormente, para o latim "imago Dei" ("imago", imagem; "Dei", de Deus).

Santo Agostinho, um dos principais pensadores cristãos de todos os tempos, por exemplo, explana a doutrina do homem como imagem de Deus em virtude de sua natureza espiritual, isto é, as faculdades do intelecto e vontade (e não por seu aspecto corpóreo, pois neste ponto se assemelha aos animais, já que Deus é incorpóreo).[161]

Na Idade Média, o rabino Moisés Maimônides, grande luminar do judaísmo, sustenta ideia similar àquela do cristão Agostinho, inclusive criticando os intérpretes literalistas do texto de Gênesis. Para os partidários da interpretação literal, como o homem é corpóreo, o fato de ser imagem (*tzelem*) de Deus implicaria que o próprio Deus deveria ter uma forma corpórea, com rosto e mãos, para que o texto da Bíblia não fosse desmentido.[162]

Maimônides contesta tal uso linguístico afirmando que, em hebraico, a forma exterior visível ou aparência de uma coisa se diz *tō'ar*, não sendo jamais aplicada a Deus, pois este é imaterial, não tendo aparência externa visível. A palavra *tzelem*, essa sim usada para falar também de Deus, aplica-se à forma substancial, isto é, a essência constitutiva de uma coisa. Assim, é da essência de Deus ser espírito puro, que tem a intelecção das coisas sem necessidade de matéria, e é nesse sentido que o ser humano, por sua natureza espiritual que lhe dá a capacidade intelectual, é imagem de Deus.[163]

---

[161] Agustín. *Obras de San Agustín*. Tomo XV: Del Génesis contra los maniqueos. Madrid: BAC, 1957. p. 397.
[162] Maimónides, Moisés. *Guía de perplejos*. Capítulo Primero. I. 3. ed. Madrid: Trotta, 2001. p. 66.
[163] Ibidem. p. 67-68.

Entre os autores cristãos mais destacados da Idade Média, refulge São Tomás de Aquino, o qual também retoma o tema, ao se questionar se a imagem de Deus se encontra em todos os homens, ao que responde afirmativamente, visto que é "em virtude de sua natureza intelectual que se diz ser o homem à imagem de Deus, ele o é sobretudo na medida em que a natureza intelectual pode imitá-lo ao máximo". E continua:

> Ora, a natureza intelectual imita Deus ao máximo, naquilo em que Deus se conhece e se ama. Por conseguinte, a imagem de Deus no homem poderá ser vista de três maneiras. Primeiramente, enquanto o homem tem uma aptidão natural para conhecer e amar a Deus, aptidão que reside na natureza da alma espiritual, comum a todos os homens. Segundo, enquanto o homem conhece e ama atual ou habitualmente a Deus, embora de maneira imperfeita. Trata-se então da imagem por conformidade de graça. Terceiro, enquanto o homem conhece e ama a Deus atual e perfeitamente. Tem-se então a imagem segundo a semelhança da glória.[164]

Na transição para a Idade Moderna, começamos a assistir a uma modificação na característica principal a ser salientada dessa semelhança do homem para com Deus: embora não se despreze a visão anterior, começa a se ressaltar a *liberdade* como algo também intrinsecamente constitutivo da dignidade humana, como podemos ver no *Discurso sobre a dignidade humana* de Pico della Mirandola[165]:

> Assim, Deus fez do homem a obra de uma forma indefinida e, colocado no centro do mundo, falou com ele assim: "Não te demos nenhum posto fixo, nem um rosto próprio, nem um ofício peculiar, ó Adão, para que o posto, a imagem e os empregos que desejas para ti, os possa ter e possuir por tua própria escolha e decisão. Para os demais, uma natureza contraída dentro de certas leis que prescrevemos para eles. Quanto a ti, não sujeito a certos limites estreitos, definirás por ti mesmo, de acordo com a tua própria vontade, à qual te dei' ". (tradução livre)

---

[164] Aquino, Tomás de. *Suma Teológica*. Prima Pars, q. 93, a. 4. 2. ed. Vol. II. São Paulo: Loyola, 2005. p. 625.
[165] Mirandola, Pico della. *De la dignidad del hombre*. Madrid: Editora Nacional, 1984. p. 105.

Em suma, neste período, podemos perceber que a dignidade humana está sempre referenciada à dignidade de um Outro que lhe é superior e é seu Criador, isto é, Deus. Por isso, ainda que em períodos posteriores, a serem visto abaixo, se faça abstração da questão da origem em Deus da dignidade do ser humano, não se pode esquecer que esta discussão de fundo não só filosófico, mas também teológico, teve grande importância na gênese do conceito ocidental de dignidade da pessoa humana.[166]

3.1.2. A fundamentação iluminista da dignidade humana

O projeto filosófico do Iluminismo se colocou em contraposição à visão teocêntrica típica da Idade Média (e também compartilhada pelo judaísmo ortodoxo) que parte não apenas da capacidade humana de conhecer o mundo, mas também do dado de uma Revelação por iniciativa divina (Deus que se revela e se comunica com os seres humanos).

O Iluminismo, embora não negue a divindade, tem desta uma visão muito mais impessoal: Deus não estabelece uma relação com seu povo (como na visão judaica e cristã), mas figura apenas como o Criador impassível do Universo, que dá um *pontapé inicial* em todas as coisas, estabelecendo leis naturais pelas quais as coisas se regem sem que o Criador necessite delas cuidar.

Assim, a fundamentação do valor da pessoa humana passa a abstrair de uma eventual origem sobrenatural e divina, baseando-se então na descoberta das leis naturais que regem a conduta humana e no tratamento que seja conforme ao modo como o ser humano está constituído (o conceito filosófico iluminista de *natureza humana*).

Um exemplo emblemático desta mentalidade é a própria Declaração de Independência dos Estados Unidos da América, em que se cita sim um Criador, mas sem qualquer indicação de que se trataria de Deus como entendido pelos cristãos. Ademais, esta Declaração afirma que seriam

---

[166] Peter Häberle também afirma tal conexão: "Das diversas cláusulas sobre a dignidade humana das Constituições se chega a perceber, "nas entrelinhas", que aquelas estão referidas a uma concepção culturalmente específica da dignidade humana. Isto coloca a questão da dependência cultural (e, sobretudo, da dependência religiosa) das concepções da dignidade humana". (HÄBERLE, Peter. *El Estado Constitucional*. Trad. Héctor Fix-Fierro. México, D.F.: UNAM, 2003. p. 169).

princípios autoevidentes que todos os homens seriam criados iguais e que estariam dotados pelo Criador de certos direitos inalienáveis, chamados de *direitos naturais*.

A novidade nesta proposta está em que, pela primeira vez, busca-se fundamentar a dignidade humana sem recorrer-se a argumentos transcendentes vinculados a uma religião organizada e institucionalizada, o que abrirá caminho para que, no século XIX, chegue-se a uma formulação de radical negação de qualquer realidade divina.

Destacamos nesse período a filosofia kantiana, uma das principais tentativas modernas de fundamentar a intrínseca dignidade humana sem necessidade de recurso a uma divindade. Segundo Kant, os atos humanos deveriam se orientar por um *imperativo categórico* expresso na máxima "age apenas segundo uma máxima tal que possas ao mesmo tempo querer que ela se torne lei universal".[167]

Formulando na prática um exemplo desta máxima, seria impossível manter relações humanas minimamente pacíficas se elegêssemos como máxima universalizável um direito de os seres humanos enganarem sistematicamente uns aos outros. Ou o parâmetro da conduta humana ética é dizer a verdade (ainda que, concretamente, as pessoas mintam aqui e ali), ou a universalização da mentira destruiria a convivência humana.

Kant também afirma que, entre tudo o que existe, há aquelas coisas que têm valor de *meio* para obtenção de outras coisas, e aquelas que têm valor *em si mesmas*. Dentre elas, ressalta o *ser humano*, o qual existe como "fim em si mesmo e não só como meio para o uso arbitrário desta ou daquela vontade".[168] Assim, em todas as suas condutas, seja quanto a si mesmo ou em referência aos demais seres humanos, o homem nunca pode ser visto como um mero meio. Por isso, os seres humanos são seres *pessoais*, e não objetos ou coisas. Estas últimas possuem seu valor em termos de *preço* (valor de troca), enquanto as pessoas estão dotadas de *dignidade*, ou seja, não podem ser precificadas.

---

[167] KANT, Immanuel. *Fundamentação da metafísica dos costumes*. Trad. Paulo Quintela. Lisboa: Edições 70, 1995.
[168] Ibidem. p. 68.

3.1.3. A anti-metafísica do século XIX

A autonomia da fundamentação da dignidade da pessoa humana de um referencial transcendente de fundo religioso, que já vinha sendo gestada no Iluminismo, culminará, no século XIX, com uma série de filosofias que avançam para afirmar a total inexistência do dado religioso. Destacam-se, sobretudo, a filosofia de Karl Marx, com seu materialismo histórico, o positivismo cientificista de Auguste Comte e a rebelião subversiva da moral tradicional por parte de Friedrich Nietzsche.

No marxismo, o materialismo (ou seja, a gênese de todas as coisas a partir da matéria pura, desprovida de qualquer elemento espiritual) acaba retirando da fundamentação filosófica da dignidade humana sua força específica: se o homem é apenas um amontoado de átomos, o que o faz diferente dos outros animais? E o que impede de ser visto como apenas uma "peça" da grande "engrenagem" do todo social? A esse respeito, veja-se a interessante crítica do filósofo russo Nikolai Berdiaev:

> Assistimos a uma alienação da natureza humana; segundo Marx e Feuerbach, a fé em Deus e no mundo espiritual nada mais é do que a alienação da natureza suprema do homem, a transferência desta natureza para a esfera transcendente. A natureza em sua totalidade deve ser devolvida ao homem, mas será que esta restituição realmente acontece? Não a vemos no materialismo marxista. A natureza humana não é devolvida ao homem, ela é destruída junto com a esfera transcendente. O homem permanece despojado, não é mais que um ser material, um pedaço de matéria; mas um pedaço de matéria não pode ser investido com dignidade humana, a totalidade da vida não poderia ser realizada em um ser material. O comunismo quer devolver ao homem suas ferramentas de produção que foram alienadas, mas não aspira de forma alguma a devolver-lhe o elemento espiritual da natureza humana que também lhe foi arrebatado. Não poderia, portanto, ser uma questão de uma realização da totalidade da vida, assim como não poderia ser uma questão da verdadeira dignidade do homem. Isto está ligado ao fato de que ele é ser um ser espiritual criado à imagem e semelhança de Deus, que comporta um elemento independente do mundo exterior, da sociedade. [...] Mas o marxismo não comporta a ideia de pessoa, assim como não é encontrada no comunismo, e é por isso que estas doutrinas são impotentes para defender o homem. O comunismo afirma, no máximo, o indivíduo, o indivíduo socia-

lizado, para o qual exige a totalidade da vida, mas nega a pessoa. [...] Dentro do comunismo materialista, o processo de desumanização, que Marx denunciou na sociedade capitalista, só continua. O industrialismo comunista pode desumanizar o homem e transformá-lo em uma função técnica tanto quanto o industrialismo capitalista. O homem não é considerado pelo comunismo como um espírito livre, ou seja, como uma pessoa, mas como uma função do processo social, como um ser material, exclusivamente preocupado com o econômico e o técnico e que consagra seu tempo livre a uma arte destinada a adornar a vida industrializada.[169] (tradução livre)

Friedrich Nietzsche, por sua vez, em sua obra *"Genealogia da moral"*, apresenta seu projeto de busca de superação da moral tradicional ocidental fundada na ética judaico-cristã. Esta última, radicada na visão teológica de um Deus criador, é vista por Nietzsche como uma moral de escravos (evocando os primórdios do povo hebreu, que foi escravo no Egito) que tentaria se importar aos poderosos e impetuosos deste mundo, para contê-los em seu desejo de dominação dos fracos.[170]

Já o positivismo de Auguste Comte prima pelo empirismo, ou seja, apenas aqueles fenômenos observáveis pela experiência sensível com base no mundo físico constituem formas de conhecimento válido e veraz. Com isso, exclui qualquer fenômeno ou método de natureza espiritual (tomada a palavra aqui não apenas em sentido religioso, mas também em sentido de imaterialidade) como forma possível de acesso verdadeiro à realidade. Para essa corrente, a sociedade também operaria de modo similar ao mundo físico, isto é, por meio de leis e constantes absolutas, elegendo o método das modernas ciências naturais como único método válido para o conhecimento.

Por isso, Comte propunha que as fases *teológica*[171] (vivida sobretudo no Mundo Antigo e na Idade Média) e *metafísica*[172] (o Iluminismo) do

---

[169] BERDIAEV, Nicolás. Persona humana y marxismo. *Revista Mexicana de Ciencias Políticas y Sociales*, vol. 36, nº 142, 1990. p. 130-131.
[170] NIETZSCHE, Friedrich. *Genealogia da moral*: uma polêmica. Trad. Paulo César de Souza. 10. reimp. São Paulo: Companhia das Letras, 1998. p. 26.
[171] "Dans l'état théologique, l'esprit humain, dirigeant essentiellement ses recherches vers la nature intime des êtres, les causes premières et finales de tous les effets qui le frappent,

conhecimento humano deveriam dar espaço a uma nova etapa *positiva* ou *científica*[173], firmando a ideia de que a história humana caminhava num progresso linear (influenciando inclusive a nascente República brasileira, que assumiu como seu *leitmotiv* a máxima "Ordem e Progresso", encrustada na bandeira republicana).

Esta visão, sobretudo quando projetada sobre as ciências humanas, tem sido criticada como demasiadamente estreita e amputadora das múltiplas possibilidades de sentido *interpretativo* que o ser humano é capaz de legar aos fatos sociais, estando sempre presente uma dimensão valorativa.[174]

3.1.4. A era dos direitos humanos

É no mínimo curioso que a crença no progresso científico como significando o alvorecer de uma nova era não tenha, no curso histórico, sido

---

en un mot vers les connaissances absolues, se représente les phénomènes comme produits par l'action directe et continue d'agents surnaturels plus ou moins nombreux, dont l'intervention arbitraire explique toutes les anomalies apparentes de l'univers". (COMTE, Auguste. *Cours de philosophie positive*. Tome Premier. 2. ed. Paris: Borrani et Droz, 1852. p. 15).

[172] "Dans l'état métaphysique, qui n'est au fond qu'une simple modification générale du premier, les agents surnaturels sont remplacés par des forces abstraites, véritables entités (abstractions personnifiées) inhérentes aux divers êtres du monde, et conçues comme capables d'engendrer par elles-mêmes tous les phénomènes observés, dont l'explication consiste alors à assigner pour chacun l'entité correspondante". (Loc. cit.).

[173] "Enfin, dans l'état positif, l'esprit humain reconnaissant l'impossibilité d'obtenir des notions absolues, renonce à chercher l'origine et la destination de l'univers, et à connaître les causes intimes des phénomènes, pour s'attacher uniquement à découvrir, par l'usage bien combiné du raisonnement et de l'observation, leurs lois effectives, c'est-à-dire leurs relations invariables de succession et de similitude. L'explication des faits, réduite alors à ses termes réels, n'est plus désormais que la liaison établie entre les divers phénomènes particuliers et quelques faits généraux dont les progrès de la science tendent de plus en plus à diminuer le nombre". (Loc. cit.).

[174] "The positivist thesis of unified science, which assimilates all the sciences to a natural-scientific model, fails, in Habermas's view, because of the intimate relationship between the social sciences and history, and the fact that they are based on 'a situation-specific understanding of meaning that can be explicated only 'hermeneutically'. As he put it some ten years later, 'access to a symbolically prestructured reality cannot be gained by observation alone' ". (OUTHWAITE, William. *Habermas*: A Critical Introduction. 2. ed. Cambridge: Polity, 2009. p. 22).

acompanhada por um real progresso ético. Retirado do horizonte o limite moral colocado seja por visões religiosas de mundo ou por considerações do ser humano como fim em si mesmo (por exemplo, a ética kantiana), o homem acabou gemendo sob o peso da ausência de proteção concreta e efetiva contra barbáries que foram cometidas ao longo do século XX, com destaque para o morticínio de judeus na Segunda Guerra Mundial e das políticas de extermínio em massa nos regimes soviético e chinês.

Traumatizadas por tais fatos trágicos, que ceifaram a vida de milhões de pessoas como nunca dantes visto na história mundial, as nações começaram a se preocupar com uma dimensão axiológica e valorativa, mas com consequências práticas: como passar do discurso dos direitos naturais ou humanos para sua efetiva concretização no plano internacional e doméstico?

Imediatamente após o final da Segunda Guerra Mundial, ainda em 1945, foi aprovada a Carta das Nações Unidas, ato fundante deste relevantíssimo órgão internacional. Os objetivos de sua criação foram preservar as gerações vindouras do flagelo da guerra (fazendo memória das então recentes duas guerras mundiais), que trouxe sofrimentos indizíveis à humanidade; reafirmar a fé nos direitos fundamentais do homem, na dignidade e no valor do ser humano, na igualdade de direito dos homens e das mulheres, assim como das nações grandes e pequenas; estabelecer condições sob as quais a justiça e o respeito às obrigações decorrentes de tratados e de outras fontes do direito internacional possam ser mantidos; promover o progresso social e melhores condições de vida dentro de uma liberdade ampla.

Três anos depois, em 1948, a ONU cria aquele que talvez seja o principal diploma jurídico internacional de nosso tempo, inaugurando uma época que podemos chamar de "era dos direitos humanos": a Declaração Universal dos Direitos Humanos, aprovada pela Resolução 217 A (III) da Assembleia Geral da ONU.

Após este primeiro documento, começaram a se multiplicar tratados internacionais de direitos humanos sobre todos os temas, os quais têm sido firmados pela grande maioria das nações componentes das Nações Unidas. Existem sete deles que compõem o núcleo duro do sistema internacional de tutela dos direitos humanos: 1) Convenção Internacional sobre a Eliminação de Todas as Formas de Discriminação Racial (1965);

2) Pacto Internacional sobre Direitos Civis e Políticos (1966); 3) Pacto Internacional sobre os Direitos Econômicos, Sociais e Culturais (1966); 4) Convenção sobre a eliminação de todas as formas de discriminação contra as mulheres (1979); 5) Convenção Contra a Tortura e Outros Tratamentos ou Penas Cruéis, Desumanos ou Degradantes (1984); 6) Convenção internacional sobre os direitos da criança (1989); 7) Convenção Internacional sobre a Proteção dos Direitos de Todos os Trabalhadores Migrantes e dos Membros das suas Famílias (1990).

Tendo visto esse caminho filosófico que gerou o conceito de dignidade da pessoa humana tal como o conhecemos contemporaneamente, percebemos a razão de ele ter se tornado o principal fundamento para o sistema de direitos humanos tanto no plano internacional como no interno, sendo consagrado em tratados internacionais e nos próprios textos constitucionais.

3.2. Os direitos fundamentais e os direitos sociais

Investigados que foram – ainda que sumariamente – os principais fundamentos filosóficos da dignidade da pessoa humana e as principais acepções conferidas à expressão, cabe agora fazer uma discussão mais técnica no âmbito jurídico acerca daqueles direitos que são corolário direto desta dignidade: os direitos humanos ou fundamentais.

Os *direitos fundamentais*, nomenclatura preferida entre os autores alemães, são também comumente denominados pelas expressões *direitos humanos* ou *direitos do homem* (ou, por alguns, *direitos humanos fundamentais*, numa fusão de ambas). Podem, *grosso modo*, ser definidos como aquele conjunto de situações jurídicas basilares a serem garantidas aos seres humanos como condição para seu florescimento digno. São corolários, em suas mais diversas facetas, do princípio da dignidade humana, apresentado anteriormente brevemente em seu conteúdo.

Contudo, como registra o constitucionalista Konrad Hesse, o uso da expressão *direitos fundamentais* pode assumir, entre os teóricos alemães – afeitos a classificar o conhecimento em distintas categorias –, além de uma acepção ampla que coincide com aquela de direitos humanos, o sentido técnico estrito de direitos humanos qualificados como tais pelo direito vigente. Portanto, tratar-se-ia de uma distinção meramente formal, e não de conteúdo, a saber, se o ordenamento jurídico de um determinado país consagra um direito humano em seu direito positivo, logo este direito humano recebe o *nomen iuris* formal de direito fundamental.[175]

A utilidade da distinção estaria, especialmente no âmbito de uma interpretação positivista do direito, na necessidade ou não de reconhecimento pelo Estado de um determinado direito humano para que fosse aplicado. Por esta classificação, somente os *direitos fundamentais* (isto é, direitos humanos qualificados pela expressa consagração em textos normativos aprovados) obrigariam o Estado.

A perspectiva formal de necessidade de positivação dos direitos humanos parece excessivamente exigente quando consideramos os direitos que já gozam de uma certa aceitação universal, sobretudo ante a corriqueira afirmação de que os direitos humanos não são criados pelo ordenamento jurídico, mas meramente *reconhecidos* por ele como parte de uma ordem objetiva decorrente da dignidade da pessoa humana e das demandas básicas primordiais ao florescimento humano.

Contudo, não podemos nos olvidar de que o catálogo dos direitos humanos tende a se expandir, como parte de uma cultura internacional de direitos humanos. De certa forma, se é que, na pós-modernidade, diante da *liquidez* das certezas[176], ainda se pode falar em dogmas em qualquer área do saber, os direitos humanos fazem parte desse núcleo duro de ideias que animam as sociedades ocidentais contemporâneas.

O rol de direitos humanos não é fechado e compreende também elementos culturais para além das necessidades fisiológicas mais basilares. Nessa situação, a distinção formal entre direitos humanos e direitos fundamentais pode continuar tendo alguma valia. Por exemplo, algumas nações já fizeram inserir em suas Constituições o direito ao acesso à Inter-

---

[175] HESSE, Konrad. *Elementos de direito constitucional da República Federal da Alemanha*. Trad. Luís Afonso Heck. Porto Alegre: Sergio Antonio Fabris, 1998. p. 225.

[176] "A Pós-Modernidade em que vivemos, por sua vez, marca-se pela perda das ilusões em relação à capacidade da própria razão humana, tornando-se incerta a posição do homem no universo, pois a razão não seria capaz de qualquer conhecimento certo ou absoluto e o ritmo de mudanças seria frenético, no que o sociólogo judeu polonês Zygmunt Bauman chamou de *modernidade líquida* precisamente pelo caráter fluido e indefinido das substâncias em estado líquido, sempre em constante movimento e alteração." (ABRAHAM, Marcus; PEREIRA, V. P. A influência da Torá nas instituições jurídicas brasileiras. *Revista do IHGB*, ano 176, n. 466, jan./mar. 2015. p. 19-20).

net como um direito fundamental, como anteriormente já indicamos. Mas este direito ainda se encontra em uma zona cinzenta quanto a ser reconhecido como um direito humano. Um país, por exemplo, que ainda não tenha positivado tal direito como fundamental (isto é, a maioria das nações) pode simplesmente não ter amadurecido o debate interno social acerca do real *status* de tal direito como humano. Ao menos no estágio civilizacional em que nos encontramos, seria prematuro dizer que um Estado que não consagre tal direito como fundamental seria um grave violador dos direitos humanos.

Há sempre, como já dito anteriormente, uma dimensão cultural e civilizacional dos direitos humanos, sem que para isso se tenha de negar a existência de certas tendências constantes nos seres humanos (aquilo a que tradicionalmente se chama de "natureza humana") que podem ser captadas, protegidas e fomentadas pelo instrumento dos direitos humanos. Retomando o exemplo do direito de acesso à Internet (que começa a ser positivado em alguns ordenamentos jurídicos como direito humano), este liga-se à tendência humana fundamental de buscar conhecer a realidade circundante, sendo apenas uma sua modalização, como já o diagnosticava Aristóteles na abertura de sua obra *Metafísica*: "Todos os homens, por natureza, tendem ao saber".[177]

Uma forma bastante encontradiça de classificar os direitos humanos está em qualificá-los por *gerações*.[178] Assim, os *direitos fundamentais de primeira geração* são os direitos liberais clássicos, oriundos do movimento Iluminista e da Revolução francesa, isto é, os direitos civis e políticos. Nas palavras de Bonavides, "têm por titular o indivíduo, são oponíveis ao Estado, traduzem-se como faculdades ou atributos da pessoa e ostentam uma subjetividade que é seu traço mais característico; enfim, são direitos de resistência ou de oposição perante o Estado."[179]

Já os *direitos fundamentais de segunda geração*, advindos a partir da primeira metade do século XX, constituem os direitos sociais, culturais e econômicos, resultantes de um processo de maior preocupação com a

---

[177] ARISTÓTELES. *Metafísica*. Vol. 2. São Paulo: Loyola, 2002. p. 3.
[178] Popularizada entre nós, por exemplo, por BONAVIDES, Paulo. *Curso de direito constitucional*. 15. ed. São Paulo: Malheiros, 2004.
[179] Ibidem. p. 563-564.

igualdade material e a garantia de condições efetivas mínimas de vida digna aos seres humanos. Por óbvio, somente após a propagação das ideias antiliberais ao longo do século XIX (precipuamente as de matriz marxista, tanto em sua vertente radical como na vertente social-democrata) puderam tais direitos se consolidar no século XX. Inicialmente encarados como normas programáticas, que apenas exprimiam intenções a serem alcançadas, foram paulatinamente sendo aproximados dos direitos civis e políticos quanto à possibilidade de sua exigibilidade na forma de prestações estatais positivas.[180]

Por sua vez, os *direitos fundamentais de terceira geração*, mais para o final do século XX, estariam constituídos por aqueles direitos não destinados especificamente "à proteção dos interesses de um indivíduo, de um grupo ou de um determinado Estado. Têm primeiro por destinatário o gênero humano mesmo, num momento expressivo de sua afirmação como valor supremo em termos de existencialidade concreta."[181] São exemplos o direito ao meio ambiente, ao patrimônio comum da humanidade, ao desenvolvimento e à paz.[182]

Para os fins desta obra, cumpre aqui desenvolver melhor a categoria dos *direitos fundamentais sociais* (direitos de segunda geração) como espécie do gênero direitos fundamentais, aprofundando o caminho que levou ao reconhecimento de sua exigibilidade perante o Estado como direito fundamental.

Na Alemanha do pós-guerra, o debate se centrou no fortalecimento dos direitos sociais e de sua equiparação com os direitos fundamentais clássicos. Uma possível explicação histórica para esta ênfase encontra-se no fato de que a Alemanha vinha de um período em que a pessoa humana e sua dignidade foram imensamente aviltadas. O impacto da divulgação das imagens dos campos de concentração e das atrocidades da guerra naquele país marcaram profundamente o pensamento jurídico e político de intelectuais germânicos do período.

Somado a isto encontra-se a própria necessidade de reconstrução europeia após o conflito militar, em que a infraestrutura para atendi-

---

[180] Ibidem. p. 564-565.
[181] Ibidem. p. 569.
[182] Loc. cit.

mento de necessidades coletivas como educação, saúde e saneamento básico teve de ser refeita, tendo a Alemanha envidado grandes esforços nessa empreitada e contado inclusive com ajuda externa, como o Plano Marshall. Estes fatores fizeram com que as atenções se voltassem para as necessidades humanas e o modo de satisfazê-las por atuação estatal, e não somente por omissão estatal.

É assim que juristas alemães do pós-guerra se debruçarão sobre a problemática da efetividade dos direitos sociais e sua equiparação com os direitos fundamentais clássicos. Konrad Hesse afirma, acerca desse período, que a relação entre cidadão e Estado não se centra mais apenas no tema tradicional do constitucionalismo de liberdade do homem diante da intervenção estatal. O cidadão nem sempre contará sozinho com as condições necessárias para seu desenvolvimento livre e autônomo, sendo tarefa do Estado fornecer estas situações. O autor alemão salienta que ocorreu uma mutação no papel do próprio Estado, que agora passa a ser planificador e dirigente e devendo oferecer meios para uma "busca existencial", não sendo os direitos fundamentais entendidos somente como direitos de defesa – pois a liberdade humana não surge apenas a partir de abstenções estatais –, mas também requerendo uma ação estatal ampla.[183]

É interessante perceber que Konrad Hesse, como mencionado anteriormente, ao falar em mera "busca existencial", e não em "realização existencial" ou algo similar, deixa implícito uma característica que não pode ser olvidada: não é função estatal – nem poderia sê-lo, por irrealizável – o efetivo alcance de uma plenitude pessoal. O advento do Estado social auxilia o cidadão na busca de uma realização que somente será alcançada a partir de um empenho pessoal. Não se tem a ilusão de que o Estado possa oferecer uma espécie de "paraíso terreno". Algumas das críticas liberais às prestações positivas no campo social voltam-se sobretudo contra uma ideia romantizada ou idealizada do Estado, como se este pudesse nutrir a pretensão de eliminar a responsabilidade pessoal na construção do próprio projeto de vida.

Peter Häberle afirma que os direitos fundamentais também ostentam uma dimensão ou versão social, a que denomina de *direitos fundamentais*

---

[183] HESSE, Konrad. *Escritos de derecho constitucional*. Trad. Pedro Villalón y Miguel Sánchez. Madrid: Centro de Estudios Políticos y Constitucionales, 2011. p. 152.

sociais e que, ainda que configurem direitos públicos subjetivos, por vezes aparecem travestidos sob o manto das tarefas a serem realizadas pelo Estado[184], e não num rol formal de direitos e garantias como aqueles que tradicionalmente ornam as Constituições liberais desde o século XIX.

A própria Constituição brasileira é exemplo disso, pois em seu artigo 5º não estão presentes os direitos sociais. O essencial desta formulação de Häberle está no reconhecimento de que os direitos sociais são tão fundamentais quanto aqueles direitos fundamentais clássicos, partilhando, portanto, da mesma natureza de direitos públicos subjetivos e exigíveis, ainda que esparsos pelo texto constitucional.[185] O critério topográfico, portanto, não é relevante para a determinação do conteúdo de um direito constitucionalmente afiançado.

Em Portugal, sob influência direta da doutrina tedesca, o constitucionalista José Joaquim Gomes Canotilho foi um dos grandes consagradores da categoria dos direitos fundamentais sociais. Em um primeiro momento, Canotilho tenta fazer, no mundo lusófono, a fundamentação teórica da ascensão dos direitos sociais a uma *"posição jurídico-prestacional* com a mesma densidade jurídico-subjectiva dos direitos de defesa" e admite que "tenha sido reconhecido que o Estado, os poderes públicos e o legislador estão vinculados a proteger e a garantir prestações existenciais".[186]

---

[184] HÄBERLE, Peter. *El Estado Constitucional*. Trad. Héctor Fix-Fierro. México, D.F.: UNAM, 2003. p. 105.

[185] "La realidad, o más precisamente, la transformación de los contenidos normativos en la correspondiente realidad, es un tema que fascina a las Constituciones con posterioridad a la Segunda Guerra Mundial. En la medida en que la teoría del Estado ha descubierto su dimensión como 'ciencia de la realidad', sobre todo gracias a H. Heller, el constituyente manifiesta en sus textos que para él no es suficiente su normatividad 'ideal', sino que quiere una 'normalidad social' conforme con la Constitución, una realidad efectiva de los derechos fundamentales. Dos técnicas de normativización cristalizan en los cuadros textuales hoy día: por un lado, los cláusulas sobre la realización de los derechos fundamentales, y por el otro, los artículos en los que el constituyente pretende 'reencontrar' en la realidad sus directivas normativas, sobre todo en relación con las tareas del Estado: como cláusulas de desarrollo." Ibidem. p. 107.

[186] CANOTILHO, J. J. Gomes. O direito constitucional como ciência de direcção – o núcleo essencial de prestações sociais ou a localização incerta da socialidade (contributo para a reabilitação da força normativa da "constituição social"). In: CANOTILHO, J. J. Gomes;

Contudo, tal autor deplora que doutrina e jurisprudência em Portugal tenham trilhado um caminho conservador, em que a posição jurídico-prestacional dos direitos sociais está baseada antes em deveres objetivos *prima facie* do Estado e não em direitos subjetivos prestacionais derivados diretamente da Constituição. Por esse motivo, acaba recuando em sua posição mais arrojada, para contentar-se não com uma "optimização *directa* e *já* dos direitos sociais", mas sim postulando "a graduabilidade de realização destes direitos", graduabilidade esta que, contudo, não significaria reversibilidade social."[187] O desencantamento de Canotilho em relação ao otimismo inicial quanto aos direitos sociais é tributado ao fator econômico de crise do Estado de Bem-Estar Social ou Estado Providência.

Na Espanha, Antonio Enrique Perez Luño[188] afirma que os direitos sociais também se configuram como direitos fundamentais, dirigidos a "explicitar as exigências dos valores da igualdade e da solidariedade". Sua principal finalidade seria garantir a participação dos cidadãos na vida política, econômica, cultural e social. Apresentariam uma dimensão objetiva, sendo conjunto de normas jurídicas por meio das quais o Estado atuaria como equalizador de desigualdades sociais. Na dimensão subjetiva, seriam compreendidos como faculdades das pessoas de tomar parte nos benefícios da vida em sociedade, conferindo a seus titulares inclusive direito de receber, de forma direta ou indireta, prestações por parte do Estado.

No Brasil, Cláudio Pereira de Souza Neto indica algumas razões para a ascensão dos direitos sociais e sua efetivação por meio de um certo ativismo judicial entre nós: 1. a aprovação da Constituição de 1988 com o movimento de efetividade das normas constitucionais; a crise de repre-

---

CORREIA, Marcus Orione Gonçalves; CORREIA, Érica Paula Barcha (Coord.). *Direitos fundamentais sociais*. São Paulo: Saraiva, 2010. p. 12.
[187] Ibidem. p. 13.
[188] LUÑO, Antonio Enrique Perez. *Los derechos fundamentales*. 8. ed. Madrid: Tecnos, 2004. p. 183-184.

sentatividade que assola o Poder Executivo e o Legislativo; 3. a superação do método positivista na hermenêutica constitucional.[189]

Ana Paula de Barcellos aponta que, em razão da normatividade das disposições constitucionais, do *status* diferenciado dos direitos fundamentais no sistema constitucional e da submissão dos poderes públicos à Constituição dentro de um Estado de Direito, torna-se obrigatória a realização de gastos públicos para a consecução de direitos sociais como fins a serem alcançados por meio de políticas públicas. Esta dimensão constitucional ostenta uma verdadeira vinculação, ainda que por vezes em patamares mínimos, quanto às escolhas de onde, quanto e como aplicar o dinheiro público.[190]

Indicada a passagem para o Estado social como a justificativa histórica para a elevação dos direitos sociais à categoria de direitos fundamentais, cumpre agora tratar brevemente de algumas objeções teóricas acerca da diferença entre os direitos fundamentais clássicos e os direitos sociais.

Uma objeção que se faz à elevação dos direitos sociais à mesma categoria dos direitos fundamentais clássicos (civis e políticos) é a representada pela crítica liberal de que os direitos civis e políticos (os tradicionalmente qualificados como *fundamentais*) somente impõem abstenções ou omissões estatais, em que o Estado não se deve intrometer na esfera de liberdade do cidadão. Por sua vez, os direitos sociais demandariam prestações positivas estatais, com o aporte de maciços recursos nem sempre disponíveis (abaixo, se verá o argumento da *reserva do possível*) a fim de garantir tais direitos aos cidadãos.[191] Cass Sunstein e Stephen Holmes

---

[189] Souza Neto, Cláudio Pereira de. A Justiciabilidade dos Direitos Sociais: críticas e parâmetros. In: Sarmento, Daniel; Souza Neto, Cláudio Pereira de. (Coord.). *Direitos Sociais*: fundamentos, judicialização e direitos sociais em espécie. Rio de Janeiro: Lumen Juris, 2009. p. 516.

[190] Barcellos, Ana Paula de. Constitucionalização das políticas públicas em matéria de direitos fundamentais: o controle político-social e o controle jurídico no espaço democrático. In: Sarlet, Ingo Wolfgang; Timm, Luciano Benetti (Org.). *Direitos Fundamentais orçamento e "reserva do possível"*. Porto Alegre: Livraria do Advogado, 2008. p. 115-118.

[191] No século XX, um dos principais críticos dos direitos sociais foi Friedrich Hayek, sobretudo em sua obra interdisciplinar sobre direito e economia intitulada "Direito, legislação e liberdade". O volume II da obra recebe o sugestivo nome de *A Miragem da Justiça Social*. No apêndice do capítulo 9, vergasta os direitos sociais nos seguintes termos: "Essas ilusões

traçam um interessante panorama do pensamento liberal clássico a esse respeito:

> [...] a imunidade de invasão por parte do Estado não implica qualquer direito significativo a recursos financeiros. Os teóricos que compartilham desta suposição veem os direitos constitucionais como escudos estabelecidos apenas para proteger indivíduos vulneráveis contra aprisionamento arbitrário, intromissões na liberdade contratual, ocupação ilegal de propriedade e outras formas de abuso governamental. A liberdade pessoal pode ser assegurada, eles normalmente argumentam, simplesmente limitando a interferência do governo com a liberdade de ação e associação. A liberdade individual requer não ações governamentais, mas apenas a tolerância governamental. Interpretados nesse sentido, os direitos se assemelham a "muralhas contra o Estado" que incorporam a garantia de que o Congresso "não fará leis" que restrinjam a liberdade privada ou imponham encargos excessivos. Ao dividir o governo contra si próprio, a Constituição impede que as autoridades públicas se intrometam, reduzam ou infrinjam tais direitos. O governo limitado que daí resulta deixa muito espaço para que os particulares toquem suas próprias vidas e negócios, para respirar e agir livremente em âmbitos sociais não regulamentados. Diz-se mesmo que tal imunidade da intromissão do governo configura a essência do constitucionalismo. E enquanto a ação é dispendiosa, a inação é relativamente barata, ou talvez gratuita. Como alguém poderia confundir o direito à não interferência por parte das autoridades

não levam em conta uma coisa fundamental: o fato de que a disponibilidade de todos esses benefícios que desejaríamos ver estendidos ao maior número possível de pessoas depende de que essas mesmas pessoas empreguem o máximo de seus conhecimentos para que eles possam ser produzidos. Estabelecer direitos legais a esses benefícios não favorecerá a sua produção. Se desejamos a prosperidade de todos, chegaremos mais perto de nossa meta não determinando por lei que isso seja alcançado, ou conferindo a todos o direito legítimo ao que julgamos que deveriam possuir, mas proporcionando-lhes incentivos para que façam tudo o que podem em benefício dos demais. Falar de direitos, quando o que está em questão não passa de aspirações que apenas um sistema voluntário pode satisfazer, não só desvia a atenção dos determinantes reais da riqueza que desejamos para todos, como também adultera a palavra 'direito', cujo significado estrito é importantíssimo preservar se quisermos manter uma sociedade livre." (HAYEK, Friedrich. *Direito, legislação e liberdade*: a miragem da justiça social. Vol. 2. São Paulo: Visão, 1985. p. 128).

públicas com uma demanda pecuniária em face do tesouro público?[192] (tradução livre)

Contudo, a própria análise econômica aplicada aos direitos civis e políticos revela que não é exatamente assim que as coisas se passam: mesmo para a garantia dos direitos fundamentais clássicos ou de primeira geração (identificados com o liberalismo), para além dos custos privados dos diretamente interessados em seu exercício, é necessária a alocação de consideráveis recursos públicos para o custeio do aparato estatal necessário à sua manutenção.

Sunstein e Holmes reforçam essa constatação (entre nós, também Flávio Galdino[193]) assumindo um viés orçamentário radical. Logo no início

---

[192] "[...] immunity from invasion by the state involves no significant entitlement to financial resources. Theorists who share this assumption see constitutional rights as shields established solely to protect vulnerable individuals from arbitrary imprisonment, intrusions on contractual freedom, takings of property, and other forms of governmental abuse. Personal liberty can be secured, they typically argue, simply by limiting the government's interference with freedom of action and association. Individual freedom requires not governmental performance but only governmental forbearance. Construed along these lines, rights resemble "walls against the state," embodying the assurance that Congress "shall make no laws" restricting private liberty or imposing excessive burdens. By dividing government against itself, the Constitution prevents public authorities from intruding or abridging or infringing. The limited government that results leaves plenty of room for private individuals to mind their own business, to breathe and act freely in unregulated social realms. Such immunity from government meddling is even said to be the essence of constitutionalism. And while action is costly, inaction is relatively cheap, or perhaps free. How could anyone confuse the right to noninterference by public authorities with monetary claims upon the public treasury?" (HOLMES, Stephen; SUNSTEIN, Cass. *The cost of rights*: why liberty depends on taxes. New York: W.W. Norton, 1999. p. 36).

[193] GALDINO, Flávio. *Introdução à teoria dos custos dos direitos*: direitos não nascem em árvores. Rio de Janeiro: Lumen Juris, 2005. p. 345-346: "[...] o senso comum formado no pensamento jurídico brasileiro [...] em torno dos direitos fundamentais funda-se em premissa claramente equivocada, qual seja, de que existem direitos fundamentais cuja tutela por parte do Estado independe de qualquer ação positiva, e portanto, de qualquer custo financeiro. [...] a tese de que há direitos negativos parece padecer de equívoco evidente, e custa a crer não tivesse sido percebido antes. [...] o que se põe diante dos olhos com clareza capaz de ofuscar é a certeza de que todos os direitos subjetivos públicos são positivos. As prestações necessárias à efetivação de tais direitos têm custos e, como tal, são sempre positivas. Não há falar, portanto, em direitos fundamentais negativos ou, o que é ainda

da obra *O custo dos direitos*, os autores definem *custo*, para os efeitos de seu trabalho, como *custos orçamentários*, e *direitos* como interesses relevantes que podem ser protegidos de forma confiável por meio de instrumentos governamentais (*e. g.*, o sistema judicial ou policial) para garanti-los.[194]

Mas tais meios estatais de salvaguarda de direitos apresentam custos a serem suportados por uma dotação orçamentária. Assim, chegam à formulação ousada de que "um direito existe, na realidade, somente quando e se houver custos orçamentários [para garanti-lo]."[195] Segundo eles, a tomada de consciência acerca desse tema conduz a incômodas perguntas, tais como quanto realmente custa a preservação de certos direitos em detrimento de outros, quem decide como alocar os recursos públicos escassos na proteção de que tipos de direitos e para quem essa proteção pode estar preferencialmente voltada.[196]

A partir dessa visão, Holmes e Sunstein propugnam que todos os direitos são positivos, isto é, envolvem prestações estatais, classificando como fútil e ilusória a tentativa de estabelecer uma divisão taxativa entre direitos negativos (ou de abstenção do Estado) e direitos positivos (ou prestacionais do Estado). É necessário que, para cada direito, haja uma medida apta a tutelá-lo, ou seja, direitos somente o são de fato se o Estado é capaz de oferecer meios para garanti-lo das lesões causadas por terceiros. Todo direito implica um dever correlativo, mas quando este dever é violado, é através dos mecanismos estatais de repressão e punição, custeados pelo erário, que o direito será preservado.[197]

---

pior, em direitos fundamentais 'gratuitos'. É preciso observar o óbvio enfaticamente: o 'gratuito', em termos de prestações públicas, não existe!! Nenhuma prestação pública é gratuita!!! *There is no free lunch*".
[194] HOLMES, Stephen; SUNSTEIN, Cass. op. cit. p. 16.
[195] Ibidem. p. 19-20: "A legal right exists, in reality, only when and if it has budgetary costs. [...] This book does not focus exclusively on the budgetary costs of rights that are enforceable in courts of law, therefore, but also on the budgetary costs of making those rights exercisable or useful in daily life. The public costs of police and fire departments contribute essentially to the 'protective perimeter' that makes it possible to enjoy and exercise our basic constitutional and other rights."
[196] Ibidem. p. 31.
[197] Ibidem. p. 43.

Assim é que Victor Abramovich e Christian Courtis indicam que as diferenças entre direitos civis e políticos (direitos fundamentais clássicos ou de primeira geração) e os direitos sociais são *diferenças de grau* mais que diferenças substanciais. A face mais ostensiva dos direitos sociais são as obrigações de fazer, por isso são comumente denominados *direitos prestacionais*. Mas também em sua estrutura se encontram obrigações de fazer, pois, por exemplo, se de um lado o Estado deve promover a saúde, tem também o dever de não causar danos à saúde de seus cidadãos.[198]

3.3. O mínimo existencial

A primeira formulação que evoca a expressão *mínimo existencial*, num estrato mais basilar, é a de identificação de seu conteúdo com um mínimo vital, isto é, o conjunto mínimo de condições para a mera sobrevivência física (ao qual chamaremos aqui de *conceito fraco de mínimo existencial*).

No pensamento clássico, encontra-se expressão dessas necessidades básicas fisiológicas em Ulpiano, por exemplo, ao afirmar que "direito natural é aquele que a natureza ensina a todos os animais: não é, portanto, peculiar somente à espécie humana, senão que é comum a todos os animais, seja os que nascem na terra ou no mar, e também os pássaros".[199] Esta concepção também pode ser denominada de *biologizante*, pois acentua os elementos de conexão entre seres humanos e demais animais em relação às funções vitais mais elementares. Está-se aqui, por óbvio, nos estratos mais básicos da existência humana.

A noção de uma apropriação mínima de meios para a existência sobre a terra também se encontra entre os antigos judeus. Pode-se citar a passagem da Torá de Êxodo (*Shemot*, em hebraico) 22, 25-27: "Se emprestares dinheiro ao meu povo, ao pobre que está contigo, não te haverás com ele como um usurário; não lhe imporeis usura. Se tomares em penhor a roupa do teu próximo, lho restituirás antes do pôr do sol, porque aquela

---

[198] ABRAMOVICH, Victor; COURTIS, Christian. *Los derechos sociales como derechos exigibles*. Madrid: Trotta, 2014. p. 24-25.
[199] *Digesto*, I. 1.3: "Ius naturale est, quod natura omnia animalia docuit: nam ius istud non humani generis proprium, sed omnium animalium, quae in terra, quae in mari nascuntur, avium quoque commune est".

é a sua cobertura, e o vestido da sua pele".²⁰⁰ Verifica-se aqui tanto a proteção a um mínimo de recursos para a subsistência como do vestuário necessário para abrigar-se das intempéries.

No pensamento medieval, Tomás de Aquino, ao tratar da propriedade privada, afirma que nem sempre o furto será moralmente reprovável, quando decorrer de um estado de necessidade. A urgência das exigências básicas humanas dá ensejo a que o necessitado possa lançar mão daquilo que outros possuem em abundância, sobretudo em relação a alimentos, pois a necessidade torna tais coisas comuns.²⁰¹ Sua opinião também ancora-se na visão religiosa de que Deus é, em um última instância, o senhor (*dominus*) de todas as coisas, e de que as concede aos homens para seu sustento. Assim, os seres humanos deveriam estar prontos para parti-

---

[200] Há inúmeras outras passagens da Torá que poderiam ser citadas, como aquela de que o proprietário de um campo cultivado, ao fazer a colheita, não deve realizá-la uma segunda vez para buscar as sobras. Ao revés, deve deixá-las para alimento dos órfãos, viúvas e estrangeiros (Deuteronômio [em hebraico, *Devarim*] 24, 19-22), pois tais pessoas, no Mundo Antigo, gozavam de mínima proteção social, sendo vistas como os arquétipos dos mais pobres e despossuídos.

[201] AQUINO, Tomás de. *Suma de Teología*. Parte II-II, q. 66, a. 7. Tomo III. Madrid: BAC, 1990. p. 549: "En cambio está el hecho de que en caso de necesidad todas las cosas son comunes, y, de este modo, no parece que sea pecado si uno toma una cosa de otro, porque la necesidad la hace común. Solución. *Hay que decir:* Las cosas que son de derecho humano no pueden derogar el derecho natural o el derecho divino. Ahora bien: según el orden natural instituido por la divina providencia, las cosas inferiores están ordenadas a la satisfacción de las necesidades de los hombres. Por consiguiente, por la distribución y apropiación, que procede del derecho humano, no se ha de impedir que con esas mismas cosas se atienda a la necesidad del hombre. Por esta razón, los bienes superfluos, que algunas personas poseen, son debidos por derecho natural al sostenimiento de los pobres, por lo cual Ambrosio 28, y en el *Decreto* 29 se consigna también, dice: *De los hambrientos es el pan que tú tienes; de los desnudos, las ropas que tú almacenas; y es rescate y liberación de los desgraciados el dinero que tú escondes en la tierra.* Mas, puesto que son muchos los que padecen necesidad y no se puede socorrer a todos con la misma cosa, se deja al arbitrio de cada uno la distribución de las cosas propias para socorrer a los que padecen necesidad. Sin embargo, si la necesidad es tan evidente y tan urgente que resulte manifiesta la premura de socorrer la inminente necesidad con aquello que se tenga, como cuando amenaza peligro a la persona y no puede ser socorrida de otro modo, entonces puede cualquiera lícitamente satisfacer su necesidad con las cosas ajenas, sustrayéndolas, ya manifiesta, ya ocultamente. Y esto no tiene propiamente razón de hurto ni de rapiña."

lhar com os necessitados aquilo que lhes sobra quanto aos bens essenciais para a subsistência.[202]

Já o rabino Moisés Maimônides, também na Idade Média, ao comentar a obrigação judaica de *tzedacá* (do hebraico *tzedek*, "justiça"), isto é, a obrigação de doar parte dos ganhos ou de suas capacidades aos necessitados como algo moralmente justo e correto, elenca como uma das razões para tal ato a dignidade de cada ser humano recipiente dos atos caritativos. Por esse motivo, todo cuidado deve ser tomado para não expor o necessitado (devendo este receber a doação de modo a não ser embaraçado, pela vergonha que viver da caridade alheia pode suscitar) e, sempre que possível, é preferível oferecer meios de auto-sustento que simplesmente doar um lenitivo momentâneo.[203]

No pensamento moderno encontram-se formulações a esse respeito, como aquela do filósofo judeu Baruch Espinoza (1632-1677), em sua obra *Ética*, ao afirmar que "toda a coisa se esforça, enquanto está em si, por perseverar no seu ser".[204] Portanto, a busca da permanência na existência e da própria vida (nos seres vivos) é algo ínsito ao ser humano, mas comum a todos os animais.

---

[202] AQUINO, Tomás de. *Suma de Teología*. Parte II-II, q. 66, a. 2. Tomo III. Madrid: BAC, 1990. p. 544: "En segundo lugar, también compete al hombre, respecto de los bienes exteriores, el uso de los mismos; y en cuanto a esto no debe tener el hombre las cosas exteriores como propias, sino como comunes, de modo que fácilmente dé participación de éstas en las necesidades de los demás. Por eso dice el Apóstol, en 1 Tim 17-18: *Manda a los ricos de este siglo que den y repartan con generosidad sus bienes.*".

[203] "Anyone who gives *tzedakah* to a poor person with a scowl and causes him to be embarrassed, even if he gave him a thousand *zuz*, has destroyed and lost any merit thereby. Rather, one should give cheerfully, with happiness [to do so] and empathy for his plight [...] There are eight levels of *tzedakah*, each one greater than the other. The greatest level, higher than all the rest, is to fortify a fellow Jew and give him a gift, a loan, form with him a partnership, or find work for him, until he is strong enough so that he does not need to ask others [for sustenance]." (MAIMONIDES, Moses. *Gifts for the Poor*: Moses Maimonides' Treatise on *Tzedakah*. Chapter 10, n. 4, n. 7. Translation Joseph B. Meszler. Williamsburg: Department of Religion of the College of William and Mary, 2003. Disponível em: <https://www.sefaria.org/Mishneh_Torah%2C_Gifts_to_the_Poor.10?lang=bi>. Acesso em: 31/08/2020).

[204] ESPINOSA, Bento de. *Ética*. Parte III. Proposição VI. Trad. Joaquim Ferreira Gomes. Lisboa: Relógio d'água, 1992. p. 275.

Hegel, no século XIX, também sustentou o conceito de um mínimo existencial para a preservação da vida como aspecto relevante, ainda que valendo-se da expressão em alemão *"Notrecht"*, isto é, "direito de emergência" (também traduzido ao português por "direito da miséria"). Segundo ele, em casos de emergência e perigo para a própria vida, a pessoa poderia fazer uso de medidas extremas necessárias a preservá-la. É interessante notar que Hegel o via como um direito fundamental, e não como uma mera concessão.[205] Por isso, na obra *"Princípios de Filosofia do Direito"*, garante que os meios de trabalho e uma parcela do patrimônio necessária à manutenção do devedor restem imunes contra o pagamento de dívidas.[206]

Entre os contemporâneos, Herbert Hart – posto que positivista jurídico – abre uma concessão para esse dado inexorável da realidade biológica humana da sobrevivência, ao admitir uma espécie de "conteúdo mínimo do direito natural." Estabelece uma conexão entre fatos naturais e o conteúdo de regras jurídicas ou morais, em razão da presença de certas constatações empíricas generalizadas. Portanto, admite fatos da convivência humana que geram regras mínimas (um sistema de abstenções mútuas e compromissos com os outros) voltadas a manter a existência do ser humano. São estes fatos a vulnerabilidade humana, a existência de uma igualdade aproximada entre os homens (apesar das variações de força, agilidade e intelecto, nenhum homem sozinho é muito mais poderoso que o outro), o altruísmo limitado (os homens não são anjos nem demônios, estando a meio caminho de preocuparem-se com os outros e de lhes causarem danos), a escassez de recursos que gera a necessidade

---

[205] WEBER, Thadeu. Dignidade humana e liberdade em Hegel. *Chapecó*, v. 15, n. 2, jul./dez. 2014. p. 391.

[206] HEGEL, Georg Friedrich. *Princípios da filosofia do direito*. Trad. Orlando Vitorino. São Paulo: Martins Fontes, 1997. p. 113: "§ 127. É do direito daquela violação, do direito da miséria [direito da emergência] que provém o benefício da imunidade que o devedor recebe sobre a sua fortuna, isto é, sobre a propriedade do credor; não se lhe tiram os instrumentos de trabalho nem os meios de cultivo considerados necessários, tendo em conta a sua situação social, para a sua manutenção."

de uma propriedade mínima (ao menos do alimento para sobrevivência) e a compreensão e força de vontade limitadas dos seres humanos.[207]

Essa dimensão, embora básica, não foi descurada pela reflexão teórica justamente por expressar um enfoque fundante que atua como pressuposto para que se possa refletir sobre formas mais elevadas de satisfação de necessidades humanas básicas. Sem a preservação da vida, não há alicerce para o desenvolvimento de qualquer outra questão humana.

A segunda noção, que aqui poderemos chamar de *conceito forte de mínimo existencial*, amplia-se cada vez mais pela ênfase que se tem dado desde o último século sobre as prestações estatais positivas (direitos fundamentais sociais). Segundo o *conceito forte de mínimo existencial*, este consistiria não apenas na oferta das condições de sobrevivência, mas sim em um nível acima: o florescimento humano básico ou uma vida com um mínimo de qualidade, naquilo que poderíamos chamar de um *salto qualitativo prestacional*.

Por certo, tais prestações de direitos sociais a serem oferecidas, bem como o padrão mínimo que devem alcançar – como já visto ao falar de necessidades públicas – são historicamente condicionadas e, assim como não é unívoco o conceito de dignidade humana, tampouco são unânimes os doutrinadores em indicar qual seria o efetivo conteúdo do chamado mínimo existencial.

Perpassa, contudo, todas as concepções teóricas de mínimo existencial em seu sentido forte, um *controle qualitativo mínimo* de prestações estatais a serem proporcionadas e exigíveis como direitos públicos subjetivos. Em um Estado ocidental contemporâneo, a garantia estatal de condições de vida em nível apenas animal (alimento e vestimenta, fundamentalmente) não é uma forma adequada de tratar seres humanos. Um exemplo candente é formulado por Ingo Sarlet referindo-se à questão da educação básica (a qual não é necessária para a manutenção da vida, mas sim para uma vida com um mínimo de *qualidade* e que permita ao ser humano tomar parte na vida em sociedade como cidadão):

---

[207] HART, Herbert. *O conceito de direito*. Trad. A. Ribeiro Mendes. 5. ed. Lisboa: Calouste Gulbenkian, 2007. p. 209-214.

Neste contexto, cumpre registrar que o reconhecimento de direitos subjetivos a prestações não se deverá restringir às hipóteses nas quais a própria vida humana estiver correndo o risco de ser sacrificada, inobstante seja este o exemplo mais pungente a ser referido. O princípio da dignidade da pessoa humana assume, no que diz com este aspecto, importante função demarcatória, podendo servir de parâmetro para avaliar qual o padrão mínimo em direitos sociais (mesmo como direitos subjetivos individuais) a ser reconhecido. Negar-se o acesso ao ensino fundamental obrigatório e gratuito (ainda mais em face da norma contida no art. 208, § 1º, da CF, de acordo com a qual se cuida de direito público subjetivo) importa igualmente em grave violação ao princípio da dignidade da pessoa humana, na medida em que este implica para a pessoa humana a capacidade de compreensão do mundo e a liberdade (real) de autodeterminar-se e formatar a existência, o que certamente não será possível em se mantendo a pessoa sob o véu da ignorância.[208]

Luís Sgarbossa adverte da necessidade de se separar, de um lado, um *mínimo vital* ou *fisiológico*, como aquelas condições imprescindíveis à mantença da vida em termos biológicos, e o *mínimo sociocultural*, o qual consiste em assegurar um mínimo de inserção do indivíduo na vida social de modo minimamente igualitário.[209]

Essa também a visão de Gustavo Binenbojm[210], para quem o mínimo existencial abarca sim condições materiais para a subsistência, mas não apenas isso: engloba igualmente medidas necessárias e suficientes intelectuais e psicológicas "para que todos os indivíduos tenham igual acesso

---

[208] SARLET, Ingo Wolfgang. O Direito Fundamental à Moradia na Constituição: Algumas Anotações a Respeito de Seu Contexto, Conteúdo e Possível Eficácia. *Revista Eletrônica sobre a Reforma do Estado*, n. 20, dez./fev. 2009/2010. p. 40-41. Disponível em: <http://www.direitodoestado.com.br/artigo/ingo-wolfgang-sarlet/o-direito-fundamental-a-moradia-na-constituicao-algumas-anotacoes-a-respeito-de-seu-contexto-conteudo-e-possivel-eficacia>. Acesso em: 31/08/2020.

[209] SGARBOSSA, Luís Fernando. *Do Estado-Providência ao Mercado-Providência*: direitos sob a "reserva do possível" em tempos de globalização neoliberal. 2009. 250 f. Dissertação (Mestrado em Direito) – Faculdade de Direito, Universidade Federal do Paraná, Curitiba, 2009. p. 205.

[210] BINEMBOJM, Gustavo. *Liberdade igual*: o que é e por que importa? Rio de Janeiro: História Real, 2020. p. 102 e 106.

às diferentes dimensões da liberdade. Sem essas condições mínimas, as liberdades se convertem em proclamações formais destituídas de efeito prático". Para o autor, há necessidade de que entre em cena uma parcela equalizadora de prestação de direitos sociais e econômicos capazes de afiançar condições mínimas da dignidade humana e um "ponto de partida para uma sociedade que assegure liberdade igual a todos".

Em nível internacional, o Comitê de Direito Econômicos, Sociais e Culturais das Nações Unidas, responsável por monitorar o cumprimento do Pacto Internacional de Direitos Econômicos, Sociais e Culturais, define de modo sumário, em seu Comentário Geral nº 3[211], sob a denominação *"minimum core obligation"* (obrigação mínima nuclear), o mínimo existencial que se espera seja garantido por cada Estado que tomou parte no referido Tratado. Assim, o Comentário Geral afirma haver uma "obrigação mínima nuclear de assegurar a satisfação de, ao menos, níveis essenciais mínimos de cada direito social [consagrado no Pacto]." E segue exemplificando: "um Estado-parte onde um número significativo de indivíduos esteja privado de alimentação básica, de atendimento de saúde básico, de moradia básica, ou das formas mais básicas de educação está, *prima facie*, falhando em suas obrigações sob o Pacto".

Entre os teóricos contemporâneos do conceito forte de mínimo existencial, podemos destacar John Rawls, ao afirmar que os cidadãos, para entenderem e terem condições de exercerem os direitos e liberdades da cidadania, devem ser satisfeitos em certas necessidades básicas.[212] A nomenclatura de que se vale, porém, é distinta: mínimo social, para enfatizar justamente que o florescimento humano, para além da existência individual, inclui uma dimensão comunitária inarredável de participação cidadã ou de que o cidadão possa se sentir parte daquela comunidade política. Considera este mínimo social como um elemento constitucional essencial, qual seja, "o de que, abaixo de um certo nível de bem-estar material e social, e de treinamento e educação, as pessoas simplesmente

---

[211] Disponível em: <https://www.escr-net.org/resources/general-comment-3>. Acesso em: 31/08/2020.
[212] RAWLS, John. *O liberalismo político*. Trad. Dinah de Abreu Azevedo. 2. ed. São Paulo: Ática, 2000. p. 49.

não podem participar da sociedade como cidadãos, e muito menos como cidadãos iguais."[213]

Veja-se que, nesta concepção, elementos como treinamento e educação, bens imateriais não necessários à sobrevivência fisiológica, entram na equação. O mínimo social deve ser garantido para que "a situação dos menos favorecidos não os impeça de participar do mundo público e de se considerarem membros plenos dele, de entenderem os ideais e princípios da sociedade e perceberem de que forma as vantagens maiores obtidas por outros funcionam a seu (dos menos favorecidos) favor."[214]

Rawls também propõe um elenco básico de bens primários a serem oferecidos para garantir este mínimo social, rol que demonstra claramente ser seu conceito ampliativo e para além de uma mera sobrevivência física:

> (I) Os direitos e liberdades básicos: as liberdades de pensamento e de consciência, e todas as demais. Esses direitos e liberdades são condições institucionais essenciais para o adequado desenvolvimento e exercício pleno e consciente das duas faculdades morais.[215]
> (II) As liberdades de movimento e de livre escolha de ocupação sobre um fundo de oportunidades diversificadas, oportunidades estas que propiciam a busca de uma variedade de objetivos e tornam possíveis as decisões de revê-los e alterá-los.

---

[213] Ibidem. p. 213.

[214] RAWLS, John. *Justiça como eqüidade*: uma reformulação. Trad. Claudia Berliner. São Paulo: Martins Fontes, 2003. p. 183.

[215] As duas faculdades morais a que alude no trecho citado são assim explicadas por ele: "(I) Uma dessas faculdades é a capacidade de ter um senso de justiça: é a capacidade de compreender e aplicar os princípios de justiça política que determinam os termos eqüitativos de cooperação social, e de agir a partir deles (e não apenas de acordo com eles). (II) A outra faculdade moral é a capacidade de formar uma concepção do bem: é a capacidade de ter, revisar e buscar atingir de modo racional uma concepção do bem. Tal concepção é uma família ordenada de fins últimos que determinam a concepção que uma pessoa tem do que tem valor na vida humana ou, em outras palavras, do que se considera uma vida digna de ser vivida. Os elementos dessa concepção costumam fazer parte de, e ser interpretados por, certas doutrinas religiosas, filosóficas ou morais abrangentes à luz das quais os vários fins são ordenados e compreendidos." (Ibidem. p. 26).

(III) Os poderes e prerrogativas de cargos e posições de autoridade e responsabilidade.

(IV) Renda e riqueza, entendidas como meios polivalentes (que têm valor de troca) geralmente necessários para atingir uma ampla gama de objetivos, sejam eles quais forem.

(V) As bases sociais do auto-respeito, entendidas como aqueles aspectos das instituições básicas normalmente essenciais para que os cidadãos possam ter um senso vívido de seu valor enquanto pessoas e serem capazes de levar adiante seus objetivos com autoconfiança.[216]

Da perspectiva da dogmática jurídica, a jurisprudência do Tribunal Constitucional alemão foi de grande valia na elaboração desta categoria. Como a Lei Fundamental de Bonn (1949) não consagra diretamente direitos fundamentais sociais em seu texto, a Corte Constitucional teve de retirar o conceito de "mínimo existencial" a partir de interpretação conjunta e sistemática da cláusula da dignidade da pessoa humana, do direito à vida e integridade física, da igualdade e do princípio do Estado social (art. 20, I – A República Federal da Alemanha é um Estado federal democrático e social) presentes naquela Constituição.[217]

Por ser da essência do modelo de Estado social a maior relevância da prestação de serviços públicos básicos em favor da população, o Tribunal daí extraía o direito de o cidadão tomar parte nessas estruturas de serviços em condições mínimas de igualdade, como forma de partilha dos benefícios oferecidos à coletividade.[218] Nesse sentido, Andreas Krell apresenta o exemplo de uma decisão do Tribunal Constitucional tedesco de 1951 que determinou ao Estado o aumento do valor da ajuda social (*sozialhilfe*), ou seja, um valor mínimo que o ente estatal deveria pagar a cidadãos carentes.[219]

---

[216] Ibidem. p. 82-83.
[217] KRELL, Andreas Joachim. Realização dos direitos fundamentais sociais mediante controle judicial da prestação dos serviços públicos básicos (uma visão comparativa). *Revista de informação legislativa*, v. 36, n. 144, out./dez. 1999. p. 247.
[218] Ibidem. p. 246.
[219] Ibidem. p. 258.

Também Robert Alexy, interpretando a jurisprudência constitucional alemã, admite que haveria ao menos um direito implícito ao mínimo existencial e ilustra o ponto com uma decisão de 1975 da Corte Constitucional:

> Um claro passo adiante foi dado pelo tribunal em uma decisão de 1975, na qual ele afirma: "claro que a assistência aos necessitados é um dos deveres inquestionáveis do Estado Social. Isso necessariamente inclui o auxílio social aos cidadãos que, em virtude de fragilidades físicas ou psíquicas, enfrentam obstáculos para o seu desenvolvimento pessoal e social, e não estão em condições de se sustentar sozinhos. A comunidade estatal tem que lhes garantir no mínimo as condições básicas para uma existência humana digna (...)".[220]

No Brasil, Ricardo Lobo Torres é o responsável pela difusão da ideia de mínimo existencial. Ele também afirma que o mínimo existencial não está consagrado expressamente na Constituição brasileira, mas, nas pegadas da doutrina alemã, busca extraí-lo a partir da perspectiva da igualdade material, que protegeria contra a pobreza absoluta resultante da desigualdade social, bem como estaria implícito na cláusula geral de respeito à dignidade humana (art. 1º, inc. III da Constituição) e na eleição de um modelo de Estado Social de Direito.[221]

Para Lobo Torres, seriam características do mínimo existencial: 1) ser pré-constitucional (o que coloca este autor dentro da tradição de direitos naturais inerentes ao ser humano); 2) constituir um direito público subjetivo do cidadão (portanto, judicialmente exigível); 3) não ser outorgado pela ordem jurídica, que meramente o reconhece, mas tendo a eficácia de *condicionar* a ordem jurídica; 4) validade *erga omnes*, aproximando-se do conceito de estado de necessidade; 5) não se exaure no elenco do art. 5º da Constituição de 1988, pois dotado de historicidade, variando de acordo com o contexto social; 6) ser indefinível, surgindo sob a forma de cláusulas gerais e tipos indeterminados.[222]

---

[220] ALEXY, Robert. *Teoria dos direitos fundamentais*. Trad. Virgílio Afonso da Silva. São Paulo: Malheiros, 2008. p. 436.
[221] TORRES, Ricardo Lobo. O mínimo existencial e os direitos fundamentais. *Revista de Direito Administrativo*, Rio de Janeiro, n. 177, jul./set. 1989. p. 32.
[222] Ibidem. p. 32-33.

Ademais, reconhece no mínimo existencial um aspecto de *status negativus* (ou seja, esfera de abstenção do Estado), que se revela no campo tributário pelo mecanismo das imunidades e isenções para todos aqueles que se mostram aquém de um dado patamar de capacidade contributiva, dando como um exemplo a isenção do imposto de renda para pessoas de baixa renda.[223]

Mas Lobo Torres também prevê a face do *status positivus libertatis*, ou seja, de prestações estatais de assistência social a serem oferecidas como *condições mínimas de liberdade* para o cidadão:

> A proteção positiva do mínimo existencial se realiza de diversas formas. Primeiramente pela entrega de prestações de serviço público específico e divisível, que serão *gratuitas* pela atuação do mecanismo constitucional da imunidade das taxas e dos tributos contraprestacionais, como vimos a propósito da prestação jurisdicional, da educação primária, da saúde pública etc. O *status positivus libertatis* pode ser garantido também pelas subvenções e auxílios financeiros a entidades filantrópicas e educacionais, públicas ou privadas, que, como dissemos, muitas vezes se compensam com as imunidades. A entrega de bens públicos (roupas, remédios, alimentos etc.), especialmente em casos de calamidade pública ou dentro de programas de assistência à população carente (merenda escolar, leite etc.), independentemente de qualquer pagamento, é outra modalidade de tutela do mínimo existencial.[224]

Este autor também apresenta uma distinção: para ele, *mínimo existencial* e *direitos sociais* não se confundem. O mínimo existencial relaciona-se ao valor da liberdade, enquanto condição mínima para garantir a liberdade do cidadão (*status positivus libertatis*). Já os direitos sociais se referem ao valor justiça (*status positivus socialis*), formado pelas prestações estatais que visam a fazer avançar o Estado Social e garantir os direitos sociais, diretamente dependentes da situação econômica do país e da riqueza nacional.[225]

---

[223] Ibidem. p. 35-36.
[224] Ibidem. p. 40.
[225] Ibidem. p. 40-41.

Esta construção teórica parece ter uma razão concreta de ser: vencer as resistências à doutrina da efetividade dos direitos sociais ainda bastante presentes quando, em 1989, Lobo Torres escreveu seu texto seminal sobre a matéria (aqui citado). Por este motivo, para ele, as prestações positivas para apoio aos direitos sociais não seriam obrigatórias, enquanto as prestações estatais ligadas ao mínimo existencial sim o são, configurando direito público subjetivo do cidadão. Este seria o âmbito prático de aplicação da distinção e que justificaria a alegação da presença do mínimo existencial implicitamente em nosso ordenamento: se os direitos sociais não são judicialmente exigíveis, o mínimo existencial sim o é. Da mesma forma, a alegação da *reserva do possível* (a ser melhor vista abaixo) não poderia jamais ser oposta ao mínimo existencial, mas poderia sim ser alegada quanto à efetivação de direitos sociais.[226]

Assim, dentro desta visão, exemplificando, a educação mínima obrigatória (mínimo existencial), na realidade constitucional brasileira, seria a educação básica. A educação secundária e a superior já não comporiam o mínimo existencial, mas tão somente prestações de direito fundamental social da educação (portanto, não exigíveis judicialmente). O mesmo se pode dizer quanto a procedimentos de saúde mais complexos que, embora compondo o direito social à saúde, não estariam dentro do âmbito de proteção do mínimo existencial.

Por um lado, não se pode olvidar que a origem da teoria jurídica do mínimo existencial, como anteriormente ressaltado, deveu-se à peculiaridade de a Constituição alemã de 1949 não apresentar um catálogo dos direitos sociais, no que difere da Constituição brasileira de 1988, que veicula expressamente uma série de direitos sociais, como se pode ver no Título II, Capítulo II ("Dos direitos sociais"). Tal situação obrigou a doutrina e jurisprudência tedescas a empreender a tarefa de, por via interpretativa indireta, fazer derivar o mínimo existencial dos princípios da dignidade da pessoa humana, proteção à vida, igualdade e Estado Social de Direito. Deste modo, assegurou-se na Alemanha, mesmo diante da ausência de previsão expressa, a exigibilidade de políticas públicas e da execução de gastos orçamentários necessários ao atendimento do

---

[226] Ibidem. p. 41.

mínimo existencial, legitimando-se o Poder Judiciário a obrigar o administrador público a implementar estas atividades.

No caso brasileiro, todavia, o próprio artigo 6º da Lei Maior veicula um rol de direitos sociais (até chegar a sua redação atual[227], já sofreu 3 alterações desde a entrada em vigor da Constituição – Emendas Constitucionais nº 26/2000, nº 64/2010 e nº 90/2015), a salientar que o elenco de direitos sociais é passível de expansão, bem como a tradição atual brasileira de positivá-los no texto constitucional. Diante dessa conjuntura diversa em relação à Alemanha, poder-se-ia pensar que a categoria do "mínimo existencial" teria sido integralmente absorvida e fagocitada pelos direitos fundamentais sociais, sobretudo com o fortalecimento, entre nós, da ideia de sua efetividade. Sua relevância teórica teria, assim, sido diminuída em face da nova configuração constitucional e doutrinária que se consolidou após a Constituição de 1988, bastante diversa daquela sob cuja égide Ricardo Lobo Torres importara a tese para o Brasil.

Observe-se o exemplo da judicialização das políticas públicas na área de saúde. Dentro da visão tradicional, estaria vedado ao Poder Judiciário conceder tratamentos e medicamentos de alta complexidade às custas do erário, por não estarem abarcados pela ideia de mínimo existencial. Contudo, multiplicam-se as decisões, desde a mais alta Corte do país até os juízes de primeiro grau, que concedem tais tratamentos, sob a justificativa da garantia do direito básico da vida e da dignidade da pessoa humana.

Parece ser que, aqui, a lógica da emergência diante da sobrevivência humana faz com que quaisquer fronteiras entre mínimo existencial e direito social à saúde sejam borradas, tornando-se tênues e nebulosas. O argumento de que a ausência de tal ou qual terapia ou fármaco (mesmo de alto custo) pode levar um cidadão à morte causa profundo impacto no processo decisivo dos julgadores, por aparentar-se com o mínimo existencial em seu conceito mínimo vital ou fisiológico (aqui chamado de *conceito fraco de mínimo existencial*).

---

[227] Art. 6º – São direitos sociais a educação, a saúde, a alimentação, o trabalho, a moradia, o transporte, o lazer, a segurança, a previdência social, a proteção à maternidade e à infância, a assistência aos desamparados, na forma desta Constituição.

Por outro lado, a tese do mínimo existencial como obrigatório e judicialmente exigível, enquanto os direitos sociais não o seriam, ainda conserva vigor em relação a uma série de outras prestações relacionadas a direitos sociais que não estão ligadas diretamente à sobrevivência física, mas sim à qualidade de vida da pessoa humana.

Formule-se mais um exemplo: embora seja consagrado na Constituição o direito à educação, não se entende que se possa exigir, no direito brasileiro, o acesso universal à educação de nível superior (somente quanto à educação básica). Não se duvida de que o Estado também está a concretizar o direito social da educação ao ofertar um determinado número de vagas de educação em nível superior, bem como tem o dever de não se omitir integralmente nesta seara (não poderia, por exemplo, impedir o repasse de verbas às universidades já existentes). Mas não se tem a pretensão de que esse direito seja universalizável por via judiciária, sendo necessário aguardar as políticas públicas de expansão da educação superior conduzidas pelo Executivo e aprovadas pelo Legislativo na via orçamentária. Como se verá adiante, somente em casos de grave omissão institucional por parte do Poder Executivo na realização de políticas públicas, ou do Legislativo na alocação de recursos por meio do orçamento, está o Poder Judiciário autorizado a, subsidiariamente, atuar determinando tais atividades.

O mesmo se passa com o direito à moradia: o Judiciário, em regra, não garante a cada cidadão sem condições de aquisição de uma casa própria ou de arcar com alugueres o direito a um teto. E, como recorda Ana Carolina Olsen, o próprio direito constitucional positivo brasileiro consagra como modalidades de direitos sociais situações jurídicas que inequivocamente se afastam de qualquer noção de mínimo existencial (ainda que se assumisse uma visão maximalista), como é o caso do direito social do trabalhador à participação nos lucros (art. 7º, inc. XI, Constituição).[228]

Embora os pontos de contato sejam evidentes – especialmente em sociedades em desenvolvimento como a nossa, em que a pobreza está

---

[228] OLSEN, Ana Carolina Lopes. *Direitos fundamentais sociais*: efetividade frente à reserva do possível. Curitiba: Juruá, 2008. p. 319.

ainda por ser erradicada[229] –, as expressões "mínimo existencial" e "direito social" não são sinônimas, embora se possa dizer que toda situação de mínimo existencial naturalmente pode estar conectada à realização, ainda que em nível básico, de um direito social. Mas a recíproca não é verdadeira: nos estratos qualitativos mais elevados de realização de um direito social (*e. g.*, a educação em nível superior), já se está fora da esfera de proteção do mínimo existencial. A situação vivida na judicialização da área de saúde, por sua íntima conexão com a dramaticidade da preservação da vida humana, não é extensível em relação às prestações referente a outros direitos sociais nem pode ser tomada como regra para a explicação das relações entre mínimo existencial e direitos sociais. Negar tal distinção é simplesmente tornar inócua a categoria do mínimo existencial.

Se remanesce o mérito da teoria jurídica do mínimo existencial, este reside no fato de que fornece um instrumental teórico para que os intérpretes do direito possam delimitar o padrão mínimo que nossa sociedade, por meio da atuação estatal, tem obrigação de oferecer a seus cidadãos, padrão este que seria, portanto, judicialmente exigível.

O grande desafio, para o aplicador do direito, está justamente em delimitar, no caso concreto, qual seja este padrão mínimo, diante do contexto de cada nação. Mas, uma vez que este seja definido, atua como uma fortaleza ou cidadela impenetrável que, caso violada, acarretaria a vulneração dos compromissos constitucionais mais basilares e o esgarçamento do tecido social.

---

[229] "Verifica-se, portanto, vários pontos de contato entre os conceitos de *mínimo existencial* e de *direitos fundamentais sociais* em sociedades periféricas como a brasileira, que possui uma enorme desigualdade econômica e social. No Brasil, como em vários países periféricos, as carências sociais e econômicas por parte de grandes parcelas da população e as desigualdades sociais dentro do mesmo país atingem níveis alarmantes, que faz com que seja necessário um esforço ingente para a ultrapassagem desta situação de iniquidade. Neste sentido, é imperioso notar que o conceito de mínimo existencial ancorado no primado da liberdade, deve possuir maior amplitude naqueles países que se encontram na periferia do capitalismo. Afinal, *só pode exercer com plenitude a liberdade, mesmo no âmbito do mínimo existencial, quem possui capacidade para exercê-la. E para que seja possível este exercício de liberdade jurídica é necessário assegurar a liberdade real (Alexy), ou a possibilidade de exercer suas capacidades (Amartya), através dos direitos fundamentais sociais.*" (SCAFF, Fernando Facury. Reserva do possível, mínimo existencial e direitos humanos. *Verba* Juris, ano 4, n. 4, jan./dez. 2005. p. 88).

3.4. Direitos fundamentais sociais e o orçamento brasileiro: os gastos fundamentais

O arcabouço teórico anteriormente lançado, que nos levou à conclusão de que o Estado também é chamado a oferecer certas prestações ou condições necessárias ao florescimento humano, possui reflexo direto no modo como o orçamento de uma nação é configurado. A peça orçamentária, no âmbito de um Estado Democrático de Direito, é um espelho das eleições fundamentais feitas por aquela sociedade quanto aos gastos ou despesas a serem feitos em nome do bem comum, aos quais chamaremos aqui de *gastos ou despesas fundamentais*, em um paralelismo com a nomenclatura *direitos fundamentais*. De fato, como visto anteriormente, a *teoria dos custos dos direitos* salienta exatamente esta característica: para a garantia dos direitos fundamentais, seja de que geração forem, haverá necessariamente gastos estatais a serem realizados.

Estes compromissos podem vir expressos no próprio texto da Constituição, ainda que de modo mais genérico e menos delimitado. Esta poderia ser dita uma *vinculação de primeiro grau*, que revela intensidade vinculativa inversamente proporcional ao seu grau de definição. Isto significa que, embora o grau de vinculação dado pela própria Constituição seja de intensidade jurídica máxima, o nível de indeterminação quanto à atividade concreta a ser realizada é igualmente elevado. A Constituição pode estabelecer um mínimo obrigatório de recursos a serem despendidos com educação, mínimo esse do qual nenhum administrador pode fugir. Contudo, não especifica em que atividades educacionais concretas deverão ser realizadas as despesas. A Constituição indica ser certo que se deva gastar com políticas públicas naquele direito fundamental social específico; mas dentro dessa programação, não tem ainda como delimitar com *o quê*.

Nesse momento, faz-se necessária uma *vinculação de segundo grau*, levada a cabo por meio de lei – mais especificamente, sobretudo por meio da lei orçamentária anual em seus anexos. É esta que concretizará a alocação de recursos às atividades concretas, obedecidos os parâmetros lançados pela Constituição, especialmente no caso das despesas constitucionais obrigatórias.

Merece destaque, para esse fim, a classificação funcional das despesas públicas, a qual busca responder a seguinte indagação: "em que área governamental a despesa será realizada?" Consiste basicamente em classificar as despesas no orçamento por funções governamentais predefinidas, conforme previsão legal disposta no art. 2º, § 1º, inciso I, da Lei nº 4.320/1964.

A adoção da classificação funcional padronizada das despesas orçamentárias é obrigatória para os três níveis de governo e foi introduzida pela Portaria nº 42/1999, do então Ministério do Orçamento e Gestão (MOG). Essa classificação é organizada em dois grupos principais: a função e a subfunção. A função governamental é o maior nível de agregação das áreas de atuação do setor público e está diretamente relacionada à competência institucional do órgão. A subfunção representa um nível de agregação imediatamente inferior à função e vincula-se à finalidade da ação governamental em si.[230]

As 28 funções governamentais padronizadas e as respectivas subfunções associadas a estas estão discriminadas no Anexo da Portaria MOG nº 42, de 14 de abril de 1999[231]. Dentre elas, cabe destacar que metade das funções se relaciona aos direitos fundamentais sociais, de forma a demonstrar como aquilo que foi teoricamente exposto anteriormente se materializa concretamente na programação orçamentária.

A *Função 08 – Assistência Social*, é composta pelas subfunções "Assistência ao Idoso", "Assistência ao Portador de Deficiência", "Assistência à Criança e ao Adolescente" e "Assistência Comunitária"; a *Função 09 – Previdência Social* é composta pelas subfunções "Previdência Básica", "Previdência do Regime Estatutário", "Previdência Complementar" e "Previdência Especial"; a *Função 10 – Saúde* é composta pelas subfunções "Atenção Básica", "Assistência Hospitalar e Ambulatorial", "Suporte Profilático e Terapêutico", "Vigilância Sanitária", "Vigilância Epidemiológica" e "Alimentação e Nutrição"; a *Função 11 – Trabalho* é composta pelas subfunções "Proteção e Benefícios ao Trabalhador", "Relações de

---

[230] Disponível em: <https://www.tesourotransparente.gov.br/temas/contabilidade-e-custos/relatorio-resumido-da-execucao-orcamentaria-rreo-uniao>. Acesso em: 31/08/2020.
[231] BRASIL. Secretaria do Tesouro Nacional. *Manual de demonstrativos fiscais*: aplicado à União e aos Estados, Distrito Federal e Municípios. 11. ed. Brasília: Secretaria do Tesouro Nacional, 2020. p. 194-196. Disponível em: <https://www.tesourotransparente.gov.br/publicacoes/manual-de-demonstrativos-fiscais-mdf/2020/26>. Acesso em: 31/08/2020.

Trabalho", "Empregabilidade" e "Fomento ao Trabalho"; a *Função 12 – Educação* é composta pelas subfunções "Ensino Fundamental", "Ensino Médio", "Ensino Profissional", "Ensino Superior", "Educação Infantil", "Educação de Jovens e Adultos", "Educação Especial" e "Educação Básica"; a *Função 13 – Cultura* é composta pelas subfunções "Patrimônio Histórico, Artístico e Arqueológico" e "Difusão Cultural"; a *Função 14 – Direitos da Cidadania* é composta pelas subfunções "Custódia e Reintegração Social", "Direitos Individuais, Coletivos e Difusos" e "Assistência aos Povos Indígenas"; a *Função 15 – Urbanismo* é composta pelas subfunções "Infra-Estrutura Urbana", "Serviços Urbanos" e "Transportes Coletivos Urbanos"; a *Função 16 – Habitação* é composta pelas subfunções "Habitação Rural" e "Habitação Urbana"; a *Função 17 – Saneamento* é composta pelas subfunções "Saneamento Básico Rural" e "Saneamento Básico Urbano"; a *Função 19 – Ciência e Tecnologia* é composta pelas subfunções "Desenvolvimento Científico", "Desenvolvimento Tecnológico e Engenharia" e "Difusão do Conhecimento Científico e Tecnológico"; a *Função 21 – Organização Agrária* é composta pelas subfunções "Reforma Agrária" e "Colonização"; a *Função 26 – Transporte* é composta pelas subfunções "Transporte Aéreo", "Transporte Rodoviário", "Transporte Ferroviário", "Transporte Hidroviário" e "Transportes Especiais"; a *Função 27 – Desporto e Lazer* é composta pelas subfunções "Desporto de Rendimento", "Desporto Comunitário" e "Lazer".

A análise da radiografia dos tipos de gastos públicos, ao nos indicar que metade das 28 funções referem-se a gastos fundamentais com direitos sociais, demonstra a inequívoca configuração do Estado brasileiro como um Estado social.

Ainda que assim seja, e embora todas as despesas públicas, em regra, atendam a finalidades públicas, deve-se atentar para uma outra questão relevante em face da escassez de recursos: a hierarquia de prioridades nos gastos. Já é consolidada na doutrina publicista a distinção feita entre os *interesses públicos primários* e os *interesses públicos secundários*. Enquanto os primeiros estão relacionados à atuação estatal para o atendimento de necessidades dos cidadãos, como educação, saúde, segurança, os segundos voltam-se para o atendimento de necessidades internas da máquina burocrática, de modo que a Administração Pública possa funcionar devidamente. Na lição do italiano Renato Alessi:

Tratando-se do poder soberano, estará em relação com a realização de interesses *públicos, coletivos*. Esses interesses públicos, coletivos, cuja satisfação está a cargo da Administração, não são simplesmente o interesse da Administração entendida como aparato organizativo, mas sim aquilo que se denominou de interesse coletivo *primário*, formado pelo conjunto de interesses individuais preponderantes em uma determinada organização jurídica da coletividade, enquanto que o interesse do aparato (se é que pode conceber-se um interesse do aparato unitariamente considerado) seria simplesmente um dos interesses secundários que se fazem sentir na coletividade, e que podem ser realizados somente em caso de coincidência com o interesse coletivo primário e dentro dos limites de dita coincidência. A peculiaridade da posição jurídica da Administração pública radica precisamente nisto, em que sua função consiste na realização do interesse coletivo, público, primário.

Ainda que se possa conceber um interesse secundário da Administração considerada como aparato organizativo, tal interesse não poderia ser realizado senão em caso de coincidência com o interesse primário, público.[232]
(tradução livre)

É que a noção contemporânea de Estado não é a de que este ente seja um fim em si mesmo, mas sim um *instrumento* a serviço do cidadão, para que este detenha as condições mínimas para seu florescimento humano. O Estado está ordenado ao ser humano, e não ao revés.[233]

Deste modo, por exemplo, as prestações estatais na área de saúde atendem a um interesse público primário. Já gastos com locomoção de servidores públicos ou com publicidade institucional de ações governamentais, por sua vez, atendem a um interesse público interno da burocracia estatal (aquilo que Diogo de Figueiredo Moreira Neto chamou de *Administração introversa*):

---

[232] ALESSI, Renato. *Instituciones de Derecho Administrativo*. Tomo I. 3. ed. Trad. Buenaventura Pellisé Prats. Barcelona: Bosch, 1970. p. 184-185.

[233] "The thought that we cannot live reasonably and well apart from a *civitas* is consistent with the proposition that the common good specific to the *civitas* as such – the public good- is not basic but, rather, instrumental to securing human goods which are basic [...]". FINNIS, John. *Aquinas*: moral, political, and legal theory. Oxford: Oxford University, 1998. p. 247.

Para que o Estado possa servir adequadamente à sociedade que o institui, os seus órgãos de representação definem, pela atribuição constitucional e legal de *competências*, quais os *interesses* que deverão ser satisfeitos administrativamente, qualificando-os como *interesses públicos*, identificados como *interesses públicos primários*, ou *interesses públicos materiais*. Tais funções desempenhadas pelo Estado e seus delegados para a satisfação desses *interesses públicos primários*, que, por atenderem a necessidades da própria *sociedade*, caracterizam as *atividades-fim* da Administração Pública, e que, por se referirem à gestão externa dos interesses dos administrados, conformam a *administração extroversa*.

Todavia, como condição para desempenhá-la, é necessário que o Estado *satisfaça seus próprios interesses institucionais*, conotados a seus atos, pessoas, bens e serviços, desdobrando, desse modo, outra e distinta classe de interesses a serem atendidos, a dos *interesses públicos secundários*, ou *interesses públicos instrumentais*, ou, ainda, *derivados*, caracterizando, por seu turno, as *atividades-meio* da Administração Pública as quais, por atenderem à gestão interna de seu pessoal, de seus bens, de seus atos e de seus serviços, conformam a *administração introversa*.[234]

Conquanto estes interesses secundários não sejam irrelevantes, não se pode equipará-los às ações estatais que atendem diretamente a população, sob pena de se perder de vista o fim ou objetivo para o qual o próprio Estado é constituído, a saber, prover necessidades concretas da coletividade em primeiro lugar.

Uma breve análise de dados do orçamento público federal em anos recentes revela uma curiosa constatação: embora as despesas realizadas para atender a demandas judiciais na área de saúde (interesse primário) sejam reconhecidamente elevadas, outros interesses públicos meramente secundários, como os de propaganda institucional, locomoção de servidores e serviços de consultoria também são igualmente responsáveis por consideráveis dotações de recursos.

---

[234] MOREIRA NETO, Diogo de Figueiredo. *Curso de direito administrativo*. 16. ed. Rio de Janeiro: Forense, 2014. Edição eletrônica. nº 25.1 – Administração Pública extroversa e introversa.

Não se está aqui a dizer que as despesas acima são ilegais. Apenas se chama a atenção de que, embora relevantes, não atendem a um interesse primário, nem podem ser equiparadas a ações de atendimento à população na área de saúde ou educação, as quais estão diretamente relacionadas à preservação da vida ou da manutenção de uma vida digna. Em tempos de crise, a racionalização do gasto público, sobretudo em um país que ainda apresenta várias demandas sociais a serem satisfeitas, passa também por uma análise criteriosa da prioridade da despesa a ser executada.

3.4.1. As principais espécies de gastos fundamentais sociais presentes no orçamento brasileiro

Apresentadas anteriormente as funções e subfunções relacionadas aos gastos na área social, destaquemos agora alguns direitos sociais de maior visibilidade e relevância previstos no art. 6º da Constituição.

3.4.1.1. Educação

O texto constitucional brasileiro é pródigo em normas específicas sobre a educação, dedicando toda uma seção ao tema, compreendendo os arts. 205 ao 214 (Título VIII – Da Ordem Social; Capítulo III – Da Educação, da Cultura e do Desporto; Seção I – Da Educação).

A educação é classificada como "direito de todos e dever do Estado e da família", devendo ser "promovida e incentivada com a colaboração da sociedade, visando ao pleno desenvolvimento da pessoa, seu preparo para o exercício da cidadania e sua qualificação para o trabalho" (art. 205).

Veja-se que a educação é apresentada como tendo primeiramente um papel no desenvolvimento pessoal, em atenção à tendência natural humana de se voltar ao conhecimento (aspecto contemplativo do ser humano). Somente depois a educação é elencada como uma ferramenta para outros fins relevantes, a saber, como instrumento indispensável para que a pessoa consiga exercer de forma mais adequada sua condição de cidadão, bem como para ter condições mais qualificadas de atuar no mundo do trabalho.[235]

---

[235] Não obstante, segundo dados do IBGE de 2019, a taxa de analfabetismo entre pessoas de 15 ou mais anos de idade (dados de 2019) é de 6,6% no Brasil, totalizando cerca de 11 milhões de pessoas. Aqui também se revela a desigualdade regional. Na Região Sudeste, a

Os princípios constitucionais reitores do ensino são: I – igualdade de condições para o acesso e permanência na escola; II – liberdade de aprender, ensinar, pesquisar e divulgar o pensamento, a arte e o saber; III – pluralismo de ideias e de concepções pedagógicas, e coexistência de instituições públicas e privadas de ensino; IV – gratuidade do ensino público em estabelecimentos oficiais; V – valorização dos profissionais da educação escolar, garantidos, na forma da lei, planos de carreira, com ingresso exclusivamente por concurso público de provas e títulos, aos das redes públicas; VI – gestão democrática do ensino público, na forma da lei; VII – garantia de padrão de qualidade; VIII – piso salarial profissional nacional para os profissionais da educação escolar pública, nos termos de lei federal; IX – garantia do direito à educação e à aprendizagem ao longo da vida.

No campo do direito social da educação, a Constituição faz uma escolha prestacional inequívoca: qualifica o acesso ao ensino obrigatório e gratuito como sendo *direito público subjetivo* (art. 208, § 1º, CF/1988), sepultando qualquer discussão se é possível exigir judicialmente exatamente o bem da vida tutelado, a saber, uma vaga no sistema escolar. Para o ciclo básico obrigatório de educação, o Estado deve sempre providenciar vagas, sob pena de responsabilidade da autoridade competente (art. 208, § 2º, CF/1988).

Por ensino obrigatório e gratuito deve-se entender, nos termos do art. 208, I, CF/1988 (redação dada pela EC nº 59/2009), a educação básica obrigatória e gratuita dos 4 aos 17 anos de idade (ensino fundamental e

---

taxa é de 3,3%, sendo a mesma taxa apresentada na Região Sul. Na Região Centro-Oeste, a taxa sobe para 4,9%, sendo de 7,6% na Região Norte e de 13,9% na Região Nordeste, um índice quatro vezes maior que nas regiões Sul e Sudeste. Já o nível de instrução das pessoas com 25 anos ou mais de idade no Brasil está distribuído da seguinte forma: Sem instrução – 6,4%; Ensino Fundamental incompleto – 32,2%; Ensino Fundamental completo – 8,0%; Ensino Médio incompleto – 4,5%; Ensino Médio completo – 27,4%; Ensino Superior incompleto – 4,0%; Ensino Superior completo – 17,4%. Portanto, percebe-se que mais da metade da população (51,1%) sequer completou o ciclo da educação básica (isto é, aquela que vai até o final do Ensino Médio), isto é, aquela garantida constitucionalmente no art. 208, CF/1988, a demonstrar o tamanho do desafio da educação no Brasil. (Disponível em: <https://educa.ibge.gov.br/jovens/conheca-o-brasil/populacao/18317-educacao.html>. Acesso em: 31/08/2020).

médio), assegurada inclusive sua oferta gratuita para todos os que a ela não tiveram acesso na idade própria (a chamada educação de jovens e adultos – EJA). Também se pode incluir aí a educação infantil, em creche e pré-escola, às crianças até 5 (cinco) anos de idade (redação dada pela EC nº 53/2006).[236]

Quanto ao acesso ao ensino superior, embora também seja garantido pela Constituição como direito social, não existe a obrigatoriedade de que sejam ofertadas vagas no sistema público de ensino a todos os que nele desejariam ingressar, o que se revela pela previsão no art. 208, V de que o acesso se fará conforme a *capacidade de cada um* ("acesso aos níveis mais elevados do ensino, da pesquisa e da criação artística, segundo a capacidade de cada um").

Obviamente, isto não deve ser entendido como um *salvo conduto* para a acomodação do administrador público, devendo este prever políticas públicas de ampliação do acesso ao ensino superior, seja pela criação de novas vagas no ensino superior público e gratuito[237], seja pela criação de mecanismos de acesso facilitado a vagas no setor privado, tais como a concessão de bolsas ou sistemas de financiamento estudantil.

Nesse último aspecto, destaca-se o *Prouni*[238] (Programa Universidade Para Todos), programa do Governo Federal que oferece bolsas integrais e parciais (50%) em instituições de ensino superior privadas a alunos de baixa renda. Para se habilitar a bolsas integrais, o aluno deve comprovar

---

[236] Os números de matrículas na educação básica em 2019 são descomunais, alcançando a cifra de 36.611.223 milhões de matrículas, distribuídas da seguinte forma: *matrículas em creches*: 1.034.557 (período parcial) e 1.397.659 (período integral); *matrículas em pré-escola*: 3.572.796 (período parcial) e 374.539 (período integral); *matrículas no ensino fundamental* (anos iniciais): 10.433.307 (período parcial) e 1.255.252 (período integral); *matrículas no ensino fundamental* (nos anos finais), 8.647.940 (período parcial) e 1.076.892 (período integral); *matrículas no ensino médio*: 5.537.051 (período parcial) e 655.768 (período integral); *matrículas no ensino de jovens e adultos*: 1.664.610 (ensino fundamental) e 960.852 (ensino médio). Disponível em: <http://portal.inep.gov.br/web/guest/resultados-e-resumos>. Acesso em: 31/08/2020.

[237] O STF, por meio da Súmula Vinculante nº 12, determinou que "A cobrança de taxa de matrícula nas universidades públicas viola o disposto no art. 206, IV, da Constituição Federal".

[238] Disponível em: <http://prouniportal.mec.gov.br/>. Acesso em: 31/08/2020.

renda familiar bruta mensal, por pessoa, de até 1,5 salário mínimo. Para as bolsas parciais (50%), a renda familiar bruta mensal deve ser de até 3 salários mínimos por pessoa. É necessário que o estudante brasileiro não possua diploma de curso superior e que tenha participado do Enem mais recente e obtido, no mínimo, 450 pontos de média das notas, bem como não ter tirado zero na redação do Enem.

Já o *FIES* (Fundo de Financiamento Estudantil) é outro programa do Governo Federal que não distribui bolsas, mas realiza financiamentos em condições especiais e favorecidas, para que o estudante possa estudar em uma instituição de ensino privada pagando pelo seu próprio curso.

Em termos orçamentários, é justamente para fazer frente às despesas e desafios desses ingentes números que a própria Constituição estabelece uma vinculação de recursos para fins educacionais: a União aplicará, anualmente, nunca menos de dezoito, e os Estados, o Distrito Federal e os Municípios vinte e cinco por cento, no mínimo, da receita resultante de impostos, compreendida a proveniente de transferências, na manutenção e desenvolvimento do ensino (art. 212, *caput*, CF/1988).

Além disso, a educação básica pública terá como fonte adicional de financiamento a contribuição social do salário-educação, recolhida pelas empresas na forma da lei (art. 212, § 5º, CF/1988), sendo que as cotas estaduais e municipais da arrecadação desta contribuição social serão distribuídas proporcionalmente ao número de alunos matriculados na educação básica nas respectivas redes públicas de ensino (art. 212, § 6º, CF/1988).

Por fim, a Emenda Constitucional nº 108, de 26 de agosto de 2020, inseriu no texto constitucional o novo art. 212-A, determinando que os Estados, o Distrito Federal e os Municípios destinarão parte dos recursos a que se refere o caput do art. 212 à manutenção e ao desenvolvimento do ensino na educação básica e à remuneração condigna de seus profissionais. A distribuição dos recursos para estes fins se dará mediante a instituição, no âmbito de cada Estado e do Distrito Federal, de um Fundo de Manutenção e Desenvolvimento da Educação Básica e de Valorização dos Profissionais da Educação (Fundeb), de natureza contábil. Os demais incisos do novo art. 212-A trazem uma série de regras detalhadas sobre a partição de recursos deste novo Fundeb.

3.4.1.2. Saúde

Assim como ocorre com a educação, o texto constitucional brasileiro também dedica uma seção ao direito social da saúde, compreendendo os arts. 196 ao 200 (Título VIII – Da Ordem Social; Capítulo II – Da Seguridade Social; Seção II – Da Saúde).

A *saúde* é um direito fundamental social, e as políticas públicas nesta área são consideradas, no Brasil, de acesso universal e igualitário, e de atendimento integral, independentemente da condição financeira do cidadão. Isso porque a Constituição Federal de 1988 estabeleceu, no art. 196, que a saúde "é direito de todos e dever do Estado, garantido mediante políticas sociais e econômicas que visem à redução do risco de doença e de outros agravos e ao acesso universal e igualitário às ações e serviços para sua promoção, proteção e recuperação".

Em nosso país, as ações e serviços públicos de saúde estão organizados, por mandamento constitucional (art. 198, CF/1988), em uma rede regionalizada e hierarquizada, constituindo um sistema único (SUS – Sistema Único de Saúde), organizado de acordo com as seguintes diretrizes: I – descentralização, com direção única em cada esfera de governo; II – atendimento integral, com prioridade para as atividades preventivas, sem prejuízo dos serviços assistenciais; III – participação da comunidade.

A base normativa das políticas públicas em saúde está na denominada Lei Orgânica da Saúde – LOS (Lei 8.080/90), que regula em todo o território nacional as ações e serviços de saúde, estabelecendo que a execução poderá ser realizada de forma isolada ou em conjunto e que a organização do sistema será regionalizada e hierarquizada em níveis de complexidade crescente. Fixa, ainda, regras de distribuição da competência entre a direção nacional, a direção estadual e a direção municipal do SUS. Juntamente com a LOS existe a Lei nº 8.142/90, que trata da participação da comunidade na gestão e planejamento da saúde, das transferências intergovernamentais e o financiamento do sistema.

No contexto do Sistema Único de Saúde (SUS), a União é a principal financiadora do sistema. Porém, como não possui uma estrutura organizada em todo o território nacional, distribui aos entes regionais, em especial aos Municípios (mais próximos dos usuários), a responsabilidade pela execução de grande parte das ações.

Para tanto, os recursos financeiros da saúde são movimentados por meio de fundos contábeis, cabendo à direção do SUS em cada esfera de governo a sua utilização e ordenação de despesa. Tais fundos são: o Fundo Nacional de Saúde (FNS), gerido pelo Ministério da Saúde; o Fundo Estadual de Saúde (FES), administrado pelo Secretário Estadual de Saúde; e o Fundo Municipal de Saúde (FMS), conduzido pelo Secretário Municipal de Saúde ou pelo Diretor de Saúde quando não houver Secretaria.

Na área da saúde, as políticas públicas envolvem, essencialmente, as ações de promoção, prevenção, tratamento e reabilitação da saúde da população, ou seja, *assistência às pessoas* em tudo que envolve a saúde do ser humano, incluindo ações relativas à saúde do trabalhador e à assistência farmacêutica, além da vigilância epidemiológica e sanitária. A *vigilância epidemiológica* é um conjunto de ações que proporcionam o conhecimento, a detecção ou prevenção de qualquer mudança nos fatores determinantes e condicionantes de saúde individual ou coletiva, com a finalidade de recomendar e adotar as medidas de prevenção e controle das doenças e agravos. Por sua vez, *vigilância sanitária* compreende as ações de controle sanitário de medicamentos, alimentos, bebidas, cigarros, vacinas, serviços de saúde, portos, aeroportos e fronteiras, entre outros, no intuito de eliminar e prevenir riscos à saúde. Já a *saúde do trabalhador* é composta por ações que visam à vigilância epidemiológica e sanitária para promoção e proteção da saúde dos trabalhadores. Finalmente, a *assistência farmacêutica* envolve conservação, controle, segurança, eficácia, acompanhamento, avaliação e obtenção dos medicamentos.[239]

O financiamento da saúde no Brasil se dá, nos termos do art. 195, por meio de recursos do orçamento da seguridade social da União, dos Estados, do Distrito Federal e dos Municípios, além de outras fontes (art. 198, § 1º, CF/1988).

Todavia, tal como ocorre com a educação, também apresenta vinculação constitucional de recursos: a União aplicará anualmente o percentual

---

[239] SOUZA, Rafael da Cruz. *Política Pública da Saúde no Brasil*: História e Perspectivas no Sistema Único de Saúde – SUS. VII CONEPI, 2012.

mínimo de 15% de sua receita corrente líquida do respectivo exercício financeiro (art. 198, § 2º, I, CF/1988).

Por sua vez, os Estados e do Distrito Federal aplicarão no mínimo 12% do produto da arrecadação dos impostos a que se refere o art. 155 e dos recursos de que tratam os arts. 157 e 159, inciso I, alínea a, e inciso II, deduzidas as parcelas que forem transferidas aos respectivos Municípios (art. 198, § 2º, II, CF/1988 c/c art. 6º LC nº 141/2012).

Já os Municípios e o Distrito Federal aplicarão no mínimo 15% o produto da arrecadação dos impostos a que se refere o art. 156 e dos recursos de que tratam os arts. 158 e 159, inciso I, alínea b e § 3º (art. 198, § 2º, III, CF/1988 c/c art. 7º LC nº 141/2012).

Nas últimas duas décadas, vivenciamos no Brasil o fenômeno do ativismo judicial nas políticas públicas, sobretudo na área da saúde, em que se multiplicam, em progressão geométrica, as ações judiciais propostas por cidadãos em face do Estado, buscando o fornecimento de medicamentos, a realização de exames e tratamentos médicos, procedimentos cirúrgicos, internação hospitalar, dentre outros, seja por estes não integrarem o rol de produtos e serviços presentes no Sistema Único de Saúde (SUS) ou, simplesmente, por não terem sido regularmente disponibilizados devido à deficiência de recursos humanos ou materiais em determinada instituição médica pública.

O Poder Judiciário tem se pronunciado no sentido de que as ações e serviços de saúde devem ser assegurados de forma integral de modo que não estarão limitados àqueles procedimentos e aos medicamentos introduzidos nas políticas públicas, mas decidiu que, em geral, deve ser privilegiado o tratamento fornecido e os medicamentos disponibilizados nas políticas públicas, ressalvadas as hipóteses específicas nas quais estiver comprovado que o tratamento não é eficaz.

Tais medidas judiciais, comumente denominadas de "judicialização da saúde", são baseadas no artigo 196 da Constituição Federal de 1988, que prescreve ser a saúde um *direito de todos e dever do Estado*, garantido mediante políticas sociais e econômicas que visem à redução do risco de doença e de outros agravos e ao *acesso universal e igualitário* às ações e serviços para sua promoção, proteção e recuperação. E as demandas são promovidas em face de qualquer um dos entes federativos, uma vez que o artigo 23, inciso II, da Constituição estabelece a responsabilidade solidária entre União, Estados e Municípios para "cuidar da saúde e assistência pública".[240]

Uma análise mais detalhada de casos emblemáticos envolvendo o direito à saúde que chegaram às cortes superiores brasileiras será feita adiante.

3.4.1.3. Saneamento básico

O acesso a saneamento básico é, na verdade, um direito social derivado do acesso à saúde, apresentando grande impacto na saúde da população, em seu aspecto preventivo de doenças. Segundo Luís Roberto Barroso, "estima-se que 80% das doenças e mais de 1/3 da taxa de mortalidade em todo o mundo decorram da má qualidade da água utilizada pela população ou da falta de esgotamento sanitário adequado".[241]

A Constituição estabelece, em seu art. 21, XX, competir à União instituir diretrizes para o saneamento básico. Por isso, nesta área, o principal marco normativo é a Lei Federal nº 11.445/2007, que estabelece as diretrizes nacionais para o saneamento básico (recentemente atualizada pela Lei nº 14.026/2020).

---

[240] Segundo o relatório "Judicialização da saúde no Brasil: perfil das demandas, causas e propostas de solução", elaborado pelo Insper (Instituto de Ensino e Pesquisa) em convênio com o CNJ, o número de demandas judiciais relativas à saúde aumentou 130% entre 2008 e 2017 e o Ministério da Saúde, em sete anos, teve de aumentar cerca de 13 vezes seus gastos com demandas judiciais. (INSTITUTO DE ENSINO E PESQUISA – Insper. *Judicialização da saúde no Brasil*: perfil das demandas, causas e propostas de solução. Brasília: Conselho Nacional de Justiça, 2019. p. 13 e 45. Disponível em: <https://www.cnj.jus.br/wp-content/uploads/2019/03/66631404dd5ceaf8c5f7049223bdc709.pdf>. Acesso em: 31/08/2020).
[241] BARROSO, Luís Roberto. Saneamento básico: competências constitucionais da União, Estados e Municípios. *Revista de Informação Legislativa*, a. 38, n. 153, jan./mar. 2002. p. 255. O autor continua: "Desde meados da década de 80 que a Organização Mundial de Saúde – OMS considera o saneamento como a medida prioritária em termos de saúde pública (FRANCEYS, 1994, p. 4), até porque, de acordo com essa instituição, US$ 1 investido em saneamento representará uma economia de US$ 5 em gastos com prestações de saúde curativa. Nessa mesma linha, no Brasil, as informações do SUS dão conta de que, no ano de 1997, 60% das internações de crianças menores de 5 anos, ao custo de R$ 400 milhões, foram causadas por problemas decorrentes de doenças respiratórias, infecciosas e parasitárias, que poderiam ter sido substancialmente reduzidas por meio de medidas de saneamento básico (Água on-line, 2000)".

De acordo com o art. 2º da Lei 11.445/2007, os serviços públicos de saneamento básico serão prestados com base nos seguintes princípios fundamentais: I – universalização do acesso e efetiva prestação do serviço; II – integralidade, compreendida como o conjunto de atividades e componentes de cada um dos diversos serviços de saneamento que propicie à população o acesso a eles em conformidade com suas necessidades e maximize a eficácia das ações e dos resultados; III – abastecimento de água, esgotamento sanitário, limpeza urbana e manejo dos resíduos sólidos realizados de forma adequada à saúde pública, à conservação dos recursos naturais e à proteção do meio ambiente; IV – disponibilidade, nas áreas urbanas, de serviços de drenagem e manejo das águas pluviais, tratamento, limpeza e fiscalização preventiva das redes, adequados à saúde pública, à proteção do meio ambiente e à segurança da vida e do patrimônio público e privado; V – adoção de métodos, técnicas e processos que considerem as peculiaridades locais e regionais; VI – articulação com as políticas de desenvolvimento urbano e regional, de habitação, de combate à pobreza e de sua erradicação, de proteção ambiental, de promoção da saúde, de recursos hídricos e outras de interesse social relevante, destinadas à melhoria da qualidade de vida, para as quais o saneamento básico seja fator determinante; VII – eficiência e sustentabilidade econômica; VIII – estímulo à pesquisa, ao desenvolvimento e à utilização de tecnologias apropriadas, consideradas a capacidade de pagamento dos usuários, a adoção de soluções graduais e progressivas e a melhoria da qualidade com ganhos de eficiência e redução dos custos para os usuários; IX – transparência das ações, baseada em sistemas de informações e processos decisórios institucionalizados; X – controle social; XI – segurança, qualidade, regularidade e continuidade; XII – integração das infraestruturas e dos serviços com a gestão eficiente dos recursos hídricos; XIII – redução e controle das perdas de água, inclusive na distribuição de água tratada, estímulo à racionalização de seu consumo pelos usuários e fomento à eficiência energética, ao reuso de efluentes sanitários e ao aproveitamento de águas de chuva; XIV – prestação regionalizada dos serviços, com vistas à geração de ganhos de escala e à garantia da universalização e da viabilidade técnica e econômico-financeira dos serviços; XV – seleção competitiva do prestador dos serviços; e XVI – prestação concomitante dos serviços de abastecimento de água e de esgotamento sanitário.

O cenário nacional de saneamento básico ainda inspira fortes preocupações. Segundo o Sistema Nacional de Informações sobre Saneamento (SNIS)[242], do Ministério do Desenvolvimento Regional, em 2018, o índice de atendimento total de esgotamento sanitário nos municípios brasileiros era de apenas 53,2% do total da população (cerca de 107,5 milhões de brasileiros) e apenas 46,3% do esgoto gerado é tratado. Assim, por volta de 100 milhões de brasileiros ainda não contam com serviço básico de esgotamento. A extensão da rede de esgotamento, num país de dimensões continentais, é monumental: 325,6 mil km e cerca de 32,5 milhões de ligações. Contudo, ainda está aquém das necessidades nacionais.

A Região Sudeste é a que apresenta maior percentual de atendimento (79,2%), seguida da Centro-Oeste (52,9%) e da Região Sul (45,2%). Por sua vez, na Região Nordeste (28%) e Região Norte (10,5%), esses índices são baixíssimos, indicando uma dinâmica de desigualdade regional (sendo justamente um dos objetivos fundamentais da República reduzir esse tipo de desigualdade, nos termos do art. 3º, III, CF/1988).

O SNIS também confirma que o protagonismo na área de esgotamento é mesmo do Estado brasileiro: a Administração Pública direta é responsável por 78,81% dos serviços nessa seara. Já a Administração Pública indireta é a segunda maior provedora de tais serviços (17,16%), por meio de autarquias (15,8%), sociedades de economia mista (1,14%) e empresas públicas (0,22%). Portanto, o Estado responde por 95,98% do total. A iniciativa privada responde apenas por 4,02% de tais serviços, sendo 3,91% por empresas privada e 0,11% por organizações sociais.

Quanto ao abastecimento de água[243], a situação é um pouco mais animadora, ainda que também insuficiente. Segundo o SNIS, em 2018, o índice de atendimento total de abastecimento de água nos municípios brasileiros foi de 83,6% do total da população (cerca de 169,1 milhões de brasileiros).

A extensão da rede de abastecimento de água é de 662,6 mil km e cerca de 57,2 milhões de ligações de água, com um consumo médio de

---

[242] Disponível em: <http://www.snis.gov.br/painel-informacoes-saneamento-brasil/web/painel-esgotamento-sanitario>. Acesso em: 31/08/2020.
[243] Disponível em: <http://www.snis.gov.br/painel-informacoes-saneamento-brasil/web/painel-abastecimento-agua>. Acesso em: 31/08/2020.

154,9 litros/habitante/dia. O desperdício de água potável ainda é grande no país: 38,5% não é contabilizada ou perdida na distribuição, mostrando que nosso nível de eficiência na distribuição de água ainda é basta deficiente.

A Região Sudeste é a que apresenta maior percentual de atendimento (91%), seguida da Região Sul (90,2%), da Região Centro-Oeste (89%), da Região Nordeste (74,2%) e da Região Norte (57,1%). Novamente aqui, em especial com relação à Região Norte, revela-se uma considerável desigualdade regional.

Aqui também o ator principal é o Estado brasileiro: a Administração Pública direta é responsável por 51% dos serviços nessa seara. Já a Administração Pública indireta é a segunda maior provedora de tais serviços (40,14%), por meio de autarquias (37,01%), sociedades de economia mista (2,61%) e empresas públicas (0,52%). O Estado responde por 91,14% do total. A iniciativa privada responde apenas por 8,86% de tais serviços, sendo 8,6% por empresas privada e 0,26% por organizações sociais.

Quanto ao manejo dos resíduos sólidos urbanos[244], o SNIS informa que, em 2018, o índice de população total atendida com coleta domiciliar nos municípios brasileiros foi de 92,1% do total da população (cerca de 190,7 milhões de brasileiros).

A massa de resíduos coletada foi estimada em 62,8 milhões de toneladas (somando-se resíduos sólidos domiciliares e resíduos sólidos públicos), com uma média de 0,96 kg/habitante/dia. Apenas 38,1% dos municípios possuem coleta seletiva, envolvendo 27,1 mil catadores. A maior parte destes resíduos é destinada a aterros sanitários (75,6%), seguidos por lixões (13%) e aterros controlados (11,4%).

A coleta seletiva ocorre com apenas cerca de 1,67 milhão de toneladas de resíduos sólidos urbanos, processado em 1.030 unidades de triagem, com recuperação estimada de 1,05 milhão de toneladas, o que revela uma alta taxa de aproveitamento daquilo que é coletado pelo sistema seletivo.

Dos Municípios brasileiros analisados 47% instituíram a cobrança de taxa ou tarifa de coleta de lixo domiciliar, e mesmo assim os custos cober-

---

[244] Disponível em: <http://www.snis.gov.br/painel-informacoes-saneamento-brasil/web/painel-residuos-solidos>. Acesso em: 31/08/2020.

tos com a cobrança só alcançaram 54,3% do total, devendo o restante ser custeado com o valor total dos impostos.

A Região Sudeste é a que apresenta maior percentual de atendimento (96,2%), seguida da Região Centro-Oeste (92,9%), da Região Sul (91,5%), da Região Nordeste (86,1%) e da Região Norte (83,6%). Aqui, a desigualdade regional não é tão pronunciada.

Considerados os dados gerais acima, percebe-se que, sobretudo na questão do esgotamento sanitário, medida básica para controle e prevenção de doenças, bem como para preservação do meio ambiente, o caminho a percorrer ainda é considerável, e os valores investidos ainda são relativamente baixos.

Diante disso, questiona-se em sede doutrinária inclusive a possibilidade de que o acesso ao saneamento básico seja objeto de judicialização. Ana Paula de Barcellos, por exemplo, em artigo publicado em língua inglesa[245], afirma que o direito à saúde teria uma dimensão judicialmente exigível para além das tradicionais demandas de medicamentos e tratamentos médicos, abarcando também o saneamento básico. Assim, as demandas judiciais também deveriam estar abertas à promoção de políticas públicas de garantia de acesso a água potável e esgotamento sanitário.

Barcellos, contudo, admite que a efetivação por via judicial de tal direito ainda é algo complexo, por exigir não apenas conhecimento técnico, mas ingerências judiciais no planejamento de políticas públicas e no uso de recursos orçamentários. Não obstante essa advertência, a autora afirma que os instrumentos das ações coletivas, tais como ações civis públicas, poderiam ser úteis a essa finalidade, com decisões judiciais delimitando prazos e metas a serem cumpridas pelo Poder Executivo.

3.4.1.4. Moradia

O direito à habitação ou moradia figura na Declaração Universal dos Direitos Humanos de 1948, como decorrência necessária do direito a um padrão de vida capaz de assegurar a si e a sua família saúde e bem estar[246],

---

[245] BARCELLOS, Ana Paula de. Sanitation Rights, Public Law Litigation, and Inequality: A Case Study from Brazil. *Health and Human Rights Journal*, n. 2, vol. 16, December 2014.
[246] Artigo 25, 1 "Todo ser humano tem direito a um padrão de vida capaz de assegurar a si e a sua família saúde e bem estar, inclusive alimentação, vestuário, habitação, cuidados

ou, no Pacto Internacional sobre Direitos Econômicos, Sociais e Culturais, como direito a uma moradia adequada como parte integrante de um nível de vida adequado para si próprio e para sua família.[247] Por sua vez, a Constituição brasileira elenca a moradia como direito social em seu art. 6º, embora não reserve uma seção específica da Constituição para o tema.

É competência constitucional da União instituir as diretrizes gerais para o desenvolvimento urbano, inclusive na questão da habitação (art. 21, XX, CF/1988). O diploma federal que estabelece tais diretrizes é o Estatuto da Cidade (Lei nº 10.257/2001), o qual veicula algumas medidas referentes ao direito à habitação, tais como: *a)* contratação coletiva de concessão de direito real de uso de imóveis públicos no âmbito de programas e projetos habitacionais de interesse social, desenvolvidos por órgãos ou entidades da Administração Pública com atuação específica nessa área (art. 4º, § 2º); *b)* exercício do direito de preferência ou preempção na aquisição de imóveis urbanos pelo Poder Público quando este necessitar de áreas para execução de programas e projetos habitacionais de interesse social (art. 26, II); *c)* os contratos de concessão de direito real de uso de imóveis públicos, nos casos de programas e projetos habitacionais de interesse social, desenvolvidos por órgãos ou entidades da Administração Pública com atuação específica nessa área, dispensam escritura pública lavrada em cartório e constituem título de aceitação obrigatória em garantia de contratos de financiamentos habitacionais (art. 48); *d)* usucapião especial de imóvel urbano, tanto individual como coletiva (arts. 9º e 10).

Por sua vez, é competência comum de todos os entes federados promover programas de construção de moradias e a melhoria das condições habitacionais e de saneamento básico (art. 23, IX, CF/1988).

---

médicos e os serviços sociais indispensáveis, e direito à segurança em caso de desemprego, doença, invalidez, viuvez, velhice ou outros casos de perda dos meios de subsistência fora de seu controle."

[247] Artigo 11, 1: "1. Os Estados Partes do presente Pacto reconhecem o direito de toda pessoa a um nível de vida adequando para si próprio e sua família, inclusive à alimentação, vestimenta e moradia adequadas, assim como a uma melhoria contínua de suas condições de vida. Os Estados Partes tomarão medidas apropriadas para assegurar a consecução desse direito, reconhecendo, nesse sentido, a importância essencial da cooperação internacional fundada no livre consentimento." (Internalizado no Brasil pelo Decreto nº 591/1992)

Também vinculada à temática da moradia na Constituição, há duas regras específicas em que se facilita o acesso à habitação por meio da usucapião em condições especiais, com prazo relativamente curto de cinco anos, tanto em meio urbano como rural.

Assim, o art. 183, CF/1988 prevê que aquele que possuir como sua área urbana de até 250m², por cinco anos, ininterruptamente e sem oposição, utilizando-a para sua moradia ou de sua família, adquirir-lhe-á o domínio, desde que não seja proprietário de outro imóvel urbano ou rural.

Já o art. 191, CF/1988 prevê que aquele que, não sendo proprietário de imóvel rural ou urbano, possua como seu, por cinco anos ininterruptos, sem oposição, área de terra, em zona rural, não superior a 50 hectares, tornando-a produtiva por seu trabalho ou de sua família, tendo nela sua moradia, adquirir-lhe-á a propriedade.

Por fim, o art. 243, CF/1988 estabelece que as propriedades rurais e urbanas de qualquer região do país onde forem localizadas culturas ilegais de plantas psicotrópicas ou a exploração de trabalho escravo na forma da lei serão expropriadas e destinadas à reforma agrária e a programas de habitação popular, sem qualquer indenização ao proprietário e sem prejuízo de outras sanções previstas em lei, observado, no que couber, o disposto no art. 5º. Portanto, ao destinar tais propriedades, o constituinte teve diante de si justamente o direito social à moradia, sobretudo para os menos favorecidos.

O ponto tormentoso em relação à efetividade do direito social à moradia diz respeito à possibilidade de o cidadão exigir judicialmente alguma prestação material específica que assegurasse seu direito a uma habitação, isto é, o direito a receber do Estado uma moradia concreta.

A doutrina, nesse particular, indica que, embora a concessão judicial individualizada de moradia não seja, em regra, factível, a dimensão prestacional é realizada de outra forma, gerando tanto para o legislador como para o administrador público um dever de criação de normas e políticas públicas para ampliar o acesso à moradia.[248]

---

[248] Por todos, cf. SARLET, Ingo Wolfgang. O Direito Fundamental à Moradia na Constituição: Algumas Anotações a Respeito de Seu Contexto, Conteúdo e Possível Eficácia. *Revista Eletrônica sobre a Reforma do Estado*, n. 20, dez./fev. 2009/2010. p. 35-42. Disponível em: <http://www.direitodoestado.com.br/artigo/ingo-wolfgang-sarlet/o-direito-fundamen-

Assim, a elaboração de normas de tutela da condição de hipossuficiente do locatário residencial, a diminuição de prazos para usucapião, a criação de programas de moradia com subsídios ou financiamento abaixo dos juros de mercado para pessoas de baixa renda, o pagamento de aluguel social temporário para famílias afetadas por desastres naturais, todas estas medidas são modos de concretizar tal direito social.

A não concessão direta pelo Estado brasileiro de moradia, todavia, não indica a ausência de uma série de linhas de financiamento com condições favorecidas e programas específicos voltados a facilitar o acesso à casa própria, sobretudo com recursos do Fundo de Garantia do Tempo de Serviço.

O programa habitacional mais conhecido nos últimos anos foi o *Minha Casa, Minha Vida*, sob a gestão da Caixa Econômica Federal (CEF). Tratava-se de uma linha de financiamento do Governo Federal que oferece condições atrativas para o financiamento de moradias. Em 25 de agosto de 2020, o *Minha Casa, Minha Vida* foi reformulado pela Medida Provisória nº 996, convertida na Lei nº 14.119/2021, passando a se intitular *Programa Casa Verde e Amarela*, trazendo condições mais facilitadas especialmente para moradores das regiões Norte e Nordeste, com taxas de juros mais baixas.

3.4.1.5. Assistência Social

O direito social à assistência social também goza de seção específica no texto constitucional, compreendendo os arts. 203 a 204 (Título VIII – Da Ordem Social; Capítulo II – Da Seguridade Social; Seção IV – Da Assistência Social).

Embora a assistência social componha, juntamente com a saúde e a previdência social, as ações de seguridade social (art. 194, CF/1988), ela possui a peculiaridade, assim como a saúde, de não depender de caráter contributivo (diferentemente do que ocorre com a previdência).

Seus objetivos constitucionais são (art. 203, CF/1988): I – a proteção à família, à maternidade, à infância, à adolescência e à velhice; II – o amparo às crianças e adolescentes carentes; III – a promoção da integra-

---

tal-a-moradia-na-constituicao-algumas-anotacoes-a-respeito-de-seu-contexto-conteudo-
-e-possivel-eficacia>. Acesso em: 31/08/2020.

ção ao mercado de trabalho; IV – a habilitação e reabilitação das pessoas portadoras de deficiência e a promoção de sua integração à vida comunitária; V – a garantia de um salário mínimo de benefício mensal à pessoa portadora de deficiência e ao idoso que comprovem não possuir meios de prover à própria manutenção ou de tê-la provida por sua família, conforme dispuser a lei.

As ações governamentais nessa área são custeadas por meio dos recursos do orçamento específico da seguridade social, previstos no art. 195, CF/1988, além de outras fontes (art. 204, CF/1988). As diretrizes constitucionais para sua gestão e execução são: I – descentralização político-administrativa, cabendo a coordenação e as normas gerais à esfera federal e a coordenação e a execução dos respectivos programas às esferas estadual e municipal, bem como a entidades beneficentes e de assistência social; II – participação da população, por meio de organizações representativas, na formulação das políticas e no controle das ações em todos os níveis.

Assim como ocorre na saúde e educação, a Constituição prevê a possibilidade de vinculação de receitas tributárias para o desenvolvimento das atividades de assistência social. Contudo, enquanto naquelas áreas a vinculação é obrigatória, aqui, ela é meramente facultativa: "É facultado aos Estados e ao Distrito Federal vincular a programa de apoio à inclusão e promoção social até cinco décimos por cento de sua receita tributária líquida" (art. 204, parágrafo único, CF/1988).

O principal marco normativo infraconstitucional sobre o tema é a Lei nº 8.742/1993, a chamada Lei Orgânica da Assistência Social (LOAS), dispondo sobre a organização da assistência social. Seu art. 1º define a assistência social como "direito do cidadão e dever do Estado", sendo uma "Política de Seguridade Social não contributiva, que provê os mínimos sociais, realizada através de um conjunto integrado de ações de iniciativa pública e da sociedade, para garantir o atendimento às necessidades básicas".

Tal como no SUS (saúde), o art. 6º da LOAS prevê que a gestão das ações na área de assistência social fica organizada sob a forma de sistema descentralizado e participativo, denominado Sistema Único de Assistência Social (SUAS), com os seguintes objetivos: I – consolidar a gestão compartilhada, o cofinanciamento e a cooperação técnica entre os entes federativos que, de modo articulado, operam a proteção social não contributiva; II – integrar a rede pública e privada de serviços, programas, projetos e benefícios de assistência social; III – estabelecer as responsabilidades dos entes federativos na organização, regulação, manutenção e expansão das ações de assistência social; IV – definir os níveis de gestão, respeitadas as diversidades regionais e municipais; V – implementar a gestão do trabalho e a educação permanente na assistência social; VI – estabelecer a gestão integrada de serviços e benefícios; e VII – afiançar a vigilância socioassistencial e a garantia de direitos.

Uma das principais políticas públicas nessa área é o programa de transferência direta de renda ao cidadão por meio do Benefício de Prestação Continuada (BPC), previsto no art. 203, V, CF/1988: "a garantia de um salário mínimo de benefício mensal à pessoa portadora de deficiência e ao idoso que comprovem não possuir meios de prover à própria manutenção ou de tê-la provida por sua família, conforme dispuser a lei".[249]

As disposições legais regulamentadoras da norma constitucional para concessão do BPC estão presentes no art. 20 a 21 da LOAS. Para poder usufruir do benefício, considera-se incapaz de prover a manutenção da pessoa com deficiência ou idosa a família cuja renda mensal *per capita* seja igual ou inferior a 1/4 (um quarto) do salário-mínimo (art. 20, § 3º). Ou seja, trata-se de uma política pública voltado ao atendimento do *mínimo existencial*.

Nos REs 567.985 e 580.963 (ambos com repercussão geral), o Supremo Tribunal Federal considerou o critério de 1/4 do salário-mínimo defasado e demasiadamente reduzido para os padrões atuais, o que permitiria que situações de patente miserabilidade social fossem consideradas fora do alcance do benefício assistencial previsto constitucionalmente, em violação do mínimo existencial e da própria dignidade da pessoa humana.

Por esse motivo, o STF declarou a ocorrência do processo de inconstitucionalização progressiva do critério de 1/4 do salário-mínimo, decorrente de notórias mudanças fáticas (políticas, econômicas e sociais) e jurídicas (sucessivas modificações legislativas dos patamares econômicos

---

[249] Em 2019, foram gastos cerca de R$ 64,5 bilhões pelo Governo Federal com o pagamento do BPC (Disponível em: <http://www.portaltransparencia.gov.br/beneficios?ano=2019>. Acesso em: 31/08/2020).

utilizados como critérios de concessão de outros benefícios assistenciais por parte do Estado brasileiro).

Apesar disso, o STF não estabeleceu em sua decisão novos parâmetros para a concessão, apenas atestando a omissão do Poder Legislativo em legislar para que o Congresso criasse novo patamar. Em 2020, enfim houve a tentativa de elevar o patamar para 1/2 (metade) do salário mínimo, por meio da Lei 13.892, de 2 de abril de 2020, em linha com as decisões do próprio STF.

Contudo, a eficácia da alteração promovida pela Lei 13.892/2020 se encontra suspensa por concessão de medida cautelar na ADPF 662 (recebida como ADI), proposta pelo Presidente da República (decisão monocrática do Relator Min. Gilmar Mendes, datada de 7 de abril de 2020).

Embora ressaltando que o STF deseja ver tal critério aumentado, o cerne do argumento do Relator foi a limitação de direito financeiro de que a alteração não veio acompanhada da definição da correspondente fonte de custeio total para criação, majoração e extensão de benefícios da seguridade social exigida pelo art. 195, § 5º, CF/1988, nem da estimativa de seu impacto orçamentário e financeiro requerida pelo art. 113, ADCT.[250] O Relator também invocou, como argumento de reforço, as previsões no mesmo sentido dos arts. 17 e 24 da Lei de Responsabilidade Fiscal[251] e do art. 114 da LDO 2020[252] (Lei nº 13.898, de 11 de novembro de 2019).

---

[250] Art. 113. A proposição legislativa que crie ou altere despesa obrigatória ou renúncia de receita deverá ser acompanhada da estimativa do seu impacto orçamentário e financeiro. (Incluído pela Emenda Constitucional nº 95, de 2016).

[251] Art. 17. Considera-se obrigatória de caráter continuado a despesa corrente derivada de lei, medida provisória ou ato administrativo normativo que fixem para o ente a obrigação legal de sua execução por um período superior a dois exercícios.
§ 1º Os atos que criarem ou aumentarem despesa de que trata o caput deverão ser instruídos com a estimativa prevista no inciso I do art. 16 e demonstrar a origem dos recursos para seu custeio.
Art. 24. Nenhum benefício ou serviço relativo à seguridade social poderá ser criado, majorado ou estendido sem a indicação da fonte de custeio total, nos termos do § 5º do art. 195 da Constituição, atendidas ainda as exigências do art. 17.

[252] Art. 114. As proposições legislativas e as suas emendas, conforme o art. 59 da Constituição, que, direta ou indiretamente, importem ou autorizem diminuição de receita ou aumento de despesa da União, deverão estar acompanhadas de estimativas desses efeitos

O segundo programa de maior destaque na assistência social, também voltado para a garantia do mínimo existencial, é o Bolsa Família, outro programa social de transferência direta de renda ao cidadão criado pela Lei 10.836/2004.

De acordo com o art. 2º da lei, as espécies de benefícios financeiro do Bolsa Família são: I – o benefício básico, destinado a unidades familiares que se encontrem em situação de extrema pobreza; II – o benefício variável, destinado a unidades familiares que se encontrem em situação de pobreza e extrema pobreza e que tenham em sua composição gestantes, nutrizes, crianças entre 0 e 12 anos ou adolescentes até 15 anos, sendo pago até o limite de 5 benefícios por família; III – o benefício variável, vinculado ao adolescente, destinado a unidades familiares que se encontrem em situação de pobreza ou extrema pobreza e que tenham em sua composição adolescentes com idade entre 16 e 17 anos, sendo pago até o limite de 2 benefícios por família; IV – o benefício para superação da extrema pobreza, no limite de um por família, destinado às unidades familiares beneficiárias do Programa Bolsa Família e que, cumulativamente: a) tenham em sua composição crianças e adolescentes de 0 a 15 anos de idade; e b) apresentem soma da renda familiar mensal e dos benefícios financeiros previstos nos incisos I a III igual ou inferior a R$ 70,00 *per capita*.

No ano de 2020, com o advento da pandemia da COVID-19, entrou em cena um novo programa de assistência social transitório e emergencial de transferência direta de renda ao cidadão: o Auxílio-Emergencial, criado pela Lei nº 13.892, de 2 de abril de 2020, estabelecendo o pagamento de valor de R$ 600,00 mensais. O objetivo do programa foi o de mitigar os efeitos nefastos sobre a população da drástica redução do ritmo das atividades econômicas em razão das medidas de isolamento e distanciamento social levadas a cabo para tentar conter o avanço da pandemia no país.

Por sua vez, em 15 de março de 2021, foi promulgada a Emenda Constitucional nº 109, de natureza e conteúdo eminentemente fiscal, para

---

no exercício em que entrarem em vigor e nos dois exercícios subsequentes, detalhando a memória de cálculo respectiva e correspondente compensação para efeito de adequação orçamentária e financeira, e compatibilidade com as disposições constitucionais e legais que regem a matéria.

buscar criar um ambiente de sustentabilidade financeira a fim de se dar continuidade ao enfrentamento da pandemia. No seu artigo 3º, foi estabelecida a possibilidade de concessão de um novo "*auxílio emergencial residual*" para enfrentar as consequências sociais e econômicas da pandemia da Covid-19, dispensando-se a observância das limitações legais quanto à criação, à expansão ou ao aperfeiçoamento de ação governamental que acarrete aumento de despesa.

Capítulo 4
A Teoria Labandiana do Orçamento

Conceitos jurídicos apresentam uma dimensão histórica inarredável. São produto de uma determinada visão de mundo e das ciências jurídicas histórica e culturalmente localizadas, razão pela qual, para uma compreensão mais abrangente de um determinado instituto jurídico, faz-se necessário entender o ambiente em que foi gestado.

Sem que se compreenda o panorama europeu e germânico do século XIX, o conceito labandiano acerca da natureza jurídica do orçamento público como mera lei formal queda-se fora de contexto, como se constituísse uma iluminação abstrata, "caída do céu", ou como uma espécie de decorrência lógica incontrastável, e não fruto de uma mentalidade específica de época.

Por isso, passamos a fazer agora a análise dos antecedentes históricos e matrizes teóricas que vigoravam à época da formulação da tese de Paul Laband, bem como analisaremos a influência desta doutrina sobre juristas de outros países e do Brasil.

4.1. O princípio monárquico e o constitucionalismo germânico do século XIX

Da perspectiva da teoria política e constitucional, o século XIX foi marcado por uma tensão essencial, assim classificada pelo historiador alemão Leopold von Ranke: "a tendência fundamental de nosso tempo é o conflito de dois princípios, o da monarquia e o da soberania popular, conflito ao qual todos os demais conflitos estão conectados."[253]

---

[253] RANKE, Leopold von. *Weltgeschichte*. 9 Teil. 2 Abtheilung. Leipzig: Duncker & Humblot, 1888. p. 233-234.

A derrocada de Napoleão, vista com alívio pelos países vizinhos que haviam caído sob dominação francesa, foi rapidamente acompanhada de uma reação política de retomada do *status quo ante*: o Congresso de Viena (1814-1815) buscou o ressurgimento dos princípios políticos que davam sustentação às antigas dinastias monárquicas a serem restauradas, em um pacto mútuo de cooperação na preservação do absolutismo monárquico (com forte controle das liberdades públicas consagradas pelo liberalismo), da religião tradicional (o catolicismo romano e, na Rússia, o catolicismo ortodoxo) e de um equilíbrio relativo entre as potências europeias.[254]

Contudo, contrariamente aos anseios no Congresso de Viena, a onda liberal já havia percorrido a Europa juntamente com os exércitos napoleônicos. A burguesia, que sentira o gosto da participação política na Revolução Francesa, não iria recuar.[255]

No plano das liberdades públicas, o liberalismo advogava a liberdade de consciência e religiosa, bem como o direito de expressar suas convicções seja de modo individual, seja através de formas socialmente organizadas como a imprensa. Tal postura contrastava com a tendência estatal pré-moderna de regular a liberdade de consciência e de expressão, sob o

---

[254] "No cabe la menor duda de que la fecha de 1815 suscitó grandes esperanzas en las clases dirigentes europeas. Los diplomáticos congregados en Viena no solamente creían haber puesto punto final a la aventura revolucionaria e imperial, sino también intentaron restaurar, junto con el principio de la legitimidad [monárquica], el respeto a los poderes establecidos, así como el sentido de la jerarquía y de la autoridad. Los soberanos que vuelven a empuñar las riendas del Estado tras veinte años de pruebas pueden, en realidad, apoyarse sobre un movimiento general de reacción contra el individualismo, movimiento que invita a las élites a reconstruir la unidad de las inteligencias y el gusto por la tradición contra los progresos del libre examen. [...] A los beneficiarios de la Restauración les parece necesario que el catolicismo despliegue sobre la vida de los pueblos, como sobre la de los individuos, su inmensa red de relaciones y de obligaciones, sin la cual la autoridad no podría revestirse de ese carácter absoluto, sacerdotal, que le garantiza la obediencia y el amor de los súbditos." (DROZ, Jacques. *Europa*: restauración y revolución – 1815-1848. Trad. Ignacio Romero de Solís. 8. ed. Madrid: Siglo XXI, 1984. p. 3, 7-8).

[255] "El periodo que se extiende entre 1815 y 1848 aparece como un conflicto que opone a las antiguas clases dirigentes, ligadas a la sociedad del *Ancien Régime*, a la ascensión de las nuevas fuerzas surgidas de la revolución industrial y que se apoya en el liberalismo para imponer su dominación." (Ibidem. p. 1).

manto de um princípio de sujeição e obediência à autoridade constituída. Temos um exemplo disso, logo após o Congresso de Viena, no uso do poder de polícia pela dinastia dos Habsburgos, na Áustria, para censurar escritos, livros e espetáculos públicos. Contudo, a pressão foi tão intensa que, em 1848, o imperador austríaco Fernando I teve de admitir a liberdade de imprensa e abolir a censura.[256]

No plano das ideias teológicas (o debate religioso ainda fazia parte das discussões da esfera pública), os liberais sustentavam a liberdade religiosa e a separação entre Igreja e Estado, numa clara afronta à união entre trono e altar consagrada pelo Antigo Regime, bem como uma noção difusa da divindade (teísmo) que não se identificava com o *corpus* doutrinário organizado e sistemático da religião cristã tradicional.[257]

Já quanto ao princípio fundante da organização política, como constatou Leopold von Ranke e antes já exposto, o século seria dominado por essa tensão entre os princípios de autoridade, legitimidade e ordem política do *Ancien Régime* e as propostas liberais que propugnavam a soberania do povo, como proclamado em alto e bom som pelo panfleto "*Qu'est-ce que le Tiers-État?*" do Padre Emmanuel-Joseph Siéyès.[258]

Assim, apesar de restauradas, as casas reais teriam de entrar em constante compromisso com os liberais – a era da monarquia absolutista, embora se tentasse conferir a ela novo fôlego pelo Congresso de Viena,

---

[256] Este ano também marcou o fim da era conservadora do chanceler austríaco Metternich. Para maiores detalhes sobre a questão da censura na Áustria após o Congresso de Viena, cf. EMERSON, Donald E. *Metternich and the political police*: security and subversion in the Hapsburg monarchy (1815-1830). The Hague: Martinus Nijhoff, 1968. Chapter V. Metternich, the police, and Hapsburg censorship. p. 136-175.

[257] Uma nota exemplar desse teísmo está na ideia maçônica da divindade como Grande Arquiteto do Universo, em que são aceitos nas lojas maçônicas membros dos mais diversos credos, bastando para tanto a crença numa divindade criadora. Não à toa, a maçonaria teve o auge de sua influência em fins do século XVIII e durante todo o século XIX, sendo o grande cavalo de batalha das ideias liberais, tanto na Europa como nas Américas.

[258] "La fundamentación del Estado constitucional-representativo no plantea meramente una alternativa frente a la monarquía del s. XVIII, sino que representa una opción política excluyente respecto de las forma del régimen. Para Siéyès el Estado constitucional-representativo no sólo es legítimo, sino que encarna la legitimidad política". (CASTAÑO, Sergio Raúl. Una introducción en el tema de la legitimidad política. *Espíritu*, LIX, n. 140, 2010. p. 496.)

havia definitivamente findado. E os principais instrumentos jurídicos do nascente liberalismo eram as constituições escritas.[259]

Uma a uma, as monarquias europeias viram-se obrigadas a aceitar tais documentos[260], bem como a conferir, em diferentes graus, maior relevância à participação política popular por meios dos representantes do povo reunidos em Parlamento. Como afirma Eric Hobsbawn acerca da restauração monárquica francesa dos Bourbons, estes "foram restaurados, mas se entendia que teriam de fazer concessões ao perigoso espírito de seus súditos. Aceitas as mudanças mais relevantes da revolução, foi-lhes concedido seu ardoroso anseio, uma Constituição, ainda que em uma forma moderadíssima".[261]

A formulação do *princípio monárquico*, embora tenha também encontrado terreno fértil nas nações germânicas, tem origem francesa: a Carta Constitucional de 4 de junho de 1814, outorgada por Luís XVIII. Esta, em seu preâmbulo, afirma que "toda a autoridade em França *reside na pessoa do Rei*" e que esse "voluntariamente, e por livre exercício de sua autoridade real, pactua e concorda em *fazer concessão* e outorgar a seus súditos a seguinte Carta constitucional".[262]

---

[259] "Despite the strong reactionary and obscurantist influence manifested in the Holy Alliance, the governments actually organized in the states whose monarchs were restored by the Congress of Vienna furnished abundant evidence that the ideas of the revolution had not lost all their force. Especially conspicuous was the idea that some kind of constitution – of fundamental law, written or unwritten – was of the essence of a rational and workable system. Various practical conditions confirmed the old tendency to regard only a formal written document as a constitution in the full and precise sense. Hence the demand for some such well-defined legal basis for the government, whether monarchic, aristocratic or democratic, became the central feature in the program of the liberal party in every state." (DUNNING, William A. European theories of constitutional government after the Congress of Vienna. *Political Science Quarterly*, v. 34. n. 1, march 1919. p. 3).
[260] BROWN JR., Marvin L. The monarchical principle in Bismarckian diplomacy after 1870. *The Historian*, vol. 15, issue 1, sept. 1952. p. 41.
[261] HOBSBAWN, Eric. *La era de la revolución*: 1789-1848. Trad. Felipe Ximénes de Sandoval. 6. ed. Buenos Aires: Crítica, 2009. p. 108. Tradução livre.
[262] "Nous avons considéré que, *bien que l'autorité tout entière résidât en France dans la personne du Roi*, nos prédécesseurs n'avaient point hésité à en modifier l'exercice suivant la différence des temps [...] nous avons volontairement, et par le libre exercice de notre autorité

De qualquer forma, já se está a viver uma fase em que, embora o papel expresse que o rei faz uma *benemérita concessão*, esta, na verdade, é um imperativo dos novos tempos e do princípio de soberania popular que começa a despontar por todas as partes na Europa. Não é raro que esta solução compromissória de uma monarquia com uma constituição fosse criticada por ambos os lados, a saber, tanto pelos partidários do absolutismo regalista do Antigo Regime como pelos liberais.

É interessante recordar – para nossas mentes já acostumadas com o princípio da soberania popular (o qual triunfou definitivamente no século XX) – que, nesta visão monárquica, a chefia de Estado *não provém do povo*.²⁶³ A noção de uma Assembleia Nacional Constituinte que gera e legitima todos os demais poderes estatais, tão cara ao constitucionalismo contemporâneo, é aqui estranha.

Como salienta William Dunning, o monarca era tido como entidade política autodependente, detentora de poderes abrangentes. Quanto à origem de tais poderes régios, assinala que houve várias respostas: "alguns disseram, com a voz do antiquado obscurantista, 'de Deus'; outros, 'da natureza'; outros, 'da história'; outros ainda, 'da nação ou Estado'. O que nenhum defensor do princípio monárquico diria é que vieram 'do povo'."²⁶⁴

O Ato Final do Congresso de Viena (*Wiener Schlußakte*) deixa entrever a solução baseada no *princípio monárquico*: o monarca é a encarnação e

royale, accordé et accordons, *fait concession et octroi à nos sujets*, tant pour nous que pour nos successeurs, et à toujours, de la Charte constitutionnelle qui suit:" (grifo nosso)

²⁶³ "A la caída de Napoleón, y contemporáneamente con el proceso de restauración de las monarquías reinantes hasta la revolución francesa, proceso impulsado por las políticas de la Santa Alianza, aparecen algunas posiciones contrarrevolucionarias que no se proponen tan sólo la defensa de los justos títulos de los monarcas destronados. Por el contrario, con la intención de refutar las principales tesis racionalistas y liberales, propugnan, con la naturaleza de un principio, la necesidad de la preservación del régimen monárquico, en el cual se reflejaría la voz de la providencia divina." (CASTAÑO, Sergio Raúl. op. cit. p. 497).

²⁶⁴ DUNNING, William A. op. cit. p. 23. No mesmo local, esse autor continua: "It was axiomatic with this school of thought that the people no more made the king than the king made the people. The kingship, historically considered, took form and developed *pari passu* with the people (*das Volk*), and the two, king and people, constituted the state. Neither without the other would suffice to maintain its existence. Each must have its logical and independent place in any constitution that may be formulated for the state."

representação, em sua real pessoa, da própria soberania nacional (o *Herrscher*, em alemão)[265], e é ele que permite a reunião do Parlamento para que este participe estritamente do exercício dos direitos que o monarca concedeu por meio da Constituição. Assim, a tentativa de conferir a primazia ao chefe de Estado fica clara no artigo 57 daquele documento:

> Como a Confederação Germânica, com exceção das cidades livres, consiste de príncipes soberanos, a autoridade integral do Estado deve, de acordo com este princípio básico, remanescer unida ao chefe de Estado, e pode-se exigir do soberano que permita a reunião constitucionalmente garantida dos estamentos nacionais a fim de participar apenas no exercício de certos direitos.[266] (tradução livre)

Uma parte considerável da doutrina alemã do período sustenta tal visão. Georg Jellinek, ao examinar a doutrina do princípio monárquico, afirma que seus defensores a entendiam como estando em flagrante oposição à teoria da soberania popular, sendo esta última considerada como teoria inimiga do Estado. O princípio monárquico seria o ponto estável a partir do qual se deveria buscar vencer as forças revolucionárias que espocaram em 1789.[267] Karl Stengel assevera que "ao rei da Prússia, e

---

[265] "La souveraineté en effet ne peut appartenir qu'à une personne; or le peuple n'est pas une personne, affirment Seydel, Georg Meyer; il est l'objet vivant de la puissance étatique. L'Etat suppose un sujet de la puissance qui est le roi; et un double object de cette puissance qui est un peuple sur un territoire: un roi exerçant su propre puissance sur un peuple et sur un territoire, voilà les seuls éléments de l'Etat. Il n'y a dans ces éléments que le roi qui soit une personne; lui seul peut donc être le titulaire de la souveraineté: l'Herrscher." (BARTHÉLEMY, Joseph. Les théories royalistes dans la doctrine allemande contemporaine. *Revue du droit public et de la science politique en France et a l'étranger*, vol. 22, 1905. p. 734).
[266] "Art. 57. Since the German Confederation, with the exception of the free cities, consists of sovereign princes, the entire authority of the state must, according to the basic concepts provided thereby, remain united within the head of state, and the sovereign can be required to permit the constitutionally guaranteed assembly of the estates of the land to participate only in the exercise of certain rights."
[267] JELLINEK, Georg. *Teoría general del Estado*. Trad. Fernando de los Ríos. Buenos Aires: Albatros, 1981. p. 354.

somente a ele, pertence o poder estatal como um direito próprio".[268] Já Georg Meyer qualifica como fundamental o princípio de que o monarca "reúne em sua pessoa a soma da majestade e do poder do Estado".[269]

Assim, neste modo de ver, é o monarca que existe como fator real de poder antes mesmo do texto constitucional, e este último é visto como uma autolimitação do poder pelo próprio soberano[270], que permite a seus súditos participarem na medida e na extensão que o monarca reputa devidas (mas não para além delas). Haveria uma espécie de liberalidade do monarca, que se despoja de parte de suas atribuições e prerrogativas fazendo uma concessão a seus próprios súditos, compromisso este firmado por meio de um pacto constitucional. Por essa autocontenção constitucional, o rei se compromete a que sua vontade, em algumas hipóteses, somente seja considerada como verdadeira expressão de soberania do Estado, por exemplo, após a consulta ao Parlamento em matéria legislativa.[271]

Para o juspublicista Friedrich Julius Stahl, o princípio monárquico germânico não poderia ser confundido com o princípio da monarquia parlamentarista típico da Inglaterra, em que havia predominância do Parlamento, isto é, dos representantes do povo, em face do monarca. Na vertente financeira, isto se dava no fato de que o Parlamento inglês detinha o direito de recusar-se a aprovar o orçamento e os tributos de modo incondicional, tendo o rei de se sujeitar a esta decisão.[272]

Em oposição a isto, Stahl define o princípio monárquico na Confederação Germânica como "o poder do príncipe que se mantém, em termos jurídicos, acima da representação popular, impenetrável, e em termos fáticos sendo o centro de gravidade da Constituição, remanescendo

---

[268] STENGEL, Karl Michael Joseph Leopold. *Das staatsrecht des königreichs Preussen*. Freiburg i. B. und Leipzig: J. C. B. Mohr, 1894. p. 36 apud BARTHÉLEMY, Joseph. Les théories royalistes dans la doctrine allemande contemporaine. *Revue du droit public et de la science politique en France et a l'étranger*, vol. 22, 1905. p. 730.
[269] MEYER, Georg. *Lehrbüch des deutschen Staatsrechts*. 4. ed. Leipzig: Duncker & Humblot, 1895. p. 216 et s. apud BARTHÉLEMY, Joseph. Loc. cit.
[270] STOLLEIS, Michael. *Public Law in Germany* (1800-1914). Oxford: Berghahn, 2001. p. 59.
[271] BARTHÉLEMY, Joseph. op. cit. p. 734.
[272] STAHL, Friedrich Julius. *The Doctrine of State & the Principles of State Law*. Book IV. Translated by Ruben Alvarado. S.l.: WordBridge, 2009. p. 276-277.

o poder formativo positivo do Estado, o líder do desenvolvimento."[273] Afirma Stahl que estaria nas mãos do príncipe não só a execução das lei e dos regulamentos necessários a seu bom cumprimento, mas toda a esfera da Administração Pública. A grande discussão constitucional, portanto, seria a de delimitar o âmbito de atuação do Parlamento na elaboração das leis e a seara de ação executiva do monarca, ou, visto de outra forma, os limites da *lei* (cometida ao Parlamento) e do *decreto* (função do monarca e seus auxiliares enquanto exercendo o Poder Executivo).[274] O problema, em relação à realidade germânica, estava no fato de que as Constituições não deixavam claras as fronteiras entre uma atividade e outra, cabendo à doutrina publicista tedesca essa tarefa.

Voltando-se para a temática do orçamento, Stahl assevera que em poucos assuntos apresenta-se de forma tão aguda a diferença do modelo de parlamentarismo inglês (com primazia do Parlamento) em relação ao princípio monárquico. Por este último, uma recusa incondicional de aprovar o orçamento e os tributos pelo Parlamento é simplesmente impensável, pois colocaria em xeque o próprio Governo. O orçamento público deve ser elaborado pelo monarca, e não pelo Parlamento. Quanto à especificação detalhada dos gastos a serem feitos, embora em linhas gerais sejam definidos pelo monarca, há espaço para negociação com o Parlamento. Ademais, o princípio monárquico impediria que o Parlamento extirpasse ou adicionasse dotações orçamentárias, pois isto constituiria uma "ditadura" do Parlamento de todo incompatível com o princípio monárquico. Contudo, o monarca também deveria buscar o consentimento do Parlamento, intentando um equilíbrio entre suas próprias prerrogativas e a clássica função dos Parlamentos, desde a Idade Média, de assentir aos gastos governamentais e elevação dos tributos sobre a propriedade dos súditos. Desta forma, o monarca não estaria submetido à vontade do Parlamento, mas tampouco poderia ignorá-lo e não consultá-lo.[275]

A todo momento, percebe-se o conflito subjacente de que falava Leopold von Ranke: ao mesmo tempo em que se faz a concessão da exis-

---

[273] Ibidem. p. 283.
[274] Ibidem. p. 284-285.
[275] Ibidem. p. 287-289.

tência de um Parlamento capaz de aprovar leis, sua atividade não pode tocar algumas notas que, essencialmente, pertencem ao monarca, dentre as quais, nesta visão, as dotações orçamentárias essenciais à manutenção das atividades administrativas cuja execução compete ao Executivo. É curioso que Stahl utilize precisamente o orçamento para exemplificar como o conflito entre Parlamento e monarca deve ser resolvido em favor deste último.

O problema que Stahl não resolve será uma missão tomada a peito por Laband, no momento do impasse orçamentário prussiano ocorrido entre Parlamento e o Poder Executivo entre os anos de 1860-1866. É na tentativa de solver este conflito orçamentário que Paul Laband forjará a sua teoria da *legalidade formal e material*.

4.2. A teoria labandiana: o binômio lei formal / lei material e suas implicações orçamentárias

Paul Laband (1838-1918) apresentou, ao tratar do tema do orçamento como lei, o binômio *lei formal-lei material* para a resolução do problema da natureza jurídica do orçamento. Certamente, esta não é uma distinção de lógica formal aplicável a todo e qualquer tempo, mas um construto jurídico que deita suas raízes nos problemas constitucionais alemães anteriormente apresentados.

Encontramos no próprio Laband uma certa ingenuidade quanto à vinculação de seu pensamento com a situação político-constitucional prussiana. No prefácio de sua obra sobre o direito orçamentário, o autor alemão expressa que seu intento investigatório se volta única e exclusivamente para "o afã de encontrar a verdade jurídica, com absoluta despreocupação do que esta signifique para os desejos, tendências e doutrinas dos partidos políticos".[276]

Sua investigação teórica inicia-se a partir do artigo 99 da Constituição prussiana, o qual dispunha:

> Todos os ingressos e gastos do Estado terão que ser previamente estimados para cada ano e terão que figurar no Orçamento geral do Estado.
> Este último [o orçamento] se estabelece anualmente mediante lei.

---

[276] LABAND, Paul. *Derecho presupuestario*. Trad. José Zamit. Madrid: Tecnos, 2012. p. 4.

A pergunta fundamental que se faz Laband é a seguinte: o que significa exatamente o termo "lei" previsto no art. 99 da Constituição prussiana de 1850? É curioso perceber que Laband não chega a exigir para o conceito de lei a característica de que veicule normas jurídicas *gerais*, ou seja, aplicáveis a toda a sociedade, podendo uma lei ser aplicada a determinadas categorias e mesmo, em tese, para regular uma única situação. Tampouco o mero caráter temporário da lei a desnaturaria, não sendo necessário sua permanência.[277]

A base da compreensão labandiana da lei está em seu conteúdo, seguindo, portanto, um *critério material*, a saber, de que uma lei propriamente dita, ademais de possuir forma de lei, deve ter seu conteúdo consubstanciado por uma "regra jurídica" (*Rechtssatz*). Segundo sua formulação, "lei não é toda manifestação de vontade estatal, mas somente aquela cujo conteúdo seja um preceito jurídico, isto é, uma norma para regular ou resolver relações jurídicas."[278] Aprofundando a noção de lei em sentido material, Laband ensina que a lei em sentido pleno deve ser também uma disposição que, além de estabelecer uma regra jurídica, "declara que esta regra implica uma obrigação. A vontade que se manifesta na lei não é outra coisa senão uma *ordem*, um mandado de se submeter ao princípio de direito contido na lei".[279]

Já em sentido formal, a lei, ainda segundo o sistema constitucional prussiano, se daria pela vontade estatal expressada pela conformidade da Coroa e do Parlamento (o exercício do Poder Legislativo não se identifica somente com o Parlamento). Portanto, ao requisito intrínseco ou material da lei (i.e., conter uma regra jurídica) une-se o seu requisito extrínseco ou formal, a saber, o acordo entre o Rei e o Parlamento (representação popular).[280]

---

[277] Ibidem. p. 9-10.
[278] Ibidem. p. 9.
[279] LABAND, Paul. *Le droit public de l'Empire allemand*. Tome II. Paris: V. Giard & E. Brière, 1901. p. 263.
[280] Constituição da Prússia de 1850: "Art. 62. O Poder Legislativo se exerce conjuntamente pelo Rei e ambas as Câmaras. Todas as leis necessitam do acordo do Rei e de ambas as Câmaras."

Segundo Eusébio González García, a distinção aqui apresentada entre lei material e formal, na doutrina publicista alemã, é anterior a Laband (a obra deste autor sobre o orçamento é datada de 1871). Em 1835, Rotteck já alegava que o orçamento seria um mero ato de administração em que determinados recursos eram destinados a satisfazer certas necessidades, bem como estabelecia as fontes de tais recursos. Isto indicava que o orçamento, embora veiculado por uma lei, não estava dotado de *status* verdadeiramente legal, pois seria apenas uma "conta". Em 1836, Pfizer foi ainda mais explícito, ao asseverar que a palavra "lei" poderia ser tomada em duas acepções: uma primeira, como uma declaração estatal de uma norma jurídica (dir-se-ia "lei em sentido material", embora Pfizer não utilize essa nomenclatura), e uma segunda, como manifestação solene da vontade do Estado por meio da representação estamental (lei em sentido formal).[281] Contudo, foi Laband que a levou até as últimas consequências e a aplicou de modo mais detalhado à realidade orçamentária, razão pela qual seu pensamento é aqui estudado mais de perto.

Para Laband, o mero requisito formal isolado não era suficiente para conferir o caráter propriamente dito de lei à manifestação de vontade estatal[282], não dependendo do mero arbítrio do legislador a transmudação em lei de algo que, quanto a seu conteúdo, não possui tal natureza. Para ilustrar sua posição, formula vários exemplos, tais como a distribuição de prêmios em dinheiro para Bismarck e cinco generais por sua atuação na guerra austro-prussiana de 1866, bem como a construção da estrada de ferro de São Gotardo. Embora a realização de ambos os atos tenha sido prevista em leis específicas (isto é, mediante a conformidade das Câmaras à proposta do Rei), sua natureza seria de *atos administrativos*, não possuindo em seu bojo nenhuma regra jurídica (sendo, portanto, lei em sentido formal, mas não material). Simplesmente manter as forma-

---

[281] GARCÍA, Eusebio González. *Introducción al derecho presupuestario*: concepto, evolución histórica y naturaleza jurídica. Madrid: Editorial de Derecho Financiero, 1973. p. 124.
[282] "Mais, en vérité, le mot loi désigne, en ce sens, non pas une partie des droits que comprend le pouvoir de l'Etat, mais une forme sous laquelle se manifeste la volonté de l'Etat; peu importe le contenu de cette volonté". LABAND, Paul. *Le droit public de l'Empire allemand*. op. cit. p. 344.

lidades do processo legislativo não é critério para que se tenha uma lei plena, isto é, em sentido material e formal.²⁸³

Como exemplo de situações a serem tratadas por leis propriamente ditas (em sentido formal e material), Laband apresenta a necessidade de lei para limitar a liberdade de imprensa, para restringir as associações políticas e o estabelecimento de tribunais destinados a matérias específicas. Todos estes casos teriam em comum não apenas a necessidade de se seguir o procedimento legislativo, mas veiculariam regras jurídicas, isto é, normas que regulam relações jurídicas.²⁸⁴ Laband define o efeito material das leis como sendo o de "fixar as fronteiras e limites que a vida do homem em sociedade impõe à liberdade natural de ação do indivíduo".²⁸⁵

Por este motivo, Laband, ao interpretar o art. 62 da Constituição prussiana de 1850, cinde-o em duas partes, para evitar que pareça tautológico. A primeira parte ("O Poder Legislativo se exerce conjuntamente pelo Rei e ambas as Câmaras") deveria ser compreendida como referindo-se somente às leis em sentido pleno (material e formal). O Poder Legislativo propriamente dito, enquanto função estatal, somente seria exercido quando estivessem cumulados, necessariamente, dois requisitos: 1) o ato veiculasse regras jurídicas (conteúdo ou matéria); 2) o ato fosse aprovado mediante um processo legislativo formal que envolvesse o acordo entre Rei e Câmaras (forma). Já a segunda parte ("Todas as leis necessitam do acordo do Rei e de ambas as Câmaras.") refere-se ao critério formal apenas, a saber, o de que todas as vezes em que a Constituição exige que uma matéria seja tratada por lei (ainda que seu conteúdo não disponha sobre regras jurídicas e, pois, não seja lei também em sentido material), deve haver um procedimento formal legislativo envolvendo o Rei e a Câmara.²⁸⁶

É precisamente nessa última situação que Laband engloba a lei orçamentária: embora se exija a formalidade de aprovação por lei (ou seja, mediante acordo entre a Coroa e ambas as Câmaras, a Alta e a Baixa), na forma da segunda parte do art. 62 da Constituição prussiana, não se está

---

²⁸³ LABAND, Paul. *Derecho presupuestario*. op. cit. p. 13-16.
²⁸⁴ Ibidem. p. 20-21.
²⁸⁵ LABAND, Paul. *Le droit public de l'Empire allemand*. op. cit. p. 361.
²⁸⁶ LABAND, Paul. *Derecho presupuestario*. op. cit. p. 22-23.

a exercer, quando da aprovação do orçamento, atividade propriamente legislativa do Estado, mas sim administrativa, não sendo o orçamento uma lei em sentido material, mas tão somente formal.[287]

Embora nenhum autor o refira de modo expresso (nem o próprio Laband), a distinção entre lei em sentido formal e lei em sentido material deita raízes na divisão filosófica clássica entre forma e matéria. A forma é assim entendida como princípio que determina o ser, fazendo-o participar de uma certa espécie. Já a matéria é aquilo de que algo é constituído. Na feliz síntese de Ferrater Mora[288], a matéria é "aquilo *com o qual* se faz algo; a forma é aquilo que determina a matéria para que seja algo, isto é, aquilo *pelo qual* algo é o que é". E continua exemplificando: "em uma mesa de madeira, a madeira é a matéria com a qual está feita a mesa, e o modelo que seguiu o carpinteiro é sua forma". Veja-se que a *forma* de mesa pode comportar várias espécies de matérias na sua constituição: independentemente de ser feita de madeira, plástico, pedra, metal ou vidro, se possuir a forma de mesa, será uma mesa.

A mesma lógica aplica-se ao binômio *lei formal-lei material* para aqueles que a sustentam. A *forma de lei* descreveria apenas uma espécie normativa determinada, resultado de um processo específico de elaboração perante o Legislativo (diferente de outros atos jurídicos que também veiculam normas, ainda que não formalmente legais, como o Decreto, uma Portaria, uma Resolução). Mas esta *forma* nada predica acerca do *conteúdo* ou *matéria* de que está constituída esta forma legal.

Esta visão, tributária da construção teórica de Paul Laband, não deixa de ser uma visão *essencialista artificial* – a lei, para sê-lo em sentido pleno, necessita não apenas de uma forma exterior de lei, mas também de apresentar um conteúdo ou matéria específica. Retomando o exemplo anterior de Ferrater Mora, é como se fosse dito que uma mesa, para ser tal, não só necessitaria de uma forma externa de mesa, mas também precisaria ser feita de algum material específico, como a madeira, por exemplo, para ser mesa no sentido pleno do termo. A ilustração com este exemplo singelo demonstra como esta visão pode ser estreita – ora, sabemos que, na reali-

---

[287] Ibidem. p. 24-25.
[288] MORA, José Ferrater. *Diccionario de filosofía*. 5. ed. Buenos Aires: Sudamericana, 1965. p. 716.

dade, uma mesa pode ser feita de diversos materiais diferentes, sem que a mudança da matéria de que é constituída transforme-a em uma *não-mesa* ou em uma mesa incompleta.

Esta crítica, na verdade, é bem conhecida pela doutrina constitucionalista moderna, a qual afirma que todas as normas constitucionais, desde uma perspectiva sistemática, possuem a mesma hierarquia e estatura pelo simples fato de serem obras do poder constituinte.[289] O constitucionalista luso Canotilho, a partir de uma visão historicista, inclusive aponta que a dicotomia *lei formal-lei material*, apresenta um caráter ideológico e datado. Sob a pretensão de explicar um esquema que seria sempre válido, seriam justificadas as opções político-institucionais típicas dos embates entre Monarquia e Parlamento na Prússia do século XIX.

Quanto ao orçamento, Laband o qualifica como uma mera conta que se refere aos gastos e ingressos que se esperam no futuro, configurando uma estimação prévia. O orçamento não serviria para satisfazer uma necessidade jurídica, mas tão somente a uma necessidade econômica. Assim,

---

[289] Embora se possa indicar uma diferença interessante presente no direito brasileiro decorrente do exercício do poder constituinte originário ou derivado. Na jurisprudência do Supremo Tribunal Federal, a obra do poder constituinte originário (normas constitucionais originárias) não pode ser submetida a controle de constitucionalidade. Somente o exercício do poder constituinte derivado, por meio de emendas constitucionais, está submetido a esse controle, cf. ADI 815 e ADI 4097. A ADI 815 questionava a norma constitucional originária que estabelece, independentemente da população de cada Estado, um número mínimo de 8 e máximo de 70 deputados federais por Estado, o que ocasiona a distorção da representatividade, com os Estados mais populosos como São Paulo tendo um número menor de representantes do que aqueles que sua população permitiria não fosse a cláusula de barreira. Já a ADI 4097 questionava a norma constitucional originária do art. 14, §4º, *in fine*, que estabelece a inelegibilidade dos analfabetos. Contudo, registre-se que em ordenamentos estrangeiros, a realidade constitucional pode variar. Um interessante exemplo é Portugal, em que o Tribunal Constitucional já admitiu, em tese, que uma norma constitucional originária seja submetida a controle de constitucionalidade (Acórdão n.º 480/89). Trata-se de acórdão em que se discutia se a vedação ao *lock out* (greve do empregador) seria constitucional face ao princípio da isonomia, uma vez que a Constituição portuguesa de 1976 garante o direito de greve aos empregados. No juízo prévio de admissibilidade, a Corte constitucional portuguesa admitiu ingressar no mérito da ação, embora tenha sido negado provimento ao pleito sob o argumento de que a ausência de isonomia entre empregador e empregado era plenamente justificada diante da assimetria efetiva de poderes entre uns e outros nas relações sociais.

não veicula regras jurídicas, sendo sua elaboração e o posterior controle de contas uma tarefa típica da Administração (Poder Executivo), um ato administrativo. Deste modo, entende que a participação da representação popular (Câmara) na aprovação do orçamento não configura exercício de Poder Legislativo, mas sim participação no Poder Executivo.[290]

Desta sua característica de ato administrativo e cumprimento de função do Poder Executivo, Laband deduz que o Parlamento, por meramente participar nesta função (que é típica do Executivo), e por não estar legislando, não possui uma ampla discricionariedade na discussão das alterações orçamentárias, como teria no caso do debate de leis propriamente ditas.[291] Portanto, ainda que o Parlamento pudesse criticar a conveniência ou oportunidade de tal ou qual rubrica, não lhe competiria alterá-la por não estar exercendo função que lhe é típica, sobretudo na Constituição prussiana de 1850, que consagrava, em seu artigo 45, que "o Poder Executivo compete exclusivamente ao Rei".

Indo além, argumenta que não pode depender do livre arbítrio do Parlamento a manutenção, com a adequada previsão orçamentária para gastos, de certos serviços públicos prestados pelo Estado, como prisões, universidades, exército, uma vez que estas instituições todas já foram previamente criadas por lei. Assim, a Administração estaria dotada da faculdade (dada pela lei de criação de cada uma destes serviços) de efetuar os gastos que fossem necessários para conservar e manter tais instituições.[292]

Contudo, restaria uma questão a definir: quem seria o responsável (a Administração ou o Parlamento) por afirmar que determinados gastos eram necessários para a manutenção dos serviços, enquanto outros eram meramente úteis, mas não necessários? A resposta desta questão traz consigo um grande peso: embora, para Laband, seja inafastável a execução do gasto para os serviços já existentes, a vida real por vezes impõe a necessidade de alterar os gastos usuais. Nesse caso, cria-se um ponto de tensão para se saber qual ramo governamental deveria definir se havia ou não necessidade de alteração (sobretudo de aumento) de despesas.

---

[290] LABAND, Paul. *Derecho presupuestario*. op. cit. p. 28-29.
[291] Ibidem. p. 42.
[292] Ibidem. p. 72.

Laband sustenta que tanto o Executivo como o Parlamento são órgãos permanentes do Estado. Quando, de comum acordo, decidem pela criação de um determinado serviço, instituição, órgão ou cargo, somente por um novo acordo de vontades posterior entre si tais atividades podem ser suprimidas. Se isto não ocorre, remanesce implícito que será necessário dotar tais atividades com o volume de recursos necessário para sua gestão. Ocorre que, na realidade cambiante dos fatos, por vezes estas atividades necessitam de alteração na quantidade de recursos a serem dispensados, para adequação da atividade a um novo panorama fático. Como na base da criação da atividade está um acordo de vontades entre Monarca e Parlamento, não poderia um Parlamento posterior tornar atrás em seus próprios passos e, unilateralmente, impedir a alocação de recursos necessária ao gerenciamento adequado daquela atividade, o que implica levar em consideração a imprevisibilidade das mudanças fáticas que podem ocorrer em uma atividade específica e que conduzam à necessidade de adequação dos gastos a serem implementados.[293]

Para Laband, o efeito específico da lei orçamentária está na busca de que Governo e Parlamento possam chegar a um acordo sobre quais são os gastos necessários e os meramente úteis, evitando-se as tensões de que um ou outro decidisse unilateralmente sobre a relevância dos gastos a serem feitos. Mas, na sua visão, o orçamento não é o fundamento que autoriza a execução das despesas pelo Governo, possuindo eficácia não constitutiva, mas meramente declaratória. Para ele, o Governo tem a faculdade de empreender a maioria dos gastos independentemente da existência de lei orçamentária, servindo o orçamento para eliminar a possibilidade de que tal faculdade seja discutida.[294]

Portanto, esta característica retratada no parágrafo anterior estaria a demonstrar que a lei orçamentária não apresenta natureza de lei material: se assim o fosse, o seu descumprimento (por exemplo, pela omissão de realizar um gasto necessário previsto) levaria à punição do agente público que lhe deu causa, o que não é admitido por Laband. Ao revés, critica outro juspublicista alemão, Von Mohl, justamente por este último

---

[293] A explicação, aqui bastante resumida, pode ser encontrada de forma desenvolvida no capítulo VII da obra de Laband.
[294] LABAND, Paul. *Derecho presupuestario*. op. cit. p. 116.

dar uma importância indevida ao orçamento ao entendê-lo como lei material: Von Mohl sustenta que a não realização de gastos previstos no orçamento, sobretudo os necessários, seria uma conduta punível, salvo se houvesse uma justificativa para a omissão.[295]

A afirmação labandiana de que sequer seria necessária a previsão orçamentária, que parece chocante aos olhos contemporâneos em matéria de direito financeiro (sobretudo para o direito brasileiro, que estabelece sanções para a conduta de realizar gastos sem a devida previsão orçamentária), é mais um argumento a corroborar a inadequação da teoria labandiana para os dias atuais.

4.3. O impasse orçamentário prussiano dos anos de 1860-1866

Em 1860, a Prússia se vê às voltas com uma questão: a necessidade de profissionalizar o Exército e reestruturar o serviço militar, com isso aumentando os gastos com finalidade bélica. A ideia era alterar o serviço militar para três anos, chegando ao número de 220.000 soldados. O Executivo, então, apresenta em 1860 um projeto de lei com essas alterações.[296]

Ocorre que o Parlamento não aprovou tal projeto, reputando que se tratava de modificações assaz dispendiosas e que levaria à extinção de um instituto militar clássico do direito germânico, as milícias constituídas por cidadãos-soldados. Diante da negativa, o Executivo, embora tenha retirado o projeto do Parlamento, não bateu em retirada: mesmo sem a aprovação legislativa, iniciou a execução da reforma militar, ao arrepio da decisão parlamentar.

Em 1861, para levar adiante as alterações castrenses, o Executivo inseriu, no orçamento anual, as dotações necessárias para tal atividade. O Parlamento, desta vez, mostrando todo o seu desagrado com a implementação de uma reforma que não havia sido por ele permitida, recusa-se agora a aprovar as rubricas específicas do orçamento estatal que continham o aumento de gastos militares.

A situação se agrava pois, após as eleições parlamentares de 1861, a maioria dos assentos foi conquistada pelos liberais, ferrenhos inimigos da

---

[295] Ibidem. p. 118-119.
[296] DUARTE, Tiago. *A lei por detrás do orçamento*: a questão constitucional da lei do orçamento. Coimbra: Almedina, 2007. p. 40-41.

remodelação militarista. O Poder Executivo requer a aprovação, no orçamento de 1862, de gastos militares, os quais são novamente rechaçados pelo Parlamento.

Diante desse impasse, o monarca lança mão do expediente de dissolução do Parlamento e convocação de novas eleições, objetivando a formação de nova maioria que fosse favorável à autorização para inserção de despesas bélicas no orçamento. Contudo, os liberais de novo obtiveram maioria nas eleições de abril de 1862, mais uma vez rejeitando a inclusão de tais dotações.

Como se pode ver, a situação cada vez mais tomava contornos insolúveis de tensão entre Parlamento e monarca. Algumas perspectivas sombrias passavam a descortinar-se diante do rei: ou este teria de abdicar ou, quiçá, conduzir um golpe de Estado com o fechamento do Parlamento. Ambas as hipóteses eram igualmente extremas.

Para solucionar a questão, o chanceler Otto von Bismarck entra em cena e transfere o conflito do mundo jurídico para o mundo político, ao invocar o argumento *ad terrorem* de que, na presença de uma lacuna na Constituição para solver o embaraço entre Poderes, é impossível a qualquer Estado, sob pena de colapso total, paralisar integralmente as suas atividades essenciais, dentre elas a defesa nacional.

Mesmo assim, o renitente Parlamento da Prússia, em 1863, recusa-se a aprovar o orçamento, mas o Executivo continua levando a cabo as mudanças militares e fazendo frente a custos que não haviam sido aprovados por meio de lei orçamentária. O Governo também apresenta o projeto de lei orçamentária apenas à Câmara Alta, obtendo desta a aprovação do orçamento com as rubricas para o Exército, mas remanescendo a ausência de concordância da Câmara Baixa. Mais uma vez, novas eleições são convocadas em 1863 para a Câmera Baixa, tornando a sagrarem-se vitoriosos os oposicionistas.[297]

Caso se estivesse no âmbito de uma monarquia parlamentarista, como no modelo inglês, a consagração pelas águas lustrais do voto popular de nova maioria liberal, indisposta a aprovar o orçamento com novos gastos bélicos, teria sepultado a discussão. Se os representantes do povo – que,

---

[297] DUARTE, Tiago. op. cit. p. 43-44.

pela Constituição da Prússia, possuíam também a atribuição de aprovar o orçamento –, após uma segunda eleição, não o fizeram, então tais despesas não deveriam ser executadas.

A situação de queda de braço se estendeu até 1866, com o Governo executando os novos gastos bélicos à revelia do Parlamento. Contudo, nesse período, a Prússia participou de duas guerras, contra a Dinamarca e a Áustria, obtendo grande sucesso militar em ambas. Diante dos fatos de que a escolha governamental pelo fortalecimento do Exército se revelara acertada, o Parlamento aceitou aprovar retroativamente as contas do Governo, o qual admitiu que as havia realizado de forma ilegal, em troca da aprovação de uma *bill de indenidade* (ou seja, um ato retirando a responsabilidade do Governo pelos gastos sem prévia dotação) e encerrando o conflito.[298]

Em tese, sem a aprovação de um orçamento, simplesmente não haveria como realizar gastos. Assim, a doutrina germânica, encabeçada nesse particular por Laband, tenta resolver o impasse que ostentava potencial para paralisar as atividades estatais por completo.

Laband analisa o conflito constitucional prussiano em torno do orçamento ocorrido entre 1860-1866 situando a questão justamente no fato de que o artigo 99 da Constituição prussiana, anteriormente já analisado, exigia um acordo entre a Coroa e as duas Câmaras (a Baixa e a Alta) para a aprovação do orçamento anual por meio de uma lei formal. Contudo, em nenhuma parte da Constituição se encontrava uma solução para o caso em que tal acordo não fosse obtido.

Tampouco existia qualquer obrigação jurídica na Constituição de que o Parlamento aprovasse o projeto de orçamento enviado pelo Governo ou, ao revés, qualquer obrigação de que o Governo, somente para obter um orçamento e poder realizar gasto, estivesse obrigado a ceder à vontade do Parlamento, pois o artigo 62 da Constituição prussiana (também anteriormente referenciado) claramente exigia um acordo, e não uma imposição de vontades.

Estava-se, pois, diante de uma verdadeira lacuna no texto da Constituição para a situação. Simplesmente não havia uma resposta pronta e as

---

[298] Ibidem. p. 45.

soluções concretas mostraram-se ineficazes: a dissolução do Parlamento, efetuada pelo Executivo, levou à consagração de uma nova maioria liberal (seria inútil insistir em novas eleições); a hipótese de total inércia do Estado, por ausência de autorização parlamentar para gastar, se afigurava como absurda.

Todavia, Laband afirma que, se por um lado havia uma lacuna no texto constitucional, esta lacuna não estava presente no ordenamento jurídico, pois este era completo, sendo possível extrair uma solução a partir de princípios jurídicos gerais nele presentes.[299]

Em primeiro lugar, aponta que o Estado não pode ser paralisado em suas atividades e compromissos pela não aprovação de um orçamento. Juros e amortizações da dívida pública, remunerações e pensões, para citar apenas alguns exemplos, não podem deixar de ser pagos. Além disso, não é economicamente razoável e produtivo que o Estado continuasse a arrecadar, imobilizando no erário vultosos valores, e nenhum recurso fosse recolocado em circulação por falta de autorização orçamentária. A paralisação da atividade estatal conduziria à desorganização e dissolução do próprio Estado, não havendo qualquer princípio e Direito Público que pudesse conduzir ao suicídio estatal.[300]

Uma proposta que encontrou eco em partes da doutrina alemã do período (embora não fosse aquela chancelada por Laband), e que gozou de apoio do próprio Governo, invoca o princípio monárquico (que garantia a preeminência do Poder Executivo, na figura do Monarca) como grande diretriz reitora da resolução deste conflito, conjugado com a teoria dos *poderes residuais* do monarca. Como visto anteriormente, entendia-se que o monarca era a fonte donde promanava a Constituição e que, por meio dela, livremente outorgava aos representantes do povo apenas e tão somente aqueles direitos que reputava relevantes (uma *autolimitação* ou *autocontenção* do poder régio, e não uma decisão soberana do povo).

Os parlamentares somente possuiriam aquelas atribuições expressamente previstas na Constituição, subentendendo-se que aquelas que não se lhes houvessem sido cometidas pelo texto constitucional permaneceriam reservadas ao rei. Assim, a lacuna constitucional quanto ao

---

[299] LABAND, Paul. *Derecho presupuestario*. op. cit. p. 156.
[300] Ibidem. p. 158-159.

modo de solver o embate orçamentário deveria ser resolvida em favor do monarca, que residualmente conservava todos aqueles poderes que não foram expressamente oferecidos aos parlamentares, inclusive o de ter a última palavra quanto a estes conflitos e de poder realizar gastos de modo ilimitado.

A via seguida por Laband liga-se ao seu conceito de lei orçamentária não como fundamento legal da realização de gastos, mas como mera constatação ou declaração do acordo entre Governo e Parlamento sobre a idoneidade da estimação prévia e sobre a necessidade e conveniências das somas indicadas. Como o fundamento legal para a realização de gastos já existe em todas as demais leis que criam as atividades a serem custeadas pelo Estado, a não aprovação do orçamento não conduziria à imobilização dos recursos captados pelo Estado. Restaria apenas a obrigação para o ministro de cada pasta que executa a despesa sem previsão orçamentária de apresentar ao Parlamento a planilha de gastos, para que os representantes populares pudessem aferir a destinação dos recursos para atendimento de previsões legais ou necessidades de bem público.[301] Caso houvesse um gasto indevido ou ilegal, então os ministros poderiam ser responsabilizados por tais atos.

Situar historicamente, como feito anteriormente, o momento que viviam as nações germânicas quando da elaboração da teoria labandiana é imprescindível para dar-lhe o devido peso e também para traçar suas limitações. A esse respeito, o diagnóstico de Eusebio González García sobre as correntes doutrinárias germânicas do período é preciso para nos conduzir a uma observação final:

> Com efeito, é importante destacar o predomínio na doutrina germânica da época de uma visão agudamente autoritária da atividade administrativa, consequência da sobrevivência prolongada dos princípios informadores do Estado absoluto dentro do Direito Administrativo alemão. E encontrando-se a atividade financeira dentro do Direito Administrativo, não surpreende que tenha sido considerada no mesmo nível que a atividade policial, expressão, em última análise, de um poder financeiro da Administração que deu vida a

[301] Ibidem. p. 166-167.

uma relação de supremacia. Assim, embora se tenha afirmado a necessidade de que a atividade financeira se desenvolvesse no marco da lei, esta última não passava de um envoltório que permanecia em segundo plano em relação à atividade administrativa subjacente (mas fundamental) através da qual o Estado atendia às suas necessidades e procurava supri-las. Segue-se que, neste âmbito, a lei tornou-se uma espécie de autorização geral aos órgãos executivos para que exercessem o poder financeiro e, consequentemente, era este poder, não distinto do poder administrativo geral, que estava no centro do sistema.[302] (tradução livre)

Assim, a postura de que o orçamento apresenta natureza jurídica de lei meramente formal tem o valor de nos indicar como uma construção teórica de século e meio, formulada a partir de bases constitucionais marcadas por certo autoritarismo e bastante distintas daquelas plasmadas pela Constituição brasileira de 1988, não pode ter a pretensão de continuar sendo aplicada literalmente sem uma releitura dos pressupostos de que partiu.[303]

4.4. A teoria labandiana e seu desenvolvimento em outros países

A teoria de Laband encontrou rapidamente aceitação em outros países, precisamente por ter sido um autor que, de modo mais aprofundado, tratou da natureza jurídica do orçamento. Como pondera Tiago Duarte,

---

[302] GARCÍA, Eusebio González. op. cit. p. 122-123.

[303] Preciso o diagnóstico de Canotilho a esse respeito, formulando um questionamento similar ao nosso: "Acresce que, tornando-se hoje evidente a aceitação da historicidade e relatividade dos conceitos da dogmática jurídica, com a consequente diversidade de soluções das ordens jurídicas positivas, não raro se assiste à transferência de alguns 'dogmas' ou 'postulados' de certas estruturas constitucionais para constelações políticas substancialmente diferentes. A teoria da lei do orçamento é um exemplo do que se acabou de afirmar. Elaborada pela dogmática positivista alemã, tendo como pano de fundo as relações de tensão na monarquia dualista entre um governo que se pretendia com poderes originários, e um Parlamento que se arrogava da legitimidade democrática, ela foi transferida para horizontes político-constitucionais (como eram os parlamentares) que à partida se revelavam informados por princípios distintos dos da monarquia dualista." (CANOTILHO, J. J. Gomes. A lei do orçamento na teoria da lei. *Boletim da Faculdade de Direito* – Estudos em homenagem ao Prof. Dr. J. J. Teixeira Ribeiro. Coimbra: Universidade de Coimbra, 1979. p. 544-545).

"a clarividência do discurso e o modo sistemático de apresentação das ideias de Laband têm sido o seguro de vida de uma tese que hipnotizou a Europa durante dois séculos".[304] A visão labandiana espalhou-se rapidamente por outras nações europeias, sobretudo pela França e Itália, de onde acabou por influenciar Portugal e o Brasil. Ela serviu de base seja para sua reprodução literal, seja para o avanço e desenvolvimento de outras teses que tiveram a obra de Laband como ponto de partida para a reflexão.

4.4.1. O impacto na França

Os principais autores franceses a darem continuidade às reflexões labandianas foram Gaston Jèze (1869-1953) e Léon Duguit (1859-1928), numa geração imediatamente posterior àquela de Laband.

Jèze afirma categoricamente, seguindo as pisadoras de Laband, que *o orçamento não é jamais uma lei*, mesmo que seja considerando sob a vertente das receitas (orçamento das receitas) ou sob a das despesas (orçamento das despesas), e assinala que esta é a opinião da grande maioria dos juristas dos Estados modernos.[305]

Quanto ao orçamento de receitas, Jèze estabelece uma outra distinção decorrente do fato de os recursos ingressarem nos cofres públicos oriundos de a) *receitas tributárias*; b) *outras receitas*. Sustenta que, em relação a receitas originárias (aquelas decorrentes da exploração do patrimônio do Estado ou por ele recebidas voluntariamente), tais como alienação e alugueres de bens estatais, doações e legados e receitas de exploração industrial pelo Estado, o orçamento não pode ter qualquer significação jurídica, configurando uma mera avaliação de ordem financeira. Todos estes atos jurídicos produzem seus efeitos independentemente do orçamento.[306]

---

[304] DUARTE, Tiago. op. cit. p. 56.
[305] "Le budget n'est jamais une loi, sans quil y ait à distinguer entre le budget des recettes et le budget des dépenses, quelle que soit la législation de l'Etat considéré touchant l'annalité de l'impôt. C'est l'opinion admise par la grande majorité des jurisconsultes des Etats modernes: français, allemands, italiens." (JÈZE, Gaston. *Cours de science des finances et de législation financière française*: théorie générale du budget. 6. ed. Paris: Marcel Giard, 1922. p. 24).
[306] Para a posição original de Jèze acerca do orçamento de receitas a ser descrita nesse e nos próximos parágrafos, cf. JÈZE, Gaston. op. cit. p. 24-25.

Já quanto às receitas tributárias, Jèze mantém que o título jurídico para obtenção destas receitas são os próprios atos jurídicos executados pelos agentes tributários, ao exercerem os poderes conferidos pela lei instituidora de cada tributo. Assim, nos países em que vigente o *princípio da anualidade*, ou seja, a necessidade de, a cada ano, fazer inserir no orçamento a autorização para a cobrança dos tributos para o ano subsequente, o orçamento teria a natureza não de lei, mas sim de *ato-condição*, pois o ato de votação anual pelo Parlamento do orçamento é justamente a *condição* sem a qual não está autorizada a cobrança de tributos mediante o exercício das atribuições dos agentes tributários. A nomenclatura é tomada de empréstimo ao direito privado, em que a condição é definida como evento futuro e incerto do qual depende o nascimento, modificação ou extinção de situações jurídicas.[307]

Jèze propugna que nem mesmo a situação anteriormente narrada poderia consubstanciar uma parcela do orçamento que se revestiria de caráter legal, pois, ao se tratar de mera autorização para que os agentes tributários realizem atos concretos de lançamento e arrecadação, não estaríamos diante de uma regra jurídica, por faltar-lhe o caráter de *regra geral e impessoal*.

Para as nações que não consagram o princípio da anualidade, Jèze mais uma vez afirma que o orçamento de receitas, na parte tributária, não possui qualquer significação jurídica (nem mesmo de *ato-condição*), sendo um documento de ordem puramente financeira. Mas, em qualquer caso (seja como ato-condição ou não), nunca será visto como lei propriamente dita.

Quanto ao orçamento de despesas, Jèze propõe como máxima que, no Estado moderno, não há qualquer autoridade, por mais elevada que seja sua hierarquia dentro da organização estatal, que possa impedir a realização de certas situações jurídicas individuais de créditos e débitos que

---

[307] Embora, tecnicamente, aproxime-se mais da figura de direito privado da *conditio iuris* (condição legal), ou seja, condição ou requisito previsto em lei de cuja ocorrência depende a produção de efeitos jurídicos (e a aprovação do orçamento por meio de lei decorre de imperativo constitucional). A condição propriamente dita é aquela aposta ao negócio jurídico por vontade das partes, e não por imposição legal. Para a diferença, cf. PEREIRA, Caio Mário da Silva. *Instituições de direito civil*. vol. I. 24. ed. Rio de Janeiro: Forense, 2011. p. 465.

tenham nascido regularmente, sob pena de causar-se gravíssima injustiça capaz de fazer sucumbir todo o edifício estatal[308] (fica implícito nesta visão o caráter instrumental do Estado de garantir direitos individuais). Assim, seja qual for o modo de se interpretar o orçamento de despesas, as situações jurídicas consolidadas não podem ser simplesmente ignoradas ou aniquiladas.

A partir dessa máxima inarredável, propõe duas combinações ou modelos possíveis de serem adotadas pelas nações no modo de encarar o orçamento de despesas. O primeiro é aquele de encarar o orçamento como a "*condição* (ato-condição) posta pelo legislador para que agentes administrativos exerçam regularmente sua atribuição de efetuar os atos jurídicos pelos quais: a) são criados *diretamente* ou de que resultarão *indiretamente* créditos contra o Erário; b) é efetuado o pagamento destes créditos."[309]

Assim, na ausência da aprovação orçamentária, a saber, ausente o implemento da condição *sine qua non*, a solução seria de que os atos de criação de despesas e de efetivo pagamento não poderiam ser executados (cabendo à discricionariedade do legislador realizar ou não o ato-condição de aprovação do orçamento). Esta seria uma forma de conferir eficácia máxima ao orçamento, mas que mereceria o temperamento de que certas despesas são de realização compulsória, não podendo ser extintas pelo Parlamento, a fim de serem preservadas situações consolidadas. Para tais gastos reputados obrigatórios, o orçamento de despesas sequer seria visto como ato-condição, estando desprovido de qualquer significação jurídica, pois não haveria margem qualquer de discricionariedade ao Parlamento em sua aprovação.[310]

Jèze adverte que, desta mitigação do rigor de um orçamento totalmente entregue à discricionariedade do Parlamento no implemento do ato-condição de aprovação orçamentária, decorrem duas consequências a serem levadas em consideração. A primeira diz respeito à necessidade imperiosa de pagamento de dívidas *já existentes* (perspectiva de passado),

---

[308] Para a posição original de Jèze acerca do orçamento de despesas a ser descrita nesse e nos próximos parágrafos, cf. JÈZE, Gaston. op. cit. p. 25-26.
[309] Loc. cit.
[310] Ibidem. p. 26.

para evitar de conferir ao Parlamento um poder indevido que violaria direitos subjetivos, tais como furtar-se ao pagamento da dívida pública. Nesse caso, entende que a previsão desse tipo de despesa obrigatória estaria desprovida de qualquer significado jurídico, pois sua aprovação pelo Parlamento é inexorável. O princípio de respeito aos direitos subjetivos faz com que certas dívidas já existentes tenham de ser honradas. Neste ponto, há um *dever jurídico* e uma *vinculação* do Parlamento a aprovar tais despesas orçamentárias, não havendo espaço para discricionariedade nem em relação ao *quantum* ou condições e prazo de pagamento.

Já quanto à segunda consequência, Jèze defende a existência de um grande número de despesas que *estão por nascer* (perspectiva de futuro) decorrentes do exercício de atribuições legais pertencentes aos indivíduos. O exemplo fornecido é o da remuneração de servidores públicos: enquanto o servidor se encontra no exercício do cargo, ele faz nascer contra o erário um crédito que lhe deverá ser pago sob a forma de remuneração. Aqui, é o exercício da própria função pública o título para o nascimento do crédito e sua previsão no orçamento. Novamente o Parlamento não pode negar a criação de tais créditos de forma regular, ou deixar de prevê-los na modalidade de gastos dentro do orçamento. Se desejar impedir o futuro nascimento de tais créditos, deverá antes, por uma lei específica, suprimir ou alterar as funções públicas cujo exercício gera tais créditos, ou pressionar os ministros para que, por meio de atos regulares, façam sair do serviço público agentes ocupantes de funções ou cargos.

No segundo modelo possível de examinar o orçamento de despesas, o legislador pode dividir as despesas em 1) aquelas referentes ao funcionamento de serviços públicos instituídos pelas leis; 2) despesas outras.

As despesas referentes aos serviços públicos serão implementadas necessariamente enquanto estiverem em vigor as leis que estatuíram tais serviços, não sendo possível ao Parlamento deixar de inscrever tais gastos no orçamento ou fazer dotações insuficientes para sua manutenção. Aqui, dada a compulsoriedade na execução da despesa, o orçamento está desprovido de significado jurídico, representando uma operação exclusivamente financeira.

Por fim, para as despesas não afetadas a um serviço público criado por lei, as autoridades administrativas não teriam obrigação funcional de executar as despesas, havendo espaço para que o Parlamento delibere sobre a utilidade de tais despesas para o país. Para esse tipo de gastos, as autoridades administrativas somente poderiam implementá-los se houvesse previsão expressa no orçamento aprovado pelo Parlamento. Jèze também cogita a possibilidade de que, nesse tipo de despesas, o legislador permita à autoridade administrativa implementar imediatamente o gasto que entenda como útil, tendo de submetê-lo *a posteriori* ao juízo parlamentar. Caso o Parlamento não venha a aprovar e reconhecer como útil posteriormente tal despesa, a questão se resolveria por meio da responsabilização do administrador público. Nesse caso, Jèze reconhece a presença de um ato-condição, ou seja, a aprovação do gasto é a condição *sine qua non* para que a autoridade responsável pela despesa não seja responsabilizada.

Por sua vez, Léon Duguit concebe o orçamento como um ato complexo, contendo disposições de natureza e ordem diversas. Assim como Jèze, divide o orçamento em duas partes: aquela que enumera os tributos e receitas autorizadas, vigendo o princípio da anualidade já anteriormente explicitado (seção do orçamento que recebe propriamente o nome de *lei de finanças*) e aquela outra que fixa as despesas que o Governo está autorizado a realizar ou dos créditos que estão abertos.

A principal distinção para o pensamento de Jèze repousa no fato de que admite naturezas jurídicas distintas para cada uma dessas partes do orçamento. Duguit afirma que a parcela do orçamento que fixa os tributos (orçamento de receitas) demonstra a natureza jurídica de lei propriamente dita ou em sentido material, pois, em razão do princípio da anualidade em vigor na França de então, a lei orçamentária criaria o imposto *ex novo* a cada ano, daí se extraindo seu caráter material de criar uma nova relação jurídica (ainda que temporária) entre Estado e contribuintes. Também em Duguit, assim como em Jèze, aparecem as características da *generalidade* e *abstração* como sendo notas constitutivas do conceito de lei em sentido material.[311]

---

[311] "Les lois d'impôt, telles qu'elles sont comprises en France, sont un exemple remarquable de lois matérielles temporaires. Tout impôt en France, direct ou indirect, doit être voté et ne peut être voté que pour un an; et un impôt qui ne serait pas au moins visé dans la loi annuelle des finances serait supprimé par là même et ne pourrait être perçu. [...] La disposition qui établit l'impôt pour un an est incontestablement une loi matérielle, bien

Mas ambos divergem precisamente no ponto de que, como visto anteriormente, Jèze repudia (assim como Laband) que o orçamento configure uma lei em sentido material, aceitando tão somente que a aprovação do orçamento seja mero ato-condição em algumas hipóteses específicas anteriormente enumeradas. Duguit censura nominalmente a visão de Jèze, sustentando que a aprovação do orçamento não é condição de aplicação da lei que cria o tributo, pois, ao término do ano, a lei instituidora do tributo não existiria mais, restando ab-rogada. Assim, a aprovação do orçamento teria a eficácia de novação, isto é, a de fazer renascer o tributo. Para Duguit, um ato que cria um novo tributo somente pode ser classificado como um ato legislativo material[312] (já que a criação de tributos é um caso típico e clássico de exercício de competência materialmente legislativa). Esta também a razão para que Duguit denomine o orçamento de receitas como *lei de finanças propriamente dita*.[313]

Ao tratar do orçamento de despesas, nega seu caráter de lei material, defendendo tratar-se, da perspectiva interna, de um verdadeiro ato administrativo mediante o qual o Parlamento deve permanecer dentro dos limites legais, nada podendo fazer que seja contrário à lei. Por isso, não seria permitido ao Parlamento, por exemplo, pretender suprimir uma atividade ou instituição criada por lei mediante a via orçamentária, retirando-lhe os recursos para seu funcionamento, pois isto seria

---

que son application soit d'avance limitée à une période de temps fixe, parce qu'elle est certainement une disposition par voie générale et abstraite, formulée sans considération d'espèce ou de personne." (DUGUIT, Léon. *Traité de droit constitutionnel*. 2. ed. Tome II. Paris: E. de Boccard, 1923. p. 155-156).

[312] "Jèze critique cette solution dans son livre *Le budget*, 1910, p. 53. Il estime que la décision de la loi du budget n'est en réalité que la condition de l'application de la loi d'impôt, la condition de la naissance de la compétence des fonctionnaires chargés d'établir et de lever l'impôt. Il fait ici l'application de la théorie de l'acte-condition que j'ai exposée au tome I, pages 221 et suivantes. Je ne crois pas que l'opinion de Jèze soit exacte. La décision budgétaire ne peut pas être la condition de l'application de la loi d'impôt, parce que, à l'expiration de l'année, la loi d'impôt n'existe plus. Elle est comme si elle n'avait jamais été, comme si elle était abrogée et par conséquent la décision budgétaire la fait renaitre, crée un nouvel impôt. Or, un acte qui crée un nouvel impôt est bien un acte législatif matériel." (DUGUIT, Léon. *Traité de droit constitutionnel*. 2. ed. Tome IV. Paris: E. de Boccard, 1924. p. 438).

[313] Ibidem. p. 439.

uma verdadeira subversão da hierarquia normativa existente entre lei e ato administrativo. Se o Parlamento desejar suprimir aquela atividade, deverá fazê-lo por meio de uma lei em sentido material supressora da atividade (e não meramente formal, como o orçamento de despesas).[314]

É importante esclarecer que Duguit também denomina a aprovação do orçamento de despesas de ato-condição, mas em sentido diverso daquele usado por Jèze e anteriormente exposto. Em Duguit, ato-condição pode ser definido, em suas próprias palavras, da seguinte forma:

> Algumas regras do direito objetivo, conquanto certamente sejam disposições por via geral e abstrata, não se aplicam igualmente a todos os membros do grupo social, mas apenas àqueles que estão em determinadas condições, àqueles que serão determinados por um ato realizado em conformidade com a própria regra. Qualquer ato que determina um indivíduo, de modo que uma norma jurídica que não lhe era antes aplicável se torna a ele aplicável, qualquer ato de que resulta nascer para um indivíduo um *status* que não possuía outrora entra em uma categoria nova de atos jurídicos. Após sua realização, uma modificação ocorre na ordem jurídica existente, uma vez que uma regra de direito objetivo será aplicada doravante a um indivíduo a quem ela não se aplicava ou vice-versa, uma vez que um *status* individual surge que não existia anteriormente. O ato é objetivo, na medida em que não tem outro resultado senão condicionar a aplicação de determinadas disposições do direito objetivo. Mas há algo de subjetivo, uma vez que condiciona a aplicação da norma considerada a um sujeito determinado. Dou a esses atos um nome que já é realmente usado na terminologia atual dos publicistas; eu os denomino atos-condições. Os exemplos de atos jurídicos dessa espécie abundam em direito público e em direito privado. Basta citar a nomeação de servidores, o reconhecimento do filho natural, o casamento, a naturalização. (tradução livre)[315]

---

[314] DUGUIT, Léon. op. cit. Tome IV. p. 445-446.
[315] "Certaines règles du droit objectif, quoique étant certainement des dispositions par voie générale et abstraite, ne s'appliquent pas indistinctement à tous les membres du groupement social, mais seulement à ceux qui se trouvent dans certaines conditions, à ceux qui seront déterminés par un acte fait conformément à la règle elle-même. Tout acte qui détermine un individu, de telle manière qu'une norme juridique qui ne lui était

Portanto, o ato-condição é um ato que insere uma pessoa dentro de um determinado *status* ou regime pré-definido pelo ordenamento jurídico sem que esta pessoa possa escolher os efeitos do *status* em que é inserida, tal como a situação de servidor público (que adere voluntariamente a um estatuto dos servidores, mas sem poder escolher o regime a que se submete) ou o estado de casado (em que se adere voluntariamente a uma série de direitos e obrigações preestabelecidos no ordenamento). A *condição* para que se produzam os efeitos jurídicos previstos no direito objetivo está na realização de um ato que insere um indivíduo num dado regime jurídico (o *ato-condição*; por exemplo, casar-se).

De que forma este conceito geral de ato-condição cunhado por Duguit aplica-se ao orçamento? Para ele, o ato do Parlamento que abre um crédito (para fazer frente a despesas) é um ato-condição e individual por visar a um sujeito determinado (caráter individual), isto é, o Ministro de Estado responsável por cada pasta, inserindo-o numa nova situação jurídica de adquirir a competência para empenhar e executar a despesa prevista no orçamento. Esse ato do Parlamento *condiciona* o nascimento, na pessoa do Ministro, de uma nova competência para gastar, realizando-se assim o efeito previsto no direito objetivo, uma vez que toda criação de competência administrativa configura um poder objetivo. O mesmo se passa com os conselhos municipais ao abrirem créditos (ou, o que significa o mesmo, autorizarem gastos) para o Prefeito.[316]

---

pas antérieurement applicable lui devienne applicable, tout acte à la suite duquel naît pour un individu un statut qu'il n'avait pas auparavant, rentrent dans une catégorie nouvelle d'actes juridiques. A leur suite, une modification est apportée à l'ordonnancement juridique existant, puisqu'une règle de droit objectif s'appliquera désormais à un individu auquel elle ne s'appliquait pas ou inversement, puisqu'un statut individuel apparaît qui n'existait pas auparavant. L'acte est objectif, en ce sens qu'il n'a d'autre résultat que de conditionner l'application de certaines dispositions du droit objectif. Mais il a quelque chose de subjectif, puisqu'il conditionne l'application cà un sujet déterminé de la norme considérée. Je donne à ces actes un nom qui est déjà d'ailleurs passé dans la terminologie courante des publicistes, je les appelle des actes-conditions. Les exemples d'actes juridiques de cette espèce abondent en droit public et en droit privé. Il suffit de citer la nomination de fonctionnaire, la reconnaissance d'enfant naturel, la légitimation, le mariage, la naturalisation." (DUGUIT, Léon. *Traité de droit constitutionnel*. 2. ed. Tome I. Paris: E. de Boccard, 1921. p. 221-222).
[316] DUGUIT, Léon. op. cit. Tome IV. p. 445.

4.4.2. O impacto na Itália

A teoria de Laband também influenciou fortemente a doutrina italiana do final do século XIX e início do século XX. Tiago Duarte, ao analisar a importação das ideias de Laband para a península italiana, confirma o alinhamento da maior parte da doutrina daquele país ao dualismo legislativo alemão, ainda que a Constituição italiana da época (Estatuto Albertino) nada predicasse acerca do orçamento. Nesse sentido, a doutrina italiana tornou-se muito mais dependente das construções dogmáticas germânicas, em razão da ausência de um texto constitucional expresso que pudesse servir-lhe de base.[317]

Em 1881, Zammarano foi um dos precursores a admitir os pressupostos básicos de Laband na Itália, mas com algumas modificações. Em primeiro lugar, expande a noção de orçamento, conferindo-lhe um sentido ideológico mais amplo. De simples contas ou lista de ingressos e gastos, o referido autor italiano sustenta que o orçamento é também expressão de uma série de critérios políticos, econômicos e sociais que foram interpretados de modo conjunto pelo Governo e pelo Parlamento. Daí conferir altíssima relevância a esta lei.

Zammarano também nega ao Parlamento, em regra, o direito de votar o orçamento negando-se a fazer dotações para os serviços públicos já criados por outra lei, uma vez que o Estado é uma realidade contínua e permanente. Contudo, diferentemente de Laband, chega a cogitar, em situações bastante excepcionais, a possibilidade de recusa do orçamento pelas Casas legislativas, mas o faz como *ultima ratio*, admitindo-o como espécie de ato *quase revolucionário* do Parlamento contrário aos interesses do Estado, como um ato político de graves consequências.[318]

Já Vittorio Emanuele Orlando retoma o binômio lei material-lei formal, embora o batize com novo nome: lei própria e lei imprópria, distinguindo a verdadeira lei por seu conteúdo, ou seja, por um conceito essencial ou material precisamente pelo fato de veicular uma norma jurídica. Por outro lado, todo provimento que tenha sido aprovado formalmente pelas duas Câmaras e sancionado pelo Rei, ainda que não traga em seu interior uma norma jurídica, é dito "lei" em sentido formal ou

---

[317] DUARTE, Tiago. op. cit. p. 77-78.
[318] GARCÍA, Eusebio González. op. cit. p. 148.

constitucional, pois a própria Constituição assim o determinava. Nesse sentido, exemplifica com o orçamento, mantendo tratar-se do exercício de uma função *executiva* – e não legislativa – por parte do Parlamento, que lhe dá uma roupagem de lei (posto que imprópria) por razões históricas, a saber, o nascimento da representação popular (recorde-se da *Magna Charta* de 1215) para justamente transferir fundos dos particulares ao Rei por força da cobrança de tributos.[319] Mas, assim como Zammarano, admite que o Parlamento possa emitir um voto negativo e recusar algumas despesas[320], sendo essa uma característica que irá marcar a doutrina italiana, num ponto em que se afasta de Laband: a maior deferência conferida à atividade parlamentar.

Santi Romano, por sua vez, distingue o orçamento da lei que sobre ele recai. Para ele, o orçamento é sempre um ato formal e substancialmente administrativo, elaborado pelo Governo. Outra coisa é a lei que o aprova, essa de competência do Poder Legislativo, no exercício de uma atribuição meramente de *inspeção* dos atos governamentais. Por isso, o Legislativo não poderia realizar qualquer modificação no orçamento, pois esta tarefa não lhe competiria, sendo as emendas parlamentares mera sugestão ao Executivo. A doutrina italiana posterior tendeu a encampar essa teoria, ao assumir que a lei orçamentária não poderia alterar leis anteriores.[321]

É também de Santi Romano a classificação de que a lei que o Parlamento vota aprovando o orçamento, chamada genericamente de *lei de aprovação*, admite duas espécies: 1) quando o Legislativo, *a posteriori*, se limita a aprovar atos já realizados pelo Executivo, esta lei formal denomina-se *lei de aprovação em sentido estrito*, referindo-se a um ato já realizado mas ineficaz até que sobrevenha a aprovação; 2) quando o Legislativo aprova previamente um ato ainda a se realizar pelo Executivo, a lei formal é chamada *lei de autorização*.[322]

Masè-Dari traz uma diferenciação em sua argumentação. Seguindo a doutrina clássica, define também que a lei do orçamento, por sua inefi-

---

[319] ORLANDO, Vittorio Emanuele. *Principii di diritto costituzionale*. Firenze: Barbèra, 1889. p. 119-124.
[320] GARCÍA, Eusebio González. op. cit. p. 150.
[321] DUARTE, Tiago. op. cit. p. 79-81.
[322] GARCÍA, Eusebio González. op. cit. p. 152.

cácia para regular as relações entre privados, seja classificada como uma lei formal. Contudo, admite um caráter material em parte desta lei, tão somente no que diz respeito à vinculação para a Administração e seus funcionários.

4.4.3. A influência da doutrina labandiana sobre os juristas nacionais

A investigação em relação ao Brasil demonstra que, com raras exceções, o tema não foi objeto de atenção aprofundada entre os manualistas e tratadistas nacionais. Aqui se buscará fazer também uma breve recensão da doutrina nacional especializada, de modo a demonstrar como as teses doutrinárias anteriormente apresentadas chegaram ao Brasil e influenciaram os autores nacionais.

Na doutrina nacional, a tese que cobrou mais adeptos até hoje é aquela de Paul Laband, a saber, a de que o orçamento ostenta natureza jurídica de lei em sentido meramente formal. Como visto, para os defensores dessa teoria no Brasil, o orçamento, embora se apresente sob a forma de lei (pelo simples critério de ter sido aprovado pelo Parlamento), não possui propriamente conteúdo de lei, por não veicular nenhuma regra geral e abstrata, criadora de direitos subjetivos. A principal consequência prática de tal postura seria a impossibilidade de se exigir judicialmente que um gasto previsto na lei orçamentária fosse efetivamente implementado, como já indicava Laband ao criticar autores alemães que conferiam caráter material à lei orçamentária.

Assim, para a maior parte da doutrina nacional, embora tendo a forma externa de lei, o orçamento veicularia em seu interior um mero ato administrativo de autorização de gastos, ou seja, um ato de efeito concreto e singular. Como se vê, no Brasil, houve uma mescla de posições: a aceitação pela doutrina clássica do dualismo alemão, mas com a assunção do conceito de lei como norma geral e abstrata necessariamente, como sustentavam Duguit e Jèze.

Embora se tenha visto que Laband não chega a exigir a generalidade e abstração como características intrínsecas da lei em sentido material (admitindo sim que uma lei em sentido material tenha efeitos concretos), a verdade é que, por influência da doutrina publicista francesa, passam a ser a generalidade e abstração encaradas, também no Brasil, como nota distintiva das leis propriamente ditas, com o efeito prático perante o Supremo Tribunal Federal de que, durante muitas décadas, leis de efeitos específicos e concretos não poderiam ser submetidas a controle concentrado de constitucionalidade ante aquela Suprema Corte. Tradicionalmente, compreendia-se que, devido a seu conteúdo político e não normativo (como a destinação de recursos ou a vinculação de verbas a programas de governo), as leis orçamentárias não estariam submetidas ao controle abstrato de constitucionalidade, voltado apenas contra ato normativo dotado de abstração, generalidade e impessoalidade, enquanto o orçamento seria mera lei de efeitos concretos.[323]

Entre nós, esta perspectiva pode ser encontrada tanto em autores mais recentes como clássicos, tais como Augusto Olympio Viveiros de Castro[324], Cláudio Carneiro[325], Lafayette Josué Petter[326], Luiz Emygdio Rosa Jr.[327], Alberto Deodato[328], Kyioshi Harada[329] e Ricardo Lobo Torres.[330]

---

[323] STF. ADI-MC 2057/AP – Amapá – Medida Cautelar na Ação Direta de Inconstitucionalidade – Relator(a): Min. Maurício Corrêa – Julgamento: 09/12/1999 – Órgão Julgador: Tribunal Pleno. Ementa: Ação direta de inconstitucionalidade. Lei nº 0456, de 23/07/1999, do Estado do Amapá (diretrizes orçamentárias). Emenda parlamentar a Projeto de Lei, modificativa dos percentuais propostos pelo Governador, sem alterar os valores globais da proposta. Ato de efeito concreto. Inviabilidade do controle abstrato de constitucionalidade. 1. Constitui ato de natureza concreta a emenda parlamentar que encerra tão somente destinação de percentuais orçamentários, visto que destituída de qualquer carga de abstração e de enunciado normativo. 2. A jurisprudência desta Corte firmou entendimento de que só é admissível ação direta de inconstitucionalidade contra ato dotado de abstração, generalidade e impessoalidade. 3. A emenda parlamentar de reajuste de percentuais em projeto de lei de diretrizes orçamentárias, que implique transferência de recursos entre os Poderes do Estado, tipifica ato de efeito concreto a inviabilizar o controle abstrato. 4. Ação direta não conhecida.
STF. ADI 2.484-MC, Rel. Min. Carlos Velloso, julgamento 19/12/2001, *DJ* de 14/11/2003: Lei de diretrizes orçamentárias, que tem objeto determinado e destinatários certos, assim sem generalidade abstrata, é lei de efeitos concretos, que não está sujeita à fiscalização jurisdicional no controle concentrado.
[324] CASTRO, Augusto Olympio Viveiros de. *Tratado dos impostos*: estudo theorico e pratico. 2. ed. Rio de Janeiro: Imprensa Nacional, 1910 apud TIMBÓ, Ivo Pinho Cordeiro. *A natureza jurídica do orçamento público*. 2012. 311 f. Tese (Doutorado em Direito) – Faculdade de Direito, Universidade Presbiteriana Mackenzie, São Paulo. 2012. p. 242: "é o ato de administração geral pelo qual são resolvidas e autorizadas previamente, e para um período determinado, as despesas e as receitas annuaes do Estado. II. Realmente o orçamento não é uma lei, é um acto de administração, porquanto não estabelece nenhuma regra geral

e permanente e sim assegura simplesmente a execução das leis preexistentes. Apezar disto, a sua votação pelo Poder Legislativo é um elemento essencial do crédito do Estado. (...) Mas seria um erro pensar que toda deliberação do Poder Legislativo constitue uma lei, propriamente dita, ou, mais precisamente, que ao alludido Poder é vedado praticar actos de administração. (...) A natureza de um acto não é determinada pela do poder que o pratica, e sim pelo exame intrínseco da sua substância. (...) Os actos que não cream direitos verdadeiros e próprios não são leis, se bem que tenham a sua fôrma. (...) Bouvier & Jéze também não consideram o orçamento como lei, porque definem esta – uma regra primordial e fundamental, regendo as relações sociaes dentro do Estado de fôrma geral e permanente. Ora o orçamento não constitue uma regra fundamental, geral e permanente; a periodicidade, pelo contrário, é o seu attributo essencial. Logo elle pertence à classe das leis formais, mas a sua verdadeira natureza jurídica é a de acto de alta administração, meio efficaz de syndicate político, uma garantia, um instrumento de fiscalização".

[325] CARNEIRO, Cláudio. *Curso de direito tributário e financeiro*. 4. ed. São Paulo: Saraiva, 2012. p. 85-86: "Formalmente o orçamento é uma lei, mas, em diversas situações, não obriga o Poder Público a realizar a despesa, podendo, por exemplo, deixar de realizar um gasto autorizado pelo legislativo. Entretanto, muitos tipos de gastos são obrigatórios, a exemplo das despesas mínimas com educação, saúde etc. Portanto, o orçamento é apenas uma lei formal. [...] As leis orçamentárias, como já visto, são leis em sentido formal, mas materialmente são consideradas um ato administrativo, pois são desprovidas de generalidade e abstração."

[326] PETTER, Lafayette Josué. *Direito financeiro*. 5. ed. 2010. Porto Alegre: Verbo Jurídico, 2010. p. 43: "A Constituição Federal confere ao orçamento a natureza jurídica de lei (critério formal) para vigorar pelo prazo determinado de um ano (CF, art. 165, III e §§ 5º, 6º e 8º). Entretanto, a lei orçamentária é lei no sentido formal sem sê-lo no sentido material, pois lei material é ato normativo genérico, abstrato e permanente, enquanto que a lei orçamentária é lei de efeitos concretos, particulares, destinada a vigorar por um só exercício. O caráter formal da lei orçamentária, que não cria direitos subjetivos e se afigura como lei apenas autorizativa, fica reforçado pelo fato de que a simples previsão de uma despesa não gera direito exigível judicialmente. Como já se decidiu, "o simples fato de ser incluída no orçamento uma verba de auxílio a esta ou aquela instituição não gera, de pronto, direito a esse auxilio; [...] a previsão de despesa em lei orçamentária não gera direito subjetivo a ser assegurado por via judicial". Concluindo, podemos afirmar que o orçamento e uma lei ânua, de efeitos concretos, no qual ficam consignadas a previsão das receitas e a destinação das despesas, necessárias à execução da política governamental."

[327] ROSA JR., Luiz Emygdio. *Manual de direito financeiro e direito tributário*. Rio de Janeiro: Renovar, 2003. p. 86-87: "[...] parece-nos claro que o orçamento deve ser considerado no novo texto constitucional como *lei formal*. É, portanto, ato jurídico, pois tem o claro objetivo de limitar o orçamento à sua função formal de ato governamental, cujo propósito é autorizar as despesas a serem realizadas no ano seguinte e calcular os recursos prováveis

Contudo, deve-se registrar que alguns destes autores mais recentes, conquanto sustentem a natureza formal da lei orçamentária, admitem que a Constituição de 1988 mitiga o rigor dessa visão ao estabelecer pata-

com que tais gastos poderão ser realizados, mas não cria direitos subjetivos. Ademais, o orçamento, por não ser lei em sentido material, não cria tributos mas apenas os calcula, sendo os tributos instituídos por outras leis totalmente distintas da lei do orçamento. Além disso, as chamadas despesas variáveis não criam para o Estado a obrigação de efetivá-las, por não conferirem direito subjetivo às pessoas que iriam ser beneficiadas com sua realização. [...] Resumindo, entendemos que o orçamento é *lei formal*, que por ser disciplinada pela Constituição em seção diferente daquela própria das leis, deve também ser considerada *lei especial*, mas seu conteúdo é de mero *ato de administração*. Isso porque fixa as despesas públicas e prevê as receitas públicas, não podendo versar sobre outra matéria que não seja a orçamentária."

[328] DEODATO, Alberto. *Manual de Ciência das Finanças*. 13. ed. São Paulo: Saraiva, 1973. p. 274: "Outros acham que o orçamento, não sendo uma lei material, é lei formal ou lei *sui generis*. De fato, o orçamento não vigora senão durante um ano; não consigna tributos, senão autorizados por lei anterior; não derroga leis fundamentais. Em síntese, é a aprovação de uma conta e de um plano econômico."

[329] HARADA, Kyioshi. *Direito financeiro e tributário*. 21. ed. São Paulo: Atlas, 2012. p. 65: "Entretanto, a lei orçamentária difere das demais leis, caracterizadas por serem genéricas, abstratas e constantes ou permanentes. Ela é, na verdade, uma lei de efeito concreto para vigorar por um prazo determinado de um ano, fato que, do ponto de vista material, retira-lhe o caráter de lei. [...] Sob o enfoque formal, no entanto, não há como negar a qualificação de lei. Portanto, entre nós, o orçamento é uma lei ânua, de efeito concreto, estimando as receitas e fixando as despesas, necessárias à execução da política governamental."

[330] TORRES, Ricardo Lobo. *Tratado de direito constitucional financeiro e tributário*: o orçamento na Constituição. Vol. V. 3. ed. revista e atualizada. Rio de Janeiro: Renovar, 2008. p. 96: "A teoria de que o orçamento é *lei formal*, que apenas *prevê* as receitas públicas e *autoriza* os gastos, sem criar direitos subjetivos e sem modificar as leis tributárias e financeiras, é, a nosso ver, a que melhor se adapta ao direito constitucional brasileiro. Tem sido defendida, entre nós, principalmente sob a influência da obra de Jèze, por inúmeros autores de prestígio, ao longo de muitos anos e de várias escrituras constitucionais. É bem verdade que a dicotomia entre lei formal e lei material, nos outros campos do direito, vem sendo asperamente criticada, pois enfraquece o princípio da legalidade e produz o agigantamento das atribuições do Executivo, deixando indefinido e incerto o contorno dos direitos da liberdade, que compõem o aspecto materialmente legislativo excluído da competência da Administração; mas, em tema de orçamento, ainda é importante, eis que visa a retirar da lei ânua qualquer conotação material relativamente à constituição de direitos subjetivos para terceiros, sem implicar perda de sua função de controle negativo do Executivo no que concerne aos limites do endividamento e das renúncias de receita."

mares mínimos de gastos obrigatórios a serem realizados na consecução de certos direitos sociais fundamentais, como saúde e educação. A realidade constitucional brasileira acaba falando mais alto que a construção teórica: diante da clareza do texto da Lei Maior, é inegável que a teoria da lei formal, estabelecida no século XIX por Paul Laband, é insuficiente para responder ao panorama de uma Constituição de um Estado Democrático e Social de Direito do século XX como o nosso.

É assim que Ricardo Lobo Torres, por exemplo, embora se aferrando à sua posição tradicional de que o orçamento consubstancia mera lei formal, sem criação de direitos subjetivos, vê-se obrigado a capitular ao admitir que a teoria da lei formal tem se enfraquecido diante do advento de normas constitucionais de vinculação de receitas públicas a despesas e fundos específicos, da instituição de tributos vinculados como contribuições sociais e contribuições de intervenção no domínio econômico e da cada vez mais frequente intervenção do Judiciário na garantia dos direitos fundamentais e mínimo existencial.[331]

Aparentada com a teoria do orçamento como lei formal, sendo dela derivada, encontra-se a teoria do orçamento como ato-condição. No Brasil, recebeu atenção sobretudo durante a vigência de Constituições anteriores à atual, em que fora consagrado o princípio da anualidade orçamentária. Esposam tal postura Dejalma de Campos[332], Hely Lopes Meirelles[333] e Aliomar Baleeiro.[334] Este último encampa integralmente

---

[331] Também Claudio Carneiro, autor mais recente, o admite, como visto anteriormente, ao afirmar que existem gastos obrigatórios.
[332] CAMPOS, Dejalma de. *Direito financeiro e orçamentário*. São Paulo: Atlas, 1995. p. 72: "muitas leis, entretanto, não se auto aplicam, ou, ainda, não se aplicam pela simples vontade, sem que ocorra uma situação, que dê eficácia à sua aplicação futura. Esta situação é chamada de 'ato condição', pois, a competência dos agentes administrativos para cobrar impostos, nasce das respectivas leis atributivas dessa competência. A natureza jurídica do conteúdo da Lei Orçamentária é, portanto, um 'ato condição', pois é ela quem dá eficácia a todas as leis anteriormente criadas que versem sobre receita e despesa. Esta é a natureza jurídica do orçamento: ser ato condição".
[333] Ivo Pinho Cordeiro Timbó comenta sobre Hely Lopes Meirelles: "Hely Lopes Meirelles, por sua vez, após afirmar ser o orçamento público um simples ato administrativo, da espécie 'ato-condição', completava: 'não importa que, impropriamente, se apelide o orçamento anual de *lei orçamentária* ou de *lei de meios*, porque sempre lhe faltará a força normativa e criadora de lei propriamente dita. Tem apenas o aspecto formal de lei e, em

a doutrina de Jèze, sendo o maior expoente no Brasil da defesa do orçamento como ato-condição:

> Formalmente, o orçamento não difere das demais leis. Apresenta a redação comum às leis, recebe o número de ordem na coleção destas, resulta de projeto iniciado na Câmara dos Deputados, é objeto de sanção e poderá ser vetado, como já aconteceu no Brasil.
> Mas será *materialmente*, ou *substancialmente*, lei como quase todos os atos publicados com o nome de lei? Nesse ponto, dividem-se as opiniões. [...]
> Usando dessa tripartição dos atos jurídicos sob o aspecto material, Jèze estuda a despesa e a receita, enquadrando ambas na classe dos atos-condição, ato que não aumenta nada ao conteúdo da lei, mas a torna eficaz para determinadas situações. Ou, por outras palavras, o ato que atribui a um ou alguns indivíduos a situação geral e impessoal contida no ato-regra.
> Ora, as receitas dominiais não dependem de autorização orçamentária. Em relação a essas receitas, o orçamento não tem sentido jurídico.
> As receitas tributárias são estabelecidas em leis e tornam-se efetivas pelos atos jurídicos dos funcionários fiscais, que operam os lançamentos e demais formalidades regulamentares. O orçamento autoriza esses atos e torna a lei eficaz a cada ano. Funciona, pois, como ato-condição nessa parte.
> Quanto às despesas, ou preexistem às suas causas jurídicas, como por exemplo, as dívidas de onde promanam, ou o orçamento, autorizando-as, isenta de responsabilidade os funcionários que as realizam. Ou é ato-condição neste último caso ou não tem conteúdo jurídico.
> A autorização orçamentária para aplicação das leis de receita vincula os funcionários: nem estes nem os governantes gozam de faculdade discricionária de cobrar ou não cobrar os impostos. São obrigados a arrecadá-los.
> Quanto às despesas, há que distinguir se são fixas ou variáveis. As primeiras só poderão ser alteradas por efeito de lei anterior, evidentemente porque resultam da execução da Constituição ou de leis, como os subsídios do Presidente da República e congressistas, vencimentos dos funcionários, obri-

---

boa técnica, poderia e deveria ser aprovado por decreto legislativo'." (TIMBÓ, Ivo Pinho Cordeiro. op. cit. p. 243-244).
[334] BALEEIRO, Aliomar. *Uma Introdução à Ciência das Finanças.* 17. ed. Rio de Janeiro: Forense, 2010. p. 553-557.

gações da Dívida Pública etc. Nesses casos, os agentes públicos têm a sua competência vinculada. O Presidente da República incorrerá em crime de responsabilidade se suspender a realização de tais dispêndios. O próprio Congresso está vinculado e não poderá evadir-se do dever de incluí-las no orçamento.

As despesas variáveis como simples autorizações, destituídas de amparo em lei, facultam a ação do Executivo até limite previsto. São créditos limitativos e não imperativos.

Destarte, não criam direito subjetivo em favor das pessoas ou instituições as quais viriam a beneficiar: uma instituição de caridade, por exemplo, não terá ação em juízo para reclamar do Tesouro um auxílio pecuniário autorizado no orçamento, mas que não foi objeto de concessão em lei.

Fica ao discricionarismo administrativo do Presidente da República ou do Ministro de Estado ordenar ou não a efetivação do pagamento.

Há ainda aqueles que, evitando tomar posição na polêmica quanto à natureza jurídica do orçamento, simplesmente classificam-no como uma lei especial ou *sui generis*, como Carlos Valder do Nascimento, para quem o orçamento tem um tratamento diferenciado no plano constitucional, caracterizando-se como "uma lei especial de conteúdo determinado, tendo por objeto a estimativa das receitas e autorização das despesas".[335]

Portanto, verifica-se o profundo impacto que a doutrina labandiana, sobretudo mediada pelos autores franceses, teve sobre os autores nacionais até hoje. No momento de se fazer a crítica desta doutrina, será visto que, no Brasil, houve também vozes minoritárias que fugiram da sedução da tese labandiana e que a reprovaram duramente. Nos últimos anos, esta crítica vem ganhando corpo, sobretudo em um momento constitucional em que os direitos fundamentais assumem a vanguarda, sendo o orçamento um dos instrumentos garantidores destes direitos.

---

[335] NASCIMENTO, Carlos Valder. *Finanças públicas e sistema constitucional orçamentário*. Rio de Janeiro: Forense, 1997. p. 53-54.

Capítulo 5
Impositividade Orçamentária

No Estado moderno brasileiro, em que os recursos públicos são cada vez mais escassos e mal geridos, e as definições das despesas públicas a serem eleitas pelo governante ocorrem em um ambiente de dilema no atendimento das necessidades fundamentais, por vezes consideradas como "escolhas trágicas", assume o orçamento público função de fundamental importância para a sociedade, não apenas como instrumento de planejamento, gestão e controle financeiro, mas principalmente por estabelecer e revelar as políticas públicas e realizar os gastos fundamentais para atender o cidadão, sobretudo porque decorrem de trabalhos e esforços originários de uma atividade conjunta dos representantes eleitos pelo povo – do Poder Executivo e do Legislativo –, tanto na sua elaboração e aprovação, como também na sua execução e controle.

Como vimos anteriormente, muito além do aspecto contábil-financeiro e econômico, o orçamento público revela, na sua dimensão política, as pretensões de realização e as prioridades, metas e programas de ação da Administração Pública perante a coletividade, conjugando as necessidades e os interesses dos três Poderes, seus órgãos, agentes e entidades, de maneira harmônica e interdependente. Porém, mais relevante ainda é a sua dimensão jurídica, estruturada em três leis de foro constitucional, com densidade normativa própria e juridicidade que deveriam ser irrefutáveis, como já ocorre em outras nações atualmente.

Portanto, o orçamento público tem no Estado contemporâneo o importante papel de materializar as decisões democraticamente definidas sobre a despesa pública diante de limitações financeiras sempre existentes, fixando os gastos públicos que deverão ser realizados pelos governantes.

Entretanto, essa finalidade terá a sua efetividade esvaziada se a natureza e estrutura normativas da tríade orçamentária – Plano Plurianual, Lei de Diretrizes Orçamentárias e Lei Orçamentária Anual – forem desconsideradas, e caso se ignore a sua inequívoca característica de leis em sentido estrito e de conteúdo material, ao se permitir prevalecer o ultrapassado binômio lei formal-lei material, que ainda nos assombra aqui em terras brasileiras.

Já se passaram mais de cento e cinquenta anos do desenvolvimento, por Paul Laband, daquela vetusta teoria, tecida em um ambiente autoritário e com base no princípio monárquico que vigia à época, na busca de uma solução para o conflito orçamentário prussiano da década de 1860 que acontecia em um ambiente jusfilosófico absolutamente diverso do Estado Democrático de Direito que temos hoje.

Tal concepção sobre o orçamento público não pode encontrar mais espaço hoje, quando já nos encontramos na terceira década do século XXI e pautados pelos valores e normas da Constituição Federal de 1988.

No entanto, infelizmente, no ideário jurídico brasileiro, conectada à noção do orçamento como mera lei formal, ainda ecoam vozes de que o orçamento público seria meramente autorizativo.

Isto significa considerar que a Lei Orçamentária Anual se trataria de peça desprovida de efeitos vinculantes na sua elaboração e execução, na qual se conteria uma previsão de receitas e a mera autorização das despesas, estando o Poder Público facultado a executá-las, sem a obrigação do seu cumprimento na integralidade. Igualmente, a Lei do Plano Plurianual teria seus objetivos e programas esvaziados por uma suposta liberdade originária da vontade política, o que atingiria também a Lei de Diretrizes Orçamentárias, cujas metas poderiam até ser inobservadas. Restaria, portanto, a cargo do gestor público a avaliação do interesse e da conveniência – de maneira discricionária – de adotar políticas públicas segundo seus ideais e definir as despesas que entendesse prioritárias e, na execução, realizar livremente os gastos e implementar contingenciamentos a seu bel prazer, em detrimento da execução orçamentária em sua plenitude e em conformidade com as prioridades constitucionalmente estabelecidas.

Veremos que o efeito concreto desta forma de encarar a elaboração e a execução das leis orçamentárias não apenas atenta contra a essência do princípio da legalidade orçamentária, como também viola o princípio do equilíbrio entre poderes, ao conferir supremacia ao Poder Executivo sobre o Legislativo e, principalmente, desconsiderar a vontade do povo por seus mandatários e os objetivos insculpidos na Constituição Federal, não contemplando a devida primazia na efetividade dos direitos fundamentais e sociais.

Entretanto, mais do que isso, esta concepção lança o orçamento público para fora do fenômeno de constitucionalização pelo qual os vários ramos do Direito brasileiro passaram nas últimas duas ou três décadas. Sob o argumento de se tratar de um campo privativo do Poder Executivo de discricionariedade orçamentária elaborativa e executória, permitir-se-ia, sem sofrer qualquer censura ou restrição, que o gestor público pudesse deliberar livremente sobre a despesa pública, sem se vincular às prioridades e realizar os objetivos que a Constituição fixou, sobretudo em relação ao reconhecimento da efetividade dos direitos sociais e fundamentais na sua vertente financeira de gastos fundamentais.

Outro reflexo que é percebido ao se deixar a cargo do governante a discricionariedade na elaboração e execução orçamentária, sem que se priorizem gastos públicos em direitos fundamentais e sociais, é a avassaladora quantidade de demandas judiciais movidas por cidadãos reclamando o cumprimento dos compromissos da Constituição e o oferecimento dos direitos nela garantidos.

O mandato eletivo no Estado Democrático de Direito não pode ser tido como um "cheque em branco" e não pode ser exercido somente com base nas ideologias políticas, econômicas e sociais do mandatário, mas sim de acordo com os objetivos, valores e preceitos constitucionais, afinal, é este diploma que fundamenta o próprio mandato como instituição política.

Assim, para demonstrar a importância do orçamento público como fundamental instrumento de materialização dos direitos fundamentais e sociais através da realização prioritária e obrigatória dos denominados *gastos fundamentais*, este capítulo pretende explorar: o posicionamento da doutrina nacional e estrangeira sobre a natureza jurídica das leis orçamentárias e o nível de sua vinculatividade (impositivo ou autorizativo); a verdadeira essência do princípio da legalidade orçamentária; o sentido da expressão "lei" dentro do conceito de leis orçamentárias; o conteúdo material e a densidade normativa das leis orçamentárias; o real alcance da discricionariedade orçamentária; os efeitos do princípio da sinceridade orçamentária; o pano de fundo da judicialização dos direitos fundamentais e a conformidade orçamentária realizada pelo Poder Judiciário; a possibilidade do controle concentrado das leis orçamentárias; e, por fim, os inarredáveis efeitos das emendas constitucionais nº 86/2015, nº 100/2019 e nº 102/2019, que deram literalidade à impositividade orçamentária.

5.1. O significado de impositividade orçamentária

Segundo os dicionários da língua portuguesa, o sentido da palavra "impositivo" indica algo que é necessário e obrigatório, e que não se pode dispensar; algo que se consegue ou é capaz de impor e não se pode rejeitar. Tem como sinônimo aquilo que é indispensável, necessário, obrigatório, imperativo e vinculante. Dessa forma, *impositivo* é o contrário de prescindível ou facultativo.

É comum no Brasil classificar o orçamento público – e suas três leis orçamentárias – a partir de duas concepções quanto a sua execução: i) *orçamento autorizativo*, como sendo a peça que contém a previsão de receitas e a mera autorização das despesas, estando o Poder Público autorizado a executá-las, sem a obrigação de seu cumprimento na integralidade, ficando a cargo do gestor público a avaliação do interesse e da conveniência; ii) *orçamento impositivo*, que impõe ao Poder Público a obrigação de realizar todos os programas e todas as despesas nele previstas (salvo por justificativas motivadas), criando direitos subjetivos para o cidadão e deveres para o Estado.

Porém, além desta característica de *execução obrigatória* que classicamente traduz a expressão "impositividade orçamentária", este estudo propõe agregar-lhe outro caráter, a nosso ver imprescindível: o da vinculação a determinados valores, princípios e direitos constitucionalmente previstos, na atividade de elaboração das leis orçamentárias.

Assim, no momento da preparação dos projetos das três leis orçamentárias, o Poder Executivo estaria vinculado, em suas propostas de despesas, programas e políticas públicas, ao que a Constituição estabelece como direitos fundamentais do cidadão, tendo tais gastos prioridades em relação aos demais, por se tratarem de direitos subjetivos. Esta vinculação se aplica também ao Poder Legislativo durante o processo de emendas orçamentárias, incluindo-se, também, na etapa de verificação da conformidade orçamentária, até a sua aprovação como lei. Assim, a elaboração e aprovação do orçamento não podem ser livremente realizadas por escolhas discricionárias dos Poderes que participam do processo de criação das leis orçamentárias. A definição do que fazer e em que gastar seria vinculada ao que se propõe ter como gastos fundamentais, a partir dos ditames constitucionais.

Quando afirmamos existir no Direito Financeiro e Orçamentário brasileiro o modelo de orçamento público impositivo – ou da impositividade orçamentária –, isto significa dizer que as leis orçamentárias devem ser elaboradas e executadas de maneira vinculante. Elaboradas segundo prioridades constitucionais e executadas em sua plenitude, salvo quando existir um real motivo (fático, jurídico ou financeiro).

Portanto, a impositividade orçamentária engloba a elaboração e a execução do orçamento público.

5.2. Natureza jurídica do orçamento público e o binômio lei formal--lei material

O tema sobre a natureza jurídica do orçamento público sempre esteve longe de ser pacífico. Porém, podemos dizer que, a cada dia, nos aproximamos de um consenso.

Classicamente, tínhamos as seguintes posições: para uns, o orçamento seria apenas e essencialmente uma *lei formal*; para outros, seria uma *lei material*, dotada de todos os efeitos e reflexos como tal; havia quem afirmasse tratar-se de uma *lei especial*, diversa de todas as demais; era possível encontrar aqueles que classificavam como mero *ato administrativo*; e ainda encontramos as manifestações intermediárias, que englobam aspectos dos vários entendimentos distintos, atribuindo-se ao orçamento público uma *natureza mista*, de lei formal externamente e de ato administrativo no seu conteúdo.

Não obstante, desenvolve-se no Brasil e no mundo a concepção de que as leis orçamentárias têm natureza de lei material, dotada de efeitos vinculantes, devendo ser elaboradas obrigatoriamente conforme preceitos constitucionais, e executadas plenamente as programações nela constantes, como dever e responsabilidade do administrador público, salvo em caso de impedimento técnico, legal ou financeiro e desde que devidamente justificado. De mero instrumento político de barganha entre o Poder Executivo e o Legislativo no jogo democrático, sobretudo nos modelos de governo que adotam o presidencialismo de coalizão, passa a ser encarado o orçamento público como mecanismo jurídico de realização dos direitos fundamentais e sociais.

O fenômeno da judicialização dos direitos sociais e fundamentais, através do qual o Poder Judiciário passa a se manifestar sobre a aplicação de determinados recursos públicos, vem atraindo atenções sobre a temática, através da compreensão de que tais despesas deveriam ter sido incluídas previamente no orçamento, ao existir uma obrigatoriedade nas escolhas das políticas públicas em conformidade com a Constituição.

Na mesma toada, o Supremo Tribunal Federal vem repetidamente acolhendo a possibilidade de controle concentrado de constitucionalidade das leis orçamentárias, reforçando a ideia da materialidade do seu conteúdo.

Portanto, sob a ótica das manifestações e providências que o Poder Judiciário vem adotando em seus julgados, as leis orçamentárias passam a ser tidas como normas jurídicas dotadas de densidade normativa material e específica para a realização dos objetivos constitucionais, a saber, a materialização dos direitos sociais e fundamentais.

Do ponto de vista do processo legislativo, sendo o orçamento público de iniciativa do Poder Executivo – que deve encaminhá-lo ao Parlamento para deliberação (na Comissão Mista), votação e aprovação como lei em suas três espécies, seguindo o rito legislativo similar ao das demais leis, ainda que com algumas peculiaridades –, considera-se que, inequivocamente, equivale à espécie comum de lei ordinária. Afinal, o orçamento público nasce a partir de um projeto de lei, pode sofrer emendas parlamentares, recebe parecer da comissão orçamentária, é votado e aprovado com o *quorum* regular de lei ordinária e, ao final, é sancionado e publicado.

Há que se registrar, todavia, por lealdade e honestidade acadêmica, a posição daqueles defensores de que o orçamento público se distanciaria das leis genéricas ao receber um tratamento específico na sua forma e no seu conteúdo, sendo, por alguns autores, denominado de "lei especial".

Há vários argumentos nessa linha de pensamento: primeiro, porque o projeto de lei orçamentária possui prazo próprio para ser encaminhado pelo Poder Executivo ao Poder Legislativo (§ 2º, art. 35, ADCT); segundo, porque seu conteúdo seria limitado a dispor sobre receitas e despesas, vedando-se dispositivos estranhos a estes fins (§ 8º, art. 165, CF/1988); terceiro, porque o orçamento não poder ser objeto de Lei Delegada nem de Medida Provisória, exceto para abertura de créditos extraordinários (§ 1º, art. 62, CF/1988); quarto, porque a possibilidade de o orçamento sofrer emendas é limitada às condições previstas na Constituição (§ 3º, art. 166, CF/1988); quinto, porque seu prazo é determinado, sendo, em regra, de um ano, exaurindo-se com o seu decurso e sem a necessidade de revogação expressa (exceto o PPA, cujo prazo de vigência é de quatro anos).

Diante dessas características específicas, Regis Fernandes de Oliveira já chegou a afirmar: "Vê-se, pois, que não é uma lei comum. É uma lei diferente".[336]

Independentemente das distinções nas linhas de pensamento, o dado em comum entre elas é o de que o orçamento público, para todos os entes federativos, materializa-se indubitavelmente como *lei* – uma lei do Plano Plurianual, uma lei de diretrizes orçamentárias e uma lei orçamentária anual.

Mas a controvérsia volta ao debate em relação à natureza intrínseca desta lei – se formal ou se material –, especialmente diante dos respectivos efeitos práticos, quais sejam: i) a obrigatoriedade ou não do cumprimento dos programas e a realização das despesas nele previstas pelo Poder Executivo; ii) a vinculação das prioridades constitucionais a constarem obrigatoriamente no seu conteúdo; iii) o surgimento ou não de direitos subjetivos para o cidadão, a ensejar a judicialização, não apenas dos programas e despesas previstas na lei orçamentária, mas também dos direitos fundamentais e dos direitos sociais constitucionalmente garantidos; iv) a possibilidade do exercício do controle pelo Poder Judiciário, incluindo-se o controle concentrado de constitucionalidade perante o Supremo Tribunal Federal.

Diante disso, passaremos agora a identificar e analisar ambas as posições doutrinárias – estrangeiras e nacionais – que consideram as leis orçamentárias no sentido de lei formal (orçamento autorizativo) e no

---

[336] OLIVEIRA, Regis Fernandes. *Curso de Direito Financeiro*. 7. ed. São Paulo: Revista dos Tribunais, 2015. p. 606.

sentido de lei material (orçamento impositivo), fazendo-se a ressalva de que o orçamento não pode ser analisado de maneira abstrata, e, sim, interpretado de acordo com as especificidades de cada sistema constitucional – a partir do direito positivo de cada país –, e em conformidade com as circunstâncias e momentos em que as doutrinas se formaram e se consolidaram.

5.2.1. A lei orçamentária como lei formal: orçamento autorizativo

Aqueles que consideram o orçamento apenas como *lei formal* afirmam que seu conteúdo seria o de um *ato administrativo*, por apenas prever as receitas e autorizar as despesas, ainda que através da roupagem de lei. Desprovidas de conteúdo normativo, as leis orçamentárias – para alguns, segmentadas entre a seção receitas públicas e a seção das despesas públicas – realizariam unicamente as funções de autorização exigidas para a realização da atividade da Administração Pública, sem vincular o gestor ou gerar direitos subjetivos ao cidadão.

Assim, como visto em capítulo antecedente, foi Paul Laband que desenvolveu – dentro dos ideais autoritários do princípio monárquico – o binômio *lei formal-lei material* a partir da sua interpretação do significado do termo "lei" previsto na Constituição prussiana de 1850, para solucionar o impasse orçamentário ocorrido entre o Parlamento e o Poder Executivo na Prússia entre os anos de 1860-1866.

Segundo Laband, ainda que o orçamento público fosse dotado de forma de lei, resultado de um processo específico de elaboração perante o Legislativo, seria desprovido em seu conteúdo de uma regra jurídica (*Rechtssatz*), qualificando-o como mero ato administrativo que conteria apenas cifras, ou seja, uma conta de gastos e ingressos financeiros, não servindo para satisfazer uma necessidade jurídica (carente de preceito jurídico), mas tão somente a uma necessidade econômica. Portanto, sendo sua elaboração e posterior controle de contas uma tarefa típica da Administração (Poder Executivo), o gestor estaria dotado da faculdade de efetuar os gastos que entendesse necessários.

Esta dogmática germânica de Laband, seguida por juspublicistas como Ardnt, Seidler, Gneist, Schulze, Gerber, Bornhak, Von Martitz, Jellinek e Otto Mayer, tanto por sua roupagem jurídica como por sua proposta política, acabou sendo muito difundida em finais do século

XIX e início do século XX, e o dualismo legislativo alemão acolhido em boa parte da Europa, passando pela França (Jèze, Duguit, Hauriou, Allix, Esmein, Gaudemet, Laufenburguer, Trotabas etc.), Itália (Giannini, Orlando, Ranelletti, Graziani, Santi Romano, Talice etc.), Espanha (Gallego), Portugal (António Pereira Jardim) e, ao atravessar o Atlântico, passa ainda pela Argentina (Bielsa, de Juano e Villegas) e Colômbia (Jaramillo, Cruz Santos e Palacio Rudas), até chegar ao Brasil nas lições da doutrina tradicional de Themístocles Brandão Cavalcanti, Dejalma de Campos, Aliomar Baleeiro, Amilcar Falcão, Alberto Deodato, Hely Lopes Meirelles, Luiz Emygdio da Rosa Junior, Ricardo Lobo Torres, dentre outros.

Parte considerável da doutrina alemã do século XIX e início do XX, com algumas variantes, seguiu as ideias de Laband. Assim, para Gneist, o orçamento constitui um ato da alta administração, poderoso meio de controle político e parlamentar, não passando de um mero ato administrativo que conteria uma ordem de execução dada aos funcionários públicos responsáveis pela realização das atividades estatais. Jellinek, também acolhendo a distinção dualista, entendia que o orçamento era um ato administrativo desprovido de regra de direito. Segundo Ardnt e Bornhak, o orçamento também era um ato administrativo contendo uma instrução interna, dirigida aos funcionários encarregados de executar o orçamento. Para Von Martitz, que chegou a afirmar que seria uma "monstruosidade jurídica chamá-lo de lei", o orçamento seria apenas um meio de execução ou um ato administrativo. Já Otto Meyer afirmava que a lei orçamentária constituía, por seu conteúdo, nada mais do que uma conta, uma estimação, um plano de exercício futuro.[337]

O francês Gaston Jèze[338], também acompanhando a doutrina de Laband já no início do século XX, entendia que o orçamento não poderia ser considerado como lei propriamente dita, por faltar-lhe o caráter de generalidade e impessoalidade. Embora tenha realizado a distinção entre o orçamento das receitas (devido ao princípio da anualidade) e o

---

[337] Conforme relato detalhado feito por Álvaro Rodríguez Bereijo, cf. BEREIJO, Álvaro Rodríguez. *El Presupuesto del Estado*. Madrid: Tecnos, 1970. p. 54-64.
[338] JÈZE, Gaston. *Cours de science des finances et de législation financière française*: théorie générale du budget. 6. ed. Paris: Marcel Giard, 1922. p. 24.

orçamento das despesas, entendia que em ambas as partes haveria apenas autorizações para realizá-las (arrecadação e gastos), pelo que se trataria de um mero ato-condição.

Por sua vez, outro francês que teve grande influência na difusão da teoria labandiana foi Léon Duguit[339], ao conceber o orçamento como um ato complexo, contendo disposições de natureza e ordem diversas: em razão do princípio da anualidade, a parcela do orçamento que fixa os tributos (orçamento de receitas) demonstra a natureza jurídica de lei propriamente dita ou em sentido material; já ao tratar do orçamento de despesas, nega seu caráter de lei material, defendendo tratar-se, da perspectiva interna, de um verdadeiro ato administrativo, como ato-condição.

Em tempos posteriores (década de 1960), outro francês de renome a tratar do tema foi Louis Trotabas[340], que também não via o orçamento como uma lei em sentido material, não considerando a participação do Parlamento na votação orçamentária dentro de suas matérias legislativas, mas tão somente como um mecanismo de intervenção parlamentar como representante dos contribuintes para autorizar a arrecadação e emprego dos recursos obtidos pelo Estado.

A doutrina de Laband também chegou à Itália no final do século XIX, tendo a doutrina italiana a ele se alinhado, porém, conferindo maiores poderes ao Parlamento. Vittorio Emanuele Orlando[341] retoma o binômio lei material-lei formal, embora o nomeie como "lei própria" e "lei imprópria", distinguindo-as por seu conteúdo, ou seja, por veicular ou não uma norma jurídica, mas em relação ao orçamento entendia tratar-se apenas de uma conta financeira. Já Santi Romano distingue o orçamento da lei que sobre ele recai (lei de aprovação), sendo um ato formal e substancialmente administrativo, elaborado pelo Governo.

---

[339] DUGUIT, Léon. *Traité de droit constitutionnel*. 2. ed. Tome II. Paris: E. de Boccard, 1923. p. 155-156.
[340] TROTABAS, Louis. *Finances Publiques*. Paris: Dalloz, 1964. p. 130-132.
[341] ORLANDO, Vittorio Emanuele. *Principii di diritto costituzionale*. Firenze: Barbèra, 1889. p. 119-124.

Em Portugal, António Pereira Jardim[342], em 1880, já iniciava a distinção entre o orçamento propriamente dito e as chamadas "leis de autorização da receita e da despesa", sem considerá-lo lei material.

Na Argentina, Rafael Bielsa[343], ao analisar a execução das leis que tratam da arrecadação e das despesas, afirma que estas últimas eram apenas autorizativas de gastos, sendo que o Poder Executivo poderia não realizar algumas de suas previsões. Nas suas palavras, "o Poder Executivo está autorizado, mas não obrigado". Manuel de Juano[344], que em sua obra acompanha a compreensão de Jèze e Duguit nesta temática, afirma que o orçamento é uma mera lei formal que entra na órbita dos atos administrativos, sem substância nem conteúdo das leis materiais.

Contemporaneamente, o jurista Héctor Belisario Villegas[345], em suas duas obras clássicas sobre finanças públicas, identifica as duas correntes orçamentárias, ao dizer que a maior parte da doutrina (Jèze, Giannini, Sainz de Bujanda, Baleeiro, Bielsa, Ahumada) se inclina para a linha de entendimento do orçamento como lei formal, enquanto outros autores (Ingrosso, Mortara, Giulianni Fonrouge) optam pela posição do orçamento como lei material, fazendo a ressalva que a questão deve ser analisada a partir do direito positivo de cada país. Todavia, ao se posicionar, afirma que em seu país (Argentina), em relação à arrecadação, o orçamento só calcularia, ao passo que, quanto aos gastos, o orçamento tampouco conteria normas substanciais, sendo mera lei formal, pois se limitaria a autorizá-los, sem obrigar o Poder Executivo a realizá-los.

No Brasil, a teoria do orçamento como lei formal e do orçamento como ato-condição foi recebida por diversos autores, sobretudo os clássicos,

---

[342] JARDIM, António dos Santos Pereira. *Princípios de Finanças*. Coimbra: Imprensa da Universidade, 1880. p. 39.
[343] BIELSA, Rafael. *Compendio de Derecho Público Constitucional, Administrativo y Fiscal*. Buenos Aires, 1952. p. 209.
[344] DE JUANO, Manuel. *Curso de Finanzas y Derecho Tributario*. Tomo III. Rosario: Molachino, 1964. p. 345.
[345] VILLEGAS, Héctor B. *Curso de finanzas, derecho financiero y tributario*. 9. ed. Buenos Aires: Astrea, Depalma, 2007. p. 127-128; *Manual de Finanzas Públicas*. Buenos Aires: Depalma, 2000. p. 380-381.

até as últimas décadas do século XX. Themístocles Brandão Cavalcanti[346] considerava-o como uma mera tabela, como uma simples lei formal. Por sua vez, Dejalma de Campos[347] concebia a natureza jurídica do conteúdo da lei orçamentária como um ato-condição. Aliomar Baleeiro[348], que foi o maior expoente das finanças públicas no Brasil, defendia a tese do orçamento como ato-condição. Rubens Gomes de Sousa[349], autor do Código Tributário Nacional, acompanhava a teoria de lei formal dos administrativistas franceses, reputando o orçamento apenas como um mero ato declaratório. Já para o administrativista Hely Lopes Meirelles[350], o orçamento público configuraria um simples ato administrativo, da espécie "ato-condição", carecedor de força normativa, e que, em sua opinião, poderia até ser aprovado por decreto legislativo. Alberto Deodato[351] considerava que os atos orçamentários não tinham as condições de generalidade e não encerravam declaração de direito, não sendo mais do que medidas administrativas. Por sua vez, Kiyoshi Harada[352] afirma que, ainda que o orçamento anual seja regido pelo princípio da legalidade e regulado na Constituição, este é meramente autorizativo. Já para Luiz Emygdio da Rosa Junior[353], o orçamento seria lei formal por ser disciplinado em seção diferente daquela própria das leis, tendo forma de lei especial e conteúdo de ato de administração. Por fim, Ricardo Lobo Torres[354] segue a teoria

---

[346] CAVALCANTI, Themístocles Brandão. O orçamento – criação, majoração e cobrança de tributos – empréstimo público. *Revista de Direito Administrativo*, vol. 16, 1949. p. 299-306.
[347] CAMPOS, Dejalma de. *Direito Financeiro e Orçamentário*. São Paulo: Atlas, 1995.
[348] BALEEIRO, Aliomar. *Uma Introdução à Ciência das Finanças*. 17. ed. Rio de Janeiro: Forense, 2010. p. 553-557.
[349] SOUSA, Rubens Gomes de. Orçamento – Previsão da Receita e Autorização para a Cobrança de Tributos – Natureza Jurídica da Lei Orçamentária – Elevação do Imposto de Vendas e Consignações em São Paulo. *Revista de Direito Administrativo*, vol. 15, 1949. p. 387-400.
[350] MEIRELLES, Hely Lopes. *Finanças Municipais*. São Paulo: Revista dos Tribunais, 1979. p. 160-161.
[351] DEODATO, Alberto. *Manual de Ciência das Finanças*. São Paulo: Saraiva, 1974. p. 317.
[352] HARADA, Kiyoshi. *Direito Financeiro e Tributário*. 23. ed. São Paulo: Atlas, 2014. p. 94.
[353] ROSA JUNIOR, Luiz Emygdio. *Manual de direito financeiro e direito tributário*. Rio de Janeiro: Renovar, 2003. p. 87.
[354] TORRES, Ricardo Lobo. *Curso de Direito Financeiro e Tributário*. 18. ed. Rio de Janeiro: Renovar, 2011. p. 177.

de que o orçamento seria uma lei formal, que apenas prevê as receitas públicas e autoriza os gastos, sem criar direitos subjetivos.

5.2.2. A lei orçamentária como lei material: orçamento impositivo
Para aqueles que entendem tratar-se o orçamento de uma *lei material* de conteúdo normativo, além de não ser possível a distinção entre o orçamento e a lei que o aprova, este traria para o Estado o dever de implementá-lo e, para o cidadão, o direito de exigir sua realização.

A concepção *monista* do orçamento como lei material foi defendida na Alemanha por Myrbach-Rheinfeld, Zorn e Haenel; na Itália foi acompanhada por Ingrosso, Esposito, Majorana, Mortara, Vitagliano, Micheli e Amatucci; Carré de Malberg na França; Fernando Sainz de Bujanda, Jaime Garcia Añoveros, Adolfo Carretero Perez, Álvaro Rodriguez Bereijo, Eusebio González García, José Juan Ferreiro Lapatza, Fernando Pérez Royo, Carlos Palao Taboada, Alejandro Menéndez Moreno, Miguel Ángel Martínez Lago, Juan Antonio Toscano Ortega, José Pascual García, Germán Orón Moratal, Gabriel Casado e Juan Martín Queralt na Espanha; José Joaquim Gomes Canotilho, António Lobo Xavier, António L. de Sousa Franco, Luis Cabral de Moncada e João Ricardo Catarino, em Portugal; Giuliani Fonrouge, Dino Jarach, Horacio Corti e Gustavo Casanova, na Argentina; Mauricio Plazas Vega, na Colômbia. No Brasil, encontrou adeptos em Francisco Campos, Regis Fernandes de Oliveira, Adilson Abreu Dallari, Eduardo de Mendonça, Heleno Taveira Torres e José Marcos Domingues.

Como relata Álvaro Rodríguez Bereijo, o ponto de partida da concepção material da lei orçamentária também foi da doutrina alemã, que reagiu contra a corrente doutrinária labandiana, sobretudo através de Myrbach-Rheinfeld e Haenel.[355] Myrbach-Rheinfeld[356] afirmava que os defensores da doutrina dualista tentavam, ao limitar a atividade legislativa do Parlamento, escamotear um dos direitos mais importantes das representações nacionais e os resultados mais decisivos das lutas políticas.

---

[355] BEREIJO, Álvaro Rodríguez. *El Presupuesto del Estado*. Madrid: Tecnos, 1970. p. 101-102.
[356] MYRBACH-RHEINFELD, Franz von. *Grundriss des Finanzrecht*. Trad. francesa *Précis de Droit Financière*. Paris: Giard et Briere, 1910. p. 31-36 apud BEREIJO, Álvaro Rodríguez. op. cit. Madrid: Tecnos, 1970. p. 102.

Segundo ele, toda lei deve ser considerada uma lei material, mormente se aprovada após passar pelo '*iter legislativo*' previsto na Constituição. Da mesma maneira, Haenel[357] afirmava que tudo que se revestir em forma de lei constitui uma norma jurídica e, em consequência, as disposições da lei orçamentária são regras de direito obrigatórias para a Administração Pública.

Na Itália, a tese da lei orçamentária com natureza de lei material foi apoiada pela doutrina clássica, em autores como Angelo Majorana[358], Gaetano Vitagliano[359] e Ludovico Mortara[360], sendo que este último afirmava que a natureza e o conteúdo material da lei orçamentária são evidentes no que diz respeito aos direitos e deveres dos indivíduos perante o Estado, cuja efetividade – e sua exigibilidade – está condicionada à aprovação anual das receitas e despesas orçamentárias.[361] Já a doutrina italiana moderna, no relato de Bereijo, sustenta o conteúdo normativo da lei orçamentária e seu caráter de lei material com os seguintes argumentos: que em relação à lei orçamentária, o Legislativo exercita sua função legiferante como qualquer outra lei; e que o conteúdo material ou substantivo da lei orçamentária decorre da declaração de vontade do Legislativo, e indiretamente dos particulares, de limitar a vontade e atividade do Poder Executivo em ordem a satisfazer as necessidades públicas.[362]

Gustavo Ingrosso[363], que também sustentava a natureza material da lei orçamentária na Itália, diz tratar-se de uma "lei de organização" (porém, segundo ele, a maior entre as leis de organização), a qual não unicamente instrumentaliza o exercício da atividade financeira e política

---

[357] HAENEL, Albert. *Das Gesetz im Formellen und Mateliellen Sinne*. Leipzig, 1888 apud BEREIJO, Álvaro Rodríguez. op. cit. p. 103.

[358] MAJORANA, Angelo. *La legge del bilancio e i suoi effetti civili rispetto ai diritti dei terzi*: studio di diritto costituzionale privato. Catania: Tipografia di Adolfo Pausini, 1891.

[359] VITAGLIANO, Gaetano. *Il contenuto giuridico della legge del bilancio*. Roma: Officine Tipografiche Italiane, 1910. p. 7.

[360] MORTARA, Ludovico. *Commentario del codice e delle leggi di procedura civile*. Milano: F. Vallardi, 1908. p. 126.

[361] BEREIJO, Álvaro Rodríguez. op. cit. p. 110.

[362] Ibidem. p. 115-116.

[363] INGROSSO, Gustavo. *Diritto Finanziario*. Napoli: Jovene, 1956. p. 45.

da Administração, mas também estabelece as bases jurídicas de ação do Estado em toda a sua extensão.

Para o professor italiano Andrea Amatucci[364], deve-se reconhecer na lei orçamentária um conteúdo normativo fundamental, uma vez que condiciona a eficácia de toda a legislação financeira. Afirma que a lei orçamentária se inclui tanto no tipo de "lei de aprovação", como no de "lei de autorização". E que a lei orçamentária traduz em cifras a orientação política do Estado para realizá-la mediante a utilização de meios financeiros, objetivo que não poderia ser alcançado através da formulação de simples normas.

Na Espanha de fins do século XIX, José Manuel Piernas y Hurtado[365] já sublinhava o caráter do orçamento como instituição jurídica fundamental do Direito Público, regulador de toda a atividade financeira do Estado. Segundo ele, tratando-se do Estado, o orçamento público não é uma mera guia de cálculo, mas sim uma regra obrigatória que tem valor absoluto e caráter de imposição. Nas suas palavras "o orçamento do Estado é a lei da sua vida econômica num período de tempo determinado".

Na concepção de Eusebio González García[366], a distinção entre o sentido material e formal da lei orçamentária carece de relevância jurídica, impondo-se um valor jurídico unitário (valor de lei) à lei orçamentária, sendo uma lei ordinária tanto no que se refere às disposições dos gastos como para as tributárias. Em suas categóricas palavras, "a lei orçamentária pode ser fonte de direitos e obrigações para a Administração e produtora de efeitos jurídicos para os particulares".

Com ênfase, Jaime Garcia Añoveros[367] encampou a tese da lei em sentido substancial, para quem o orçamento público "é uma lei plena, como qualquer outra lei", entendendo insustentável a concepção dualista da

---

[364] AMATUCCI, Andrea. *El Ordenamiento Jurídico de la Hacienda Pública*. Traducción de la 8. ed. de Daniele Davide Panteghini (dirección Mauricio Alfredo Plazas Vega). Bogotá: Temis, 2008. p. 190.

[365] HURTADO, José Manuel Piernas y. *Tratado de Hacienda pública y examen de la española*. 4. ed. Madrid: Librería de Don Victoriano Suárez, 1891. p. 464.

[366] GARCÍA, Eusebio González. *Introduccion al Derecho Presupuestario* – concepto, evolución histórica y naturaleza jurídica. Madrid: Editorial de Derecho Financiero, 1973. p. 250-251.

[367] AÑOVEROS, Jaime García. Naturaleza jurídica del Presupuesto. In: *Estudios en homenaje a Jordana de Pozas*. Tomo III. Vol. 2. Madrid: Instituto de Estudios Políticos, 1962. p. 16-22.

lei. Para ele, a lei orçamentária é um ato jurídico unitário. Entendia que todas as leis se constituem de preceitos jurídicos de alcances distintos, sem que isto seja motivo suficiente para afirmar que todas elas tenham natureza jurídica complexa. Afirma que a lei orçamentária

> com relação aos gastos públicos, implica normalmente a criação de situações jurídicas subjetivas com caráter geral (que afetam a todas as obrigações do Estado), e dela podem surgir efeitos de criação, modificação ou, inclusive, extinção de direitos subjetivos, e também com caráter geral e abstrato. (tradução livre)

Por sua vez, para o catedrático da Universidade Complutense de Madrid Fernando Sainz de Bujanda[368], o orçamento público se apresenta como uma instituição jurídica que possui caráter normativo, constituindo a expressão jurídica do plano financeiro do Estado para um período determinado de tempo. Os efeitos do orçamento público – enquanto lei – recaem sobre as receitas e despesas, sobre os direitos subjetivos dos particulares e sobre as leis preexistentes. Mais adiante em sua obra, o professor espanhol lembra ainda que, da mesma maneira que a distribuição de competências entre o Legislativo e o Executivo se modificou, a noção clássica do orçamento público no chamado "Estado demo-liberal" evoluiu e se transformou de maneira notável para se adequar ao que hoje se denomina "Estado social e democrático de direito". Seu conteúdo foi se ampliando paulatinamente na medida em que o Estado adquiria, principalmente a partir da Segunda Guerra Mundial, um crescente protagonismo na vida econômica e social. E conclui que, "em nosso Direito [espanhol], a lei de orçamento deve ser considerada como uma lei em sentido pleno, de conteúdo normativo... tem todos os caracteres do valor e força da lei".[369] Porém, sobre o dever de gastar – obrigação de realizar os créditos orçamentários previstos –, Sainz de Bujanda é ainda mais contundente ao afirmar que a Administração está vinculada ao planejamento orçamentário sob pena de frustrá-lo: "a Administração pode estar

---

[368] BUJANDA, Fernando Sainz de. *Lecciones de Derecho Financiero*. 10. ed. Madrid: Universidad Complutense, 1993. p. 9.
[369] Ibidem. p. 466.

absolutamente vinculada a gastar a totalidade dos créditos consignados no orçamento, na medida em que, ao não fazê-lo, pode colocar em risco a consecução dos objetivos de dito plano."

Seguindo a mesma esteira, Adolfo Carretero Pérez[370], depois de levantar as duas correntes (de lei formal e de lei material), assevera que as razões elencadas para a natureza de lei substancial do orçamento público são mais fortes que as em sentido contrário. Primeiramente, lembra o magistrado do contencioso administrativo espanhol que a artificiosidade da categoria de lei formal criada pela doutrina alemã e utilizada por Bismarck envolvia uma solução favorável ao Executivo dentro de uma discussão sobre a supremacia dos poderes do Estado. Ademais, destaca que a importância da lei orçamentária impede de considerá-la apenas uma expressão contábil, sendo que, por ser um ato com conteúdo político do Legislativo, não pode ser inferior às demais leis.

Por sua vez, Álvaro Rodríguez Bereijo[371], um dos principais estudiosos do direito orçamentário na Espanha e crítico da teoria labandiana, reconhece o conceito jurídico do orçamento público e rejeita a distinção dualista entre o orçamento (conteúdo) e a lei que o aprova (forma). Segundo ele, no que diz respeito aos *ingressos públicos*, o orçamento não é mais do que um ato de mera previsão ou cálculo contábil, sem efeitos jurídicos limitativos; mas no que diz respeito aos gastos públicos, o orçamento público produz efeitos jurídicos bem precisos em um sentido triplo: *autorizar* a administração a realizar o gasto público; *limitar* a importância a gastar até a cifra consignada no orçamento; fixar o emprego e o destino a ser dado aos créditos aprovados no orçamento. Em suas próprias palavras:

> O orçamento como uma instituição jurídica fundamental do Direito público tem caráter normativo; ou seja, não consiste unicamente em uma mera relação contábil dos montantes que o Estado prevê que se realizarão como receitas e despesas durante um período de tempo determinado, mas, acima de tudo, o orçamento constitui a expressão jurídica das obrigações e dos direitos, poderes e deveres que competem à Administração em matéria de recei-

---

[370] PÉREZ, Adolfo Carretero. *Derecho Financiero*. Madrid: Santillana, 1968. p. 221-222.
[371] BEREIJO, Álvaro Rodríguez. op. cit. p. 17-18.

tas e gastos públicos. O orçamento é, portanto, uma norma jurídica, ou, caso se prefira, um conjunto de normas jurídicas como meio de dar efetividade e relevância jurídicas ao planejamento da atividade financeira do Estado para um período de tempo determinado.[372]

[...] A lei do orçamento tem um caráter coativo, imperativo, de normatização de condutas da Administração e dos cidadãos típico de qualquer norma jurídica. [...] parece claro que a intervenção do Legislativo tem lugar no exercício de uma verdadeira e própria função legislativa em razão da matéria (reservada à lei, nos termos do art. 10 da Lei do Parlamento) e não somente uma função de aprovação e de controle da atuação governamental. A função do Poder Legislativo em matéria de orçamento é emanar normas jurídicas para disciplinar a atividade financeira de gastos públicos da Administração estatal, complementando e integrando a base legal que a Administração encontra no ordenamento jurídico existente. (tradução livre)[373]

Como bem ressalvou Carlos Palao Taboada[374], a distinção entre lei formal e lei material carece de sentido fora do contexto constitucional em que foi elaborada e, hoje em dia, sobretudo após a manifestação da Corte Suprema espanhola (*Sentencia de 20 de Julio de 1981*) que qualificou a questão como ultrapassada, a lei orçamentária é uma lei que não se distingue das demais disposições desta natureza (das outras leis), salvo em aspectos secundários.

Representando a doutrina mais contemporânea espanhola, Juan Martín Queralt e Gabriel Casado Ollero[375] afirmam que a dicotomia entre lei formal e lei material já está hoje superada, devendo-se reconhecer o caráter ordinário de lei ao orçamento público, ou seja, de norma jurídica. Para eles, a ideia de "autorização" é insuficiente para esgotar os efeitos jurídicos do orçamento, de modo que, em lugar de concebê-lo como

---

[372] Ibidem. p. 40-41.
[373] Ibidem. p. 164-165.
[374] TABOADA, Carlos Palao. *Derecho Financiero y Tributario*. 2. ed. Madrid: Colex, 1987. p. 62-63.
[375] QUERALT, Juan Martin et al. *Curso de Derecho Financiero y Tributario*. 26. ed. Madrid: Tecnos, 2015. p. 828-832.

mera lei de autorização, seria mais exato tê-lo como lei de regulação e de ordenação jurídica do gasto público.

Igualmente, Fernando Pérez Royo[376] registra que a distinção (entre lei formal e material) carece de atualidade histórica, adotando a concepção unitária do orçamento. Prega pela desnecessidade de qualificação da lei orçamentária.

José Juan Ferreiro Lapatza[377] afirma que a lei orçamentária "é lei tanto em sentido material como formal". Disciplina a atuação da Administração em função de realizar o gasto público e sua materialidade pode ser observada de modo patente, uma vez que as normas nela contidas disciplinam não apenas a atividade da Administração, como também regulam as relações jurídicas entre ela e outros sujeitos de direito.

Por sua vez, Alejandro Menéndez Moreno[378] qualificou como sendo uma "velha polêmica" a questão da natureza jurídica da lei orçamentária, já que, para ele, o orçamento como plano financeiro de ingressos e gastos, ao ser aprovado pelo Legislativo, se converte em norma jurídica com forma e escala de lei, sendo, pois uma lei em sentido material.

Para Miguel Ángel Martínez Lago[379], o instituto do orçamento público pode ser considerado a partir de muitas perspectivas, tanto como a representação econômica do plano da atividade financeira, como do ponto de vista político, por constituir o instrumento em que se materializam as decisões que afetam o funcionamento do Estado. Mas além dos aspectos econômicos, políticos, contábeis etc., afirma o autor espanhol que o orçamento representa uma instituição jurídica que tem caráter normativo, constituindo, como levantado pela melhor doutrina, a expressão jurídica

---

[376] ROYO, Fernando Pérez. *Derecho Financiero y tributario parte general*. Madrid: Civitas, 1998. p. 358.
[377] LAPATZA, José Juan Ferreiro. *Curso de Derecho Financiero Español* – Instituciones. 25. ed. Madrid: Marcial Pons, 2006. p. 202.
[378] MORENO, Alejandro Menéndez. *Derecho Financiero y Tributario* – Parte General. 16. ed. Pamplona: Thomson Reuters, 2015. p. 404.
[379] LAGO, Miguel Ángel Martínez. *Lecciones de Derecho Financiero y Tributario*. 11. ed. Madrid: Iustel, 2015. p. 158.

do plano financeiro do Estado. Sustenta que "o orçamento e a lei de orçamento configuram uma só coisa".[380]

Por sua vez, Juan Antonio Toscano Ortega[381], em sua obra sobre o conteúdo material das leis orçamentárias, afirma que as categorias doutrinárias de "lei formal" e "lei material" perderam sentido nos dias de hoje no ordenamento jurídico espanhol. Segundo ele, é da Constituição e da jurisprudência constitucional (espanholas) de onde derivam a natureza jurídica de conteúdo normativo da lei orçamentária. Nas suas palavras: "essa natureza jurídica de lei plena foi assumida sem problemas pelo legislador e pelos Tribunais."

Também para José Pascual García[382], no direito positivo espanhol atual, especialmente a partir da Constituição e do posicionamento da jurisprudência constitucional (citando os precedentes SSTC 27/1981, 84/1982, 65/1987, 65/1990, 76/1992, 178/1994, 195/1994, 3/2003 e 206/2013), pode-se afirmar que a lei orçamentária é uma lei em sentido pleno, ou seja, formal e material.

Em obra sobre a configuração constitucional do gasto público, Germán Orón Moratal[383] reconhece não apenas o caráter normativo e imperativo da lei orçamentária, bem como que a Constituição espanhola estabelece uma vinculação positiva para a Administração Pública, ou seja, um poder/dever de executar a totalidade da programação orçamentária para a realização das necessidades constitucionalmente estabelecidas, exceto em situações devidamente motivadas. Como pondera, se "o orçamento foi elaborado e valorado conforme a prudentes e aquilatadas previsões, parece que a Administração Pública de hoje tem a obrigação de esgotar os créditos orçamentários se o previsto equilíbrio econômico geral deve ser cumprido".

---

[380] LAGO, Miguel Ángel Martínez. *Ley de Presupuestos y Constitución*. Madrid: Trotta, 1998. p. 25.
[381] ORTEGA, Juan Antonio Toscano. *Límites constitucionales al contenido material de las leyes de presupuestos del Estado*. Madrid: Congreso de los Diputados, 2005. p. 35 e 200.
[382] PASCUAL, José García. *Régimen Jurídico del Gasto Público* – Presupuestación, Ejecución y Control. 6. ed. Madrid: Boletín Oficial del Estado, 2014. p. 250.
[383] MORATAL, Germán Orón. *La Configuración Constitucional del Gasto Público*. Madrid: Tecnos, 1995. p. 43-51.

Já em Portugal, José Joaquim Gomes Canotilho[384], depois de registrar que "a doutrina do duplo conceito de lei era uma filha da sua época", originária de uma situação histórica específica (conflito prussiano), e também após reconhecer que o domínio do orçamento público representa uma "função chave da ordem constitucional global", entende não se poder falar mais de leis meramente formais, porque toda deliberação emanada sob a forma legislativa do Parlamento constitui uma norma superior de direito. Para o constitucionalista português:

> os actos legislativos das assembleias representativas têm força e valor de lei. Daí que hoje a doutrina tenda a considerar superado o duplo conceito de lei e opte por uma delimitação do acto legislativo, ancorada em dados sobretudo formais, como intuíra logo Haenel que, ao opor-se ao conceito labandiano de lei, considerava já que todo acto revestido da forma de lei leva em si mesmo um conteúdo jurídico.

Por sua vez, para o português António Lobo Xavier[385], embora considere uma *lei sui generis*, o orçamento vincularia o Executivo, em maior ou menor medida, no sentido de que a atividade financeira há de ficar subordinada à execução daquele documento, do qual só em casos marginais se poderá afastar. Em suas palavras:

> Hoje, no entanto, a nossa Constituição não acolhe as teses labandianas, por certo. A Assembleia da República aprova o Orçamento sob a forma de lei, mas não se vê o que possa retirar a esse Orçamento um conteúdo materialmente legislativo. A C.R.P. não permite que se distinga conteúdos administrativos ou legislativos entre os actos parlamentares que devem revestir a forma de lei.[386]

---

[384] CANOTILHO, José Joaquim Gomes. A Lei do Orçamento na Teoria da Lei. *Boletim da Faculdade de Direito*, Número Especial: Estudos em Homenagem ao Prof. Doutor J. J. Teixeira Ribeiro, II, Coimbra, Universidade de Coimbra, 1979. p. 551-553.
[385] XAVIER, António Lobo. O Orçamento como Lei – Contributo para a Compreensão de Algumas Especificidades do Direito Orçamental Português. *Boletim de Ciências Económicas*, Coimbra, 1990. p. 87-88 e 90.
[386] Ibidem. p. 103.

Também como lei especial e dotada de conteúdo material, outro professor português, António L. de Sousa Franco[387], assim manifesta sua opinião:

> Nenhuma razão existe para que a lei que formalmente é o orçamento não produza, além dos efeitos propriamente orçamentais, os demais efeitos normativos necessários à plena realização da causa-função do instituto orçamental, tanto em relação ao Estado e à Administração, seus órgãos e agentes, como *erga omnes* (*tertii et alii*).

Luís Cabral de Moncada[388] entende não ser possível trazer para os dias de hoje no Estado Social de Direito a distinção entre lei formal e lei material. Segundo ele, o conteúdo das leis orçamentárias, sobretudo a que contém o planejamento estatal (tratando da Lei de Plano portuguesa, equivalente ao nosso PPA), prescreve um comportamento com sinal positivo (fazer, investir, subsidiar etc.) que vincula o agente administrativo.

Conforme as lições de João Ricardo Catarino[389], a sua aprovação se materializa numa "garantia dos direitos fundamentais e numa garantia de equilíbrio e separação de poderes", sendo que as funções jurídicas do orçamento radicam no fato de se constituir, materialmente, como uma lei da República portuguesa criada no ambiente próprio, que é o processo de feitura das leis, produzindo efeitos próprios das leis quanto à sua força vinculativa. Para ele

> este sentido de juridicidade manifesta-se no facto de o orçamento gozar das características da lei, em termos de coercibilidade e generalidade – ele tem natureza imperativa, devendo ser observados os ditames por ele estabelecidos em todos os seus aspectos. De modo que o orçamento tem natureza vinculativa e não meramente orientadora da ação financeira pública.

---

[387] FRANCO, António L. de Sousa. *Finanças Públicas e Direito Financeiro*. 4. ed. Coimbra: Almedina, 2008. p. 401.

[388] MONCADA, Luís S. Cabral de. *A problemática jurídica do planeamento económico*. Coimbra: Editora Coimbra, 1985. p. 187 e 199.

[389] CATARINO, João Ricardo. *Finanças Públicas e Direito Financeiro*. 2. ed. Coimbra: Almedina, 2014. p. 260-261.

O jurista argentino Giuliani Fonrouge[390] não teve dúvidas ao afirmar em sua clássica obra que a lei orçamentária se trata de "uma lei perfeita e com efeitos jurídicos regulares". Para ele, trata-se de um ato unitário, não podendo ser apartados a lei e o orçamento em si, já que ambos compõem um todo orgânico, sendo que os anexos, quadros etc. cumprem funções explicativas, embora juridicamente interdependentes. E a função legislativa na Argentina, explica o autor, é exercida em sua plenitude ao se votar o orçamento, não se reduzindo a aprovar ou autorizar o que o Executivo propõe. Entende que o orçamento é um ato de transcendência que regula a vida econômica e social do país, com significação jurídica e não meramente contábil, sendo uma manifestação integral da legislação, de caráter único em sua constituição, fonte de direitos e obrigações para a Administração e produtor de efeitos com relação aos particulares.

Também para Dino Jarach[391], o orçamento público tem natureza material, contemplando o aspecto jurídico e político-econômico. Segundo este jurista argentino, como plano econômico do setor público, o orçamento constitui uma lei com eficácia obrigatória para os diferentes poderes que devem cumprir com o planejamento. Embora o seu conteúdo normativo seja diferente da maioria das leis, a sua essência é a de um marco legal dentro do qual se deve desenvolver a ação do governo. Não se trata de uma justaposição de uma série de gastos e relação de recursos, mas um plano organizacional tendente a realizar determinados fins.

Conforme esclarece o professor da Universidade de Buenos Aires Gustavo Naveira de Casanova[392], modernamente o orçamento é concebido, pela quase totalidade da doutrina argentina, assim como pela sua Corte Suprema, como um instituto legal, cuja natureza é idêntica a de qualquer outra lei. Segundo ele, não há dúvida de que o orçamento possui natureza jurídica de lei, tanto em sentido formal (forma de lei), como material (substância normativa), ou seja, uma lei que contém nor-

---

[390] FONROUGE, Carlos María Giuliani. *Derecho Financiero*. v.1. 10. ed. Buenos Aires: La Ley, 2011. p. 174-175.
[391] JARACH, Dino. *Finanzas Públicas y Derecho Tributario*. 4. ed. Buenos Aires: Abeledo Perrot, 2013. p. 78.
[392] CASANOVA, Gustavo J. Naveira de. *Finanzas Públicas y Derecho Financiero*. 3. ed. Buenos Aires: Estudio, 2016. p. 126.

mas jurídicas com valor de lei, emanada pelo Parlamento como tal. Nas suas palavras, "é uma norma (lei) do Poder Legislativo, vinculante para o Poder Executivo".[393]

Horacio Guillermo Corti[394], na sua obra "Direito Constitucional Orçamentário", em que propõe a análise da vinculação do orçamento público aos direitos fundamentais, passa ao largo da discussão a respeito da natureza jurídica das leis orçamentárias ao afirmar, de pronto, que o orçamento, enquanto norma jurídica, é o resultado jurídico do exercício de uma autoridade pública que veicula uma decisão política do Estado. Indo além da preocupação com o aspecto material da lei orçamentária, o autor argentino, com feliz iniciativa, afirma: "por um lado, não se pode pensar a lei orçamentária sem sua vinculação com os direitos fundamentais. O direito orçamentário é, antes de tudo, um direito constitucional orçamentário desde a perspectiva dos direitos fundamentais".[395]

Na Colômbia, Mauricio Plazas Vega[396] afirma que o orçamento público é uma lei na plenitude da palavra, ou seja, em sentido unitário – formal e material –, tanto por seus antecedentes históricos, como por seu papel na dinâmica da ação estatal, sendo um ato eminentemente político e não simplesmente um ato administrativo condicional. O orçamento não é um simples documento político-contábil, mas sim constitui um instrumento jurídico de singular e definitivo alcance para assegurar o cumprimento do plano nacional de desenvolvimento, que compromete, com força vinculante, o Governo, o Congresso e a própria sociedade civil representada.

No Brasil, um dos primeiros a tecer severas críticas à doutrina dualista da lei foi Francisco Campos[397], no ano de 1948, em célebre parecer. Segundo ele, a doutrina de Laband sobre o orçamento era carecedora

---

[393] Ibidem. p. 128.
[394] CORTI, Horacio Guillermo. *Derecho Constitucional Presupuestario*. 2. ed. Buenos Aires: Abeledo Perrot, 2001. p. 34.
[395] CORTI, Horacio Guillermo. La Naturaleza Jurídica de la Ley del Presupuesto. In: VEGA, Mauricio Alfredo Plazas (Coord.). *Del Derecho de la Hacienda Pública al Derecho Tributario*: estudios en honor de Andrea Amatucci. Vol. III. Bogotá: Temis, 2011. p. 297.
[396] VEGA, Mauricio A. Plazas. *Derecho de la Hacienda Pública y Derecho Tributario*. Tomo I. Bogotá: Temis, 2006. p. 466-467.
[397] CAMPOS, Francisco. Orçamento – Natureza Jurídica – Lei Material e Lei Formal – Exposição e Crítica da Doutrina de Laband – Direito Comparado – Elevação do Impôsto

de fundamento lógico. Lembra que "a atribuição constitucional da competência orçamentária ao Poder Legislativo resulta, precisamente, do princípio fundamental do sistema representativo". Nas suas categóricas palavras:

> O orçamento, ao contrário da assertiva dogmática de Laband, contém, portanto, um preceito jurídico de ordem geral, endereçado não somente à administração como à generalidade dos indivíduos ou à coletividade humana, de cujos recursos o Estado absorve uma quota destinada às despesas de interesse comum. O preceito em questão é não somente uma regra jurídica, como contém, por igual, ordem, autorização e proibição, todos os elementos, em suma, cuja presença caracteriza, segundo Laband, a lei propriamente dita, ou a lei em sentido material.
> A doutrina de Laband não se distingue apenas pela ausência de fundamentos lógicos, históricos, constitucionais. Ela prima, ainda, pela incoerência e a contradição dos corolários por ele deduzidos do seu conceito apriorístico da lei orçamentária, construído mediante a amputação das realidades de ordem valorativa e normativa, que constituem pressupostos indispensáveis à compreensão dos fenômenos jurídicos, particularmente quando situados no plano das instituições constitucionais. [...]
> Do ponto de vista constitucional, o orçamento, seja qual for a categoria, a classe ou a definição jurídica que se lhe atribua, contém ordem, autorização, proibição e preceito jurídico.

Contemporaneamente, Regis Fernandes de Oliveira[398], depois de analisar as diferentes argumentações sobre a natureza e características da lei orçamentária, e afirmar que "se cuida de uma lei em sentido formal, que estabelece a previsão de receitas e despesas", mudou sua posição em edições posteriores de sua clássica obra (acrescentando uma nova seção ao tema), para afirmar que a tentativa de atribuir-lhe uma natureza jurídica própria seria ociosa e que nenhuma consequência teria. Não obs-

---

de Vendas e Consignações em São Paulo. *Revista de Direito Administrativo*, Rio de Janeiro, v. 14, 1948. p. 447-463.
[398] OLIVEIRA, Regis Fernandes de. *Curso de Direito Financeiro*. 7. ed. São Paulo: Revista dos Tribunais, 2016. p. 606.

tante, a nosso ver, adota o professor titular da USP uma posição muito mais profícua ao conferir imperatividade à lei orçamentária e vincular o orçamento aos direitos fundamentais. Nas suas palavras:

> É uma lei. É imperativa. Obriga os agentes públicos a seu cumprimento. É periódica. Serve de instrumento do Estado para instrumentalizar políticas de decisão sobre os interesses públicos.
> O orçamento é lei imperativa, estrutural e periódica que prevê receitas e fixa despesas, servindo de instrumento de decisão do Estado para o atendimento das necessidades públicas.
> [...]
> Insisto: o que vale notar é que a lei orçamentária *não é uma lei do Estado. É da sociedade*. Em que sentido? Não cabe ao governo dispor dela da forma como lhe aprouver. Deve-lhe obediência integral.
> [...]
> Em suma, a discussão estéril e inócua leva à conclusão de que o orçamento é peça de garantia da sociedade contra o Estado.
> O que realmente vale é que o orçamento é lei de *estrutura* do Estado, que prefixa os desejos da sociedade no buscar o asseguramento dos direitos fundamentais estabelecidos na Constituição Federal. Tem conteúdo fortemente político, de realização dos desejos do povo.[399]

Para Adilson Abreu Dallari[400], o antigo debate sobre o caráter autorizativo ou impositivo do orçamento não tem mais sentido diante da pletora de normas constitucionais sobre o sistema orçamentário, entendendo que apesar de viger entre nós a "cultura do desprezo ao orçamento", uma vez aprovada a lei orçamentária, fica obrigado o Executivo a lhe dar fiel cumprimento, sob pena de crime de responsabilidade. No seu entendimento,

---

[399] Ibidem. p. 617-681.
[400] DALLARI, Adilson Abreu. Orçamento impositivo. In: CONTI, José Maurício; SCAFF, Fernando Facury (Coord.). *Orçamentos públicos e direito financeiro*. São Paulo: Revista dos Tribunais, 2011. p. 324-327.

o orçamento-programa, que é elaborado em função de objetivos e metas a serem atingidas, de projetos e programas a serem executados, dos quais as dotações são a mera representação numérica, não mais pode ser havido como meramente autorizativo, tendo, sim, por determinação constitucional, um caráter impositivo.

Eduardo de Mendonça[401], em dissertação sobre finanças públicas orientada por Luís Roberto Barroso, ensaia uma "vinculação mínima" do orçamento público, ao afirmar que a execução orçamentária deve ser vinculada em alguma medida, rejeitando a tese de que o orçamento seria uma mera autorização de despesas, sem qualquer pretensão impositiva.

Por sua vez, Heleno Taveira Torres[402] com argúcia afirma que, após a aprovação da lei orçamentária, o que se tem é uma lei que gera efeitos típicos, que obriga a Administração à observância das condições materiais, temporais, espaciais ou quantitativas dos créditos orçamentários. Portanto, como "norma jurídica", a cada despesa e respectivas leis institutivas ou regimes jurídicos, deve-se verificar qual seja a conduta a adotar, numa das três possibilidades de modais deônticos: obrigatória, proibida ou permitida. Em sua lição:

> A concepção que considera o orçamento como "lei formal" não encontra guarida na Constituição de 1988. Não há um único dispositivo da Constituição Financeira que a confirme. Ao contrário. De início, o plano plurianual, a lei de diretrizes orçamentárias e a lei de orçamento anual guardam entre si conteúdos distintos e não podem ser qualificados (as leis) sob a mesma "natureza". Quanto à abstração, há uma ordem decrescente, do mais abstrato para o mais concreto, segundo as funções de planejamento e de vinculação que exercem. Ademais, não é correto atribuir função de "autorização" ao plano plurianual e a muitas das partes da lei de diretrizes orçamentárias. E, em nenhum caso, a proposta orçamentária apresentada pelo Poder Executivo pode ser reduzida a um ato administrativo, na medida em que ingressa

---

[401] MENDONÇA, Eduardo Bastos Furtado de. *A Constitucionalização das Finanças Públicas no Brasil*. Rio de Janeiro: Renovar, 2010. p. 383.
[402] TORRES, Heleno Taveira. *Direito constitucional financeiro*: teoria da constituição financeira. São Paulo: Revista dos Tribunais, 2014. p. 392-393.

no processo legislativo, ainda que amparada pelo rito da especialidade que a caracteriza, passível de emendas e diversas modificações, inclusive vetos, após sua aprovação.

Também em crítica à teoria do *orçamento como lei formal*, explica José Marcos Domingues que a tese do orçamento como mero *ato administrativo* de governo encontrou no Brasil terreno fértil, sendo inicialmente concebida na Alemanha por Paul Laband, com finalidade de legitimar a superioridade do Executivo sobre o Parlamento, cuja palavra seria apenas uma formalidade, e a ideia de que o descumprimento do orçamento não teria o caráter de infração jurídica. Narra que a teoria, com reservas e adaptações, foi recebida na França por Jèze, Duguit e Trotabas, que professavam a ideia de que o orçamento seria uma autorização legislativa, de natureza administrativa, como *ato-condição*. No entanto, conclui Domingues que

> passados mais de 200 anos de construção democrática dos dois lados do Atlântico, e alcançada democratização perene no Brasil, não se compreende bem a que serviria hoje a teoria do orçamento como lei formal, a não ser para, como na origem, servir para submeter os demais Poderes à preeminência desmedida do Executivo e para justificar a impune maquilagem orçamentária.
> É preciso superar a teoria do orçamento-lei-formal, que não se compadece com o atual estágio da democracia no mundo e no País. [403]

De fato, concordamos com as críticas ao posicionamento da doutrina tradicional brasileira que encarava o orçamento como mera lei formal. Realmente, aquelas premissas, que extemporaneamente ainda hoje ressoam no contexto jurídico-orçamentário brasileiro, são originárias de outro contexto, bastante diverso do que temos atualmente no Brasil.

Não à toa, a doutrina e jurisprudência brasileiras mais recentes têm caminhando na direção de reconhecer ao orçamento público seu con-

---

[403] DOMINGUES, José Marcos. O Desvio de Finalidade das Contribuições e o seu Controle Tributário e Orçamentário no Direito Brasileiro. In: DOMINGUES, José Marcos (Coord.). *Direito Tributário e Políticas Públicas*. São Paulo: MP, 2008. p. 32.

teúdo material e de conferir a força impositiva que lhe é inerente no Estado Democrático de Direito.[404]

5.3. O verdadeiro sentido do princípio da legalidade orçamentária

As origens do orçamento público como documento democrático e representativo da vontade do povo na alocação de recursos remontam à Magna Carta de 1215[405], quando se inicia o processo de transmutação do modelo de regimes absolutistas para o Estado de Direito, em que as receitas e os gastos do governante passam a ser definidos pelo Parlamento.

Historicamente, o controle do Parlamento sobre as finanças do governante se deu primeiramente na sua face arrecadatória (tributação) e, só posteriormente, foi estendido para a orçamentária (despesa).

Somente com o desenvolvimento do constitucionalismo[406], com o controle do Poder Legislativo sobre o Executivo e com o advento das instituições de governo representativo, é que se inicia o desenvolvimento do sistema orçamentário no Velho Mundo, modelo que se espraia para a grande maioria das nações. A propósito, ainda em terras britânicas, conforme relato de Jesse Burkhead[407], "as origens do sistema orçamentário na Grã-Bretanha remontam ao advento do controle do Parlamento sobre a Coroa. O desenvolvimento do orçamento expressa, em parte, o crescimento do controle popular sobre o rei". E o autor complementa:

> O controle das despesas efetuadas pelo Governo somente surgirá mais tarde, com o progressivo controle do Legislativo sobre as finanças públicas. Inicialmente, os Parlamentos não estavam preocupados com as despesas a serem efetuadas pela Coroa. O controle sobre os detalhes da despesa e sua especi-

---

[404] ABRAHAM, Marcus. *Curso de Direito Financeiro Brasileiro*. 3. ed. Rio de Janeiro: Forense, 2015. p. 260.
[405] Magna Carta de 1215. Art. XII – "*No scutage not aid shall be imposed on our kingdom, unless by common counsel of our kingdom, except for ransoming our person, for making our eldest son a knight, and for once marrying our eldest daughter; and for these there shall not be levied more than a reasonable aid. In like manner it shall be done concerning aids from the city of London*".
[406] TORRES, Ricardo Lobo. *Tratado de Direito Constitucional Financeiro e Tributário*: o orçamento na Constituição. Vol. V. 2. ed. Rio de Janeiro: Renovar, 2000. p. 3.
[407] BURKHEAD, Jesse. *Orçamento Público*. Rio de Janeiro: Fundação Getúlio Vargas, 1971. p. 3-4 e 9.

ficação foi estabelecido posterior e gradualmente, começando pelos gastos relativos ao Exército, Marinha e equipamentos militares.

Aliás, Gaston Jèze[408] já relatava que a reivindicação da participação do Parlamento no "direito ao orçamento" foi uma consequência direta do poder de criar os impostos. Na mesma linha, lembra Aliomar Baleeiro[409] que a partir da obtenção do direito "de autorizar as receitas, não foi difícil ao Parlamento britânico obter o reconhecimento de seu poder correlato de também autorizar e controlar as despesas governamentais, discriminados do patrimônio público os haveres pessoais do monarca".

Percebe-se que o orçamento público, ao longo dos séculos, transformou-se em um mecanismo de relacionamento político e democrático entre o governante e o Parlamento nos Estados de Direito modernos. Parte-se da concepção de que a estrutura organizatória-funcional dos poderes financeiros passa a conceber, para além da mera autorização arrecadatória, a proposição orçamentária da despesa pública, que embora esteja inicialmente em mãos do governante, deve também ser submetida ao Parlamento – formado por representantes dos cidadãos – para autorização da execução de gastos na forma de lei.

Mas é importante que fique claro, tal como o alerta António Lobo Xavier[410], que o controle da despesa pública praticado através da votação do orçamento surge na realidade como instrumento de interferência política da classe ascendente, vale dizer, a burguesia representada no Parlamento, penetrando nos domínios reservados outrora e tradicionalmente ao Rei. Segundo ele, "se o princípio da autorização dos impostos era visto sobretudo como um limite, o domínio parlamentar sobre a despesa significa uma intervenção clara na acção do poder Executivo".

No mesmo sentido, Álvaro Rodríguez Bereijo[411] defende que a votação pelo Parlamento da despesa pública representava, além de controle,

---

[408] JÈZE, Gaston. *Traité de Science des Finances*: le budget. Paris: Marcel Giard, 1910. p. 18-21.
[409] BALEEIRO, Aliomar. *Uma Introdução à Ciência das Finanças*. Atualizador Dejalma de Campos. 16. ed. Rio de Janeiro: Forense, 2006. p. 415.
[410] XAVIER, António Lobo. op.cit. p. 15-16.
[411] Conforme afirma Álvaro Rodríguez Bereijo na introdução à obra de Paul Laband "El Derecho Presupuestário", tradução de José Zamit. Madrid: Tecnos, 2012. p. LVII.

a sua possibilidade de imposição de uma orientação política (*indirizzo politico*) na atividade governamental. Segundo este autor, a unidade do fenômeno financeiro indica que "o controle do ingresso público exige, por própria lógica, o controle dos gastos públicos".[412]

Portanto, quando falamos em princípio da legalidade tributária, não podemos desassociá-lo da legalidade orçamentária como um princípio uno, que expressa a imperiosa necessidade da participação do cidadão nas escolhas arrecadatórias e alocativas, conferindo legitimidade ao governante para que possa realizar adequadamente suas funções através dos recursos públicos. Trata-se, pois, de um binômio "legalidade tributária-orçamentária" mandatório na concepção do consentimento do cidadão nas finanças públicas como um todo, uma vez que a falta de participação parlamentar na destinação do produto da arrecadação (limitando-a à fase arrecadatória-tributária) esvaziaria o próprio valor e objetivo da representatividade do cidadão, fenômeno que se desenvolveu ao longo dos séculos XVIII e XIX, e se consolidou até os dias de hoje.

Afinal, devemos indagar de que adiantaria proteger o bolso do cidadão no momento da arrecadação através de inúmeros princípios tributários constitucionalmente assegurados, se a destinação destes recursos acaba sendo definida com liberdade pelo Poder Executivo e, por vezes, com certa arbitrariedade, através de escolhas alocativas pautadas em ideologias ou, até mesmo, por objetivos políticos do governante. Ora, se não há margem de liberdade e de discricionariedade para a Administração Pública realizar a sua atividade tributária, a qual não há dúvidas de que é fortemente regida e restringida pela legalidade tributária e por outros inúmeros princípios constitucionais, inseridos no capítulo da Constituição Federal intitulado "Das Limitações do Poder de Tributar", por que poderia haver tanta liberdade para a atividade orçamentária?

Ademais, o viés redistributivo tributário ficaria esvaziado se o mesmo não ocorresse pelo lado orçamentário. As garantias constitucionais tributárias como a isonomia, a seletividade, a progressividade, a capacidade contributiva, dentre outras, visam não apenas a salvaguardar a equidade da tributação no momento da sua incidência, mas também objetivam dar

---

[412] Ibidem. p. XL.

efetividade ao seu caráter e função redistributiva e extrafiscal na etapa alocativa (destinação). A fiscalidade ativa deve existir tanto na tributação quanto na alocação orçamentária.

Quebrar a *legalidade fiscal* em duas partes (tributária e orçamentária), e deixá-la apenas vigente na sua face tributária, sem se levar a sério a legalidade orçamentária, é voltar a conferir preponderância ao Poder Executivo sobre o Legislativo, em afronta ao princípio basilar republicano do equilíbrio entre poderes (art. 2º, Constituição). No final, ver-se-ia o retorno dos poderes arbitrários do governante sobre o cidadão, e a distorção das funções do instituto, pelo uso do orçamento público como instrumento de negociação no dia a dia da política, e não como mecanismo de realização dos direitos fundamentais.

O velho conceito de autotributação – *no taxation without representation* – como mecanismo de consentimento e autorização do cidadão na participação e contribuição financeira em sociedade deve ser considerado em seu sentido amplo, englobando a autorização por lei para cobrar e, ao mesmo tempo, para gastar. Nada mais do que a realização da democracia orçamentária em sua plenitude.

As palavras de José Luis Pérez de Ayala[413] sobre o ideal de *justiça financeira*, de que para a sua realização não podem ser apartados a tributação do orçamento, são cristalinas: "justiça financeira que há de realizar-se pela dupla via da consecução da Justiça tributária, de um lado, e da Justiça no gasto público, de outro".

Faz-se o registro, ainda, como bem advertiu Manuel García-Pelayo[414], que o Estado absolutista não excluía a legalidade, mas, sim, a normatividade conforme à ideia de legitimidade, da justiça, dos fins e dos valores a que deve servir o direito.

---

[413] DE AYALA, José Luis Pérez. Estudio preliminar a la Introdución al Derecho Presupuestario. In: GARCÍA, Eusebio González. . *Introducción al derecho presupuestario*: concepto, evolución histórica y naturaleza jurídica. Madrid: Editorial de Derecho Financiero, 1973. p. LXXIII.
[414] GARCÍA-PELAYO, Manuel. *Las Transformaciones del Estado Contemporâneo*. Madrid: Alianza, 1977. p. 52 apud MENDES, Gilmar Ferreira et al. *Curso de Direito Constitucional*. 3. ed. São Paulo: Saraiva, 2008. p. 45.

Neste contexto, a "desvalorização orçamental" da participação parlamentar e a relativização dos efeitos materiais das leis orçamentárias – sobretudo pela influência da teoria labandiana do século XIX anteriormente vista, que conferiu à lei orçamentária natureza de mera lei formal – ainda influenciam as finanças públicas nos dias atuais, o que, a nosso ver, tende ao retrocesso de todo o processo evolutivo visto na seara fiscal, fato que merece uma releitura, especialmente no Brasil, a partir da consideração de todo o conjunto de nossos preceitos constitucionais de natureza orçamentária.

Na seara financeira, a Constituição Federal de 1988 é pródiga em estabelecer regras para as leis orçamentárias. No seu Capítulo II, que se estende do art. 163 ao art. 169, temos a disciplina das "Finanças Públicas". Assim, no art. 163 encontramos a previsão da reserva de matéria à lei complementar para a matéria financeira. No art. 164, temos a previsão da competência monetária da União e do Banco Central. E, do art. 165 ao art. 169, encontramos a disciplina das leis orçamentárias (plano plurianual, diretrizes orçamentárias e orçamentos anuais) e respectivas normas gerais para a sua criação e gestão. Conforme leciona Ricardo Lobo Torres[415], "o Direito Financeiro brasileiro tem a particularidade de encontrar na Constituição Financeira a sua fonte por excelência, tão minuciosa e casuística é a disciplina por ela estabelecida".

A nossa Constituição prevê, de maneira cuidadosa e detalhada, um conjunto de regras próprias – e sem paralelo com outras normas jurídicas – para o regime das leis orçamentárias.[416] Apenas para citar alguns exemplos de especificidades constitucionais conferidas ao orçamento público capazes de demonstrar a sua elevada importância: os projetos de leis orçamentárias – o que vale para as três leis: PPA, LDO e LOA –, além de serem de iniciativa obrigatória e vinculada, possuem prazo próprio para serem encaminhados pelo Poder Executivo ao Poder Legislativo, devendo obrigatoriamente ser apreciados pelas duas Casas do Congresso Nacional; o seu conteúdo é limitado a dispor sobre matéria orçamentária e detém objetivos e finalidades específicas, sempre relacionadas aos

---

[415] TORRES, Ricardo Lobo. *Curso de Direito Financeiro e Tributário*. op. cit. p. 37.
[416] Não obstante todas as demais normas relativas ao processo legislativo ordinário se apliquem de maneira subsidiária às leis orçamentárias.

desígnios constitucionalmente pretendidos e assegurados; não podem ser objeto de lei delegada nem de medida provisória, exceto para abertura de créditos extraordinários; a possibilidade de emendas é limitada a certas condições e matérias; a execução orçamentária deve ser acompanhada bimestralmente; os três poderes manterão, de forma integrada, sistema de controle interno com a finalidade de avaliar o cumprimento das metas previstas no plano plurianual, a execução dos programas de governo e dos orçamentos e avaliar os resultados quanto à eficácia e eficiência da gestão orçamentária; é considerado crime de responsabilidade atentar contra lei orçamentária.

Prevê, ainda, o texto constitucional uma série de conteúdos e compromissos que devem constar nas leis orçamentárias (elaboradas de maneira integrada e harmoniosa), os quais refletem o perfil social da nossa Constituição, devendo dar-lhe concretude e realizar os seus objetivos prescritos no artigo 3º, quais sejam: construir uma sociedade livre, justa e solidária; garantir o desenvolvimento nacional; erradicar a pobreza e a marginalização e reduzir as desigualdades sociais e regionais; e promover o bem de todos, sem preconceitos de origem, raça, sexo, cor, idade e quaisquer outras formas de discriminação. Para tanto, prevê o artigo 165 que: a lei do plano plurianual (PPA) "estabelecerá, de forma regionalizada, as diretrizes, objetivos e metas da administração pública" (§ 1º) e que "os planos e programas nacionais, regionais e setoriais previstos na Constituição serão elaborados em consonância com o plano plurianual" (§ 4º); que a lei de diretrizes orçamentárias (LDO) "compreenderá as metas e prioridades da administração pública" e "estabelecerá a política de aplicação das agências financeiras oficiais de fomento" (§ 2º); e que a Lei Orçamentária Anual (LOA), terá, dentre suas funções, "a de reduzir desigualdades inter-regionais" (§ 7º).

Vê-se, portanto, que a inequívoca importância jurídica e política – indelegável e irrenunciável – do ato parlamentar conferido às leis orçamentárias pela Constituição não pode significar uma redução ou mitigação da legalidade orçamentária. Ao contrário, tais características somente vêm a robustecer a natureza e a força cogente e vinculante das leis orçamentárias.

Neste sentido, Heleno Taveira Torres[417] afirma que

> segundo uma visão unitária da lei de orçamento (não mais admitida a distinção entre conteúdo de ato administrativo e forma de lei, por serem partes do todo), é fundamental observar que a autorização legislativa não se limita simplesmente a aprovar ou recusar a proposta orçamentária do governo.

Aliás, é a própria Constituição Federal de 1988 a estabelecer que o orçamento público seja veiculado como lei, de três espécies e funções distintas, porém harmonicamente entrelaçadas. E mais: o seu texto é claro e literal ao dizer que a lei orçamentária anual não conterá dispositivo estranho "*à previsão da receita e à fixação da despesa*". Ora, se, por um lado, as receitas são apenas previstas (já que a arrecadação sofre constantemente variáveis positivas e negativas e sua dimensão econômica, apesar de estimável, não é exata), as despesas são, segundo a letra constitucional, fixadas.

A Constituição Federal de 1988 não utiliza a palavra "autorização" para se referir às despesas, mas sim adota a expressão "fixação". É o que se encontra no dispositivo expressamente:

> Art. 165, § 8º – A lei orçamentária anual não conterá dispositivo estranho à previsão da receita e à *fixação da despesa*, não se incluindo na proibição a autorização para abertura de créditos suplementares e contratação de operações de crédito, ainda que por antecipação de receita, nos termos da lei. (grifo nosso)

Ora, segundo o dicionário Aurélio da Língua Portuguesa, o verbo *fixar*[418] indica: "3. Determinar, prescrever: fixar regras. (...); 5. Firmar, assentar, estabelecer. (...); 6. Tornar firme, estável. (...); 11. Tornar-se firme, permanente, estável. (...)". Por sua vez, o verbo *autorizar*[419], que

---

[417] TORRES, Heleno Taveira. *Direito Constitucional Financeiro*: teoria da constituição financeira. São Paulo: Revista dos Tribunais, 2014. p. 395.
[418] FERREIRA, Aurélio Buarque de Holanda. *Novo Dicionário Aurélio da Língua Portuguesa*. 3. ed. Curitiba: Positivo, 2004. p. 904.
[419] Ibidem. p. 234.

sequer é mencionado no texto constitucional (embora a doutrina e a jurisprudência insistam em utilizá-lo), pelo mesmo dicionário, significa: "2. Dar, conceder autorização, permissão, licença para; consentir expressamente em; permitir".

Regis Fernandes de Oliveira[420], caminhando para a aceitação do orçamento como impositivo, afirma que a utilização do verbo *fixar* para estabelecer as despesas "não se conforma com o sentido pouco estável da mera previsão de despesas. *Fixar* é mais que lançar provisoriamente no rol de gastos. É séria demonstração de reconhecimento de dívida, só ilidida por motivos relevantes e fundados". Assim, leciona:

> Em regra, as despesas autorizadas obrigam o administrador, salvo se demonstrar a impossibilidade ou séria inconveniência de sua efetivação. [...]
> Dessa forma, mais convencidos estamos de que é inviável, diante das premissas assentadas na peça orçamental, que possa o Chefe do Executivo prever receita, para pagamento de serviços públicos essenciais, menor que o valor sabidamente certo que deve satisfazer. Em sendo assim, o orçamento converte-se em lei real e não de mera previsibilidade. [...]
> Não pode o Chefe do Executivo contingenciá-lo, uma vez que apenas poderá fazê-lo no caso de não haver realização das receitas. Se o montante das receitas equivale ao das despesas previstas, o cumprimento exato do orçamento torna-se obrigatório. Apenas poderá haver o contingenciamento na hipótese de não realização das receitas.

A propósito, Hely Lopes Meirelles[421] já asseverava que "a execução do orçamento é de ser feita com fiel atendimento do que ele dispõe, quer quanto à arrecadação, quer quanto à despesa. Executar é cumprir o determinado".

Com igual entendimento, para José Marcos Domingues,

---

[420] OLIVEIRA, Regis Fernandes. *Curso de Direito Financeiro*. 6. ed. São Paulo: Revista dos Tribunais, 2014. p. 589-560.

[421] MEIRELLES, Hely Lopes. *Direito Municipal Brasileiro*. 10. ed. São Paulo: Malheiros, 1998. p. 569.

o Poder Executivo, em face da imperatividade da lei emanada do Legislativo, a cujo controle se submete pelo princípio da separação de poderes, não pode pura e simplesmente descumprir a Lei Orçamentária; ao contrário, deve pedir fundamentadamente prévia autorização legislativa que corrija eventuais equívocos de estimativa contábil.[422]

Portanto, é a própria Constituição que estabelece uma obrigação vinculante e não uma faculdade no estabelecimento e execução das despesas públicas. Tal concepção que prega a facultatividade, a nosso ver, é impertinente, anacrônica, e, como já dissemos, originária de um modelo autoritário de cerca de cento e cinquenta anos atrás. A propósito, cabe trazer a crítica de Francisco Campos, para quem

> a doutrina de Laband sobre o orçamento não tem fundamento lógico, nem jurídico. Ela tem suas raízes históricas nas instituições políticas da Alemanha do século XIX, as quais eram visíveis as influências do espírito feudal e absolutista, que continuava, sob a exterioridade ou as aparências frustradas de um regime pseudo-constitucional, a informar não só a prática do sistema representativo, como o pensamento político e as concepções jurídicas das suas elites intelectuais. [423]

O princípio da legalidade orçamentária[424] não pode ser considerado apenas em seu sentido tradicional, segundo o qual a Administração Pública só pode realizar suas atividades financeiras segundo as previsões das leis orçamentárias, e dentro do limite quantitativo do que foi estabelecido no orçamento de maneira autorizativa, sob pena de se configurarem condutas ilícitas, tipificadas no Código Penal, na Lei de Responsabilidade Fiscal e na Constituição Federal.

Essas infrações à legalidade orçamentária clássica vêm descritas, primeiramente, no artigo 315 do Código Penal, que tipifica o ato de "Dar

---

[422] DOMINGUES, José Marcos. op. cit. p. 341.
[423] CAMPOS, Francisco. *Pareceres*. Orçamento. Natureza Jurídica. Anualidade. *Revista de Direito Administrativo*, v. 71, jan/mar. 1963. p. 331.
[424] Abstraindo-se, neste momento, da sua vinculação e integração com o princípio da legalidade tributária.

às verbas ou rendas públicas aplicação diversa da estabelecida em lei" e estabelece pena de detenção de 1 (um) a 3 (três) meses. Da mesma forma, o artigo 359-D, constante do capítulo "Dos Crimes Contra as Finanças Públicas", impõe a pena de reclusão, de 1 (um) a 4 (quatro) anos, para quem "ordenar despesa não autorizada por lei". Por sua vez, o artigo 15 da Lei de Responsabilidade Fiscal considera como "não autorizada, irregular ou lesiva ao patrimônio público" a geração de despesas em desacordo com a lei. Finalmente, e mais relevante, é a limitação prevista no inciso II do art. 167 da Constituição Federal, que veda "a realização de despesas ou a assunção de obrigações diretas que excedam os créditos orçamentários ou adicionais".

Não obstante, tais dispositivos têm sido utilizados apenas para fundamentar a restrição aos atos do administrador público que realizar despesas não previstas nas leis orçamentárias, ou seja, têm um sentido apenas limitador de natureza quantitativa na atividade orçamentária.

Propomos que a concepção do princípio da legalidade orçamentária deva abranger não apenas a sua integração com a legalidade tributária – cada uma das quais parte de um princípio único que denominamos de "princípio da legalidade fiscal" –, como também seu viés impositivo e vinculante, atribuindo ao administrador público obrigatoriedade nas escolhas e na execução das despesas públicas fixadas e constantes nas leis orçamentárias, sob pena de se fazer *tabula rasa* da participação do Poder Legislativo nesse importante processo democrático.

Em Portugal, a propósito, António Lobo Xavier[425] destaca a responsabilidade do Legislativo em conjunto com o Executivo no cumprimento da programação orçamentária. Segundo ele,

> em sistemas como o nosso, em que a Assembleia da República é integralmente corresponsável na definição das escolhas orçamentais, pode falar-se numa verdadeira obrigação política de certas despesas: a não realização de uma acção prometida ou de um investimento suscitará sempre uma questão de responsabilidade política do governo.

---

[425] XAVIER, António Lobo. op. cit. p. 171-172.

Afinal, conferir poderes ilimitados ao Poder Executivo para elaborar e executar o orçamento público conforme seus interesses e conveniência, contingenciando, remanejando ou cancelando despesas, de maneira a monopolizar ilegítima e artificialmente o processo orçamentário, é, a nosso ver, o mesmo que reduzir o papel do Poder Legislativo a mero "carimbador" no processo orçamentário, o que não se coaduna com o modelo republicano brasileiro, e nem com o exercício da função legiferante própria daquele Poder.

Todo esse esforço argumentativo foi recentemente reforçado – para nós, chancelado – no ano de 2019, quando as emendas constitucionais nº 100 e 102 foram promulgadas e conferiram obrigatoriedade na execução orçamentária, conforme veremos a seguir.

5.4. A lei orçamentária como norma jurídica: lei em sentido unívoco

Da concepção do princípio da legalidade orçamentária anteriormente analisada, decorre o sentido unívoco de "lei" previsto na nossa Constituição, que se aplica igual e uniformemente às leis orçamentárias, tal qual em relação às outras leis por ela referidas em todo o seu texto.

Noutras palavras, pode-se afirmar que nossa Constituição Federal de 1988 não instituiu dois ou mais modelos de leis, inexistindo em nosso ordenamento jurídico, quer explícita ou implicitamente, as categorias de lei formal e de lei material, como foram formuladas por Laband para solver o conflito prussiano entre o monarca e o Parlamento um século e meio atrás. Afinal, o que temos hoje – unívoca e inequivocamente – é apenas uma só modalidade de lei.

Ademais, como já ressaltou José Joaquim Gomes Canotilho[426], não é mais cabível se falar hoje em dia em "leis meramente formais", pois toda deliberação do Parlamento sob a forma legislativa constitui uma norma superior de direito, com força e valor de lei. Aliás, asseverou categoricamente o luso-constitucionalista que "a Lei do Orçamento é hoje considerada uma lei material e não meramente formal, nada impedindo em princípio que ela altere ou revogue leis materiais existentes".[427]

---

[426] CANOTILHO, José Joaquim Gomes. op. cit. p. 553.
[427] Ibidem. p. 558.

Importante registrar que, quando se quis, a própria Carta instituiu outros modelos de instrumentos normativos (art. 59, Constituição) dentro do processo legislativo regular e lhes conferiu regras e características próprias (*quorum* de aprovação, prazo de vigência, condições de eficácia etc.), tais como a lei complementar, a medida provisória, a lei delegada etc. E, quando pretendeu conferir uma reserva normativa para determinado assunto ou circunstância, assim expressamente o estabeleceu. É o que consta, por exemplo, de forma expressa no artigo 163, de que só caberá à lei complementar dispor sobre finanças públicas; ou, por sua vez, no § 9º do artigo 165, que determina caber à lei complementar dispor sobre o exercício financeiro, a vigência, os prazos, a elaboração e a organização do plano plurianual, da lei de diretrizes orçamentárias e da lei orçamentária anual. Nos demais casos, a regra geral é a lei ordinária, que possui sentido e efeitos únicos.

Repita-se, ainda, que a Constituição não fez distinção entre lei formal e lei material, e nem apartou o seu sentido jurídico e político. Assim, segundo a lógica hermenêutica, não cabe ao intérprete fazer distinção onde o próprio constituinte não o fez.

Em relação às leis orçamentárias, a Constituição se refere literalmente em todo o seu texto à "lei" como sendo a lei ordinária o veículo normativo por ela escolhido e determinado – sejam elas a do Plano Plurianual, a de Diretrizes Orçamentárias e a Orçamentária Anual –, sem realizar qualquer ressalva dos seus efeitos como norma jurídica.

A propósito, toda norma, independentemente da forma ou estrutura, em nosso ordenamento jurídico é dotada de imperatividade, cogência ou coercibilidade. Neste sentido, segundo as lições de Paulo Dourado de Gusmão, "norma jurídica é a proposição normativa inserida em uma fórmula jurídica (lei, regulamento, tratado internacional etc.), garantida pelo Poder Público (direito interno) ou pelas organizações internacionais (direito internacional)".[428] Conforme este autor, a norma jurídica é imperativa porque contém um comando, impondo um tipo de conduta que tem de ser observada, sendo certo que a sua imperatividade, como o próprio nome sugere, decorre do poder de império que o Estado exerce

---

[428] GUSMÃO, Paulo Dourado de. *Introdução ao estudo do direito*. 29. edição. Rio de Janeiro: Forense, 2001. p. 79-80.

sobre os indivíduos, influenciando-os por meio de uma fórmula jurídica, naquilo que a doutrina costuma denominar de *antecedente normativo*, sendo o comportamento humano a ser realizado o *consequente normativo*.

Sobre a imperatividade das normas em nosso ordenamento jurídico, explica Eduardo Bastos Furtado de Mendonça que os atos administrativos que emanam do Poder Público são, em regra, de observância obrigatória. Ainda que seja possível que existam atos administrativos meramente autorizativos ou leis que contenham autorizações, não se pode presumir que as determinações contidas em comandos estatais sejam de observância facultativa. A caracterização do orçamento como suposta lei formal não seria suficiente para se deduzir que se trataria de mera autorização ao Poder Executivo, ainda que o orçamento não discipline situações com generalidade e abstração.[429] Segundo ele:

> Atos do Poder Público são presumivelmente imperativos e só a partir de seus próprios termos é possível identificar o contrário. E não há dúvidas de que o orçamento é um deles. Na verdade, trata-se de um ato estatal dotado de especial significação. [...] Não há motivo para presumir que a lei orçamentária, por sua própria natureza, mereça menos consideração. Ao contrário, como tem sido destacado, o orçamento público não é mero registro contábil, um imenso livro-caixa despido de conteúdo decisório. Decisões abrangentes são veiculadas na lei orçamentária, nela são realizadas e/ou concretizadas escolhas políticas essenciais. [...] O orçamento apresenta, assim, uma importante dimensão material. Ainda que contenha atos concretos de alocação de receita, não há como negar a sua natureza decisória. Mais do que isso, cumpre reconhecer que tais decisões irradiam seus efeitos sobre um conjunto indeterminado e quase sempre indeterminável de indivíduos e situações jurídicas, ostentando uma espécie de generalidade que os aproxima, ainda que parcialmente, dos atos normativos.[430]

---

[429] MENDONÇA, Eduardo Bastos Furtado de. *A constitucionalização das finanças públicas no Brasil*: devido processo orçamentário e democracia. Rio de Janeiro: Renovar, 2010. p. 211-213.
[430] Ibidem. p. 216-217.

Francisco Campos[431], em seu parecer crítico à teoria orçamentária de Laband já citado, utiliza a doutrina do jurista alemão do século XIX Philipp Zorn[432], que, em sua obra "*A Lei Constitucional do Reich Alemão*" (1883), censurava a distinção entre lei formal e lei material, ao afirmar que "toda lei contém uma regra jurídica" independente do seu conteúdo. Segundo ele, toda lei "representa uma decisão do Estado de que alguma coisa deve ser de Direito", ou seja, toda lei é uma ordem dada aos súditos pelo titular da soberania, com o assentimento da representação popular, de observar um determinado preceito. Ainda, segundo Zorn, transcreve Francisco Campos:

> Só existe uma força de lei, e não existe nenhuma lei sem força de lei. A lei, seja qual for o seu conteúdo, é, em quaisquer circunstâncias, direito objetivo, regra jurídica; lei que não contenha proposição jurídica, que apenas formalmente ou na aparência se apresenta como lei, não existe. [...] e que do orçamento resulta para o Governo não só a autorização de aplicar determinadas somas, como a obrigação de aplicá-las precisamente para os fins que nele se determinam.

Mas não foi Zorn o único alemão contemporâneo a Laband a criticar a tese dualista de lei e pregar o seu sentido unívoco. Franz Von Myrbach-Rheinfeld[433] também era contrário à tese, entendendo que os atos do Parlamento que seguissem o processo legislativo de maneira regular deveriam ser considerados como uma lei em sentido material, a qual conteria um preceito jurídico intrínseco.

Francisco Campos vai além, e afirma que a concepção formalista de lei entra em conflito direto com as normas constitucionais que estabelecem as regras fundamentais de elaboração orçamentária, bem como reflete

---

[431] CAMPOS, Francisco. Orçamento – Natureza Jurídica – Lei Material e Lei Formal – Exposição e Crítica da Doutrina de Laband – Direito Comparado – Elevação do Imposto de Vendas e Consignações em São Paulo. *Revista de Direito Administrativo*, Rio de Janeiro, v. 14, 1948. p. 447-463.
[432] ZORN, Phillipe. *Das Staatsrecht des Deutchen Reichs*. Vol. I. 2. ed. 1883. p. 442-444 apud CAMPOS, Francisco. op. cit. p. 449.
[433] MYRBACH-RHEINFELD, Franz Von. *Précis de Droit Financière*. Paris: Giard et Briere, 1910. p. 31-36.

uma mentalidade ultrapassada de que a Constituição seria um documento eminentemente político, e não um texto dotado de força propriamente normativa:

> A Constituição para Laband, assim como os teóricos do direito constitucional alemão, era uma realidade de natureza exclusivamente política. As transgressões da Constituição não podiam ter, portanto, qualquer sentido ou consequência de caráter jurídico. Daí se origina a tentativa de Laband e dos sequazes de sua doutrina do orçamento de rebaixar a lei orçamentária a um simples quadro, de valor puramente aritmético ou contabilístico, da receita e da despesa nacionais. Não os impressionou o fato de haverem sido elevadas à categoria de normas da Constituição as regras fundamentais de elaboração orçamentária. Apesar do mandamento constitucional de que o orçamento devia revestir a forma de lei e nele deverem ser computadas tôdas as receitas e despesas da nação, Laband não se deixou impressionar pela clara intenção, manifestada pela alta categoria da regra assim formulada, de que o orçamento não seria uma simples operação material de conta de "deve e haver", mas igualmente, um ato de vontade do Parlamento no sentido de limitar os poderes financeiros do Govêrno às possibilidades, quanto à receita e despesa, manifestadas nas respectivas tabelas orçamentárias. A isto responderia Laband que a limitação em causa é de natureza estritamente política ou de exclusiva repercussão nas relações políticas entre o Parlamento e o Govêrno. Neste raciocínio emerge, evidentemente, a repugnância de atribuir à Constituição qualquer valor jurídico ou de considerá-la simplesmente, à imagem do conceito de orçamento como "plano de gestão" ou "programa de administração financeira", como um programa ou um plano de conduta dos órgãos supremos do Estado, sem qualquer fôrça ou eficácia jurídica, capaz de limitar ou vincular, em relação à esfera dos direitos individuais, a ação discricionária da administração.[434]

---

[434] CAMPOS, Francisco. Orçamento – natureza jurídica – lei material e lei formal – exposição e crítica da doutrina de Laband – direito comparado – elevação do impôsto de vendas e consignações em São Paulo. *Revista de Direito Administrativo*, Rio de Janeiro, v. 14, p. 447-467, jan. 1948. Disponível em: <http://bibliotecadigital.fgv.br/ojs/index.php/rda/article/view/10849/9838>. Acesso em: 31/08/2020.

Ensina-nos Heleno Taveira Torres[435] que a rigidez do nosso ordenamento jurídico constitucional não nos permite acolher "interpretações que possam servir como escusa à aplicação da norma constitucional na sua plenitude", e, segundo ele, adotar a distinção entre lei formal e lei material para afastar e negar a materialidade da lei orçamentária equivaleria a inovar em matéria constitucional, uma vez que a nossa Constituição não admite tal segregação, tampouco reconhece a possibilidade de que o conteúdo do orçamento público possua natureza de mero ato administrativo. A força normativa da Constituição no Estado Democrático de Direito impõe a efetividade das normas constitucionais e, no caso do direito orçamentário, da Constituição Financeira, sendo todas as suas disposições autoaplicáveis.

Em igual sentido, Maria Sylvia Zanella Di Pietro, para quem a lei, no Estado Democrático de Direito, tem sentido *formal*, pelo fato de que emana do Poder Legislativo (ressalvadas algumas hipóteses excepcionais previstas na Constituição, como é o caso das leis delegadas e medidas provisórias) e sentido *material*, porque lhe cabe o papel de realizar os valores consagrados pela Constituição sob a forma de princípios fundamentais.[436]

É de se indagar: desde quando um cidadão pode, a seu critério, cumprir apenas parte de uma lei? Com muito mais razão e exemplo a ser dado, deve a Administração respeitar e cumprir a lei orçamentária na sua totalidade. Do contrário, podemos dizer que viveremos em uma nação onde as leis "não pegam" ou não precisam ser respeitadas, ainda que em parte.

Portanto, sendo as leis orçamentárias leis em sentido próprio ou estrito, devem produzir efeitos vinculantes e cogentes aos seus destinatários (no caso, a Administração Pública em seus órgãos e entidades), os quais devem implementar os seus preceitos de acordo com os seus fins, não havendo sentido para desconsiderar os seus comandos e, sem motivos relevantes, não executar a programação orçamentária nelas estabelecidas.

---

[435] TORRES, Heleno Taveira. op. cit. p. 395.
[436] DI PIETRO, Maria Sylvia Zanella. *Discricionariedade Administrativa na Constituição de 1988*. 3. ed. São Paulo: Atlas, 2012. p. 29.

5.5. Efeitos do modelo de Orçamento-Programa e a sua densidade normativa

É comum a afirmação de que haveria um poder discricionário conferido ao Poder Executivo para definir, de maneira política, os aspectos orçamentários da despesa pública – tais como *quanto, quando* e *em que* gastar – a partir da ideia de que, nos termos do artigo 165 da Constituição, a iniciativa das leis orçamentárias é exclusiva daquele Poder, uma vez eleito e legitimado pelo voto universal e direto.

Com exceção daquelas despesas naturalmente obrigatórias e de destinação vinculada por lei ou pela Constituição, cabe uma reflexão sobre os limites objetivos da suposta discricionariedade que se presume existir na alocação de recursos orçamentários pelo Poder Executivo, não apenas pelas prioridades e objetivos constitucionalmente estabelecidos, mas sobretudo diante do modelo de orçamento-programa adotado no Brasil e pelo formato tripartite vinculante das leis orçamentárias a partir da Constituição de 1988.

O orçamento público no Brasil, assim como na maioria das nações, vem sofrendo uma série de inovações técnicas, buscando proporcionar ao administrador público maior eficiência e planejamento na utilização do erário, além de conferir à sociedade maior transparência e controle nos resultados da aplicação dos recursos públicos.

Neste sentido, a partir da Lei nº 4.320/1964 e do Decreto-lei nº 200/1967, o Brasil deixou para trás o modelo típico de orçamento tradicional ou clássico[437], baseado no antigo Código de Contabilidade da União (Decreto do Poder Legislativo nº 4.536/1922), em que apenas se estimava receitas e fixava despesas dentro dos limites de cada dotação. Passou então a adotar o modelo orçamentário de orçamento-programa[438]

---

[437] Segundo esclarece José Afonso da Silva: "Informado pelos princípios do liberalismo, o orçamento tradicional refletia a idéia de que a atividade financeira do Estado deveria restringir-se ao indispensável à satisfação das necessidades primárias do Estado (segurança interna e externa, justiça, etc), vedada qualquer ingerência na ordem econômica e social". (SILVA, José Afonso da. *O Orçamento-Programa no Brasil*. São Paulo: Revista dos Tribunais, 1973. p. 2).

[438] Lei nº 4.320/1964, art. 2º. A Lei do Orçamento conterá a discriminação da receita e despesa de forma a evidenciar a política econômica financeira e o programa de trabalho do Governo, obedecidos os princípios de unidade, universalidade e anualidade.

– surgido nos Estados Unidos, na década de 1950, com o nome de *Planning-Programming-Budgeting System* (PPBS) –, que contempla, além das informações financeiras sobre as receitas e despesas, os programas de ação do Estado, pela identificação dos projetos, planos, objetivos e metas, fundamental para o planejamento governamental.[439]

Adilson Abreu Dallari[440] ensina que o orçamento-programa é "a tradução em dotações ou verbas orçamentárias de um programa anual de governo", e segundo ele estas dotações orçamentárias "não são meras autorizações, mas, sim, são vinculadas à execução de determinados projetos ou programas, sendo determinantes para a administração pública". Este autor lembra que os orçamentos públicos no modelo clássico eram incipientes documentos que tinham o caráter de peças contábeis, e registra que:

> Inversamente ao que acontecia durante a vigência do antigo Código de Contabilidade da União, de 1922, quando a lei orçamentária anual primeiro estabelecia dotações para determinadas áreas, para que, depois, o Executivo decidisse como e em que aplicar os recursos autorizados; agora, primeiramente são decididas as ações a serem empreendidas durante o exercício financeiro subsequente, para que, então, sejam consignadas as respectivas dotações.
> [...] e que as dotações orçamentárias não são ocas, não apenas autorizações para gastar até determinado montante. Na verdade, são densas, substanciosas e determinam como e em que despender o montante autorizado, compreendendo ainda, a avaliação e o controle das ações empreendidas.[441]

---

[439] Registre-se que o modelo de orçamento-programa foi expressamente mencionado no Decreto-lei nº 200/1967, no seu art. 7º: "A ação governamental obedecerá a planejamento que vise a promover o desenvolvimento econômico-social do País e a segurança nacional, norteando-se segundo planos e programas elaborados, na forma do Título III, e compreenderá a elaboração e atualização dos seguintes instrumentos básicos: a) plano geral de governo; b) programas gerais, setoriais e regionais, de duração plurianual; c) orçamento-programa anual; d) programação financeira de desembolso."
[440] DALLARI, Adilson Abreu. op. cit. p. 310.
[441] Ibidem. p. 315-316.

A este respeito, José Afonso da Silva[442] destaca que "o orçamento--programa não é apenas uma peça financeira, é, antes de tudo, um instrumento de execução de planos e projetos de realização de obras e serviços, visando ao desenvolvimento da comunidade".

No orçamento-programa se relacionam os meios e recursos em função de objetivos e metas específicos a se atingirem num período determinado. Por ele é possível identificar, segmentadamente, os gastos com cada um dos projetos e seus custos, permitindo-se realizar, ao final, o controle quanto à eficiência do planejamento. Já o modelo de orçamento tradicional, anterior à Lei nº 4.320/1964, limitava-se a uma mera relação das receitas e fixação das despesas, e o seu controle visava apenas avaliar a probidade dos agentes públicos e a legalidade no cumprimento do orçamento.

Segundo James Giacomoni,[443] do orçamento-programa constam os seguintes elementos essenciais: *a)* os objetivos e propósitos perseguidos pela instituição e para cuja consecução são utilizados os recursos orçamentários; *b)* os programas, isto é, os instrumentos de integração dos esforços governamentais no sentido da concretização dos objetivos; *c)* os custos dos programas medidos por meio da identificação dos meios ou insumos (pessoal, material, equipamentos, serviços etc.) necessários para a obtenção dos resultados; e *d)* medidas de desempenho com a finalidade de medir as realizações (produto final) e os esforços despendidos na execução dos programas.

Este autor traça interessante comparação. No *orçamento tradicional*: 1) o processo orçamentário é dissociado dos processos de planejamento e programação; 2) a alocação de recursos visa à aquisição de meios; 3) as decisões orçamentárias são tomadas tendo em vista as necessidades das unidades organizacionais; 4) na elaboração do orçamento são consideradas as necessidades financeiras das unidades organizacionais; 5) a estrutura do orçamento dá ênfase aos aspectos contábeis de gestão; 6) principais critérios classificatórios: unidades administrativas e elementos; 7) inexistem sistemas de acompanhamento e medição do trabalho, assim

---

[442] SILVA, José Afonso. *O Orçamento-Programa no Brasil*. op. cit. p. 40-41.
[443] GIACOMONI, James. *Orçamento Público*. 15. ed. São Paulo: Atlas, 2010. p. 166.

como dos resultados; 8) o controle visa avaliar a honestidade dos agentes governamentais e a legalidade no cumprimento do orçamento.

Por sua vez, no *orçamento-programa*: 1) o orçamento é o elo entre o planejamento e as funções executivas da organização; 2) a alocação de recursos visa à consecução de objetivos e metas; 3) as decisões orçamentárias são tomadas com base em avaliações e análises técnicas das alternativas possíveis; 4) na elaboração do orçamento são considerados todos os custos dos programas, inclusive os que extrapolam o exercício; 5) a estrutura do orçamento está voltada para os aspectos administrativos e de planejamento; 6) principal critério de classificação: funcional-programático; 7) utilização sistemática de indicadores e padrões de medição do trabalho e dos resultados; 8) o controle visa avaliar a eficiência, a eficácia e a efetividade das ações governamentais.[444]

O modelo de orçamento-programa se relaciona com o princípio orçamentário da programação ou planejamento, que revela o atributo de instrumento de gestão de que o orçamento está dotado, devendo apresentar programaticamente o plano de ação do governo para o período a que se refere, inclusive as diretrizes, metas e prioridades da Administração Pública, bem como os programas de duração continuada, integrando, de modo harmônico, as previsões da lei orçamentária anual, da lei do plano plurianual e da lei de diretrizes orçamentárias.

Neste sentido, determina o art. 165 da Constituição que leis de iniciativa do Poder Executivo estabelecerão: I – o plano plurianual; II – as diretrizes orçamentárias; III – os orçamentos anuais. O primeiro seria um planejamento estratégico de longo prazo, de conteúdo abstrato e programático; o segundo, um planejamento operacional de curto prazo, em que se estabelecem metas e prioridades; e o terceiro, a materialização dos planejamentos em uma lei de realização, de conteúdo concreto e imperativo.

O resultado da interdependência das leis orçamentárias e de todo o planejamento delas resultante, sobretudo das especificações contidas em seu conteúdo, redunda em escolhas pré-determinadas que devem ser acolhidas e realizadas pelo Poder Executivo durante o seu mandato.

---

[444] Ibidem. p. 170.

A vinculação entre as leis orçamentárias foi expressada em Portugal por Luís Cabral de Moncada[445] naquilo que denominou de "correia de transmissão", ou seja, a correia que liga a plurianualidade da Lei de Planos (nosso PPA) ao Orçamento Anual, dentro de uma planificação (planejamento) econômica e financeira dos programas e políticas definidas. Nas suas palavras:

> É que a planificação não é exequível sem mais, porque nem todas as formas de planeamento podem ser suficientemente detalhadas para orientar caso por caso a actividade das autoridades públicas. É por isso que a planificação deve ser desdobrada para fins operacionais em programas concretos de acção, de curto prazo, o que tem ainda a vantagem de permitir a sua coordenação com o orçamento.

Sobre este modelo composto pela trindade orçamentária, Adilson Abreu Dallari[446] afirma que "já se pode perceber que o orçamento público não mais se resume à mera autorização de despesas, passando a cumprir várias finalidades". Dentre tais fins, destaca que "os orçamentos são instrumentos de planejamento nos quais os valores das dotações estão umbilicalmente ligados a ações a serem empreendidas". E arremata:

> Pode-se afirmar, com segurança, que o antigo debate sobre o caráter autorizativo ou impositivo do orçamento não tem mais sentido, diante da pletora de normas que não deixam sombra de dúvida quanto ao fato de que o sistema de orçamentos é, na verdade, um subsistema do conjunto articulado de projetos e programas que devem orientar o planejamento governamental, o qual, nos termos do artigo 174 da CF, é determinante para o setor público.[447]

E, mais uma vez nos socorrendo das lições de José Afonso da Silva[448], o orçamento-programa

---

[445] MONCADA, Luís S. Cabral de. *A problemática jurídica do planeamento económico*. Coimbra: Editora Coimbra, 1985. p. 102-103 e 113.
[446] DALLARI, Adilson Abreu. op. cit. p. 312-313.
[447] Ibidem. p. 327.
[448] SILVA, José Afonso. Normas Básicas para Elaboração, Implantação, Execução do Orçamento-Programa Municipal. *Boletim Informativo do SENAM* (Serviço Nacional dos Municípios), Rio de Janeiro, nº 8, 1968. p. 23.

mostra de onde vem os recursos para financiar o plano e quanto deve ser gasto para atingir os objetivos traçados. Distribui os recursos às diferentes atividades e projetos. Indica: a) que projetos e que atividades devem ser empreendidos; b) qual a magnitude desses projetos e atividades; c) onde e quando deverão ser empreendidos.

Ora, no momento em que as leis orçamentárias passam a dispor de um conteúdo que vai muito além de um mero plano de contas com previsão de receitas e despesas, e passam a ser dotadas de substância analítica que materializa programas, políticas públicas, planos de ação e objetivos governamentais, conferindo a partir de previsões genéricas e abstratas maior concretude aos atos administrativos que serão realizados a partir da lei orçamentária anual, o seu conteúdo passa a ser dotado de densidade normativa.

Luís Felipe Valerim Pinheiro[449] esclarece que "a referida densidade normativa consiste no detalhamento propiciado pelo ordenamento jurídico, tornando a Administração Pública vinculada na medida dessa disciplina". Segundo ele,

> A *densidade normativa* das ações contidas na LOA e sua *vigência anual* lhe garantem maior eficácia em comparação com a generalidade presente nas demais leis orçamentárias e nos planos em geral, viabilizando a exigibilidade de determinadas condutas por interessados contra o Estado, como será avaliado a seguir.
> Por fim, grande parte da LOA consiste na fixação de dispêndios que serão efetuados pelo poder Público. Esse conteúdo tem origem no PPA, que prevê os denominados *programas de governo* e as *ações* necessárias para realização dos objetivos e metas do Estado. Em ambos os casos, as despesas estão contempladas em extensos quadros apensados ao texto dessas leis orçamentárias.
> [...]

---

[449] PINHEIRO, Luís Felipe Valerim. Rumo ao Orçamento Impositivo: a delimitação da ação administrativa pelas leis orçamentárias. In: CONTI, José Maurício; SCAFF, Fernando Facuri (Coord.). *Orçamentos Públicos e Direito Financeiro*. São Paulo: Revista dos Tribunais, 2011. p. 391.

Percebe-se, pois, que o conteúdo dos programas de governo da LOA possui maior densidade normativa em relação àqueles contemplados no PPA, já que há a seleção das medidas a serem executadas em um exercício financeiro específico. Por força do art. 167, I, da CF de 1988, apenas as medidas previstas na LOA são passíveis de imposição à Administração Pública, dependendo do conteúdo delimitado por este ato legislativo.

Na mesma linha, a doutrina portuguesa, representada por António Lobo Xavier[450], assim compreende: "Para nós, a vinculatividade do Orçamento, em matéria de despesas, depende, em primeiro lugar, do grau de especificação que aquele documento apresenta, e do modo como sobre ele intervém o voto parlamentar".

Para exemplificar este tipo de conteúdo material das leis orçamentárias brasileiras, ao analisarmos as recentes leis que têm instituído o Plano Plurianual da União, encontraremos no seu conteúdo as suas diretrizes, os objetivos e metas, indicadores, inclusive políticas públicas, programas, planos nacionais, dentre outros.

As diretrizes constituem as orientações prioritárias do governo, alinhadas aos objetivos a serem alcançados durante a vigência do PPA. Quando visualizadas conjuntamente, as diretrizes e os temas permitem conhecer o planejamento global estratégico do governo federal para o período de 4 (quatro) anos. Essa orientação estratégica retrata o futuro idealizado, a ser materializado por meio de políticas públicas. Assim, as diretrizes e os temas espelham as pretendidas linhas de atuação federal, indicando as opções estratégicas do governo eleito por meio de seus programas finalísticos e de gestão.

Como exemplos de diretrizes de um PPA[451], podemos citar o aprimoramento da governança, da modernização do Estado e da gestão pública federal; a busca contínua pelo aprimoramento da qualidade do gasto público; a articulação e a coordenação com os entes federativos, com vistas à redução das desigualdades regionais; a eficiência da ação do setor público, com a valorização da ciência e tecnologia e redução da ingerência do Estado na economia; a garantia do equilíbrio das contas públicas,

---

[450] XAVIER, António Lobo. op. cit. p. 154.
[451] Exemplos extraídos da Lei nº 13.971/2019 (2020-2023).

com vistas a reinserir o Brasil entre os países com grau de investimento; a intensificação do combate à corrupção, à violência e ao crime organizado; a promoção e defesa dos direitos humanos, com foco no amparo à família; o combate à fome, à miséria e às desigualdades sociais; a dedicação prioritária à qualidade da educação básica, especialmente a educação infantil, e à preparação para o mercado de trabalho; a ampliação da cobertura e da resolutividade da atenção primária à saúde, com prioridade na prevenção, e o fortalecimento da integração entre os serviços de saúde; a ênfase na geração de oportunidades e de estímulos à inserção no mercado de trabalho, com especial atenção ao primeiro emprego; a promoção da melhoria da qualidade ambiental, da conservação e do uso sustentável de recursos naturais, considerados os custos e os benefícios ambientais; o fomento à pesquisa científica e tecnológica, com foco no atendimento à saúde, inclusive para prevenção e tratamento de doenças raras; a simplificação e a progressividade do sistema tributário, a melhoria do ambiente de negócios, o estímulo à concorrência e a maior abertura da economia nacional ao comércio exterior, priorizando o apoio às micro e pequenas empresas e promovendo a proteção da indústria nacional em grau equivalente àquele praticado pelos países mais industrializados; e o estímulo ao empreendedorismo, por meio da facilitação ao crédito para o setor produtivo, da concessão de incentivos e benefícios fiscais e da redução de entraves burocráticos.

A lei de um PPA para determinado quadriênio deverá prever inúmeros programas finalísticos, que ao final constituem um rol de políticas públicas. Esses programas podem ser associados a eixos temáticos, cada qual com as suas diretrizes próprias. Exemplificativamente[452], podemos ilustrar da seguinte maneira:

a) Eixo Institucional: assegurar que o Estado brasileiro se modernize de forma contínua, aplicando as melhores técnicas, ferramentas e estratégias para exercer suas competências e maximizar o impacto da sua atuação na sociedade. Esse Eixo associa-se, ainda, à formulação de estratégias orientadas para o combate ao crime organizado e à violência;

---

[452] Exemplos extraídos da Lei nº 13.971/2019 (2020-2023).

b) Eixo Social: promover a formulação, implementação e gestão de políticas públicas destinadas a elevar o nível de bem-estar da população brasileira, contribuindo de forma efetiva para: i) redução de desigualdades sociais; ii) promoção e acesso à educação de qualidade; iii) excelência na provisão dos serviços de saúde; iv) fortalecimento da cidadania; v) valorização da primeira infância com a proteção necessária à criança e ao adolescente;

c) Eixo Ambiental: garantir a sustentabilidade dos recursos naturais, conciliando o progresso econômico com a preservação do meio ambiente. A proteção do patrimônio ambiental nacional é considerada essencial para assegurar utilização sustentável de ecossistemas, biodiversidade e florestas, bem como para viabilizar o desenvolvimento sustentável;

d) Eixo Econômico: zelar pela integridade dos fundamentos da economia brasileira, com foco no crescimento econômico e na estabilidade fiscal e monetária. O eixo econômico incentiva o empreendedorismo, o fortalecimento da produtividade e a construção de soluções conjuntas e integradas entre o setor público e a iniciativa privada;

e) Eixo de Infraestrutura: com o intuito de destravar os gargalos logísticos do País e prover as condições essenciais de transporte, energia e mineração, priorizam-se investimentos públicos de forte impacto regional e local, capazes de alavancar o desenvolvimento nacional e promover redução das desigualdades territoriais.

Por sua vez, tanto a Lei de Diretrizes Orçamentárias (LDO) para um determinado ano contemplará um conteúdo típico de planejamento operacional de curto prazo, como a respectiva Lei Orçamentária Anual (LOA), lei de realização, de conteúdo concreto e imperativo, darão efetividade e realização da parcela anual dos projetos estabelecidos no PPA para o quadriênio. Para realizar os programas nelas estabelecidos, cada ministério responsável disporá de um orçamento próprio e suficientemente bastante.

Fato é que as leis orçamentárias não são mais compostas por mero plano de contas e descritivos estéreis como ocorria em modelos de orçamentos passados. Não há mais apenas rubricas e valores a serem utilizados pelo gestor com base nas suas convicções. Se há uma previsão de gastos na saúde, estes decorrem de um programa específico, com metas de resultados estabelecidos, e com o respectivo crédito orçamentário previsto, devidamente dirigido para a compra de determinado medicamento para o tratamento de uma doença específica. Há, portanto, previsto na lei orçamentária anual, um comando normativo dirigido ao administrador público inequivocamente claro.

Cabe ainda registrar que a Emenda Constitucional nº 102/2019, além de outras inovações na execução orçamentária (que serão analisadas em seção adiante), introduziu na lei orçamentária anual a possibilidade de ultratividade de suas previsões para exercícios seguintes, dotando-a de uma dimensão plurianual, o que reforça ainda mais o seu caráter de orçamento-programa, além de possibilitar a especificação de investimentos em andamento e os que ainda deverão ser materializados. Neste sentido, consta no artigo 165, § 14, o seguinte:

> § 14. A lei orçamentária anual poderá conter previsões de despesas para exercícios seguintes, com a especificação dos investimentos plurianuais e daqueles em andamento. (Incluído pela Emenda Constitucional nº 102, de 2019)

Assim, hoje, percebe-se que a LOA, integrada com os planos do PPA e a LDO, contempla uma série de programas e ações a serem realizados, com nível de detalhamento suficiente para constituírem obrigações vinculadas ao administrador público (com prazos de realização, valores a serem despendidos etc.). Inequivocamente, tais disposições podem ser equiparadas aos comandos normativos (obrigações de fazer) típicos das leis dotadas de densidade normativa, com reduzido grau de discricionariedade.

5.6. O mito da discricionariedade ilimitada orçamentária

Em nossa compreensão, um dos principais equívocos que decorrem da tese de que o orçamento público seria meramente autorizativo reside na suposta discricionariedade que teria o administrador público em elaborá-lo e executá-lo na medida em que entendesse oportuno e conveniente. Tal concepção, a nosso ver, é uma falácia, mormente quando estamos diante de escolhas que envolvem despesas relacionadas aos direitos fundamentais e sociais, as quais denominamos de *gastos fundamentais* em sua faceta financeira.

Gustavo Binenbojm[453] explica que a palavra *"discricionariedade* tem sua origem no antigo Estado europeu dos séculos XVI a XVIII, quando expressava a soberania decisória do monarca absoluto *(voluntas regis suprema lex)"*. Neste contexto, nos relata ainda que García de Enterría enxergava aí um eco histórico do princípio monárquico, derivando da condição de chefe do Poder Executivo ostentada pelo monarca uma original liberdade para organizar e conformar o funcionamento da Administração Pública, independentemente de qualquer disposição legal.[454]

Diante deste contexto, parece-nos, portanto, que não foi por mera coincidência que o enfraquecimento da impositividade das leis orçamentárias e a possibilidade conferida ao Poder Executivo de elaborá-las e executá-las de maneira discricionária procedem do mesmo momento e ambiente marcados pelo viés autoritário do princípio monárquico. Inequívoco, pois, que a discricionariedade em seu sentido original e a concepção do orçamento como lei formal têm a mesma genealogia e, igualmente, comungam da mesma temporalidade, em choque com a ordenação jusconstitucional em que nos encontramos hoje.

A propósito, narra Maria Sylvia Di Pietro[455] que a Administração Pública, em especial na fase inicial, "não estava vinculada a qualquer tipo de norma que limitasse sua atividade, senão àquela que proviesse do monarca. Era o império do arbítrio, não no sentido do injusto, mas no sentido de ausência de limitações legais". Não obstante o princípio da legalidade seja um dos dogmas fundamentais ao qual se submete a Administração Pública no Estado de Direito, suas concepções foram distintas no período do *Estado liberal* (doutrina da vinculação *negativa* da Administração) e no do *Estado Social* (doutrina da vinculação *positiva* da Administração), sobretudo devido ao desenvolvimento do positivismo jurídico, em que a discricionariedade deixa de ser vista como um *poder político* e passa a ser encarada como um *poder jurídico*. Segundo ela,

---

[453] BINENBOJM, Gustavo. *Uma Teoria do Direito Administrativo*: direitos fundamentais, democracia e constitucionalização. 3. ed. rev. atual. Rio de Janeiro: Renovar, 2014. p. 207.
[454] Ibidem. p. 209.
[455] DI PIETRO, Maria Sylvia Zanella. *Discricionariedade Administrativa na Constituição de 1988*. 3. ed. São Paulo: Atlas, 2012. p. 7.

enquanto no Estado de Direito liberal se reconhecia à Administração ampla discricionariedade no espaço livre deixado pela lei, significando que ela pode fazer tudo o que a lei não proíbe, no Estado de Direito social a vinculação à lei passou a abranger toda a atividade administrativa; o princípio ganhou sentido novo, significando que a Administração só pode fazer o que a lei permite.[456]

No entanto, no vigente Estado de Direito Democrático, sobretudo pela constitucionalização do direito administrativo, há uma revisão em seus conceitos jurídicos diante das diretrizes fixadas pela Constituição, e "a discricionariedade administrativa – como poder jurídico que é – não é limitada só pela lei, em sentido formal, mas pela ideia de justiça, com todos os valores que lhe são inerentes, declarados a partir do preâmbulo da Constituição".[457]

Na mesma linha, Gustavo Binenbojm leciona que a doutrina da *negative Bindung* – a vinculação negativa à lei – encontrou na tradição monárquica terreno fértil para germinar e propagar-se pela Europa continental, prevalecendo como concepção dominante até o primeiro pós-guerra. E que somente com o positivismo normativista kelseniano passa a prevalecer a doutrina da *positive Bindung* – vinculação positiva à lei –, segundo a qual a Administração Pública não poderia atuar senão *auf Grund der Gesetze,* isto é, tendo a lei por fundamento, como mera *moldura* balizadora das decisões do órgão competente.[458] Mas é na era da teoria dos princípios que ocorre o estreitamento do âmbito de discricionariedade por incidência dos princípios da Administração Pública. Assim é que, nos últimos anos, observa-se no Brasil o delineamento da doutrina que admite uma esfera de *discricionariedade justiciável* diante do reconhecimento da eficácia normativa dos princípios jurídicos, aos quais a atuação discricionária da Administração Pública estaria diretamente vinculada. Binenbojm conclui que

---

[456] Ibidem. p. 23-24.
[457] Ibidem. p. 38.
[458] BINENBOJM, Gustavo. op. cit. p. 209-210.

A teoria da vinculação direta dos atos administrativos aos princípios (constitucionais ou legais) representa a mais articulada e importante resposta à demanda por maior controle judicial sobre as margens de apreciação e escolha da Administração Pública. [...]
Nestes termos, passa-se a fundamentar a atividade administrativa na vinculação à ordem jurídica como um todo *(princípio da juridicidade)*, o que se reforça com o constitucionalismo, que acabou por consagrar os princípios gerais ou setoriais do direito na Lei Maior.
Assiste-se, pois, a uma mudança dos parâmetros de controle da atividade administrativa: o princípio da legalidade cede espaço à incidência direta dos princípios, ou seja, à ideia mais ampla de juridicidade. [...]
O mérito – núcleo do ato –, antes intocável, passa a sofrer a incidência direta dos princípios constitucionais. Deste modo, ao invés de uma dicotomia em moldes tradicionais (ato vinculado *v.* ato discricionário), já superada, passa-se a uma classificação em graus de vinculação à juridicidade, em uma *escala decrescente* de densidade normativa vinculativa: a) *atos vinculados por regras* (constitucionais, legais ou regulamentares); b) *atos vinculados por conceitos jurídicos indeterminados* (constitucionais, legais ou regulamentares); c) *atos vinculados diretamente por princípios* (constitucionais legais ou regulamentares).
Como se vê, essa *principialização* do direito brasileiro acabou por aumentar a margem de vinculação dos atos discricionários à juridicidade.[459]

Por sua vez, afirma Ingo Sarlet[460] que a questão da "vinculação dos poderes públicos e das entidades privadas aos direitos fundamentais encontra-se estreitamente ligada ao tema da eficácia e aplicabilidade, já que a vinculatividade dos direitos fundamentais constitui uma das principais dimensões da eficácia". E arremata:

Do efeito vinculante inerente ao art. 5º, § 1º, da CF decorre, num sentido negativo, que os direitos fundamentais não se encontram na esfera de disponibilidade dos poderes públicos, ressaltando-se, contudo, que, numa acep-

---

[459] Ibidem. p. 219-224.
[460] SARLET, Ingo Wolfgang. *A Eficácia dos Direitos Fundamentais*. 2. ed. rev. atual. Porto Alegre: Livraria do Advogado, 2001. p. 325-326.

ção positiva, os órgãos estatais se encontram na obrigação de tudo fazer no sentido de realizar os direitos fundamentais.[461]

Para analisar as trilhas de liberdade e vinculação do exercício da atividade administrativa em geral, buscamos as clássicas lições de Celso Antônio Bandeira de Mello.[462] Este nos explica que os *atos vinculados* são regidos pela existência de prévia e objetiva tipificação legal como único possível comportamento da Administração em face de situação igualmente prevista em termos de objetividade absoluta, em que a Administração, ao expedi-los, não interfere com apreciação subjetiva alguma. Contrariamente, os *atos discricionários* seriam os que a Administração pratica com certa margem de liberdade de *avaliação* ou *decisão* segundo critérios de conveniência e oportunidade formulados por ela mesma. Especificamente sobre as características e condicionantes da discricionariedade, o administrativista leciona:

> Discricionariedade é a margem de "liberdade" que remanesça ao administrador para eleger, segundo critérios consistentes de *razoabilidade*, um, dentre pelo menos dois comportamentos, cabíveis perante cada caso concreto, a fim de cumprir o dever de adotar solução mais adequada à satisfação da finalidade legal, quando, por força da fluidez das expressões da lei ou da liberdade conferida no mandamento, dela não se possa extrair objetivamente uma solução unívoca para a situação vertente. [...]
> O que há é *exercício de juízo discricionário* quanto à ocorrência ou não de certas situações que justificam ou não certo comportamentos e *opções* discricionárias quanto ao comportamento mais indicado para dar cumprimento ao interesse público *in concreto*, dentro dos limites em que a lei faculta a emissão deste *juízo* ou desta *opção*. [...] Com efeito, a discricionariedade não é a instauração de uma "liberdade de conduta" propriamente dita. [...] A variedade de soluções comportadas na regra outorgadora de discrição não significa que todas estas soluções sejam igual e indiferentemente adequadas para todos

---

[461] Ibidem. p. 327.
[462] MELLO, Celso Antônio Bandeira de. *Curso de Direito Administrativo*. 32. ed. São Paulo: Malheiros, 2015. p. 438.

os casos de sua aplicação. Significa, pelo contrário, que a lei considera que algumas delas são adequadas para certos casos e outras para outros casos. [...] Ao fixar interesses a serem cumpridos, a lei estabelece as condições de fato para o agir da Administração, e em tal caso e só nele se preenchem os requisitos necessários para que a finalidade normativa se considere satisfeita. [...] O plexo de poderes de que desfruta não lhe é conferido *in abstracto*, mas para ser mobilizado à vista de certa situação e em ordem a satisfazer certa finalidade. Se o exercita fora deste quadro terá manipulado forças que a lei não lhe deu, vale dizer, haverá extravasado a regra de competência. [...]
Em síntese conclusiva: os motivos e a finalidade indicados na lei, bem como a causa do ato, fornecem as limitações ao exercício da discrição administrativa.[463]

Maria Sylvia Di Pietro[464], ao analisar o aspecto da *finalidade* na aferição da discricionariedade, nos ensina que "em dois sentidos se pode considerar a finalidade do ato: em sentido amplo, ela corresponde sempre ao interesse público; em sentido restrito, corresponde ao resultado específico que decorre, explícita ou implicitamente da lei, para cada ato administrativo". Já quanto ao *motivo*, considerado como o pressuposto de fato que antecede a prática do ato, entende que ele pode ser vinculado ou discricionário, da seguinte forma:

> Será *vinculado* quando a lei, ao descrevê-lo, utilizar noções precisas, vocábulos unissignificativos, conceitos matemáticos, que não dão margem a qualquer apreciação subjetiva. O motivo será *discricionário* quando: 1. a lei não o definir, deixando-o ao inteiro critério da Administração; 2. a lei define o motivo utilizando noções vagas, vocábulos plurissignificativos, os chamados conceitos jurídicos indeterminados, que deixam à Administração a possibilidade de apreciação segundo critérios de oportunidade e conveniência administrativa; (...) sem definir em que consistem.[465]

---

[463] Ibidem. p. 991; 1.000-1.001; 1.004-1.005; 1.018.
[464] DI PIETRO, Maria Sylvia Zanella. *Direito Administrativo*. 25. ed. São Paulo: Atlas, 2012. p. 221.
[465] Ibidem. p. 221-222.

Na mesma linha, Diogo de Figueiredo Moreira Neto afirma que há um "*conteúdo central* na lei, que vincula o administrador público à *específica finalidade* a que se destina", mas que tal vinculação "já não mais se dá à legalidade estrita, pois esta ficou incompleta no comando legal, mas à *legitimidade*, que deverá ser necessariamente deduzida daquele conteúdo."[466] Assim, identificando a legitimidade do ato, o jurista vincula a atividade administrativa

> a partir da totalidade do ordenamento jurídico vigente, assim considerado como nele incluindo não apenas as *normas legais* positivadas, como as *normas-princípio*, venham positivadas ou não, e as normas jurídicas produzidas por outras fontes, pressupondo, sobretudo, um sistema constitucional aberto, sempre responsivo às mutações que se processam incessantemente no meio social, e que lhes garantam a *legitimidade*. Pode-se afirmar, assim, que, em última análise, a administração pública se processa fundamentalmente sob o império da *Constituição* – que, por sua vez, retira sua força juspolítica do sistema democrático, que a produz e a mantém – e que tem seu papel hegemônico no Direito não apenas por ser a lei das leis, mas em razão da referenciabilidade ampla e da inafastável eficácia de suas normas.[467]

Em igual sentido, afirma Alexandre Aragão[468] que "evoluiu-se para se considerar a Administração Pública vinculada não apenas à lei, mas a todo um bloco de legalidade, que incorpora os valores, princípios e objetivos jurídicos maiores da sociedade".

Os poderes e deveres da Administração Pública na atividade financeiro-orçamentária, antes de observarem os seus preceitos próprios setoriais, devem observar os princípios constitucionais – e o artigo 37 da Carta foi imperativo ao prescrever a legalidade, a moralidade, a impessoalidade, a publicidade e a eficiência –, com especial ênfase nos direitos fundamentais e demais normas que estruturam o regime democrático,

---

[466] MOREIRA NETO, Diogo de Figueiredo. *Curso de Direito Administrativo*: parte introdutória, parte geral e parte especial. 16. ed. rev. atual. Rio de Janeiro: Forense, 2014. p. 105-106.
[467] Ibidem. p. 127.
[468] ARAGÃO, Alexandre Santos de. A concepção pós-positivista do princípio da legalidade. *Revista de Direito Administrativo – RDA*, v. 236, 2004. p. 63.

uma vez que revelam a disposição axiológica central em que se funda o Estado de Direito.

Neste raciocínio, reconhece Gustavo Binenbojm a "importância dos princípios e regras constitucionais na densificação do ambiente decisório do administrador", advertindo que a discricionariedade não é um campo de escolhas subjetivas, mas de fundamentação dentro dos parâmetros jurídicos estabelecidos pela Constituição e pela lei.[469]

Juan Alfonso Santamaría Pastor[470] nos lembra de que a lei não é o único padrão de conduta administrativa, devendo se submeter ao ordenamento jurídico como um todo, considerando a Constituição, as leis, os princípios, os tratados, inclusive reconhecendo-se os direitos fundamentais, os quais, juntos, condicionarão as escolhas públicas.

Portanto, há um "dever de escolher bem", nas palavras de Juarez Freitas.[471] Para ele, "em pleno século XXI, apresenta-se condenável a impune desvinculação das políticas públicas, isto é, a inércia leniente do controlador perante decisões tomadas com manifesto excesso, desvio ou inoperância".

Assim sendo, não se pode admitir que, nos dias de hoje, o planejamento, a elaboração e a execução das leis orçamentárias sejam realizados à margem dos valores e preceitos constitucionais.

Não à toa, há muito já preconizava Rui Barbosa[472] que a Constituição não contém meros conselhos, avisos ou lições, já que todas as suas previsões são dotadas de força imperativa de regras.

Dessa forma, é importante compreender que a relação entre o orçamento público e a discricionariedade deve ser analisada não apenas dentro do contexto jurídico, político, econômico e social, mas, principalmente, sob o enfoque do papel do Estado em determinado momento e sociedade. Há que se distinguir a sua representação no Estado Liberal, no

---

[469] BINENBOJM, Gustavo. op. cit. p. 38.
[470] PASTOR, Juan Alfonso Santamaría. *Princípios de Derecho Administrativo*. Vol. I. 3. ed. Madrid: Ramon Areces, 2000. p. 91.
[471] FREITAS, Juarez. *Discricionariedade Administrativa e o Direito Fundamental à Boa Administração Pública*. 2. ed. São Paulo: Malheiros, 2009. p. 13-15.
[472] BARBOSA, Rui. *Comentários à Constituição Federal Brasileira*. São Paulo: Saraiva, 1933. p. 489.

Estado Social e no Estado Democrático de Direito da atualidade, sobretudo em uma era de reconhecimento e concretização dos direitos fundamentais e sociais.

Pelas lições dos administrativistas citados, vemos que os *motivos* e a *finalidade* inerentes à norma – interpretados segundo os valores e preceitos do ordenamento jurídico-constitucional – condicionam a atividade do administrador público e, na seara orçamentária, determinam os motivos (razão ou justificativa do ato) e as finalidades (resultado pretendido com o ato) das leis orçamentárias.

Como já afirmamos alhures, mais do que um documento técnico-financeiro em que se estimam as receitas e se fixam as despesas para um determinado período de tempo, e além de relevante instrumento de planejamento financeiro de médio e longo prazo, o orçamento público é uma ferramenta de mudança social, de expressão democrática e missão republicana. Por ele são estabelecidas e reveladas as políticas públicas adotadas pelo Estado para o desenvolvimento do país e para atender as necessidades do cidadão, conciliando as restrições financeiras com os valores e objetivos constitucionais. A propósito, como já afirmou o Ministro Carlos Ayres Brito, a lei orçamentária "é a lei materialmente mais importante do nosso ordenamento jurídico logo abaixo da Constituição".[473]

O orçamento público é um plano governamental normativo que materializa as prioridades e programas de ação da administração pública perante a coletividade, conjugando os interesses dos três Poderes, seus órgãos, agentes e entidades, de maneira harmônica e interdependente, com as necessidades da sociedade, de todos os contribuintes, de todas as classes, de todos os setores de produção, enfim, de toda a nação. É, assim, um mecanismo jurídico de racionalização do processo de alocação de recursos, dotado de valores éticos e morais, para a realização dos direitos humanos fundamentais, e para a concretização da sua função social: servir de instrumento de mudanças positivas para a sociedade, reduzindo as desigualdades sociais, extirpando a miséria da realidade brasileira e alavancando o desenvolvimento da economia.

---

[473] STF, ADI-MC 4048-1/DF, j. 14.5.2008, p. 92

Trata-se, ademais, de peça fundamental da democracia e da cidadania financeira, uma vez que é através das leis orçamentárias que o cidadão identifica a destinação dos recursos que o Estado arrecada.

Outrossim, não temos como olvidar de que, hoje, as finanças públicas no Brasil são disciplinadas por um complexo e pormenorizado conjunto de normas jurídicas, que vão desde aquelas de foro constitucional, passando por leis complementares que estabelecem as respectivas normas gerais, até chegar às leis ordinárias que fixam os planos plurianuais, diretrizes orçamentárias e orçamentos anuais para os três níveis federativos. Esse conjunto normativo inequivocamente institui parâmetros de atuação, fixa os motivos e os limites objetivos para o legislador e para o Executivo na elaboração e execução das leis orçamentárias, as quais passam a ter finalidades condicionadas constitucionalmente.

Além, disso, a própria trindade orçamentária – constituída pelo PPA, LDO e LOA – pressupõe uma harmonização e coerência entre si, a fim de se garantir a efetividade no *planejamento orçamentário*, princípio fundamental das finanças públicas. Assim, da mesma forma que a Constituição estabelece objetivos e direitos que precisam ser materializados e oferecidos à sociedade, condicionando a elaboração da Lei do Plano Plurianual e da Lei de Diretrizes Orçamentárias, estas, por sua vez, vinculam a elaboração e a execução da Lei Orçamentária Anual. Não é possível mais desassociar as alocações e respectivos valores previstos na LOA dos planos, programas e ações previstos no PPA e na LDO.

A propósito, para Adilson Abreu Dallari[474], "o orçamento não é um amontoado de números, mas sim, a representação numérica de um programa completo de governo, coroando todo um sistema de planejamento". Segundo ele,

> a Constituição Federal, no seu contexto, não mais admite a atuação empírica e desordenada da administração pública, mas, ao contrário, exige uma atuação planejada, integrada em um sistema ou processo de planejamento, do qual é instrumento fundamental o orçamento fiscal, que deve ser elaborado com a utilização dos princípios, técnicas e métodos do orçamento-programa.

---

[474] DALLARI, Adilson Abreu. op. cit. p. 315.

O planejamento orçamentário implica sincronia e interdependência entre a LOA e os atos legislativos que a precederam. A LOA define medidas que dão concreção a todo o planejamento do Estado, delimitando as ações administrativas nos aspectos qualificativo, quantitativo e temporal. Portanto, a programação contida nas leis orçamentárias, desempenhada por iniciativa e sanção do Poder Executivo e pela aprovação do Poder Legislativo, resulta em escolhas dentro de um universo de alternativas, preferências e políticas públicas. Os meios e recursos são definidos para atendimento das necessidades públicas no exercício financeiro seguinte. Neste sentido, nas palavras de Luis Felipe Valerim Pinheiro, "ao dar maior concreção aos atos de planejamento precursores, os orçamentos ensejam o aumento de densidade normativa das ações administrativas".[475]

É exatamente a partir do estabelecimento dos objetivos, das metas e dos resultados pretendidos e das prioridades das ações e dos programas de governo que vêm contidos nas leis dos planos plurianuais e de diretrizes orçamentárias – os quais deverão ser concretizados, ano a ano, através da quantificação de receitas e fixação de despesas pelas leis orçamentárias anuais, todas elaboradas e executadas de maneira interdependente – que encontramos a densidade normativa orçamentária. É da generalização das previsões no PPA, da fixação de diretrizes e metas na LDO, até o seu detalhamento executivo na programação orçamentária da LOA, que podemos identificar a exigibilidade das prestações estatais ali fixadas, as quais se tornam vinculantes para a Administração Pública.

Desde que a evolução das funções do Estado – identificadas na respectiva Constituição – impuseram o abandono do modelo de orçamento-clássico para a adoção do orçamento-programa, em que se estabelecem planos de ação e resultados a serem materializados, conforme os objetivos e prioridades constitucionalmente previstos, a discricionariedade orçamentária deu lugar à vinculação orçamentária, que impõe a execução da programação orçamentária em sua plenitude, salvo circunstâncias que justifiquem a sua inexecução, quando então o ato deverá ser devidamente motivado.

---

[475] PINHEIRO, Luís Felipe Valerim. op. cit. p. 389-391.

Neste sentido, Juarez Freitas[476] lembra que o Estado Constitucional se traduz no *Estado das escolhas administrativas legítimas*, em que os princípios constitucionais, para além das regras, determinam a obrigação de o administrador público justificar, na tomada das decisões, a eleição dos pressupostos de fato e de direito. Para ele,

> não se admite, por exemplo, revogar ato hígido por meio de simples alegação e conveniência ou oportunidade, pois sobremodo se afetados direitos, impõe-se a consistente (teleologicamente unitária) e coerente (valorativamente harmônica) justificação do ato administrativo, sob pena de nulidade do ato revogador.
> De sorte que toda a discricionariedade, exercida legitimamente, encontra-se sob determinados aspectos, vinculada aos princípios constitucionais, acima das regras concretizadoras.

Por óbvio que, nos casos em que a arrecadação não se realizar em toda a sua potencialidade e em numerário tal como previsto, e não houver recursos suficientes para atender às despesas fixadas, ou surgindo restrições de ordem fática, técnica ou mesmo jurídica, a não execução do orçamento na sua integralidade estará justificada, por meio de ato devidamente motivado que exonerará o administrador de responsabilidade. Neste sentido, a não execução da programação orçamentária estabelecida na LOA, segundo José Afonso da Silva, deverá ensejar uma razão suficiente, não cabendo simplesmente alegar que os administradores públicos não estavam obrigados a realizá-las.[477] Na mesma linha, Adilson Abreu Dallari registra:

> Obviamente, ninguém está obrigado a fazer o impossível. Se existirem circunstâncias excludentes, se ocorrerem fatos que tornem impossível a fiel execução de projetos e programas previstos, não haverá crime. Mas, então, o orçamento deverá ser alterado pela mecânica da abertura de créditos adicio-

---

[476] FREITAS, Juarez. *Discricionariedade Administrativa e o Direito Fundamental à Boa Administração Pública*. 2. ed. São Paulo: Malheiros, 2009. p. 9-10.
[477] SILVA, José Afonso da. *O Orçamento-programa no Brasil*. São Paulo: Revista dos Tribunais, 1973. p. 272.

nais, porém somente na forma prevista nos arts. 40 e 41 da Lei 4.320/1964. O que não pode ser aceito é o descumprimento puro e simples, sem qualquer justificativa.

Aliás, não podemos esquecer que a própria Lei de Responsabilidade Fiscal veicula em seu texto um mecanismo próprio e obrigatório para as circunstâncias de queda de arrecadação, denominado de *limitação de empenho* (art. 9º da LRF)[478], que impõe a contenção nos gastos públicos, em despesas consideradas não obrigatórias, quando a receita correspondente não se realizar como originalmente previsto na proposta orçamentária.

Não foi por outro motivo – garantir o equilíbrio fiscal e a execução responsável do orçamento público impositivo – que a EC nº 102/2019, ao introduzir o novel § 11 ao artigo 165, fixou regras para execução orçamentária: *a)* deverão ser respeitadas as metas fiscais e limites de despesas; *b)* não poderá ser executado diante de casos de impedimentos de ordem técnica, devidamente justificados; *c)* limita-se às despesas primárias discricionárias.[479]

Percebe-se de todo o exposto que, na seara orçamentária dos dias de hoje, não há mais espaço para escolhas discricionárias injustificadas, tanto no estabelecimento do conteúdo das leis orçamentárias, que são parametrizadas pelos objetivos e valores constitucionais, como na sua execução, que passa a ser obrigatória e vinculante para o administrador público, não sendo possível a realização de contingenciamentos, remanejamentos ou cancelamentos de despesas orçamentárias de maneira imotivada.

5.7. O princípio da sinceridade orçamentária

No processo orçamentário de elaboração e execução das leis orçamentárias, assim como em qualquer ato ou procedimento da Administração

---

[478] LC 101/2000: "Art. 9º Se verificado, ao final de um bimestre, que a realização da receita poderá não comportar o cumprimento das metas de resultado primário ou nominal estabelecidas no Anexo de Metas Fiscais, os Poderes e o Ministério Público promoverão, por ato próprio e nos montantes necessários, nos trinta dias subsequentes, limitação de empenho e movimentação financeira, segundo os critérios fixados pela lei de diretrizes orçamentárias".

[479] Este tema será detidamente abordado em capítulo próprio mais adiante.

Pública, deverá o Estado, através de seus agentes, se submeter obrigatoriamente aos princípios constitucionais da legalidade, da impessoalidade, da moralidade, da publicidade e da eficiência (art. 37, CF/1988), observando, sobretudo, os padrões éticos, de probidade, da boa-fé e de lealdade com as instituições públicas, com o cidadão e a sociedade. Tal parâmetro de conduta se torna ainda mais relevante quando existem dois Poderes – Executivo e Legislativo – envolvidos diretamente no procedimento de elaboração, deliberação e aprovação das leis orçamentárias (PPA, LDO e LOA).[480]

Porém, durante este processo orçamentário, a legalidade não será o único parâmetro que deve ser seguido pela Administração Pública, pois, como adverte Lúcia Valle Figueiredo[481], "o princípio da legalidade é bem mais amplo que mera sujeição do administrador à lei, pois o administrador, necessariamente, deve estar submetido também ao Direito, ao ordenamento jurídico, às normas e princípios constitucionais".

É importante lembrar que o administrador público não é o único destinatário do orçamento público. O cidadão é parte diretamente interessada e ativa nas questões orçamentárias, afinal, no Estado contemporâneo, ele possui uma gama de direitos e deveres fiscais perante a sociedade que integra, dentre os quais o de participar ativamente nas questões financeiras e orçamentárias.

Assim, o indivíduo poderá exercer a cidadania participativa nas finanças públicas, especificamente denominada como *cidadania fiscal*, que se expressa através das previsões legais que permitem o conhecimento e envolvimento do cidadão nas deliberações orçamentárias e no acompanhamento da sua execução.[482]

---

[480] A Lei nº 9.784/1999, que regula o processo administrativo no âmbito da Administração Pública Federal, estabelece no seu artigo 2º que: "A Administração Pública obedecerá, dentre outros, aos princípios da legalidade, finalidade, motivação, razoabilidade, proporcionalidade, moralidade, ampla defesa, contraditório, segurança jurídica, interesse público e eficiência". E, no inciso IV deste artigo, consagra a atuação segundo padrões éticos de probidade, decoro e boa-fé.

[481] FIGUEIREDO, Lúcia Valle. *Curso de Direito Administrativo*. São Paulo: Malheiros, 1998. p. 39-40.

[482] ABRAHAM, Marcus. Orçamento Público como Instrumento de Cidadania Fiscal. *Revista de Direitos Fundamentais e Democracia*, Curitiba. v. 17, n. 17, 2015. p. 193.

Ora, se é através do orçamento público que o cidadão identifica a destinação dos recursos arrecadados, o plano de ação governamental estabelecido e as políticas públicas que deverão ser implementadas, este documento fiscal – que não é uma mera propaganda de governo, por materializar-se em uma lei aprovada no regular processo legiferante – não pode frustrar suas expectativas diante de promessas não realizadas ao ser elaborado e executado em desacordo com a realidade econômica e social, com base em receitas inexistentes ou "superinfladas" e despesas utópicas e inexequíveis, motivadas por fins pessoais, eleitoreiros ou ideologias político-partidárias, e que muitas vezes acaba sendo considerado uma "peça de ficção".[483]

Por isso, na ADI n° 4.663, julgada em 15 de outubro de 2014, o Ministro Relator Marco Aurélio tece uma severa crítica a tal estado de coisas, em que a lei orçamentária parece ganhar "contornos do *faz de conta*. Faz de conta que a Casa do Povo aprova certas destinações de recursos, visando às políticas públicas, sendo que o Executivo tudo pode, sem dizer a razão".

Portanto, os compromissos fixados nas leis orçamentárias, sobretudo aqueles destinados a realizar os valores constitucionais dos direitos sociais e fundamentais, não podem ser remanejados ou tredestinados ao bel prazer do governante, e nem sofrer cancelamentos ou contingenciamentos imotivados.

Disto, temos que a elaboração e a execução dos orçamentos públicos devem refletir as reais necessidades da sociedade e, como leis que foram produzidas dentro do regular processo legislativo, necessitam atender o ideal de boa-fé e dos valores éticos pelos quais todos os Poderes, instituições e agentes públicos devem se pautar perante o cidadão no Estado de Direito.

Portanto, fidelidade, confiança e boa-fé são as bases da relação orçamentária entre o Estado e o cidadão. No Estado de Direito, registra Karl

---

[483] Não podemos esquecer a advertência de Jean Jacques Rousseau: "*Rien n'est plus dangereux que l'influence des intérêts privés dans les affaires publiques*" (*Du Contrat Social*. Oeuvres Completes, Paris: Éditions Seuil, 1971. p. 544).

Larenz[484], o ordenamento jurídico resguarda a *confiança*, sendo um princípio ético, significando que cada um deve manter *fidelidade* à palavra dada e não frustrar a confiança do outro, ou dela abusar, já que aquela integra a base indispensável de todas as relações humanas, reconhecendo a importância da confiança para uma vida coletiva pacífica e uma conduta de cooperação entre os homens e, portanto, para a paz social.

Não podemos nos olvidar de que, no Estado Democrático de Direito, a Administração Pública não pode agir de maneira irresponsável, sendo indispensável o respeito aos valores da Constituição, sobretudo quanto ao comportamento ético. Neste sentido, afirma Egon Bockmman Moreira[485] que há um dever de comportamento leal e honesto, não bastando o Estado ser mero cumpridor impensado e automático da letra da lei. E conclui:

> A boa-fé, portanto, impõe a supressão de surpresas, ardis ou armadilhas. A conduta administrativa deve guiar-se pela estabilidade, transparência e previsibilidade. Não se permite qualquer possibilidade de engodo – seja ele direto ou indireto, visando à satisfação de interesse secundário da Administração.

A esse respeito, Ingo Wolfgang Sarlet[486] afirma que se trata do "dever da parte de não fraudar as legítimas expectativas criadas pelos próprios atos, o que evidencia a conexão direta da boa-fé com a proteção da confiança no sentido de uma certa auto-vinculação dos atos".

A propósito, Juarez Freitas[487] aponta que o dever de probidade e honestidade são derivados do princípio da moralidade administrativa.

---

[484] LARENZ, Karl. *Derecho justo*: fundamentos de ética jurídica. Madrid: Civitas, 2001. p. 91-92

[485] MOREIRA, Egon Bockmann. *Processo Administrativo*: princípios constitucionais e a lei 9.784/1999. São Paulo: Malheiros, 2007. p. 75 e 116.

[486] SARLET, Ingo Wolfgang. A Eficácia do Direito Fundamental à Segurança Jurídica: Dignidade da Pessoa Humana, Direitos Fundamentais e Proibição de Retrocesso Social no Direito Constitucional Brasileiro. In: ANTUNES, Cármen Lúcia (Org.). *Constituição e segurança jurídica*: direito adquirido, ato jurídico perfeito e coisa julgada. Estudos em homenagem a José Paulo Sepúlveda Pertence. Belo Horizonte: Fórum, 2004. p. 97-98.

[487] FREITAS, Juarez. Do Princípio da Probidade Administrativa e sua Máxima Efetivação. *Revista de Direito Administrativo*, Rio de Janeiro, v. 204, abr./jun. 1996. p. 70.

Por sua vez, esclarecem Sérgio Ferraz e Adilson de Abreu Dallari[488] que a consideração da boa ou má-fé, tanto do particular que se relaciona com a Administração Pública, como do agente público que se relaciona com o administrado, é também essencial à Administração Pública, configurando um princípio também de direito administrativo. E Celso Antônio Bandeira de Mello[489] lembra que "o princípio da segurança jurídica, tanto como o da lealdade e boa-fé, ou o da proteção à confiança legítima, são da própria essência do Direito; sobretudo no Estado Democrático de Direito sua vigência é irrefragável".

Dentre as exigências comportamentais do Estado decorrentes do princípio da *boa-fé estatal* temos que este não deve, nas suas relações com a sociedade, gerar expectativas indevidas ou adotar condutas desleais. Aliás, o exercício de uma posição jurídica em contradição com o compromisso assumido anteriormente pelo Estado é passível de enquadramento dentro da locução *"venire contra factum proprium"*, que revela a obrigação de comportar-se em conformidade com a boa-fé objetiva por força do princípio da confiança.

Este padrão comportamental na seara fiscal-orçamentária é sintetizado no *princípio da sinceridade orçamentária*, acolhido pela doutrina francesa[490] – *le principe de sincérité budgétaire* – ao possuir uma dimensão jurídica e política, com a finalidade de tornar o *orçamento realista*, tanto na previsão de receitas quanto na fixação de despesas.

A propósito, a legislação francesa é expressa em relação ao princípio da sinceridade orçamentária, sendo este, inclusive, o título do capítulo I, Título III, da Lei Orgânica 2001-692, de 01/08/2001 (*"Du principe de sincérité"*), no qual se encontra o art. 32, estabelecendo que: *"As leis financeiras apresentam, de maneira sincera, todos os recursos e despesas do Estado. Sua sinceridade é avaliada à luz das informações disponíveis e das previsões que dela podem ser razoavelmente derivadas"*. Também, no art. 27 da mesma lei de

---

[488] DALLARI, Adilson Abreu; FERRAZ, Sérgio. *Processo Administrativo*. São Paulo: Malheiros, 2002. p. 81.

[489] MELLO, Celso Antônio Bandeira de. *Grandes Temas do Direito Administrativo*. São Paulo: Malheiros, 2009. p. 177.

[490] PANCRAZI, Laurent. *Le Principe de Sincérité Budgétaire*. Paris: L. Hartmann, 2012.

finanças, está previsto que: *"As contas do Estado devem ser regulares, sinceras e dar uma imagem verdadeira de seu patrimônio e da situação financeira"*.[491]

Portanto, o *princípio da sinceridade orçamentária* visa coibir os orçamentos considerados "peças de ficção", que acabam sendo realizados em desacordo com a realidade econômica e social, com base em receitas "superinfladas" e despesas inexequíveis, motivados por fins eleitoreiros. Funda-se nos princípios da moralidade, da legalidade, da transparência e do planejamento orçamentário, no ideal de boa-fé daqueles que elaboram, aprovam e executam o orçamento público para com a sociedade, a qual acaba tendo suas expectativas frustradas diante de promessas orçamentárias não realizadas.

A propósito, no julgamento da ADPF nº 45-MC/DF (29/04/2004), o relator Ministro Celso de Mello destacou a necessidade de respeito às justas expectativas do cidadão, adotando, inclusive a expressão "infidelidade governamental" ao não adotar medidas para a realização dos mandamentos constitucionais. Nesse sentido, afirmou:

> Se o Estado deixar de adotar as medidas necessárias à realização concreta dos preceitos da Constituição, em ordem a torná-los efetivos, operantes e exequíveis, abstendo-se, em consequência, de cumprir o dever de prestação que a Constituição lhe impôs, incidirá em violação negativa do texto constitucional. Desse *non facere ou non praestare*, resultará a inconstitucionalidade por omissão, que pode ser total, quando é nenhuma a providência adotada, ou parcial, quando é insuficiente a medida efetivada pelo Poder Público. (...) Cabe assinalar, presente esse contexto – consoante já proclamou esta Suprema Corte –, que o caráter programático das regras inscritas no texto da Carta Política "não pode converter-se em promessa constitucional inconsequente, sob pena de o Poder Público, fraudando justas expectativas nele depositadas pela coletividade, substituir, de maneira ilegítima, o cumprimento de seu impostergável dever, por um gesto irresponsável de infidelidade governamental ao que determina a própria Lei Fundamental do Estado" (RTJ 175/1212-1213, Rel. Min. CELSO DE MELLO).

---

[491] Tradução livre.

Assim, ao ser inserido um rol de despesas públicas nas leis orçamentárias, cria-se para o cidadão individualmente, e para a sociedade como um todo, um direito subjetivo a exigir a sua materialização, salvo se o gestor público estiver diante de uma restrição de natureza técnica, legal ou financeira, quando então deverá motivar o seu ato. O mero contingenciamento, remanejamento ou cancelamento da programação orçamentária não se coaduna com o comportamento que se espera em um Estado de Direito como o nosso.

Lealdade, correção e veracidade compõem o substrato pelo qual os Poderes Executivo e Legislativo devem conduzir todo o processo orçamentário, sob pena de ludibriarem o cidadão através de leis orçamentárias que não são executadas em sua integralidade.

5.8. A judicialização dos direitos e o orçamento público

Os intensos debates jusfilosóficos que vivenciamos há cerca de duas ou três décadas sobre a normatividade constitucional, a efetividade e o alcance dos direitos fundamentais e sociais e a possibilidade de judicializá-los foram bastante profícuos e frutíferos.

Entretanto, de pouca valia serão se não houver recursos financeiros suficientes, e alocados corretamente – arrecadados de forma equitativa, geridos de maneira eficiente e aplicados criteriosa e prioritariamente – para atender aos anseios de uma sociedade mais consciente e ativa, em um imenso país como o Brasil, de dimensões continentais e repleto de desigualdades regionais, demográficas, econômicas e sociais.

Em consequência da escassez de recursos financeiros para realizar as promessas constitucionais – decorrente do seu perfil não só liberal, mas também social – e atender minimamente às necessidades básicas do cidadão, aliada à considerada discricionariedade do Poder Executivo no estabelecimento adequado da alocação orçamentária destes recursos sem a devida priorização dos direitos fundamentais e sociais, passamos a assistir, nos últimos quinze ou vinte anos, ao desenvolvimento do fenômeno da judicialização dos direitos fundamentais e sociais como mecanismo corretivo das omissões do Poder Executivo no atendimento do cidadão em seus direitos fundamentais.

Até aqui, não há novidade alguma na temática, já que inúmeros debates, textos, livros e precedentes judiciais já analisaram esta situação.

Entretanto, o que se propõe para reflexão é identificar o fundamento subjacente destas decisões judiciais que reconhecem e concedem um direito fundamental ou social: o redirecionamento de recursos públicos que não tiveram a adequada alocação e execução orçamentária decorrente da omissão do Poder Público pelo não atendimento de determinado direito.

Assim, na realidade, o que o Poder Judiciário faz ao determinar – por meio de uma decisão judicial – a prestação de uma atividade estatal de natureza fundamental ou social ao cidadão demandante é, ao entender como devido aquele direito, corrigir uma situação que já deveria ter sido contemplada pelos Poderes Executivo e Legislativo no orçamento público, realocando os recursos financeiros para a finalidade requerida.

Em outras palavras, podemos dizer que o magistrado, ao decidir esse tipo de questão que envolve direitos fundamentais e sociais, implicitamente está reconhecendo que o orçamento público já deveria ter sido elaborado e executado de maneira a cumprir tal obrigação, situação que então passa a ser corrigida judicialmente.

Importante registrar que não se desconhece a realidade do país, inclusive a financeira, ciente de que a escassez de recursos torna difíceis as escolhas alocativas pelo gestor público, sobretudo porque as necessidades são quase infinitas, mas os recursos públicos são limitados. Entretanto, a ponderação que se faz é em relação ao que é priorizado nos gastos e o seu adequado dimensionamento orçamentário quando o que está em jogo são prestações que compõem o mínimo existencial e a dignidade da pessoa humana, mormente diante de omissão reiterada na determinação e execução de políticas públicas.

Portanto, entendemos que, por detrás de toda decisão liminar, sentença e acórdão do Poder Judiciário sobre uma demanda que se enquadra na modalidade de judicialização de direitos fundamentais e sociais, subjaz o reconhecimento da inadequada elaboração e execução orçamentária a ensejar a sua correção por uma via indireta e excepcional, qual seja, a judicial, com o fornecimento de um bem ou serviço, ou a prestação de uma atividade estatal que deverão, inequivocamente, ser financiados com recursos orçamentários.

No fundo, havendo omissão, ocorre um deslocamento – atípico e excepcional, é verdade – de decisões alocativas dos órgãos de representação política para o Judiciário, baseado no princípio da subsidiariedade aplicado à atuação dos Poderes.

5.8.1. Judicialização dos direitos fundamentais e sociais

É fato incontroverso que vivenciamos nas últimas duas décadas o fenômeno da judicialização nas políticas públicas, sobretudo relativo aos direitos fundamentais e sociais, em especial na área da saúde e educação, em que se multiplica ininterruptamente o número de ações ajuizadas pelos cidadãos em face do Estado, em busca do fornecimento de medicamentos, da realização de exames e tratamentos médicos, de procedimentos cirúrgicos, de internação hospitalar, de matrículas em escolas, creches, dentre outros.

Este fenômeno pode ser justificado por algumas razões: primeiro, porque a Constituição Federal de 1988, ao mesmo tempo em que foi pródiga ao arrolar e assegurar os direitos sociais e fundamentais, garantiu maior acesso à justiça, em ambas as concepções – formal e material; segundo, porque na visão jurídica moderna, esses direitos, constitucionalmente previstos, passaram a ter efetividade, criando para o Estado um poder-dever de oferecê-los ao cidadão; terceiro, devido ao amadurecimento da democracia brasileira, com a inquestionável conscientização da população dos seus direitos de cidadania; quarto, pelo fortalecimento das instituições que defendem os direitos da sociedade, como as defensorias públicas, o Ministério Público e a própria advocacia; quinto, por incapacidade de gestão da Administração Pública; e, finalmente, sexto, porque o administrador público nem sempre dimensiona corretamente ou confere prioridade a certas rubricas orçamentárias, pautando suas escolhas a partir de sua ideologia ou compromissos políticos, em detrimento das previsões constitucionais.

Assim, a Constituição Federal de 1988, ao relacionar e assegurar uma série de direitos fundamentais e sociais, estabeleceu direitos para os cidadãos e fixou deveres para o Estado nessas áreas. Isso porque, como ensina Luís Roberto Barroso,

> as normas constitucionais deixaram de ser percebidas como integrantes de um documento estritamente político, mera convocação à atuação do Legislativo e do Executivo, e passaram a desfrutar de aplicabilidade direta e imediata

por juízes e tribunais. Nesse ambiente, os direitos constitucionais em geral, e os direitos sociais em particular, converteram-se em direitos subjetivos em sentido pleno, comportando tutela judicial específica. [...] Sempre que a Constituição define um direito fundamental ele se torna exigível, inclusive mediante ação judicial.[492]

Até então, a teoria da força normativa, nas Constituições pretéritas, não se encontrava nitidamente desenvolvida, razão pela qual surgiu, em nosso meio, a denominada *doutrina brasileira da efetividade*, como assim a denomina Cláudio Pereira de Souza Neto.[493]

Esta, na esteira de abalizada doutrina estrangeira[494], vê na Constituição um instrumento apto a conformar a realidade social, política e econômica da sociedade, aduzindo a superação de um comportamento de "insinceridade normativa, no uso da Constituição como uma mistificação ideológica e na falta de determinação política em dar-lhe cumprimento"[495]. Essa corrente doutrinária identificou na Constituição Federal de 1988 o caráter normativo que lhe é peculiar, defendendo, pois, a possibilidade de aplicação direta e imediata das normas constitucionais pelo Judiciário, *i. e.*, sem a necessidade de interposição legislativa quando estiverem ausentes normas infraconstitucionais.

Na mesma linha, ao analisar aquele então novo contexto do Direito Constitucional contemporâneo, que foi denominado por parte da doutrina como *neoconstitucionalismo* (ou *pós-positivismo* para outros), Ana Paula de Barcellos esclarece que

---

[492] BARROSO, Luís Roberto. Da Falta de Efetividade à Judicialização Excessiva: direito à saúde, fornecimento gratuito de medicamentos e parâmetros para a atuação judicial. *Revista de Direito da Procuradoria Geral do Estado do Rio de Janeiro*, vol. 63, 2008. p. 321. Disponível em: <https://www.conjur.com.br/dl/estudobarroso.pdf>. Acesso em: 31/08/2020.
[493] SOUZA NETO, Cláudio Pereira de. Fundamentação e normatividade dos direitos fundamentais: uma reconstrução teórica à luz do princípio democrático. In: BARROSO, Luís Roberto (Org.). *A nova interpretação constitucional*: ponderação, direitos fundamentais e relações privadas. 2. ed. Rio de Janeiro: Renovar, 2006. p. 285-326.
[494] HESSE, Konrad. *A força normativa da Constituição*. Trad. Gilmar Mendes. Porto Alegre: Sergio Antonio Fabris, 1991; ENTERRÍA, Eduardo García de. *La Constitución como norma y el Tribunal Constitucional*. Madrid: Civitas, 1991.
[495] BARROSO, Luís Roberto. op. cit. p. 322.

um dos traços fundamentais do constitucionalismo atual é a normatividade das disposições constitucionais, sua superioridade hierárquica e centralidade no sistema e, do ponto de vista material, a incorporação de valores e opções políticas, dentre as quais se destacam, em primeiro plano, aquelas relacionadas com os direitos fundamentais.[496]

Também Paolo Comanducci[497], jurista italiano a quem se atribui ser um dos pais da expressão, identifica três vertentes ou aspectos da expressão *neoconstitucionalismo*: o teórico, o ideológico e o metodológico. O primeiro, chamado de *neoconstitucionalismo teórico*, caracteriza-se por uma "Constituição 'invasora', pela positivização de um catálogo de direitos fundamentais, pela onipresença [...] de princípios e regras, e por algumas peculiaridades da interpretação e da aplicação das normas constitucionais face à interpretação e aplicação da lei". Já o segundo, o neoconstitucionalismo como *ideologia*, diminuiria o acento sobre a questão da limitação do poder estatal, bandeira tradicional do constitucionalismo dos séculos XVIII e XIX, focando primariamente na finalidade político-institucional de garantia de direitos fundamentais. Aqui, o neoconstitucionalismo coloca-se ao lado dos meios estatais para a salvaguarda de direitos, e não mais como uma cidadela fortificada de desconfiança perene contra a atuação estatal, como outrora no liberalismo clássico.

Por fim, o *neoconstitucionalismo metodológico* se refere ao fato de que resgata uma conexão necessária ou justificativa entre direito e moral, assumindo os valores e a dimensão ética como parte integrante do fenômeno jurídico, numa superação do positivismo clássico, em que a realidade valorativa era sempre vista como um dado metajurídico ou extrajurídico. Para essa retomada, foi de grande relevância a influência da *filosofia dos valores* (ou *axiologia*) de autores como Max Scheler (1874-1928) e Nicolai Hartmann (1882-1950).

---

[496] BARCELLOS, Ana Paula de. Neoconstitucionalismo, Direitos Fundamentais e Controle das Políticas Públicas. In: QUARESMA, Regina; OLIVEIRA, Maria Lucia de Paula; OLIVEIRA, Farlei Martins Riccio de (Org.). *Neoconstitucionalismo*. Rio de Janeiro: Forense, 2009. p. 803.
[497] COMANDUCCI, Paolo. Formas de neoconstitucionalismo: un análisis metateórico. *Isonomía*, n. 16, abr. 2002. p. 89-112.

A partir desta concepção jurídica, podemos destacar alguns exemplos dessa visão do direito inclusive em previsões constitucionais vigentes no Brasil. O texto do art. 6º categoricamente afirma que *"são direitos sociais a educação, a saúde, a alimentação, o trabalho, a moradia, o lazer, a segurança, a previdência social, a proteção à maternidade e à infância, a assistência aos desamparados, na forma desta Constituição"*; mais adiante, o art. 194 expressamente define que *"a seguridade social compreende um conjunto integrado de ações de iniciativa dos Poderes Públicos e da sociedade, destinadas a assegurar os direitos relativos à saúde, à previdência e à assistência social"*; igualmente, o art. 196 prevê que *"a saúde é direito de todos e dever do Estado, garantido mediante políticas sociais e econômicas que visem à redução do risco de doença e de outros agravos e ao acesso universal e igualitário às ações e serviços para sua promoção, proteção e recuperação"*; na mesma linha, o art. 204 estabelece que *"as ações governamentais na área da assistência social serão realizadas com recursos do orçamento da seguridade social"*; por sua vez, o art. 205 define que *"a educação, direito de todos e dever do Estado e da família, será promovida e incentivada com a colaboração da sociedade, visando ao pleno desenvolvimento da pessoa, seu preparo para o exercício da cidadania e sua qualificação para o trabalho"*; o art. 208, ainda tratando da educação, prevê que *"o acesso ao ensino obrigatório e gratuito é direito público subjetivo"* e ressalva que *"o não oferecimento do ensino obrigatório pelo Poder Público, ou sua oferta irregular, importa responsabilidade da autoridade competente"*; encontramos, no art. 215, a previsão no sentido de que *"o Estado garantirá a todos o pleno exercício dos direitos culturais e acesso às fontes da cultura nacional, e apoiará e incentivará a valorização e a difusão das manifestações culturais"*; ainda, o art. 217 prevê ser *"dever do Estado fomentar práticas desportivas formais e não formais, como direito de cada um (...)"*; com a mesma ênfase, o art. 225 reconhece que *"todos têm direito ao meio ambiente ecologicamente equilibrado, bem de uso comum do povo e essencial à sadia qualidade de vida, impondo-se ao Poder Público e à coletividade o dever de defendê-lo e preservá-lo para as presentes e futuras gerações"*.

Novamente nas lições de Luís Roberto Barroso[498], esses direitos que o cidadão pode exigir em face do Estado são por ele denominados de *"direitos subjetivos públicos"*. Segundo ele, um direito subjetivo cumula três

---

[498] BARROSO, Luís Roberto. *O direito constitucional e a efetividade de suas normas*. 9. ed. Rio de Janeiro: Renovar, 2009. p. 99-100.

características: a) corresponde sempre a um dever jurídico; b) é violável; c) a ordem jurídica coloca à disposição de seu titular um meio jurídico – que é a ação judicial – para exigir-lhe o cumprimento, deflagrando os mecanismos coercitivos e sancionatórios do Estado. Barroso define direito subjetivo público como:

> o poder de ação, assente no direito objetivo, e destinado à satisfação de certo interesse. A norma jurídica de conduta caracteriza-se por sua bilateralidade, dirigindo-se a duas partes e atribuindo a uma delas a faculdade de exigir da outra determinado comportamento. Forma-se, desse modo, um vínculo, uma relação jurídica que estabelece um elo entre dois componentes: de um lado, o direito subjetivo, a possibilidade de exigir; de outro, o dever jurídico, a obrigação de cumprir. Quando a exigibilidade de uma conduta se verifica em favor do particular em face do Estado, diz-se existir um direito subjetivo público.

Portanto, se há algumas poucas décadas tais previsões constitucionais eram consideradas como meros parâmetros a serem seguidos e objetivos a serem atingidos pelo administrador público, indicando as prioridades na programação da realização das políticas e despesas públicas, hoje, com a efetividade normativa da Constituição e com a ampliação e o fortalecimento do exercício dos direitos de cidadania, permite-se que a sociedade possa exigir judicialmente do Estado a realização dessas despesas públicas, inclusive aquelas referentes a direitos sociais fundamentais. É a hoje amplamente denominada *judicialização dos direitos constitucionais*, fartamente ilustrada pela jurisprudência recente da Suprema Corte brasileira.[499]

---

[499] STF: "A jurisprudência do Supremo Tribunal Federal firmou-se no sentido da existência de direito subjetivo público de crianças até cinco anos de idade ao atendimento em creches e pré-escolas. (...) também consolidou o entendimento de que é possível a intervenção do Poder Judiciário visando à efetivação daquele direito constitucional." (RE 554.075-AgR, Rel. Min. Carmen Lúcia, julgamento em 30/06/2009, 1ª Turma, *DJE* de 21/08/2009). No mesmo sentido: AI 592.075-AgR, Rel. Min. Ricardo Lewandowski, julgamento em 19/05/2009, 1ª Turma, *DJE* de 05/06/2009; RE 384.201-AgR, Rel. Min. Marco Aurélio, julgamento em 26/04/2007, 2ª Turma, *DJ* de 03/08/2007. "Fornecimento de medicamentos a paciente hipossuficiente. Obrigação do Estado. Paciente carente de

Registre-se que a terminologia "judicialização" se destaca mundialmente com a obra *"The Global Expansion of Judicial Power"*[500] de Neal Tate e Torbjorn Vallinder, que estabelecem como condições essenciais para a sua efetivação um ambiente de regime democrático estabelecido, uma clara separação de poderes e a existência de uma política de direitos inequivocamente posta.

Cabe, neste ponto uma distinção entre as expressões "judicialização" e "ativismo judicial", uma vez que ambos os conceitos, embora intimamente associados, se referem a fenômenos distintos, cada qual com

---

recursos indispensáveis à aquisição dos medicamentos de que necessita. Obrigação do Estado em fornecê-los. Precedentes." (AI 604.949-AgR, Rel. Min. Eros Grau, julgamento em 24/10/2006, 2ª Turma, *DJ* de 24/11/2006). No mesmo sentido: AI 553.712-AgR, Rel. Min. Ricardo Lewandowski, julgamento em 19/05/2009, 1ª Turma, *DJE* de 05/06/2009; AI 649.057-AgR, Rel. Min. Eros Grau, julgamento em 26/06/2007, 2ª Turma, *DJ* de 17/08/2007. "Acórdão recorrido que permitiu a internação hospitalar na modalidade 'diferença de classe', em razão das condições pessoais do doente, que necessitava de quarto privativo. Pagamento por ele da diferença de custo dos serviços. Resolução nº 283/91 do extinto Inamps. O art. 196 da Constituição Federal estabelece como dever do Estado a prestação de assistência à saúde e garante o acesso universal e igualitário do cidadão aos serviços e ações para sua promoção, proteção e recuperação. O direito à saúde, como está assegurado na Carta, não deve sofrer embaraços impostos por autoridades administrativas, no sentido de reduzi-lo ou de dificultar o acesso a ele. O acórdão recorrido, ao afastar a limitação da citada Resolução nº 283/91 do Inamps, que veda a complementariedade a qualquer título, atentou para o objetivo maior do próprio Estado, ou seja, o de assistência à saúde." (RE 226.835, Rel. Min. Ilmar Galvão, julgamento em 14/12/1999, 1ª Turma, *DJ* de 10/03/2000). No mesmo sentido: RE 207.970, Rel. Min. Moreira Alves, julgamento em 22/08/2000, *DJ* de 15/09/2000. "Doente portadora do vírus HIV, carente de recursos indispensáveis à aquisição dos medicamentos de que necessita para seu tratamento. Obrigação imposta pelo acórdão ao Estado. Alegada ofensa aos arts. 5º, I, e 196 da Constituição Federal. Decisão que teve por fundamento central dispositivo de lei (art. 1º da Lei nº 9.908/1993) por meio da qual o próprio Estado do Rio Grande do Sul, regulamentando a norma do art. 196 da Constituição Federal, vinculou-se a um programa de distribuição de medicamentos a pessoas carentes, não havendo, por isso, que se falar em ofensa aos dispositivos constitucionais apontados." (RE 242.859, Rel. Min. Ilmar Galvão, julgamento em 29/06/1999, 1ª Turma, *DJ* de 17/09/1999).

[500] TATE, C. Neal; VALLINDER, Torbjorn (Org.). *The Global Expansion of Judicial Power.* New York: New York University Press, 1995.

implicações próprias[501], sendo necessário esclarecer o significado de cada um deles.

Não podemos nos olvidar de que a Constituição Federal de 1988 promoveu a constitucionalização de uma série de matérias que até então compunham o domínio privilegiado da política. Uma variada gama de valores aportou na Constituição como elemento integrante de dispositivos constitucionais, levando o aplicador do direito – e, nessa categoria, os juízes – a ter de lidar com a aplicação de normas constitucionais de forte conteúdo moral e político. Assim, com a judicialização, o Poder Judiciário passa a decidir sobre uma série de questões altamente relevantes para a sociedade, as quais, em tese, deveriam ser objeto de deliberação pelos órgãos de representação política. Neste sentido, segundo Luís Roberto Barroso, a

> judicialização significa que questões relevantes do ponto de vista político, social ou moral estão sendo decididas, em caráter final, pelo Poder Judiciário. Trata-se, como intuitivo, de uma transferência de poder para as instituições judiciais, em detrimento das instituições políticas tradicionais, que são o Legislativo e o Executivo[502].

Por sua vez, o ativismo judicial diz respeito ao comportamento dos juízes no exercício do controle judicial das decisões do processo político majoritário. Trata-se, assim, da atitude do magistrado que, ao exercer o controle dos atos dos Poderes Legislativo e Executivo, expande os seus poderes institucionais a espaços decisórios típicos dos demais poderes. Dos caracteres essenciais do ativismo judicial no país destacam-se: (i) a possibilidade de controle judicial das omissões inconstitucionais (art. 5º, LXXI, e art. 103, §2º, todos da Constituição de 1988); (ii) a aplicação

---

[501] CAMPOS, Carlos Alexandre de Azevedo. *Supremo Tribunal Federal, Política e Democracia*. p. 11 e ss. Disponível em: <https://www.academia.edu/12901984/Supremo_Tribunal_Federal_Política_e_Democracia>. Acesso em: 31/08/2020.

[502] BARROSO, Luís Roberto. Constituição, Democracia e Supremacia Judicial: direito e política no Brasil contemporâneo, *Revista da Faculdade de Direito da UERJ*, v. 2, 2012. p. 5. Disponível em: <http://www.e-publicacoes.uerj.br/index.php/rfduerj/article/view/1794/2297>. Acesso em: 31/08/2020.

direta, pelos juízes, de normas constitucionais de ampla abertura semântica e de forte conteúdo moral e político; (iii) o sincretismo metodológico, que cria um ambiente hermenêutico repleto de instrumentos de interpretação que ampliam a discricionariedade decisória do intérprete.

Nesse diapasão, é preciso o conceito de ativismo judicial apresentado por Carlos Alexandre de Azevedo Campos[503]:

> definimos o ativismo judicial como o exercício expansivo, não necessariamente ilegítimo, de poderes político-normativos por parte de juízes e cortes em face dos demais atores políticos, que: (a) deve ser identificado e avaliado segundo os desenhos institucionais estabelecidos pelas constituições e leis locais; (b) responde aos mais variados fatores institucionais, políticos, sociais e jurídico-culturais presentes em contextos particulares e em momentos históricos distintos; (c) se manifesta por meio de múltiplas dimensões de práticas decisórias.

O ativismo judicial se enquadra em um modelo de se interpretar o direito que busca consagrar uma visão de transformação social ou de alcance de um estado de coisas que se repute adequado. Diante da demanda que lhe chega, o magistrado percebe, a partir de sua visão de mundo e do direito, que está diante de uma situação ou estado de coisas que não é aceitável. Então, entre as diversas interpretações possíveis, ele decide por uma que melhor se adeque àquele estado de coisas que reputa devido para a melhor ordenação da vida em sociedade.

Assim, reconhece-se uma linha tênue que está justamente em identificar se o magistrado está impondo sua cosmovisão no caso concreto ou se, na verdade, busca identificar certos objetivos e compromissos fundamentais que a sociedade assumiu por meio da Lei Maior e, como intérprete desses compromissos constitucionais, ordena que tais promessas desçam das nuvens para tocar o chão das misérias e necessidades dos homens e mulheres que batem às portas do Judiciário.

A positivação de direitos fundamentais (sejam eles clássicos, sociais ou coletivos e difusos) na Constituição da República exige dos órgãos

---

[503] CAMPOS, Carlos Alexandre de Azevedo. *Dimensões do Ativismo Judicial do STF*. Rio de Janeiro: Forense, 2014. p. 213.

e entidades estatais uma série de comportamentos, alguns de caráter negativo – dever de respeito consistente em uma abstenção –, outros de caráter positivo, notadamente quando se cuide de direitos sociais ou de prestações positivas decorrentes do reconhecimento da dimensão objetiva dos direitos fundamentais.[504]

Formou-se um consenso relativamente uniforme, em boa parte dos Estados democráticos ocidentais, no sentido de que certas prestações que compõem o mínimo existencial e a dignidade da pessoa humana devem ser ofertadas pelo Estado. Não obstante, até alguns séculos atrás, no Ocidente, os serviços de saúde, por exemplo, eram prestados privadamente ou em regime caritativo por organizações religiosas, já que não se considerava como uma obrigação essencial do Estado oferecer prestações de serviços relativos à saúde. O mesmo ocorria na educação, na assistência aos pobres, idosos e desvalidos, atividades que também restavam tradicionalmente nas mãos de entidades religiosas.[505]

Entretanto, a história do Ocidente é marcada pela transição dessas funções precipuamente para o Estado, como ofertante principal e obrigatório destas atividades, em um verdadeiro processo paulatino de secularização.[506] Consoante a proposta de Peter Häberle de um *constitucio-*

---

[504] SARLET, Ingo Wolfgang; MARINONI, Luiz Guilherme; MITIDIERO, Daniel. *Curso de Direito Constitucional*. 2. ed. São Paulo: Revista dos Tribunais, 2013. p. 313: "os direitos fundamentais atuam (em muitos casos simultaneamente) tanto como direitos de defesa, compreendidos como direitos a não intervenção no âmbito de proteção do direito por parte do Estado ou outros particulares, quanto como direitos a prestações, incluindo tanto prestações de cunho normativo, quanto material (fático)".

[505] Para uma breve análise deste tema histórico em Portugal e no Brasil, cf. ALMEIDA, Suely Creusa Cordeiro de. O Estado, a Igreja e a Caridade. In: *Simpósio Nacional de História*, 2005, Londrina. Anais do XXIII Simpósio Nacional de História – História: guerra e paz. Londrina: ANPUH, 2005. Disponível em: <https://anpuh.org.br/uploads/anais-simposios/pdf/2019-01/1548206573_ec5efeecc5ea5c87893197a62e06a61c.pdf>. Acesso em: 31/08/2020. Para um panorama internacional da questão, sobretudo acerca da atuação da Igreja Católica, cf. SCADUTO, M. *New Catholic Encyclopedia*. verbete Charity, Works of. Vol. 3. 2nd. ed. Washington D.C.: Thomson-Gale, 2003. p. 400-421.

[506] Ibidem. p. 414: "The secularization of charity, which began during the period of the communes, spread considerably at the beginning of the 16th century and achieved a complete separation from the Church because of the Reformation. The process was closely related to contemporary socioeconomic developments and to the new spiritual movements

nalismo cultural[507], constituiu-se uma espécie de consenso institucional e cultural de que o Estado Ocidental atual necessariamente tem de prover certos serviços à população. Ora, com essa tomada de consciência, e com a falência de outros canais e agentes sociais na resolução desses conflitos, a população passa a identificar no Poder Judiciário – e através da judicialização dos direitos – aquela instituição que afiançará tais garantias quando as instâncias políticas deixarem de materializar as promessas constitucionais. É aquilo que Antoine Garapon, ao tratar dos magistrados como "guardiães das promessas", bem diagnosticou:

> O sucesso da justiça é inversamente proporcional ao descrédito que afeta as instituições políticas clássicas, causado pela crise de desinteresse e pela perda do espírito público. A posição de um terceiro imparcial compensa o "déficit democrático" de uma decisão política agora voltada para a gestão e fornece à sociedade a referência simbólica que a representação nacional lhe oferece cada vez menos. O juiz é chamado a socorrer uma democracia na qual "um legislativo e um executivo enfraquecidos, obcecados por fracassos eleitorais contínuos, ocupados apenas com questões de curto prazo, reféns do receio e seduzidos pela mídia, esforçam-se em governar, no dia-a-dia, cidadãos indiferentes e exigentes, preocupados com suas vidas particulares, mas esperando do político aquilo que ele não sabe dar: uma moral, um grande projeto".[508]

Neste contexto jurídico, ao se identificar que o texto constitucional prevê um direito ou uma garantia de natureza fundamental, assentado como sendo um dever do Estado de fornecê-lo individual ou coletivamente, surgiria, para o cidadão necessitado daquele bem ou serviço, a legitimidade para demandar judicialmente tal prestação estatal, ainda

---

inherent in humanism. The object of charitable assistance was no longer the poor man as a brother in Christ but the citizen as such. Charity was divested of its transcendent quality. Currents of the new orientation were strong in the Flemish cities, in the Rhineland, in other sectors of the Empire, and in Italy."
[507] HÄBERLE, Peter. *El Estado Constitucional*. México, D.F.: UNAM, 2003.
[508] GARAPON, Antoine. *O juiz e a democracia*: o guardião de promessas. Rio de Janeiro: Revan, 1999. p. 48.

que esta não se encontrasse prevista no orçamento público como sendo uma despesa pública devidamente programada. Segundo Flávio Galdino[509], "essa exigibilidade chama-se *sindicabilidade*[510] (justicialidade ou justiciabilidade) e representa a possibilidade de acesso ao aparato estatal jurisdicional para tutela de direitos."

Apesar de ser efetivamente privativa a competência do Poder Executivo para deliberar sobre a alocação das receitas públicas nas despesas públicas que entender mais convenientes, a nosso ver, este deverá seguir uma ordem de prioridades, afinal, suas escolhas deverão se pautar pelos objetivos estabelecidos na Constituição e pelos valores consignados ao longo de seu texto.

Esta ideia é bem exposta por Ana Paula de Barcellos[511], para quem

> as políticas públicas envolvem gastos. E como não há recursos ilimitados, será preciso priorizar e escolher em quê o dinheiro público disponível será investido. Além da definição genérica de em quê gastar, é preciso ainda decidir como gastar, tendo em conta os objetivos específicos que se deseje alcançar. Essas escolhas, portanto, recebem a influência direta das opções constitucionais acerca dos fins que devem ser perseguidos em caráter prioritário.

Haveria, então, em caso de omissão ou inação do Poder Público, um deslocamento atípico e excepcional da escolha da realização da despesa pública, que, naqueles casos específicos demandados judicialmente, deixaria a esfera decisória do administrador público e passaria – de maneira tópica e eventual – para a do Poder Judiciário. A decisão judicial, então, obrigaria a Administração Pública a oferecer o bem ou o serviço ao cidadão beneficiado pelo provimento jurisdicional.

---

[509] GALDINO, Flávio. *Introdução à teoria dos custos dos direitos*: direitos não nascem em árvores. Rio de Janeiro: Lumen Juris, 2005. p. 160.

[510] Em língua portuguesa, *sindicável* é uma situação que pode ser submetida a uma sindicância, ou seja, que pode ser controlada por meio de um processo (sendo a palavra "sindicância" um nome genérico e tradicional na língua para procedimento de apuração e controle).

[511] BARCELLOS, Ana Paula de. Constitucionalização das Políticas Públicas em Matéria de Direitos Fundamentais: o Controle Político-Social e o Controle Jurídico no Espaço Democrático. *Revista de Direito do Estado,* Rio de Janeiro, n. 3, jul./set. 2006. p. 23.

Isto porque a realização das políticas públicas[512] na área dos direitos fundamentais e sociais[513] previstos na nossa carta Constitucional depende

---

[512] O conceito de política pública pode ser entendido como "o programa de ação governamental que resulta de um processo ou conjunto de processos juridicamente regulados – processo eleitoral, processo de planejamento, processo de governo, processo orçamentário, processo legislativo, processo administrativo, processo judicial – visando coordenar os meios à disposição do Estado e as atividades privadas, para a realização de objetivos socialmente relevantes e politicamente determinados". (BUCCI, Maria Paula Dallari. O conceito de política pública em direito. In: BUCCI, Maria Paula Dallari (Org.). *Políticas Públicas*. Reflexões sobre o Conceito Jurídico. São Paulo: Saraiva, 2006. p. 39). Noutras palavras, podemos dizer que as políticas públicas são o conjunto de programas, ações e atividades desenvolvidos pelo Estado brasileiro no sentido de assegurar a realização de direitos constitucionalmente previstos, tais como saúde, educação, segurança, meio ambiente, dentre outros, principalmente destinados aos setores considerados marginalizados da sociedade. São identificados a partir da sua inserção nos orçamentos públicos por iniciativa do Poder Executivo ou por emendas parlamentares durante o processo de elaboração orçamentária, em espontânea efetivação dos preceitos constitucionais ou em atendimento das demandas propostas pela própria sociedade. As políticas públicas são planejadas e implementadas a partir da integração entre planos, programas, ações e atividades. Os *planos* estabelecem diretrizes, prioridades e objetivos gerais a serem alcançados em determinados períodos. Os *programas* estabelecem, por sua vez, objetivos gerais e específicos focados em determinado tema. As *ações* visam ao alcance de determinado objetivo estabelecido pelo programa, e a *atividade*, por sua vez, visa dar concretude à ação.

[513] Luís Roberto Barroso explica que direitos sociais são comumente identificados como aqueles que envolvem prestações positivas por parte do Estado, razão pela qual demandariam investimento de recursos, nem sempre disponíveis. Esses direitos, também referidos como prestacionais, se materializam com a entrega de determinadas utilidades concretas, como educação e saúde. É certo, todavia, que já não prevalece hoje a ideia de que os direitos liberais – como os políticos e os individuais – realizam-se por mera abstenção do Estado, com um simples *non facere*. Pelo contrário, produziu-se já razoável consenso de que também eles consomem recursos públicos. Por exemplo: a realização de eleições e a organização da Justiça Eleitoral consomem gastos vultosos, a exemplo da manutenção da polícia, do corpo de bombeiros e do próprio Judiciário, instituições importantes na proteção da propriedade. Sobre o tema, vejam-se: Stephen Holmes e Cass Sunstein, *The cost of rights*, 1999; Flávio Galdino, *Introdução à teoria dos custos dos direitos:* direitos não nascem em árvores, 2005; e Ana Paula de Barcellos, *A eficácia jurídica dos princípios constitucionais:* o princípio da dignidade da pessoa humana, 2002. (BARROSO, Luís Roberto. Da Falta de Efetividade à Judicialização Excessiva: Direito à Saúde, Fornecimento Gratuito de Medicamentos e Parâmetros para a Atuação Judicial. In: SARMENTO, Daniel; SOUZA NETO, Cláudio Pereira de. *Direitos Sociais:* Fundamentos, Judicialização e Direitos Sociais em Espécie. Rio de Janeiro: Lumen Juris, 2008. p. 877).

não apenas da efetiva vontade do Estado na realização do seu múnus, conforme a ideologia e as prioridades de cada governante, mas principalmente da priorização daqueles direitos assegurados na Constituição.[514]

Ilustra-se aqui com apenas dois casos que, embora não recentes, são verdadeiramente representativos do fenômeno. Um deles diz respeito à determinação pelo STF de que um Município fornecesse gratuitamente os medicamentos essenciais ao tratamento de pacientes acometidos de AIDS, com fundamento no art. 196, CF/1988.[515] O outro relaciona-se à imposição pelo STF de que um Município realizasse a matrícula em creches e atendimento pré-escolar, com base no art. 208, CF/1988.[516]

---

[514] Importante reflexão que, a nosso ver, se enquadra perfeitamente no atual cenário brasileiro, é aquela trazida por Stella Theodoulou, ao destacar que a política pública deve distinguir entre o que os governos pretendem fazer e o que, na verdade, eles realmente fazem (THEODOULOU, Stella Z. The Contemporary Language of Public Policy: a starting point. In: THEODOULOU, Stella Z.; CAHN, Matthew A. (Org.). *Public Policy*: The Essential Readings. New Jersey: Prentice Hall, 1995. p. 1-9).

[515] STF: "O direito público subjetivo à saúde representa prerrogativa jurídica indisponível assegurada à generalidade das pessoas pela própria Constituição da República (art. 196). Traduz bem jurídico constitucionalmente tutelado, por cuja integridade deve velar, de maneira responsável, o Poder Público, a quem incumbe formular – e implementar – políticas sociais e econômicas idôneas que visem a garantir, aos cidadãos, inclusive àqueles portadores do vírus HIV, o acesso universal e igualitário à assistência farmacêutica e médico-hospitalar. O direito à saúde – além de qualificar-se como direito fundamental que assiste a todas as pessoas – representa consequência constitucional indissociável do direito à vida. (...) O reconhecimento judicial da validade jurídica de programas de distribuição gratuita de medicamentos a pessoas carentes, inclusive àquelas portadoras do vírus HIV/Aids, dá efetividade a preceitos fundamentais da Constituição da República (arts. 5º, *caput*, e 196) e representa, na concreção do seu alcance, um gesto reverente e solidário de apreço à vida e à saúde das pessoas, especialmente daquelas que nada têm e nada possuem, a não ser a consciência de sua própria humanidade e de sua essencial dignidade. Precedentes do STF." (RE 271.286-AgR, Rel. Min. Celso de Mello, julgamento em 12/09/2000, 2ª Turma, *DJ* de 24/11/2000). No mesmo sentido: RE 393.175-AgR, Rel. Min. Celso de Mello, julgamento em 12/12/2006, Segunda Turma, *DJ* de 02/02/2007.

[516] STF: "DECISÃO CRECHE E PRÉ-ESCOLA – OBRIGAÇÃO DO ESTADO – IMPOSIÇÃO – INCONSTITUCIONALIDADE NÃO VERIFICADA – RECURSO EXTRAORDINÁRIO – NEGATIVA DE SEGUIMENTO. 1. O Tribunal Justiça de São Paulo assim deixou sintetizado o acórdão de folha 134 a 138: Criança – Direito fundamental à educação – restrição de vagas em creche – Inadmissibilidade – Segurança concedida – Recursos improvidos. A garantia de atendimento constitui direito público subjetivo e dever do

5.8.2. Políticas públicas e capacidades institucionais

Com o desenvolvimento e reconhecimento no Brasil da teoria da efetividade das normas constitucionais, tornou-se possível e aceitável que normas de caráter vago e aberto, muitas de acentuado conteúdo político ou, ainda, de estrutura principiológica, fossem aplicadas pelo Poder Judiciário a partir de instrumentos hermenêuticos variados, seja de forma direta, seja através de um processo de filtragem constitucional do ordenamento jurídico, também conhecido como constitucionalização do direito, por meio do qual normas de estatura infraconstitucional são reinterpretadas a partir do marco normativo da Constituição.

Todo o arcabouço teórico que permitiu à Constituição Federal de 1988 ocupar a posição de centralidade na estrutura hierárquica do ordenamento jurídico brasileiro também contribuiu para que o Judiciário assistisse à sua crescente ascensão institucional.[517] De fato, ao atribuir a si próprio o papel de intérprete último da Constituição, o Judiciário reuniu em suas mãos a possibilidade de decidir questões políticas as mais relevantes para a sociedade, no que se incluem os diversos aspectos de políticas públicas instituídas pelos órgãos representativos dotados de legitimidade democrática.[518]

Se a ampliação das funções jurisdicionais pode proporcionar um ambiente de maior efetividade da Constituição e, notadamente, dos direitos fundamentais, é bem de ver que a questão suscitou diversas críticas da doutrina, algumas das quais voltadas à imprescindível identificação dos espaços deliberativos próprios do processo político majoritário, com

---

Estado, que de forma prioritária deve possibilitar o acesso à pré-escola e não pode ser dar o direito de não dispor das vagas necessárias ao atendimento da demanda (folha 134)". (RE 411.518-AgR, Rel. Min. Marco Aurélio, julgamento em 26/04/2007, 1ª Turma, *DJ* de 17/08/2007).

[517] A maior ou menor participação do Poder Judiciário no dia a dia da vida política de uma sociedade não depende exclusivamente do papel que a sua Constituição desempenha na realidade jurídica subjacente. Contudo, deve-se admitir que o reconhecimento das diversas potencialidades normativas da Constituição Federal de 1988 foi um dos fatores que, na experiência institucional brasileira, contribuiu para a ascensão do Poder Judiciário no Brasil.

[518] BRUM, Guilherme Valle. *Uma Teoria para o Controle Judicial de Políticas Públicas*. Rio de Janeiro: Lumen Juris, 2014. p. 27-37.

a consequente definição dos limites do exercício da função jurisdicional, sobretudo quando estão envolvidos temas relativos a políticas públicas e alocações orçamentárias.

Neste contexto, assume relevância a *Teoria das Capacidades Institucionais*[519], modelo hermenêutico que se propõe a fornecer critérios de comportamento judicial a partir da observação do arranjo institucional estabelecido pela própria Constituição, sobretudo em relação aos efeitos sistêmicos e às capacidades institucionais do responsável pela tomada de decisão.[520]

A intervenção judicial em políticas públicas tornou-se fenômeno até certo ponto rotineiro na realidade jurídica brasileira, sobretudo após a promulgação da Constituição Federal de 1988, notadamente a partir do momento em que o Poder Judiciário passou a exercer o controle de constitucionalidade e de legalidade de atos até então considerados de natureza política e, como tais, até então, insindicáveis pela via jurisdicional.[521]

Uma vez que a Constituição Federal está repleta de objetivos públicos cuja persecução foi imposta ao Estado e que compõem o conteúdo de diversos princípios constitucionais programáticos, a execução destas finalidades depende da criação de inúmeras políticas públicas, já que o

---

[519] A teoria das capacidades institucionais pode ser tomada como ponto de partida para a avaliação das capacidades decisórias de qualquer instituição pública, que deve ser objeto de uma análise que leve em consideração todas as suas feições e condições reais de decidibilidade. Nada obstante, aqui se discorrerá sobre as capacidades institucionais do Poder Judiciário.

[520] Cf. CYRINO, André Rodrigues. *Direito Constitucional Regulatório*: elementos para uma interpretação institucionalmente adequada da Constituição Econômica brasileira. Rio de Janeiro: Renovar, 2010. p. 207-208: "[A virada institucional] pode ser resumida na ideia de serem insuficientes as técnicas de interpretação do direito que não considerem os efeitos sistêmicos e a capacidade institucional do órgão responsável pela decisão. [...] A proposta da virada institucional é a de que as estratégias interpretativas deveriam levar em consideração a capacidade da instituição responsável pela tomada de decisão. O Poder Judiciário é o foco principal dessa preocupação. Afinal, é o Judiciário quem dará a última palavra sobre a constitucionalidade de uma eventual regulação".

[521] SARMENTO, Daniel. Interpretação Constitucional, Pré-compreensão e Capacidades Institucionais do Intérprete. In: SOUZA NETO, Cláudio Pereira de; SARMENTO, Daniel; BINENBOJM, Gustavo (Org.). *Vinte Anos da Constituição Federal de 1988*. Rio de Janeiro: Lumen Juris, 2009. p. 317-318.

Estado terá de congregar meios e recursos que se mostrem necessários para alcançá-las. É possível falar, assim, em verdadeira constitucionalização de políticas públicas ou mesmo na existência de deveres constitucionais de implementação de políticas públicas, indispensáveis para que o Estado possa se desincumbir das obrigações decorrentes da consagração, em normas constitucionais, de fins públicos.[522]

Cabe ressaltar, não obstante, que a consecução de fins socialmente relevantes através de políticas públicas, como o fornecimento de prestações de saúde e de educação, pode ser feita através de diferentes formas de atuação estatal, como a edição de atos normativos, a regulação do mercado e as atividades materiais levadas a cabo pela Administração Pública.[523] Em outras palavras, o conceito de políticas públicas abrange uma multiplicidade de *meios* – atividades e funções estatais – através dos quais se poderão alcançar os objetivos e as metas que a sociedade reputa essenciais. Embora apresentem algumas semelhanças, cada qual possui suas próprias particularidades, que devem ser objeto de estudos específicos.[524]

A identificação dos problemas com que as políticas públicas visam lidar e a sua própria estruturação demandam um processo reflexivo e decisório que tende a consumir considerável quantidade de tempo.[525] Além disso, as políticas públicas são projetadas para atingir os seus objetivos após o decurso de um determinado lapso temporal, durante o qual o Estado deverá empreender os esforços necessários para alcançá-los.[526] Nesse sentido, as políticas públicas dependerão, em muitos casos, do dinamismo decorrente do transcurso de tempo, que permitirá que os ato-

---

[522] VALLE, Vanice Regina Lírio do. *Políticas Públicas, Direitos Fundamentais e Controle Judicial.* Belo Horizonte: Fórum, 2009. p. 61 e ss.
[523] Ibidem. p. 36-37.
[524] BARCELLOS, Ana Paula de. Constitucionalização das Políticas Públicas em Matéria de Direitos Fundamentais... op. cit. p. 18-19.
[525] VALLE, Vanice Regina Lírio do. op. cit. p. 46-50.
[526] Ibidem. p. 45: "A concepção, portanto, de uma política pública, associa as dimensões do tempo – passado e futuro projetado – no que toca àquela realidade que se deseja atingir, opera com a perspectiva de um necessário intervalo de maturação, de evolução dos vetores com os quais ela opera, até que se alcance efetivamente o resultado pretendido".

res envolvidos na sua formulação e execução promovam os ajustes indispensáveis à evolução e à efetiva obtenção dos resultados pretendidos.

A implementação de políticas públicas, notadamente em sociedades complexas como a nossa, depende do emprego de conhecimento técnico especializado e multidisciplinar, normalmente a cargo da Administração Pública.[527] Nesse sentido, o Estado se vale da *expertise* técnica da Administração para, por exemplo, definir que medicamentos utilizar para o tratamento da AIDS, quais livros adotar no ensino básico público e determinar a tecnologia a ser implantada na prestação dos serviços de telefonia. Compreender essa dimensão *técnica* é essencial para o enfrentamento das controvérsias atinentes à judicialização de políticas públicas.

O controle judicial das políticas públicas não se resume à simples aplicação da hermenêutica constitucional ou à mera defesa de princípios abstratos. A bem da verdade, deve-se analisar a capacidade das instituições públicas de concretizar o direito, bem como o modo de tomada de suas decisões.[528]

O eixo norteador está no princípio da separação de poderes[529], formulado originariamente no artigo 16 da Declaração dos Direitos do Homem do Cidadão de 1789 e reproduzido no artigo 2º da Constituição Federal de 1988 com *status* de cláusula pétrea. Esse comando axiológico apresenta três vertentes principais: (i) a decomposição do poder político em diversos órgãos estatais (democracia); (ii) a salvaguarda dos direitos fundamentais (constitucionalismo)[530] e (iii) a especialização das funções

---

[527] BARCELLOS, Ana Paula de. Constitucionalização das Políticas Públicas em Matéria de Direitos Fundamentais... op. cit. p. 31: "Além de aspectos puramente jurídicos, o debate sobre o controle de políticas públicas em matéria de direitos fundamentais pode envolver, de um lado, questões morais e eventualmente também questões técnicas e, de outro, questões puramente políticas e contingentes".

[528] FONTE, Felipe de Melo. *Políticas públicas e direitos fundamentais*: elementos de fundamentação do controle jurisdicional de políticas públicas no estado democrático de direito. São Paulo: Saraiva, 2013. p. 165.

[529] JUSTEN FILHO, Marçal. *Curso de direito administrativo*. 8. ed. Belo Horizonte: Fórum, 2012. p. 88: "A separação de poderes é adotada em quase todos os países, mas com configurações próprias e inconfundíveis. Ou seja, não há um modelo único de separação de poderes, mas cada Estado produz uma teoria própria, que reflete sua experiência histórica".

[530] SARMENTO, Daniel; SOUZA NETO, Claudio Pereira de. *Direito constitucional*. Teoria, história e métodos de trabalho. Belo Horizonte: Fórum, 2012. p. 304-305: "Porém, ao invés

de cada instituição de acordo com sua expertise técnica (racionalização e eficiência).[531]

Com efeito, para que o princípio da separação dos poderes atinja suas funções essenciais, que podem ser resumidas como a função político--social e a função orgânico-funcional, a divisão das tarefas públicas deve se dar de forma a que o Legislativo produza as normas gerais e abstratas, o Judiciário aplique o direito a casos concretos, quando solicitado, e o Executivo, residualmente, aplique a lei de ofício, estando todos os Poderes sujeitos ao mecanismo de freios e contrapesos.[532]

Deste modo, o princípio da separação dos poderes, em sua formulação original, garantiria o equilíbrio entre minorias e maiorias na tomada de decisões, no bojo da constante tensão entre o constitucionalismo e a democracia. No entanto, em razão do fenômeno da judicialização da política, o Poder Judiciário passou a exercer, excepcionalmente, o controle de questões que, tradicionalmente, cabiam à Administração Pública[533], rompendo o referido equilíbrio.

---

de simplesmente abandoná-lo, o novo constitucionalismo adotou leitura renovada do princípio da separação de poderes, aberta a arranjos institucionais alternativos, desde que compatíveis com os valores que justificam tal princípio. Tais valores, por outro lado, foram enriquecidos por novas preocupações, que vão além da contenção do poder, envolvendo a legitimação democrática do governo, a eficiência da ação estatal e a sua aptidão para a proteção efetiva dos direitos fundamentais".

[531] ACKERMAN, Bruce. *A Nova Separação de Poderes*. Tradução de Isabelle Maria Campos Vasconcelos e Eliana Valadares Santos. Rio de Janeiro: Lumen Juris, 2009. p. 7: "Mais concretamente: retorno reiteradamente a três ideais de legitimidade ao responder à pergunta: 'separação de poder em nome de quê?'. O primeiro ideal é a democracia. De um modo ou de outro, a separação pode servir (ou impedir) ao projeto populista de autogoverno. O segundo ideal é a competência profissional. As leis democráticas permanecem no plano puramente simbólico, a menos que os tribunais e as burocracias possam implementá-las (...)". No mesmo sentido, cf. BINENBOJM, Gustavo. *Uma Teoria do Direito Administrativo*: Direitos Fundamentais, Democracia e Constitucionalização. Rio de Janeiro: Renovar, 2006. p. 224 e ss.

[532] FONTE, Felipe de Melo. op. cit. p. 165.

[533] BARROSO, Luís Roberto. Constituição, Democracia e Supremacia Judicial... op. cit. p. 6: "No Brasil, o fenômeno assumiu proporção ainda maior, em razão da constitucionalização abrangente e analítica – constitucionalizar é, em última análise, retirar um tema do debate político e trazê-lo para o universo das pretensões judicializáveis – e do sistema de controle

Nesta esteira, usa-se, no cenário recente do debate constitucional brasileiro, o conceito de "capacidades institucionais". A expressão apresenta-se como um recurso para saber que órgão público reúne as condições necessárias para tomar determinada decisão. Frequentemente, faz-se alusão ao texto *"Interpretation and institutions"* de Cass Sustein e Adrian Vermeule, o qual fornece o arcabouço teórico básico para a teoria.[534]

De acordo com Diego Werneck Arguelhes e Fernando Leal, ainda que o uso da expressão não seja uniforme, é possível identificar dois sentidos principais em referência ao Poder Judiciário. De uma parte, a utilização do argumento refere-se às habilidades e limitações da instituição judiciária no exercício de sua competência jurisdicional.[535] De outro lado, enuncia-se um enfoque mais "institucional" da expressão, em que são estabelecidas comparações entre as capacidades do Poder Judiciário e as das demais instituições.[536]

Em outras palavras, o argumento permite analisar os limites e as capacidades do Poder Judiciário no exercício de suas funções, isoladamente ou comparado a outras instituições.[537] Nesse sentido, foram cunhadas as expressões "limites da legitimidade" e "limites epistêmicos". Em relação a estes últimos, observam-se os recursos intelectivos dos agentes de cada Poder, referindo-se "tanto às condições materiais reais como às habilidades e limites subjetivos e orgânicos existentes para que atores institucionais específicos possam obter, organizar, compreender dados e usá-los como fundamentos de ações, escolhas ou decisões" [538].

No que tange à legitimidade, o argumento permite definir o que se considera como juridicamente aceitável em sentido amplo, admitindo-

---

de constitucionalidade vigente entre nós, em que é amplo o acesso ao Supremo Tribunal Federal por via de ações diretas".

[534] SUNSTEIN, Cass R.; VERMEULE, Adrian. *Interpretation and Institutions*. Chicago Public Law and Legal Theory Working Paper Series, Chicago, n. 28, 2002.

[535] ARGUELHES, Diego Werneck; LEAL, Fernando. O argumento das "capacidades institucionais" entre a banalidade, a redundância e o absurdo. *Direito, Estado e Sociedade*, n. 38, 2011. p. 6. Disponível em: <http://direitoestadosociedade.jur.puc-rio.br/media/01_Arguelhes_Leal.pdf>. Acesso em: 31/08/2020.

[536] Ibidem. p. 7.

[537] Ibidem. p. 8.

[538] Ibidem. p. 40.

-se a influência de outros ramos do saber, como a política, a moral e a economia e realizando-se tanto comparações internas – com outros métodos da mesma instituição – quanto externas – com o resultado oferecido por outra instituição.[539]

As críticas ao controle das políticas públicas pelo Poder Judiciário são variadas.[540] Uma primeira, de natureza institucional, refere-se às dificuldades na concessão de um tratamento sistêmico às matérias decididas, vez que o seu ofício é, em regra, solucionar casos concretos.[541] A segunda crítica é financeira: os juízes não se preocupariam com os custos de suas decisões, ignorando o conceito econômico de escassez, o conceito jurídico de reserva do possível e o dispêndio de recursos pela estrutura dos

---

[539] Ibidem. p. 40-41.

[540] As críticas apresentadas são sintetizadas por Luís Roberto Barroso: "Inúmeras críticas têm sido dirigidas a essa expansão do papel do Judiciário. A primeira delas é de natureza política: magistrados não são eleitos e, por essa razão, não deveriam poder sobrepor sua vontade à dos agentes escolhidos pelo povo. A segunda é uma crítica ideológica: o Judiciário seria um espaço conservador, de preservação das elites contra os processos democráticos majoritários. Uma terceira crítica diz respeito à capacidade institucional do Judiciário, que seria preparado para decidir casos específicos, e não para avaliar o efeito sistêmico de decisões que repercutem sobre políticas públicas gerais. E, por fim, a judicialização reduziria a possibilidade de participação da sociedade como um todo, por excluir os que não têm acesso aos tribunais" (O constitucionalismo democrático no Brasil: crônicas de um sucesso imprevisto. p. 16-17. Disponível em: <http://www.luisrobertobarroso.com.br/wp-content/uploads/2013/05/O-constitucionalismo-democratico-no-Brasil.pdf>. Acesso em: 31/08/2020).

[541] FONTE, Felipe de Melo. op. cit. p. 145-146. V. tb. BARCELLOS, Ana Paula de. Constitucionalização das Políticas Públicas em Matéria de Direitos Fundamentais... op. cit. p. 34: "A terceira crítica, por seu turno, tem um viés mais operacional e pode ser assim resumida. Ainda que superadas as críticas anteriores, o fato é que nem o jurista, e muito menos o juiz, dispõem de elementos ou condições de avaliar, sobretudo em demandas individuais, a realidade da ação estatal como um todo. Preocupado com a solução dos casos concretos – o que se poderia denominar de microjustiça –, o juiz fatalmente ignora outras necessidades relevantes e a imposição inexorável de gerenciar recursos limitados para o atendimento de demandas ilimitadas: a macrojustiça. Ou seja: ainda que fosse legítimo o controle jurisdicional de políticas públicas, o jurista não disporia do instrumental técnico ou de informação para levá-lo a cabo sem desencadear amplas distorções no sistema de políticas públicas globalmente considerado".

Tribunais.⁵⁴² Por último, em uma dimensão política, argumentam os teóricos que os magistrados teriam mais atenção ao interesse das partes em litígio do que às questões relativas à sociedade, tratando-se de um corpo que não é dotado de mandato eletivo (*déficit de legitimidade democrática*).⁵⁴³

Em contraposição a essas críticas, observa-se que a representação do mandato político não é perfeita. A análise jurisdicional permite a defesa dos direitos individuais em face da tirania majoritária, a partir do exercício da jurisdição constitucional, em atenção à rigidez e à supremacia da Constituição. A pulverização da política nas sociedades de massa alerta para o perigo da idealização do processo legislativo.⁵⁴⁴

Cotejando as capacidades institucionais dos órgãos políticos e do Judiciário, verifica-se que os juízes possuem vantagem institucional quando o que está em jogo é a necessidade de garantir a efetividade dos direitos fundamentais. Esses direitos representam a positivação, no texto constitucional, dos valores mais básicos de uma determinada sociedade. Além disso, são condições essenciais para o funcionamento adequado do sistema democrático, sem os quais o processo político não atingiria padrões mínimos de isonomia participativa. Por essa razão, a defesa dos direitos fundamentais, inclusive dos direitos sociais, não deve ficar ao alvedrio das maiorias de plantão, cabendo ao Judiciário, sempre que se deparar com situações de omissão ou violação a estes direitos, garantir a sua plena efetividade. De mais a mais, os magistrados são dotados do mais alto grau de independência funcional, possuindo garantias como a vitaliciedade e a inamovibilidade, o que permite que a tomada de decisão seja livre de pressões e exerça um freio e um contrapeso ao jogo político.⁵⁴⁵

Ao Poder Judiciário também se deve reconhecer maior capacidade institucional para tutelar os direitos das minorias marginalizadas, que veem na Justiça uma trincheira para a defesa de interesses que, não raras

---

⁵⁴² BADIN, Arthur Sanchez. *Controle judicial das políticas públicas*: contribuição ao estudo do tema da judicialização da política pela abordagem da análise institucional comparada de Neil K. Komesar. São Paulo: Malheiros, 2013. p. 61.
⁵⁴³ Ibidem. p. 59.
⁵⁴⁴ FONTE, Felipe de Melo. op. cit. p. 143-144.
⁵⁴⁵ BADIN, Arthur. op. cit. p. 62.

vezes, são ignorados pelas instâncias democráticas (a chamada *invisibilidade social* de tais grupos e de suas demandas).

Por último, nota-se que o processo judicial sofreu reformas nos últimos anos para ampliar a participação dos membros da sociedade, como o surgimento da figura do *amicus curiae* e a realização de audiências públicas. Nesta esteira, o advento do microssistema de tutela coletiva caracterizou-se como uma segunda onda renovatória de acesso à justiça.[546]

Ocorre que, como dito antes, há uma dimensão financeira na criação de políticas públicas que não pode ser desconsiderada pelos magistrados. Em um ambiente de escassez de recursos, caberia aos atores políticos, imbuídos de legitimidade democrática – e, portanto, dotados de maior capacidade institucional para efetuarem tais escolhas alocativas –, eleger as metas e os objetivos que merecerão prioridade na atuação do Estado.[547]

Uma vez que se aceite que a elaboração de políticas públicas envolve, ainda que não exclusivamente, decisões de caráter político, que incluem elementos técnicos e orçamentários, o protagonismo no processo deci-

---

[546] CAPELLETTI, Mauro. *Acesso à justiça*. Tradução de Ellen Gracie Northfleet. Porto Alegre: Fabris, 1988. p. 49: "O segundo grande movimento no esforço de melhorar o acesso à justiça enfrentou o problema da representação dos interesses difusos, assim chamados os interesses coletivos ou grupais, diversos daqueles dos pobres. [...] Centrando seu foco de preocupação especificamente nos interesses difusos, esta segunda onda de reformas forçou a reflexão sobre noções tradicionais muito básicas do processo civil e sobre o papel dos tribunais. Sem dúvida, uma verdadeira 'revolução' está-se desenvolvendo dentro do processo civil".

[547] FONTE, Felipe de Melo. op. cit. p. 62-63 e 196 e ss. É bem de ver que Sunstein e Vermeule diferenciam as discussões relacionadas às capacidades institucionais das que se referem à legitimidade democrática, entendendo que esta não seria um elemento essencial para a aferição das capacidades da instituição responsável pela decisão. No entanto, como advertem Gustavo Binenbojm e André Cyrino, "a legitimação democrática de natureza majoritária, como aquela de que investidos os agentes eleitos, deve ser considerada como importante componente de sua peculiar capacidade institucional para decisões de caráter marcadamente político, como o estabelecimento de prioridades orçamentárias e regulatórias" (BINENBOJM, Gustavo; CYRINO, André Rodrigues. O Direito à Moradia e a Penhorabilidade do Bem Único do Fiador em Contratos de Locação. Limites à Revisão Judicial de Diagnósticos e Prognósticos Legislativos. In: SARMENTO, Daniel (Org.). *Direitos Sociais*: fundamentos, judicialização e direitos sociais em espécie. Rio de Janeiro: Lumen Juris, 2009. p. 1.006).

sório de eleição das prioridades do Poder Público e de formulação das respectivas políticas públicas deveria ser reservado aos atores políticos, com maior legitimidade democrática se comparados ao Poder Judiciário, já que, além de serem eleitos pelo voto direto do povo, sua relação com o eleitorado é marcada pelas ideias de responsabilidade e de responsividade democráticas.[548] Na prática, no entanto, há hipóteses em que a atuação dos órgãos de representação política é insuficiente.

Mas não se pode perder de vista que há prioridades constitucionais expressamente estabelecidas – que envolvem direitos fundamentais e sociais – e que, em caso de omissões ou escolhas constitucionalmente inadequadas daqueles atores políticos, caberá ao Judiciário reconduzi-las aos trilhos. A racionalização do gasto público, sobretudo em um país que ainda apresenta várias demandas sociais a serem satisfeitas, passa também por uma análise criteriosa da prioridade da despesa a ser executada, cuja avaliação não pode ser excluída do Poder Judiciário.[549]

A capacidade institucional do Poder Judiciário de intervir – sob o ponto de vista das repercussões financeiras – em questões relativas à implementação de políticas públicas já existentes aumenta sensivelmente de importância. Não se desconhece que as intervenções judiciais que desconsideram o aspecto sistêmico das políticas públicas têm alto potencial para causar desequilíbrios orçamentários e, igualmente, ocasionar ineficiências no âmbito do sistema de políticas públicas, resultante, por exemplo, do fato de se imputarem atribuições idênticas a *policymakers* distintos. Por essa razão, o Judiciário agirá na medida em que verificar a necessidade de, no âmbito de processo judicial, substituir a opção instrumental dos poderes políticos pela sua própria, quando deixarem de atender aos comandos da Constituição, especialmente quanto às políticas públicas prioritárias nela contidas.

---

[548] Para uma distinção entre responsabilidade e responsividade, cf. PRZEWORSKI, Adam. Reforma do Estado: responsabilidade política e intervenção econômica. Tradução de Vera Pereira e revisão de Argelina Cheibub Figueiredo. *Revista Brasileira de Ciências Sociais*, São Paulo, v.11, n. 32, 1996. p. 18-38.
[549] ABRAHAM, Marcus. Políticas Públicas e o seu Controle Judicial na Área de Saúde: uma Crítica à Reserva do Possível no Brasil. In: ABRAHAM, Marcus et alii (Org.) *Estado fiscal e tributação*. Rio de Janeiro: GZ, 2015. p. 39-70.

A conclusão a que se chega é a de que há circunstâncias que demandam uma atuação mais formalista do Poder Judiciário; há outras, porém, diante das quais os juízes deverão atuar de forma proativa. São casos em que o desenho institucional do Poder Judiciário, quando comparado ao dos órgãos políticos, atribui-lhe maior aptidão para tomar a decisão mais correta ao caso concreto, especialmente quanto à efetividade do mínimo existencial, a salvaguarda dos direitos fundamentais de minorias, e a aplicação das normas constitucionais que definem patamares mínimos de investimento em saúde e educação.

Assim, não há dúvidas sobre o papel que o mínimo existencial deve exercer no contexto de um Estado Democrático que preze pela promoção da dignidade humana: de um lado, garantir as condições mínimas de vida digna e, de outro, a possibilidade real e efetiva de participação na esfera pública de deliberação.[550] Parece induvidoso que um indivíduo a quem não se assegurem condições mínimas de dignidade não terá possibilidades reais de intervir e de participar, em igualdade de condições, no ambiente democrático da sociedade em que inserido.

Portanto, certo é que o Poder Judiciário estará autorizado a controlar a observância, pelos demais poderes da República e, inclusive no que se refere às políticas públicas, do mínimo existencial enquanto garantia fundamental do indivíduo.[551] Tendo em vista a tutela das condições materiais de vida digna, essenciais para o bom funcionamento da democracia, não se poderá falar em déficit democrático e de ausência de *expertise* do Poder Judiciário em matéria orçamentária, já que a ausência de intervenção judicial em defesa do mínimo existencial traria prejuízos à própria democracia.[552]

---

[550] Cf., por todos, BARCELLOS, Ana Paula de. *A Eficácia Jurídica dos Princípios Constitucionais*: o Princípio da Dignidade da Pessoa Humana. 3. ed. Rio de Janeiro: Renovar, 2011.

[551] Embora adotando a ideia de "fundamentalidade dos direitos sociais", mais ampla que a de mínimo existencial, cf. SOUZA NETO, Cláudio Pereira de. A Justiciabilidade dos Direitos Sociais: críticas e parâmetros. In: SARMENTO, Daniel; SOUZA NETO, Cláudio Pereira de. (Coord.). *Direitos Sociais*: fundamentos, judicialização e direitos sociais em espécie. Rio de Janeiro: Lumen Juris, 2009. p. 535-538.

[552] Ainda que se referindo ao controle judicial de políticas públicas regulatórias, cf. CYRINO, André Rodrigues. op. cit. p. 306: "Num outro giro, é preciso ainda verificar se o caso posto a exame judicial interfere direta e imediatamente com direitos fundamentais

Daí porque se afirmar que, embora de maneira não ordinária, o Poder Judiciário tem plenas condições institucionais de determinar que se assegure o mínimo existencial de cada indivíduo, nos planos individual e coletivo, como condição essencial para a participação isonômica dos indivíduos no processo político, estando autorizado a controlar aspectos financeiros das políticas públicas quando a efetividade de direitos fundamentais e sociais estiver em jogo.

Noutras palavras, o Poder Judiciário tem – agindo de maneira excepcional – ampla capacidade institucional de exercer o controle jurisdicional de aspectos orçamentários de políticas públicas para assegurar o cumprimento das normas constitucionais que fixam os patamares mínimos de investimentos em serviços como os de saúde e educação, podendo, inclusive, determinar a adequação do orçamento às disposições da Lei Maior.[553]

5.8.3. Paternalismo judicial excessivo e o orçamento impositivo

Vê-se que a recente expansão, no Brasil, da esfera de atuação judicial sobre a realização de políticas públicas e do controle orçamentário, setor tradicionalmente impermeável à intervenção judicial, é um dos grandes temas e desafios do direito nacional neste início de século.

A discussão revolve em torno de princípios fundamentais ao funcionamento da democracia, como o da separação dos poderes e segurança

---

ligados aos aspectos mais existenciais da dignidade humana, bem como hipóteses em que estejam em jogo aspectos básicos da democracia. Em caso que tais, [...] é de se sustentar a importância de um escrutínio rigoroso pelo juiz".

[553] De acordo com FONTE, Felipe de Melo, op. cit. p. 304: "[c]uida-se de uma hipótese de controle 'fraco', já que o Poder Judiciário não vai decidir sobre a realização das políticas públicas, i. e., sobre o que será feito de concreto, mas sim exigir que percentuais do orçamento sejam investidos em determinadas áreas, ou que verbas de fundos específicos sejam efetivamente aplicadas em sua destinação, que pode ser legal ou constitucional". Mais adiante (p. 313-14), o autor afirma que "a direta afetação judicial do orçamento é uma medida menos grave que a própria desconsideração das regras orçamentárias então vigentes, como vem ocorrendo na prática jurisprudencial, mas não tem a eficácia imediata que muitas vezes a solução do caso exige, pois haverá que se aguardar o período orçamentário seguinte para que se torne exequível. Porém, por outro lado, é uma medida de intervenção menos severa e, por esta razão, mais consentânea com a autocontenção exigida do Poder Judiciário ao interferir em matéria que não é originariamente de sua alçada [...]".

jurídica, a efetividade das normas constitucionais e a garantia dos direitos fundamentais e sociais, bem como coloca na ordem do dia o debate acerca do *paternalismo estatal* em sua vertente judicial.

Frequentemente, o Judiciário de países em desenvolvimento depara-se com um dilema: como fechar os olhos a demandas sociais candentes, sobretudo em países que, como o Brasil, possuem textos constitucionais analíticos contendo extenso rol de direitos sociais?[554]

Nessa balança em que se sopesam os valores em jogo, é comum que o Poder Executivo, tradicional *locus* das escolhas de políticas públicas, invoque sua autonomia como sinal da intromissão indevida do Judiciário numa seara para a qual a atividade jurisdicional não teria legitimidade, uma vez que juízes não são ungidos pelas águas lustrais do voto popular. É o denominado *déficit democrático* do Poder Judiciário, composto por técnicos altamente especializados, mas que não foram eleitos para seus cargos no sistema brasileiro.

---

[554] O dilema é percebido por Varun Gauri e Daniel Brinks: "A life that achieves the full promise of human dignity requires, among other things, escape from premature death, the resources to withstand debilitating disease, the ability to read and write, and, in general, opportunities and freedoms unavailable in the midst of extreme poverty and deprivation. Over the past few decades, many have adopted the view that commanding some minimal level of social and economic resources not only is constitutive of dignity, but is a basic human right to which someone *must* respond. Yet, one billion people on earth remain extremely poor, and billions of others lack necessities and essential services. The scale of global poverty makes it obvious that no one has assumed the responsibility to respond or that those who have undertaken that responsibility are failing. From the perspective of many human rights activists, then, the challenges become how best to identify those who ought to respond, how best to evaluate those who have attempted a response, and, more generally, how best to assign duties and then hold accountable those who might provide an effective response. And, many believe, it is entirely appropriate to use courts to enforce these rights. Courts are, after all, the paradigmatic institutions for identifying legal duties and responding to claims that rights have been violated. In many countries, this process is well under way. To begin with, during and since the third wave of democratization around the world, more and more substantive rights have been enshrined in constitutions around the world [...]". (BRINKS, Daniel; GAURI, Varun. Introduction: The Elements of Legalization and the Triangular Shape of Social and Economic Rights. In: BRINKS, Daniel; GAURI, Varun (Ed.). *Courting Social Justice*: judicial enforcement of social and economic rights in the developing world. New York: Cambridge University, 2008. p. 1).

Além disso, aponta-se que os magistrados, jungidos que estão ao microcosmo da demanda que lhe é posta ante os olhos, não estariam dotados da visão macroscópica necessária para a formulação de políticas públicas destinadas à população em geral, e não somente a este ou aquele cidadão específico.

Entretanto, diante da realidade brasileira de uma Constituição que apresenta uma série de promessas ainda não cumpridas no campo social e fundamental, onde a presença interventiva do Estado passa a ser inafastável, modelo que se aproxima àquele que Canotilho convencionou chamar de "constitucionalismo dirigente"[555], a omissão reiterada na determinação e execução de políticas públicas, assim como a inadequada e insuficiente alocação de recursos para o atendimento dos direitos sociais e fundamentais, vem legitimando a atuação do Poder Judiciário, ainda que de maneira subsidiária, tal como têm entendido as nossas Cortes Superiores.

Mas esta tendência – da ingerência excessiva do Poder Judiciário sobre a formulação de políticas públicas – sofre as críticas decorrentes de um paternalismo judicial excessivo.

Uma proposta que poderia auxiliar na contenção da atividade judicial nesse campo é a de se considerar, de maneira efetiva, o orçamento impositivo como instrumento relacional entre Legislativo e Executivo capaz de garantir efetivo dispêndio de recursos autorizados nas finalidades sociais eleitas pela Constituição.

Em ciência política, o paternalismo pode ser entendido como "a interferência por algum agente externo sobre a liberdade de uma pessoa para salvaguardar o bem desta mesma pessoa."[556] Na situação que nos interessa aqui, referimo-nos ao *paternalismo estatal*, isto é, modo de relação entre Estado e sociedade civil (ou entre Estado e cidadãos) em que o Estado pretende decidir no lugar dos cidadãos aquilo que devem fazer, com o objetivo de protegê-los de decisões ou escolhas ruins.

---

[555] CANOTILHO, José Joaquim Gomes. *Constituição dirigente e vinculação do legislador*: contributo para a compreensão das normas constitucionais programáticas. Coimbra: Coimbra Editora, 1982.
[556] LE GRAND, Julian; NEW, Bill. *Government Paternalism*: Nanny State or Helpful Friend? Princeton: Princeton University, 2015. p. 7.

O paternalismo estatal é visto, especialmente por autores de matriz liberal, como desrespeitoso para com a liberdade do cidadão, que é tratado como um incapaz e não como um agente racional[557], ou até mesmo como instrumento de manipulação dos cidadãos, de forma a cumprirem os objetivos traçados pelos ocupantes ocasionais do poder. Por outro lado, para os que defendem o paternalismo em alguma medida, os seres humanos são dotados de uma racionalidade *imperfeita*[558], marcada pelo

---

[557] "Principled anti-paternalism comes in different forms. One alleges that interference with the choices of well-informed, competent adults cannot benefit them because each is the best judge of where his self-interest lies. This 'best judge' principle is usually defended on the grounds that a preferentist account of prudential value is true and each knows his own preferences better than anyone else does. A second form of antipaternalism alleges that even if the paternalist knows what's best for you, being forced to conform to his judgment is a harm that outweighs any benefit derived from voluntarily conforming to it. This view implies that all coercive paternalism is necessarily self-defeating, while the first implies that any attempt even to persuade another well-informed adult that his choice is foolish, because its aim is foolish, is misguided. Both rest on dubious assumptions about what well-being is. For this reason a third form of principled anti-paternalism may seem more promising. It grants that some coercive paternalistic interference may leave its target better off but insists that it remains wrong because it violates a right to personal autonomy or 'sovereignty.' Not all paternalism is supposed to violate this right; 'soft' paternalism is not. But many liberal theorists – the most prominent and influential of whom is Joel Feinberg – hold that any paternalism that does violate it (i.e., any 'hard' paternalism) is wrong because the right in question is absolute." (Scoccia, Danny. The right to autonomy and the justification of hard paternalism. In: Coons, Christian; WEBER, Michael (Ed.). *Paternalism*: theory and practice. New York: Cambridge, 2013. p. 74).

[558] A este respeito, a posição de Cass Sunstein: "The false assumption is that almost all people, almost all of the time, make choices that are in their best interest or at the very least are better, by their own lights, than the choices that would be made by third parties. [...] The presumption that individual choices should be respected is often based on the claim that people do an excellent job of making choices, or at least that they do a far better job than third parties could possibly do. But there is little empirical support for this claim, at least if it is offered in this general form. Consider the issue of obesity. Rates of obesity in the United States are now approaching 20 percent, and over 60 percent of Americans are considered either obese or overweight. There is overwhelming evidence that obesity causes serious health risks, frequently leading to premature death. It is quite fantastic to suggest that everyone is choosing the optimal diet, or a diet that is preferable to what might be produced with third-party guidance. Of course, rational people care about the taste of food, not simply about health, and it would be foolish to claim that everyone who is overweight is necessarily failing to act rationally. It is the strong claim that

influxo das emoções sobre o modo de raciocínio humano, decorrente de sentimentos como medo, angústia, paixão, prazer, que podem afetar de maneira dramática a tomada de decisões, justificando a atuação de terceiros não diretamente envolvidos (no caso que nos interessa, agentes estatais) e afastados da influência emocional, o que confere uma justificativa ética suficiente para condutas paternalistas, quando necessárias.

A realidade brasileira demonstra que, se há uma forte intervenção do Estado constitucionalmente afiançada, alguma medida de paternalismo estatal é-nos inevitável, transmutando-se por vezes de um *paternalismo estatal do Executivo* para um *paternalismo estatal do Judiciário*, em que, embora seja o mesmo Estado a buscar garantir o direito, o faz por um novo arranjo de distribuição de atribuições, onde o Judiciário passa a assumir um novo papel *a latere* do Executivo, quando este último falha em planejar satisfatoriamente e efetivamente cumprir as promessas constitucionais.

Assim, se as promessas constitucionais, nas mais variadas áreas de políticas públicas, como educação, saúde e moradia, acabam por serem frustradas diante de omissões orçamentárias (desde a elaboração à sua execução), atribuídas primariamente ao Poder Executivo, vem cabendo ao Judiciário, como poder estatal que detém a prerrogativa de ser aquele que emite a última palavra sobre a interpretação e aplicação do Direito, como espécie de "guardião das promessas"[559] formuladas em profusão em nossa Constituição, garantir a sua efetividade. A decisão judicial, então, obrigaria a Administração Pública a oferecer o bem ou o serviço ao cidadão beneficiado pelo provimento jurisdicional.

Ocorre que esta "nova" partição de funções não é provocada por uma decisão interna estatal, mas sim pelas demandas (individuais ou coleti-

---

all or almost all Americans are choosing their diet *optimally* that seems untenable. What is true for diets is true as well for much other risk-related behavior, including smoking and drinking, which produce over 500,000 premature deaths in the United States each year. In these circumstances, people's choices cannot reasonably be thought, in all domains, to be the best means of promoting their wellbeing. Indeed, many smokers, drinkers, and overeaters are willing to pay for third parties to help them choose better consumption sets." (SUNSTEIN, Cass. *Laws of fear*: beyond the precautionary principle. New York: Cambridge University, 2005. p. 178; 181-182.)

[559] A expressão é de GARAPON, Antoine. *O juiz e a democracia*: o guardião das promessas. 2. ed. Rio de Janeiro: Revan, 1999.

vas) dos cidadãos, que instam o Judiciário a retirar, em casos concretos, o poder de decisão sobre políticas públicas das mãos do administrador. Como afirma Cornell Clayton:

> Como instituições que agem por provocação, os tribunais devem ter disputas políticas trazidas a eles na forma de casos antes de que possam decidir em matéria de política pública. A incapacidade do processo político-eleitoral para resolver importantes disputas políticas durante os períodos de governo dividido muitas vezes empurra a mobilização política para outras arenas: os movimentos sociais, os grupos de interesse e as elites escolhidas por eleição no Executivo e Legislativo começam a voltar-se para os tribunais e agências administrativas para alcançar objetivos políticos que não podem obter a partir de um Legislativo desunido. Neste sentido, os tribunais não são intrusos indesejáveis ao processo democrático, mas convidadas (e talvez necessárias) válvulas de escape de impulsos democráticos que não podem ser solucionadas através da via legislativa ordinária.[560] (tradução livre)

Neste ponto, entra em campo o debate sobre a *judicial self-restraint* (autocontenção judicial) e a teoria clássica da separação de poderes. De fato, tradicionalmente, compete ao Judiciário fazer a justiça do caso concreto, e não formular políticas macroscópicas de atendimento a todo um segmento populacional. A alocação de recursos, as restrições orçamentárias, os meios necessários para a consecução de fins, tudo isso deveria ser da seara de atuação do Executivo. Mas o que fazer com as promes-

---

[560] "As reactive institutions, courts must have policy disputes brought to them in the form of cases before they can make policy. The inability of the electoral political process to resolve important policy disputes during periods of divided government often pushes political mobilizations into other arenas: Social movements, interest groups, and elites in the elected branches begin to turn to courts and administrative agencies for policy goals that they cannot obtain from a disunified Constitutional Legislature. In this sense, courts are not unwelcome intruders into the democratic process, but invited (and perhaps necessary) release valves for democratic impulses that cannot be addressed through the ordinary legislative route." (CLAYTON, Cornell. The supply and demand sides of judicial policy-making (or, why be so positive about the judicialization of politics?). *Law and contemporary problems*, vol. 65, n. 3, Summer 2002. p. 77-78).

sas constitucionais que não chegam a ser cumpridas por atos do Poder Executivo?

Aqui, poder-se-ia invocar um *princípio da subsidiariedade* aplicado à atuação dos Poderes. No Tratado da União Europeia em sua atual configuração (redação dada em 1997 por meio do Tratado de Amsterdã), o princípio da subsidiariedade é consagrado da seguinte forma:

> Art. 5º – 3. Em virtude do princípio da subsidiariedade, nos domínios que não sejam da sua competência exclusiva, a União intervém apenas se e na medida em que os objetivos da ação considerada não possam ser suficientemente alcançados pelos Estados-Membros, tanto ao nível central como ao nível regional e local, podendo contudo, devido às dimensões ou aos efeitos da ação considerada, ser mais bem alcançados ao nível da União.

Embora se trate, no âmbito da União Europeia, de um princípio de distribuição de atribuições entre a União e os Estados-membros, o cerne de seu conteúdo está no fato de que o ente maior intervém apenas se e na medida em que os objetivos da ação considerada não possam ser suficientemente alcançados pelos entes menores.[561]

Por analogia, embora não haja hierarquia entre os poderes, se ao Executivo é atribuída a missão de salvaguardar direitos prestacionais, no momento em que não cumpre a contento seu múnus, estaria autorizado o Judiciário, subsidiariamente, a atuar, se e enquanto o Poder Executivo

---

[561] Assim define a subsidiariedade Torsten Stein: "aquello que cada persona pueda hacer por su propia iniciativa y con sus propias fuerzas no debiera sustraérsele ni ser atribuido a la sociedad y que aquello que los entes inferiores puedan realizar y conducir a buen puerto no debiera ser absorbido por los entes superiores, porque toda actividad social es por naturaleza subsidiaria. Y al poder estatal supraordenado se le hace digerible la renuncia a inmiscuirse en tareas infraordenadas con la reflexión de que ocuparse con asuntos de menor importancia le mantendría distante de las tareas importantes, que sólo él puede afrontar y para las que tendría que reservarse; una rigurosa observancia del principio de subsidiariedad reforzaría la autoridad y la eficiencia sociales. Subsidiariedad significaría, por tanto, desde un enfoque vertical, asignación de la(s) actuación(es) a la correspondiente instancia inferior siempre que a ésta le alcancen las fuerzas para la cumplimentación de la tarea propuesta." (STEIN, Torsten. El principio de subsidiariedad en el derecho de la Unión Europea. *Revista de Estudios Políticos (Nueva Época)*, n. 90, oct./dic. 1995. p. 71).

não for capaz de fazê-lo. Uma vez que o Executivo cumpra a contento com suas obrigações constitucionais relativas a direitos sociais e à dignidade da pessoa humana, a atuação jurisdicional na formulação de políticas públicas e alocação forçada de recursos poderia cessar.

Entretanto, sabemos que esta não é a situação ideal e muito menos pretendida originariamente no modelo jurídico-constitucional brasileiro, razão pela qual, a nosso ver, a solução reside na via orçamentária, pelo seu viés impositivo, desde a sua elaboração e até a execução, a partir da eleição de prioridades nos gastos públicos e o seu adequado dimensionamento, com vedação ao contingenciamento nas áreas de direitos fundamentais e sociais (exceto os de ordem financeira, técnica ou legal), de maneira a auxiliar a diminuir a pressão sobre o Poder Judiciário.

Por um lado, não escapamos de um modelo social-liberal na Constituição cidadã e não é possível evitar a visão de um Estado provedor de prestações positivas que configuram direitos fundamentais e sociais para se garantir, ao menos, um mínimo existencial. Por outro, reconhecer e valorizar o orçamento impositivo como instrumento relacional entre Legislativo e Executivo capaz de garantir efetivo dispêndio de recursos autorizados no orçamento nas finalidades sociais eleitas pela Constituição será uma via capaz de minimizar o chamado paternalismo judicial excessivo e evitar uma ingerência demasiada do Poder Judiciário sobre a formulação de políticas públicas e na alocação orçamentária.

5.8.4. Dignidade da pessoa humana, mínimo existencial e a reserva do possível vistas pelo Poder Judiciário

Para garantir o mínimo existencial, a dignidade da pessoa humana e atender aos preceitos dos direitos humanos fundamentais e sociais previstos na Constituição, o Estado brasileiro, assim como qualquer outra nação contemporânea, enfrenta uma limitação: a de que os recursos financeiros são sempre finitos, mas as necessidades públicas e desejos humanos são infinitos.

As inúmeras promessas constitucionais esbarram, assim, na "teoria dos custos dos direitos" ("*Cost of Rights Theory*")[562], também conhecida

---

[562] GALDINO, Flávio. *Introdução à Teoria dos Custos dos Direitos*: direitos não nascem em árvores. Rio de Janeiro: Lumen Juris, 2005; VELJANOVSKI, Cento. *The Economics of Law*.

por cláusula ou reserva do possível, teoria originária da construção jurisprudencial do Tribunal Constitucional Federal alemão[563], através da qual a Administração Pública somente teria condições de realizar e oferecer à sociedade aquilo que fosse admissível dentro do orçamento previsto, sendo, pois, utilizada como argumento restritivo na atuação jurisdicional em face de políticas públicas e de direitos sociais e fundamentais.[564]

Neste sentido, Canotilho afirma que "a construção dogmática da reserva do possível foi rapidamente aderida para traduzir a ideia de que os direitos sociais só existem quando e enquanto existir dinheiro nos cofres públicos".[565] Na mesma linha, outro português, José Casalta Nabais,[566] nos lembra de que de nada adiantará uma Carta Maior repleta de direitos e, igualmente, não terá qualquer valia uma abalizada teoria dos direitos fundamentais, se o Estado não dispuser de recursos financei-

---

2nd ed. London: The Institute of Economic Affairs, 2006; HOLMES, Stephen; SUNSTEIN, Cass R. *The Cost of Rights*: Why Liberty Depends on Taxes. New York: W. W. Norton & Company, 1999.

[563] ALEMANHA. Tribunal Constitucional Federal (BVerfG). 1 BvL 32/70 e 25/71. j. 18 jul. 1972. BVerfGE 33, 303. NJW 1972, 1561; ALEMANHA. Tribunal Constitucional Federal (BVerfG). 1 BvL 20/84. j. 29 maio 1990. BVerfGE 82, 60. NJW 1990, 2869; ALEMANHA. Tribunal Constitucional Federal (BVerfG). 1 BvL 51/86 e 50/87; 1 BvR 873/90, 761/91. j. 7 jul. 1992. BVerfGE 87, 1. NJW 1992, 2213; ALEMANHA. Tribunal Constitucional Federal (BVerfG). 1 BvR 178-97. j. 10 mar. 1998. BVerfGE 97, 332. NJW 1998, 2128; ALEMANHA. Tribunal Constitucional Federal (BVerfG). 1 BvR 1629/94. j. 3 abr. 2001. BVerfGE 103, 242. NJW 2001, 1712; ALEMANHA. Tribunal Constitucional Federal (BVerfG). 1 BvR 684/98. j. 9 nov. 2004. BVerfGE 112, 50. NJW 2005, 1413.

[564] TORRES, Ricardo Lobo. *O direito ao mínimo existencial*. Rio de Janeiro: Renovar, 2009. p. 106-110; MEDAUAR, Odete. *Controle da Administração Pública*. 2. ed. São Paulo: Revista dos Tribunais, 2012. p. 221; CUNHA JUNIOR, Dirley da. *Controle judicial das omissões do poder público*. São Paulo: Saraiva, 2004. p. 307; SARLET, Ingo Wolfgang; MARINONI, Luiz Guilherme; MITIDIERO, Daniel. *Curso de direito constitucional*. São Paulo: Revista dos Tribunais, 2012. p. 558; SARLET, Ingo Wolfgang (Org.). *Direitos fundamentais, orçamento e reserva do possível*. Porto Alegre: Livraria do Advogado, 2010.

[565] CANOTILHO, J. J. Gomes. *Direito constitucional e teoria da constituição*. Coimbra: Almedina, 1998. p. 439.

[566] NABAIS, José Casalta. A face oculta dos direitos fundamentais: os deveres e os custos dos direitos. In: NABAIS, José Casalta (Org.). *Por uma Liberdade com Responsabilidade* – Estudos sobre Direitos e Deveres Fundamentais. Coimbra: Coimbra Editora, 2007. p. 24.

ros suficientes para realizá-los, já que para todo direito há, inequivocamente, um custo financeiro. Adverte ele:

> Daí que uma qualquer teoria dos direitos fundamentais, que pretenda naturalmente espelhar a realidade jusfundamental com um mínimo de rigor, não possa prescindir dos deveres e dos custos dos direitos. Assim, parafraseando Ronald Dworkin, tomemos a sérios os deveres fundamentais e, por conseguinte, tomemos a sério os custos orçamentais de todos os direitos fundamentais. Pois, somente com uma consideração adequada dos deveres fundamentais e dos custos dos direitos, poderemos lograr um estado em que as ideias de liberdade e de solidariedade não se excluam, antes se completem. Ou seja, um estado de liberdade com um preço moderado.

Ricardo Perlingeiro[567], após detido exame de acórdãos do Tribunal Constitucional Federal alemão que originaram a teoria da reserva do possível[568], afirma que

---

[567] PERLINGEIRO, Ricardo. É a reserva do possível um limite à intervenção jurisdicional nas políticas públicas sociais? *Revista de Direito Administrativo Contemporâneo*, ano 1, v. 2, set./out. 2013. p. 184-185.

[568] Em profundo estudo sobre o tema, Ricardo Perlingueiro narra que em 1972 (ALEMANHA. Tribunal Constitucional Federal (BVerfG). 1 BvL 32/70 e 25/71. j. 18 jul. 1972. BVerfGE 33, 303. NJW 1972, 1561), em decisão que versava sobre o direito a vagas em universidades públicas, aquela Corte entendeu que os direitos fundamentais a prestações positivas que resultam diretamente da Constituição devem ser limitados aos casos em que o indivíduo possa racionalmente exigi-los da sociedade. O argumento principal foi o de que o legislador, no exercício de suas atribuições, também deve observar outros interesses da comunidade. E, de acordo com a própria Constituição, seria imprescindível preservar o equilíbrio econômico global, ou seja, não se deveria instituir despesas e onerar exageradamente a sociedade. Em outra passagem da decisão, ficou assentado que seria "uma incompreensão do significado de liberdade, se houvesse contínua precedência da liberdade pessoal em detrimento da capacidade funcional e do equilíbrio da sociedade como um todo". O acórdão foi concluído com a tese de que "uma pretensão subjetiva e ilimitada às custas da comunidade é incompatível com os princípios do Estado Social". Por sua vez, em 1990 (ALEMANHA. Tribunal Constitucional Federal (BVerfG). 1 BvL 20/84. j. 29 maio 1990. BVerfGE 82, 60. NJW 1990, 2869), o Tribunal Constitucional alemão novamente invocou a reserva do possível, para justificar a constitucionalidade da redução do auxílio--criança para pais com nível de renda elevado. Foi com esta decisão que se introduziu o critério da "clara inadequação de uma prestação devida constitucionalmente" ou da "linha

A reserva do possível (*Vorbehalt des Möglichen*) está intrinsecamente relacionada com a prerrogativa do legislador de escolher quais benefícios sociais considera prioritários para financiar, sem que isso implique limitação ou restrição de direitos subjetivos existentes e exigíveis. Portanto, não se cogita da reserva do possível em face de um *mínimo* existencial e tampouco da *justiciabilidade* de direitos sociais derivados e instituídos por lei. Nestes casos, é zero a margem de discricionariedade do legislador, inclusive o orçamentário, sob pena de ofensa ao princípio do Estado de Direito.

Perlingeiro se insere na mesma corrente doutrinária de Ricardo Lobo Torres quanto à intangibilidade do mínimo existencial, ao inadmitir que se possa alegar a cláusula da reserva do possível em relação a prestações que compõem o mínimo existencial. Admitir que não haja recursos sequer para o conjunto de prestações mínimas equivaleria, de certa forma, a reconhecer a falência total de um Estado que se quer democrático e social em manter o padrão mais básico de dignidade aos seus cidadãos.

Na jurisprudência nacional, seguindo a mesma linha, o Superior Tribunal de Justiça, apesar de reconhecer a escassez de recursos, enfrentou o argumento da *reserva do possível* em ponderação ao *mínimo existencial* no REsp 1.185.474-SC, em que se tratava do direito à educação de crianças de zero a seis anos (atendimento por meio de creches).

Assentou-se a ideia de que o atendimento dos direitos fundamentais, especialmente em sua vertente do mínimo existencial ou *mínimo de inserção na vida social*, como também chamado no acórdão (filiando-se ao que chamamos anteriormente de *conceito forte de mínimo existencial*) não

---

do tolerável" como condição para incidir a reserva do possível. Já em 1992 (ALEMANHA. Tribunal Constitucional Federal (BVerfG). 1 BvL 51/86 e 50/87; 1 BvR 873/90, 761/91. j. 7 jul. 1992. BVerfGE 87, 1. NJW 1992, 2213), o tribunal apontou-se a reserva do possível como um limitador de prestações que acarretem custos financeiros no âmbito dos incentivos públicos à família, exceto se a regra constitucional de incentivo, na prática, estivesse sendo violada por prestações "evidentemente inadequadas" e fora do limite do tolerável, o que não era o caso. (PERLINGEIRO, Ricardo. É a reserva do possível um limite à intervenção jurisdicional nas políticas públicas sociais? *Revista de Direito Administrativo Contemporâneo*, ano 1, v. 2, set./out. 2013. p. 168-172).

decorre da mera vontade ou arbítrio da Administração Pública e nem pode ser restringido por mera alegação de questões orçamentárias:

> A tese da reserva do possível assenta-se em ideia que, desde os romanos, está incorporada na tradição ocidental, no sentido de que a obrigação impossível não pode ser exigida (*Impossibilium nulla obligatio est* – Celso, D. 50, 17, 185). Por tal motivo, a insuficiência de recursos orçamentários não pode ser considerada uma mera falácia. [...] observa-se que a realização dos Direitos Fundamentais não é opção do governante, não é resultado de um juízo discricionário nem pode ser encarada como tema que depende unicamente da vontade política. Aqueles direitos que estão intimamente ligados à dignidade humana não podem ser limitados em razão da escassez quando esta é fruto das escolhas do administrador. Não é por outra razão que se afirma que a reserva do possível não é oponível à realização do mínimo existencial.[569]

---

[569] STJ. Recurso Especial nº 1.185.474/SC. Rel. Min. Humberto Martins – recorrente: Município de Criciúma – Recorrido: Ministério Público do Estado de Santa Catarina. Ementa: Administrativo e constitucional – Acesso à creche aos menores de zero a seis anos – Direito subjetivo – Reserva do possível – Teorização e cabimento – Impossibilidade de arguição como tese abstrata de defesa – Escassez de recursos como o resultado de uma decisão política – Prioridade dos direitos fundamentais – Conteúdo do mínimo existencial – Essencialidade do direito à educação – Precedentes do STF e STJ. 1. A tese da reserva do possível assenta-se em ideia que, desde os romanos, está incorporada na tradição ocidental, no sentido de que a obrigação impossível não pode ser exigida (*Impossibilium nulla obligatio est* – Celso, D. 50, 17, 185). Por tal motivo, a insuficiência de recursos orçamentários não pode ser considerada uma mera falácia. 2. Todavia, observa-se que a dimensão fática da reserva do possível é questão intrinsecamente vinculada ao problema da escassez. Esta pode ser compreendida como "sinônimo" de desigualdade. Bens escassos são bens que não podem ser usufruídos por todos e, justamente por isso, devem ser distribuídos segundo regras que pressupõem o direito igual ao bem e a impossibilidade do uso igual e simultâneo. 3. Esse estado de escassez, muitas vezes, é resultado de um processo de escolha, de uma decisão. Quando não há recursos suficientes para prover todas as necessidades, a decisão do administrador de investir em determinada área implica escassez de recursos para outra que não foi contemplada. (...) 4. É por esse motivo que, em um primeiro momento, a reserva do possível não pode ser oposta à efetivação dos Direitos Fundamentais, já que, quanto a estes, não cabe ao administrador público preteri-los em suas escolhas. Nem mesmo a vontade da maioria pode tratar tais direitos como secundários. Isso, porque a democracia não se restringe na vontade da maioria. O princípio do majoritário é apenas um instrumento no pro-

A propósito, também no Supremo Tribunal Federal, o Ministro Celso de Mello, em sua decisão monocrática na medida cautelar da ADPF nº 45 (29/04/2004)[570], afirmou que o caráter programático das regras constitucionais não poderia veicular uma "promessa constitucional inconsequente", pois o Poder Público não poderia violar as legítimas expectativas despertadas na população pelo texto constitucional, substituindo, "de maneira ilegítima, o cumprimento de seu impostergável dever, por um gesto irresponsável de infidelidade governamental ao que determina a própria Lei Fundamental do Estado."

Em sua decisão, Celso de Mello admite o impacto da escassez de recursos para a oferta de prestações estatais na área dos direitos sociais (*reserva do possível*), defendendo que justo motivo objetivamente aferível possibilitaria ao Estado não conceder tais prestações. Todavia, também

cesso democrático, mas este não se resume àquele. Democracia é, além da vontade da maioria, a realização dos direitos fundamentais. (...) 5. Com isso, observa-se que a realização dos Direitos Fundamentais não é opção do governante, não é resultado de um juízo discricionário nem pode ser encarada como tema que depende unicamente da vontade política. Aqueles direitos que estão intimamente ligados à dignidade humana não podem ser limitados em razão da escassez quando esta é fruto das escolhas do administrador. Não é por outra razão que se afirma que a reserva do possível não é oponível à realização do mínimo existencial. 6. O mínimo existencial não se resume ao mínimo vital, ou seja, o mínimo para se viver. O conteúdo daquilo que seja o mínimo existencial abrange também as condições socioculturais, que, para além da questão da mera sobrevivência, asseguram ao indivíduo um mínimo de inserção na "vida" social. 7. Sendo assim, não fica difícil perceber que dentre os direitos considerados prioritários encontra-se o direito à educação. (...) Porém é preciso fazer uma ressalva no sentido de que mesmo com a alocação dos recursos no atendimento do mínimo existencial persista a carência orçamentária para atender a todas as demandas. Nesse caso, a escassez não seria fruto da escolha de atividades não prioritárias, mas sim da real insuficiência orçamentária. Em situações limítrofes como essa, não há como o Poder Judiciário imiscuir-se nos planos governamentais, pois estes, dentro do que é possível, estão de acordo com a Constituição, não havendo omissão injustificável. 11. Todavia, a real insuficiência de recursos deve ser demonstrada pelo Poder Público, não sendo admitido que a tese seja utilizada como uma desculpa genérica para a omissão estatal no campo da efetivação dos direitos fundamentais, principalmente os de cunho social. No caso dos autos, não houve essa demonstração.

[570] STF. ADPF nº. 45 MC/DF. Rel. Min. Celso de Mello. Decisão monocrática. Julgamento 29/04/2004. *DJ* 04/05/2004.

faz referência a um "núcleo intangível consubstanciador de um conjunto irredutível de condições mínimas necessárias a uma existência digna e essenciais à própria sobrevivência do indivíduo", sustentando não poder ser alegada a reserva do possível sem justo motivo como pretexto para que o Estado venha a furtar-se "do cumprimento de suas obrigações constitucionais, notadamente quando, dessa conduta governamental negativa, puder resultar nulificação ou, até mesmo, aniquilação de direitos constitucionais impregnados de um sentido de essencial fundamentalidade".

Contudo, resta pouco clara em seu posicionamento (embora plenamente justificável essa ambiguidade, por se tratar de mera decisão liminar) a questão acerca da possibilidade de se invocar a reserva do possível (devidamente comprovada) perante o próprio *mínimo existencial*. A inserção em suas palavras de um "justo motivo" poderia dar espaço, *contrario sensu*, para uma interpretação de que, se houvesse motivação adequada, até mesmo o mínimo poderia ser negligenciado.

Em sede doutrinária, viu-se que, em se tratando do mínimo existencial, há uma tendência geral a repudiar tal argumentação. Novamente aqui relevante a distinção, introduzida por Ricardo Lobo Torres, entre realização do patamar mais basilar de direitos sociais e a oferta de direitos sociais em níveis mais elevados (recorde-se o exemplo da educação superior). O mínimo existencial estaria blindado ou imunizado de qualquer tentativa de não cumprimento estatal, havendo uma obrigação do Poder Público de realocar recursos para o cumprimento do mínimo (pela redução ou eliminação periódica de gastos relevantes, mas que não comporiam o mínimo essencial). Nesta visão, o não cumprimento do mínimo existencial significa o colapso total das funções estatais, colocando em risco a própria existência regular do Estado como tal (ou denotando situações dramáticas e gravíssimas como aquelas de guerra civil ou externa).

Mais uma vez, entendendo que o Poder Público não pode se desonerar do cumprimento de suas obrigações por motivo financeiro, o mesmo Ministro Celso de Mello, no julgamento em 22/11/2005 do Recurso Extraordinário 410.715-SP[571], entendeu que a educação infantil, por apresentar caráter de fundamentalidade e diretamente prevista como

---

[571] STF. RE 410.715-AgR/SP. Rel. Min. Celso de Mello. 2ª Turma. Julgamento 22/11/2005. *DJ* 03/02/2006.

obrigação na Constituição, não se expõe, em seu processo de concretização, a avaliações meramente discricionárias da Administração Pública, nem se subordina a razões de puro pragmatismo governamental.

Embora resida, primariamente, nos Poderes Legislativo e Executivo, a prerrogativa de formular e executar políticas públicas, revela-se possível ao Poder Judiciário determinar, ainda que em bases excepcionais, o cumprimento de tais políticas – especialmente nas hipóteses de políticas públicas definidas pela própria Constituição, sejam estas implementadas pelos órgãos estatais inadimplentes, cuja omissão, por importar descumprimento dos encargos político-jurídicos que sobre eles incidem em caráter mandatório, mostra-se apta a comprometer a eficácia e a integridade de direitos sociais e culturais impregnados de estatura constitucional. Reconheceu que o direito fundamental de índole social e cultural caracteriza-se "pela gradualidade de seu processo de concretização – depende, em grande medida, de um inescapável vínculo financeiro subordinado às possibilidades orçamentárias do Estado". Apesar disso, o voto do relator não admite que o Poder Público possa desvencilhar-se da obrigação que sobre ele recai de satisfazer as pretensões surgidas de normas jusfundamentais dessa espécie pela mera invocação da cláusula do financeiramente possível.

Importante também registrar outra constatação do Ministro Celso de Mello no Recurso Extraordinário nº 581.352[572] (24/09/2013), para quem "a omissão do Poder Público representava um inaceitável insulto a direitos básicos assegurados pela própria Constituição da República". Segundo o Ministro, "o dever estatal de atribuir efetividade aos direitos fundamentais, de índole social, qualifica-se como expressiva limitação à discricionariedade administrativa". Nas suas palavras:

> Isso significa que a intervenção jurisdicional, justificada pela ocorrência de arbitrária recusa governamental em conferir significação real ao direito à saúde, tornar-se-á plenamente legítima (sem qualquer ofensa, portanto, ao postulado da separação de poderes), sempre que se impuser, nesse processo de ponderação de interesses e de valores em conflito, a necessidade de fazer

---

[572] STF. RE 581.352/AM. Rel. Min. Celso de Mello. Julgamento 24/09/2013. *DJE* 30/09/2013.

prevalecer a decisão política fundamental que o legislador constituinte adotou em tema de respeito e de proteção ao direito à saúde. [...]
Cumpre advertir, desse modo, que a cláusula da "reserva do possível" – ressalvada a ocorrência de justo motivo objetivamente aferível – não pode ser invocada, pelo Estado, com a finalidade de exonerar-se, dolosamente, do cumprimento de suas obrigações constitucionais, notadamente quando, dessa conduta governamental negativa, puder resultar nulificação ou, até mesmo, aniquilação de direitos constitucionais impregnados de um sentido de essencial fundamentalidade [...] em situações nas quais a omissão do Poder Público representava um inaceitável insulto a direitos básicos assegurados pela própria Constituição da República, mas cujo exercício estava sendo inviabilizado por contumaz (e irresponsável) inércia do aparelho estatal.

No dia 13 de agosto de 2015, por unanimidade, o Plenário do Supremo Tribunal Federal decidiu, no julgamento do Recurso Extraordinário nº 592.581[573], que o Poder Executivo, ao exercer o seu múnus, não pode ignorar os preceitos da Constituição sob o argumento das limitações orçamentárias e da reserva do possível. Concluíram os Ministros que o Poder Judiciário pode impor à Administração Pública a obrigação de realizar obras de reforma e melhorias em presídios para garantir a dignidade da pessoa humana e o respeito à integridade física e moral do preso, como forma de preservar a integridade dos detentos.

Nesse importante precedente, o STF enfrentou categoricamente os tradicionais argumentos da reserva do possível e da violação ao princípio da separação de poderes, ou seja, de que não havendo dotação orçamentária específica para realizar determinada atividade (no caso concreto, para reformar um presídio), a Administração não estaria obrigada a implantar aquela política pública por ordem judicial, e também a de que haveria violação ao princípio da separação dos poderes, já que a implantação de políticas públicas deve ser ato de iniciativa do Executivo e não do Judiciário. O relator afirmou que "aos juízes só é lícito intervir naquelas situações em que se evidencie um 'não fazer' comissivo ou

---

[573] STF. RE 592.581/RS. Rel. Min. Ricardo Lewandowski. Julgamento 13/08/2015. *DJE* 01/02/2016.

omissivo por parte das autoridades estatais que coloque em risco, de maneira grave e iminente, os direitos dos jurisdicionados".

Aliás, sobre o tema, cabe ainda citar também a ADPF nº 347 (*DJE* 19/02/2016), em que se reconheceu o "estado de coisas inconstitucional" do sistema penitenciário. A Teoria do "Estado de Coisas Inconstitucional" reflete conceito criado pela Corte Constitucional da Colômbia, que legitimaria a atuação do Poder Judiciário diante de um quadro extremo de inércia estatal e de omissões sistêmicas e recorrentes de outros poderes.

O assunto foi profundamente analisado por Carlos Alexandre de Azevedo Campos, o qual explica que, estando presente uma violação aberta e maciça de direitos fundamentais oriunda "de omissões caracterizadas como falhas estruturais, a Corte Constitucional colombiana declara a vigência de um estado de coisas inconstitucional. Ao assim decidir, a Corte passa a adotar remédios estruturais dirigidos a superar esse quadro negativo".

Mas para tanto, revela este jurista haver três pressupostos: a) o primeiro pressuposto é o da constatação de um quadro não simplesmente de proteção deficiente, e sim de violação maciça e generalizada de direitos fundamentais que afeta a um número amplo de pessoas; b) o segundo pressuposto é o da omissão reiterada e persistente das autoridades públicas no cumprimento de suas obrigações de defesa e promoção dos direitos fundamentais. A ausência de ou falta de coordenação entre medidas legislativas, administrativas e orçamentárias representaria uma "falha estrutural" que gera tanto a violação sistemática dos direitos, quanto a perpetuação e agravamento da situação; c) o terceiro pressuposto tem a ver com as medidas necessárias para a superação do quadro de inconstitucionalidades. Haveria, assim, o Estado de Coisas Inconstitucional quando a superação de violações de direitos exigir a expedição de remédios e ordens dirigidas não apenas a um órgão, e sim a uma pluralidade destes, levando o juiz constitucional a interferir sobre funções tipicamente executivas e legislativas, incluindo a de estabelecer exigências orçamentárias.[574]

---

[574] CAMPOS, Carlos Alexandre de Azevedo. *Estado de coisas inconstitucional*. Salvador: JusPodium, 2016.

Mais uma vez encontramos argumentos para que haja uma efetiva impositividade orçamentária, tanto nas escolhas e dimensionamento dos gastos fundamentais na elaboração do orçamento público, como em sua execução, a fim de materializar os preceitos constitucionais.

5.8.5. Judicialização dos direitos e a impositividade orçamentária

Graças ao instrumental de efetivação dos direitos públicos subjetivos assegurado pela Constituição cidadã de 1988, a sociedade e, em especial, o Poder Judiciário já vêm reconhecendo que não há mais espaço para escolhas políticas ou discricionárias injustificadas pelos governantes na iniciativa e na implementação das políticas públicas, pois elas já estão pré-estabelecidas no texto e no espírito da Carta Maior, como um dever prioritário que urge ser cumprido pelo Estado perante o cidadão que tem pressa em ver e usufruir o resultado da efetivação dos seus direitos, e que não pode mais ficar alijado de tão relevante processo.

Como o Estado não pode deixar de atender a demandas básicas nesta esfera, o Judiciário, provocado por ações individuais ou coletivas, vê-se constrangido a atuar, como verdadeiro bastião último de salvaguarda das promessas constitucionais.

Embora a posição de intervenção judicial nestas políticas não seja a mais ortodoxa de acordo com a teoria tradicional da repartição de poderes, o Judiciário se viu constrangido a, na omissão do Executivo, avançar sobre áreas classicamente afetas a este último, sendo o grande exemplo a questão da judicialização da saúde, diante do dilema moral que lhe era colocado de negar tratamento e ver o cidadão falecer.

Aos olhos da população, esta reação positiva da maior parte dos magistrados configurou um verdadeiro atalho judicial para a obtenção de prestações estatais, gerando um novo desafio: o tema tornou-se uma verdadeira questão de demandas de massa, com aumento a cada ano das ações judiciais que buscam este tipo de tutela, concorrendo com as atividades ordinariamente programadas pelo Poder Executivo.

As soluções para esta delicada situação que cotidianamente bate às portas dos Tribunais ainda estão por ser construídas. A judicialização das políticas públicas nasce da resposta de um dos poderes da República aos anseios de uma população que, durante anos, viu suas carências básicas negligenciadas pelo Estado e que agora vislumbra, nos mecanismos democráticos de acesso à Justiça, uma via mais célere de acesso a serviços públicos essenciais.

Justifica-se tal controle judicial diante de leis orçamentárias que desconsideram a preponderância das despesas com a saúde, educação e outros direitos fundamentais e sociais, e minimizam os recursos a eles direcionados em face de outros gastos de menor casta valorativa, ou mesmo diante dos repetidos contingenciamentos.

Inequivocamente devem-se buscar meios para, preventivamente, conferir aos cidadãos os direitos que a Carta Maior lhes assegura. Por isso, é necessário evoluirmos nesta seara e tornarmos tais políticas públicas – dos direitos fundamentais e os sociais – como prioritárias e obrigatórias, tanto no momento da elaboração dos orçamentos, como para a sua execução impositiva e vinculada pelo administrador público, superando a anacrônica ideia de que se trata de escolhas políticas e discricionárias do Poder Executivo.

Por isso acredita-se que a técnica do orçamento impositivo, ainda pouco explorada fora dos círculos especializados de estudiosos de Direito Financeiro, ao vincular o Executivo a priorizar os preceitos constitucionais – que aqui denominamos de gastos fundamentais – e executar aquilo que o Legislativo materializa na lei do plano plurianual, na lei de diretrizes orçamentárias e na lei do orçamento anual, pode indicar uma vereda a ser trilhada para assistirmos à diminuição da litigiosidade judicial de massa envolvendo direitos fundamentais e sociais em nosso país.

5.9. O controle concentrado de constitucionalidade de leis orçamentárias

Por muito tempo, nossa Corte Suprema manteve a firme posição de que o controle concentrado e abstrato de constitucionalidade de leis e atos normativos somente poderia ocorrer em face de normas que revelassem as características de abstração e generalidade. Desta forma, o STF somente admitia ADIs propostas contra leis que, para além de seu caráter formal, também ostentassem natureza material de ato normativo genérico e abstrato. Lei ou norma de caráter ou efeito concreto já exaurido não poderia ser objeto de controle abstrato de constitucionalidade, era o que se afirmava (ADI nº 2.980; ADI nº 2.333).

Justamente por isso, o STF não permitia que leis orçamentárias fossem submetidas a controle concentrado de constitucionalidade, uma vez que configurariam meros atos administrativos de caráter concreto, apenas revestidas formalmente de aspecto de lei, mas sem apresentar as notas de abstração, generalidade e impessoalidade.[575]

Assim, na ADI nº 2.484-MC, o STF decidira que a lei de diretrizes orçamentárias (LDO), em razão de ter destinatários certos e objeto determinado, não estaria dotada de caráter genérico e abstrato, sendo mera lei de efeitos concretos que não poderia ser submetida ao controle concentrado.

Já na ADI nº 1.716, restou decidido que atos de legislação orçamentária tais como os de conformação original do orçamento anual ou de sua alteração durante o exercício financeiro configuram leis formais, a saber, atos administrativos de autorização, tendo efeitos concretos e limitados, retirando-os da possibilidade de controle abstrato de constitucionalidade.

Seguindo esta linha, o julgamento pelo Tribunal Pleno do STF da Medida Cautelar na Ação Direta de Inconstitucionalidade nº 2.057, de relatoria do Ministro Maurício Corrêa em dezembro de 1999, categoricamente afirmava:

> Emenda parlamentar a Projeto de Lei, modificativa dos percentuais propostos pelo Governador, sem alterar os valores globais da proposta. Ato de efeito concreto. Inviabilidade do controle abstrato de constitucionalidade. 1. Constitui ato de natureza concreta a emenda parlamentar que encerra tão somente destinação de percentuais orçamentários, visto que destituída de qualquer carga de abstração e de enunciado normativo. 2. A jurisprudência desta Corte firmou entendimento de que só é admissível ação direta de inconstitucionalidade contra ato dotado de abstração, generalidade e impessoalidade. 3. A emenda parlamentar de reajuste de percentuais em projeto de lei de diretrizes orçamentárias, que implique transferência de recursos entre os Poderes do Estado, tipifica ato de efeito concreto a inviabilizar o controle abstrato. 4. Ação direta não conhecida.

---

[575] Conforme: ADI 203/1990, ADI 883/1993, ADI 1496/1996, ADI 1716/1996, ADI 2100/1999, ADI 2484/2001.

Esta forma de julgar do STF, no sentido de que, devido a seu *conteúdo político* e *não normativo* (como a destinação de recursos ou a vinculação de verbas a programas de governo), não seria cabível o questionamento das leis orçamentárias através de ações diretas, tinha como um de seus fundamentos a velha premissa de que as leis orçamentárias teriam natureza de lei formal e não de lei material, razão pela qual não se poderia adentrar na análise de seu conteúdo. Era a tese labandiana da lei formal ainda influenciando nossa Corte Suprema, e agravada pela exigência, muito comum na doutrina francesa clássica, de que uma lei material deveria estar dotada de generalidade e abstração (como visto, o próprio Laband sequer utilizava o critério da generalidade como nota definidora essencial de uma lei em sentido material).

Contudo, este cenário começou a mudar com a ADI nº 2.925-DF (julgada em 19/12/2003)[576], quando o STF então admite o ajuizamento de ação em controle abstrato contra leis orçamentárias, ultrapassando seu entendimento tradicional, tornando-se vencido o voto da relatora Ministra Ellen Gracie que ainda seguia os moldes clássicos da jurisprudência da Corte.

Não obstante a compreensão inicialmente manifestada pela relatora (que restou vencida), o Ministro Marco Aurélio (em seu voto vencedor), colocando a semente da mudança de posicionamento da Corte[577], afirmou mostrar-se "adequado o controle concentrado de constitucionalidade quando a lei orçamentária revela contornos abstratos e autônomos, em abandono ao campo da eficácia concreta". Ao longo da sua fundamentação, chegou até mesmo a dizer que "se entendermos caber a generalização, afastando por completo a possibilidade do controle concentrado, desde que o ato impugnado seja lei orçamentária, terminaríamos por colocar a lei orçamentária acima da Carta da República".

---

[576] STF. ADI 2.925-DF, Rel. Min. Ellen Gracie, Rel. p/ acórdão Min. Marco Aurélio, julgamento em 19/12/2003, Plenário, *DJ* de 04/03/2005.

[577] Na mesma linha que havia feito anteriormente, no julgamento da ADI 2484/2001, em que restou vencido, entendendo que os dispositivos impugnados seriam comandos normativos abstratos.

Além do Ministro Gilmar Mendes, que manifestou preliminarmente a sua tendência[578], acompanhando o Ministro Marco Aurélio no resultado e reconhecendo a substancialidade do dispositivo da lei orçamentária impugnada, o Ministro Cezar Peluso afirmou que, "como norma típica de competência, guarda todas as características de norma geral e abstrata, razão por que, com o devido respeito, também conheço do mérito da ação". Por sua vez, o Ministro Carlos Ayres Britto, depois de afirmar que a lei orçamentária seria para a Administração Pública, logo abaixo da Constituição, a lei mais importante, sustentou:

> "[...] acho que têm esses caracteres, sim, da lei em sentido material, ou seja, lei genérica, impessoal e abstrata. [...] A abstratividade, diz a teoria toda do Direito, implica uma renovação, não digo perene, porque, aqui, está limitada por um ano, mas a renovação duradoura entre a hipótese de incidência da norma e a sua consequência.".

Finalmente, o Ministro Maurício Corrêa considera presente a abstração da norma que afastaria a jurisprudência então vigente da Corte. Segundo aquele Ministro, "estamos vivendo novos tempos".[579]

O posicionamento da Corte então se altera pela primeira vez, formando-se maioria no sentido de se admitir ADIs em face de leis orçamentárias, alegando-se a relevância da lei orçamentária no ordenamento jurídico e mesmo chegando a, ainda que de modo limitado, reconhecer

---

[578] Conforme as palavras do Ministro Gilmar Mendes nos debates durante o julgamento: "Em trabalhos doutrinários tenho manifestado reservas em relação a essa jurisprudência, genericamente quanto a esse caráter do ato de efeito concreto, especialmente em relação às leis porque sabemos, inclusive, a partir das próprias reflexões em termos de teoria geral, que podemos produzir leis, aparentemente genéricas destinadas a aplicação a um único caso. Creio haver hipóteses na jurisprudência do Supremo Tribunal Federal. E a doutrina, hoje é rica nessa discussão sobre as chamadas leis casuísticas. [...] Ao contrário, está dotado de generalidade e abstração, é claro que gravada de temporalidade, como não poderia deixar de ser em matéria de lei orçamentária. Penso que é uma oportunidade para o Tribunal, talvez, rediscutir o tema".

[579] O STF, nesta ADI nº 2.925, conhece da ação, vencida a Ministra Ellen Gracie em relação ao posicionamento dos Ministros Mauricio Côrrea, Sepúlveda Pertence, Gilmar Mendes, Carlos Ayres Britto, Joaquim Barbosa, Cezar Peluso, Marco Aurélio, Carlos Velloso e Celso de Mello. Ausente o Ministro Nelson Jobim.

certa materialidade ao conteúdo da lei orçamentária. É o que também foi reconhecido na decisão monocrática de 03/02/2005, da lavra do Ministro Sepúlveda Pertence, relator originário da ADPF nº 63[580], que assim consignava: "O entendimento desta Corte, ao contrário do que afirma a requerente, não é taxativo quanto à falta de abstração e generalidade das normas orçamentárias".

A tese do acolhimento da ADI em face de lei orçamentária é também abrigada no julgamento da ADI nº 4.048-MC (em 14/05/2008)[581] pelo Ministro Gilmar Mendes, que assim se pronunciou: "O Supremo Tribunal Federal deve exercer sua função precípua de fiscalização da constitucionalidade das leis e dos atos normativos quando houver um tema ou uma controvérsia constitucional suscitada em abstrato, independente do caráter geral ou específico, concreto ou abstrato de seu objeto".

Neste julgamento, o Ministro Carlos Ayres Britto acompanha o voto do relator, inclusive fazendo menção à distinção que o art. 102, I, "a" da Constituição realiza entre lei e ato normativo, corroborando o entendimento do relator de que a

> densidade normativa para efeito de controle abstrato de constitucionalidade se exige para ato que não seja a lei. Nesse sentido, a lei seria o ato primário de aplicação da Constituição, que inova a ordem jurídica por justamente restar logo abaixo da Constituição. Esse seria o caso da Lei Orçamentária [...] no fundo, abaixo da Constituição, não há lei mais importante para o país, porque a que mais influencia o destino da coletividade.

Todavia, aspecto de grande relevância neste julgado foi o início dos debates sobre a efetividade dos direitos fundamentais na lei orçamentária e a possibilidade do seu controle pela via judicial. Assim foi a consideração posta pelo Ministro Gilmar Mendes: "Temos tido todas essas discussões,

---

[580] O novo relator, Ministro Dias Toffoli, em decisão monocrática, negou seguimento à ADPF em face da perda de eficácia da norma impugnada, entendendo que a norma impugnada foi elaborada para viger no exercício financeiro de 2006.

[581] Na mesma linha, para o Ministro Carlos Ayres Britto (ADI nº 4.049-MC): "A lei não precisa de densidade normativa para se expor ao controle abstrato de constitucionalidade, devido a que se trata de ato de aplicação primária da Constituição. Para esse tipo de controle, exige-se densidade normativa apenas para o ato de natureza infralegal".

por exemplo, sobre direitos sociais. Como ele se realiza? O problema da omissão, como se faz esse controle? Tudo passa pelo orçamento".

Já na ADI nº 3.949, o Ministro Gilmar Mendes faz a crítica da posição pretérita do STF, afirmando que a jurisprudência da Suprema Corte não havia andado bem as reputar as leis de efeitos concreto como inaptas para controle abstrato e sustentado que a orientação nova estava mais adequada à concretização da ordem constitucional.

Também o Ministro Luiz Fux, em decisão monocrática em liminar na ADI nº 4.663, pugna pela possibilidade de se atacar lei orçamentária por meio de ADI, nos termos da nova posição do STF:

> admissível a impugnação de lei de diretrizes orçamentárias em sede de controle abstrato de constitucionalidade, por força da mudança de orientação jurisprudencial operada no julgamento da ADIn nº 4.048-MC/DF, Rel. Min. Gilmar Mendes e reafirmada especificamente quando da apreciação da medida cautelar na ADIn nº 3.949/DF, Rel. Min. Gilmar Mendes.

Na ADI nº 5.449-MC, o STF trilhou o mesmo caminho, selando o seu novo entendimento. O então Ministro Teori Zavascki claramente afirmou que as leis orçamentárias, ao materializar atos de aplicação primária da Constituição, também se submetem ao controle de constitucionalidade em processos objetivos.

Também no julgamento da ADI 5.468, tendo por Relator o Ministro Luiz Fux, a novel orientação foi seguida:

> Preliminarmente, destaco que a possibilidade do "controle material" de espécies legislativas orçamentárias corresponde a uma tendência recentemente intensificada na jurisdição constitucional do Supremo Tribunal Federal (STF).
> (...)
> Não se desconhece, portanto, que, a partir do marco constitucional vigente e dos padrões doutrinários que a literatura especializada tem apontado como "Paradigma da Responsabilidade Fiscal", este Tribunal Constitucional não tem se furtado ao dever institucional de promover o controle judicial de atos normativos de natureza orçamentária que atentem contra os dispositivos constitucionais de regência.

Tal postura interpretativa tem sido acionada em especial para situações em que o Direito Financeiro possa se afigurar, a um só tempo, como "estatuto protetivo do cidadão-contribuinte" e como "ferramenta do administrador público e de instrumento indispensável ao Estado Democrático de Direito para fazer frente a suas necessidades financeiras" (ABRAHAM, Marcus. *Curso de Direito Financeiro Brasileiro*. 3. ed. Rio de Janeiro, 2015).

Com tudo isso, o STF indica a superação da formulação labandiana de mais de cento e cinquenta anos de que a lei orçamentária teria mera natureza de lei formal e constituindo mero ato administrativo autorizativo, reconhecendo agora materialidade e substancialidade ao seu conteúdo.

Mais do que isso, percebe-se que, na maioria dos casos, o novo posicionamento da Corte Suprema enfrentava questionamentos em face de lei de diretrizes orçamentárias, cujo conteúdo contempla disposições com nítida densidade normativa e que impõem a vinculação e a impositividade na elaboração e execução das leis orçamentárias anuais.

Toda esta caminhada evolutiva da jurisprudência está a demonstrar que o fenômeno de irradiação constitucional sobre o Direito Financeiro já encontra agora assento também em nossa Suprema Corte.

5.10. Efeitos decorrentes das Emendas Constitucionais nº 100 e nº 102 de 2019

Para aqueles que ainda insistiam na tese da facultatividade da execução orçamentária através do modelo de orçamento autorizativo, o ano de 2019 foi determinante. As Emendas Constitucionais nº 100 e nº 102 trataram especificamente da execução orçamentária e trouxeram ao texto constitucional inovação relevantíssima dentro do assunto.

Antes, porém, importante recordar que a semente desta mudança havia sido plantada quatro anos antes, pela *Emenda Constitucional nº 86/2015*, originária da PEC nº 358/2013, que à época ficou conhecida como "PEC do Orçamento Impositivo", ao estabelecer a execução obrigatória das emendas parlamentares ao orçamento até o limite de 1,2% da receita corrente líquida da União (RCL).

A referida emenda alterou os arts. 165, 166 e 198 da Constituição e incluiu no art. 166 o § 9º, estabelecendo que as emendas individuais ao projeto de lei orçamentária serão aprovadas no limite de um inteiro e dois décimos por cento da receita corrente líquida prevista no projeto encaminhado pelo Poder Executivo, sendo que a metade deste percentual será destinada a ações e serviços públicos de saúde.[582] E o § 11 fixou ser obrigatória a execução orçamentária e financeira das programações a que se refere o § 9º deste artigo, em montante correspondente a um inteiro e dois décimos por cento da receita corrente líquida realizada no exercício anterior.

Deixou-se à época, entretanto, uma margem para contingenciamento parcial em caso de não realização da receita estimada e não atingimento da meta de resultado fiscal, ao dispor no § 17 que, se for verificado que a reestimativa da receita e da despesa poderá resultar no não cumprimento da meta de resultado fiscal estabelecida na lei de diretrizes orçamentárias, o montante previsto no § 11 deste artigo poderá ser reduzido em até a mesma proporção da limitação incidente sobre o conjunto das despesas discricionárias.

Portanto, segundo a EC nº 86/2015, o artigo 166 da Constituição passou a ter a seguinte redação em relação às emendas parlamentares individuais:

§ 9º As emendas individuais ao projeto de lei orçamentária serão aprovadas no limite de 1,2% (um inteiro e dois décimos por cento) da receita corrente líquida prevista no projeto encaminhado pelo Poder Executivo, sendo que a

---

[582] Decisão cautelar, de 31/08/2017, proferida pelo Ministro Ricardo Lewandowski na ADI nº 5595, para suspender a eficácia dos arts. 2° e 3° da Emenda Constitucional 86/2015, entendendo ter havido perdas nominais no financiamento da área da saúde devido ao escalonamento previsto no art. 2º da EC 86/2015 com percentuais inferiores ao piso anteriormente vigente pela forma de cálculo estabelecida pela Lei Complementar 141/2012. Em 16/04/2020, após os votos dos Ministros Ricardo Lewandowski (Relator), Edson Fachin e Marco Aurélio, que julgavam procedente o pedido inicial para declarar a inconstitucionalidade dos arts. 2º e 3º da Emenda Constitucional 86/2015, confirmando a liminar anteriormente deferida; dos votos dos Ministros Gilmar Mendes e Luiz Fux, que conheciam parcialmente da ação direta para, no mérito, julgá-la improcedente, prejudicado o pedido de declaração de inconstitucionalidade do art. 2º da EC 86/2015; e do voto do Ministro Alexandre de Moraes, que julgava improcedente a ação, pediu vista dos autos o Ministro Dias Toffoli (Presidente). A Ministra Cármen Lúcia acompanhou o Relator com ressalvas (Plenário, Sessão Virtual de 3.4.2020 a 14.4.2020).

metade deste percentual será destinada a ações e serviços públicos de saúde. (Incluído pela Emenda Constitucional nº 86, de 2015)

§ 10. A execução do montante destinado a ações e serviços públicos de saúde previsto no § 9º, inclusive custeio, será computada para fins do cumprimento do inciso I do § 2º do art. 198, vedada a destinação para pagamento de pessoal ou encargos sociais. (Incluído pela Emenda Constitucional nº 86, de 2015)

§ 11. É obrigatória a execução orçamentária e financeira das programações a que se refere o § 9º deste artigo, em montante correspondente a 1,2% (um inteiro e dois décimos por cento) da receita corrente líquida realizada no exercício anterior, conforme os critérios para a execução equitativa da programação definidos na lei complementar prevista no § 9º do art. 165. (Incluído pela Emenda Constitucional nº 86, de 2015)

Não custa recordar que essas "emendas parlamentares" são rubricas previstas no orçamento público que o Congresso Nacional direciona para a realização de projetos escolhidos pelos deputados e senadores.

Posteriormente, com o advento da *Emenda Constitucional nº 100/2019*, foram alterados novamente trechos dos artigos 165 e 166 da Constituição Federal, para tornar obrigatória a execução da programação orçamentária proveniente de emendas de bancada de parlamentares de Estados ou do Distrito Federal.

Por meio do novo dispositivo constitucional, as emendas de bancada seguirão um regime de execução obrigatória tal qual já ocorre com as emendas individuais – estas últimas, como visto, são impositivas desde a EC nº 86/2015 –, passando a corresponder a 1,0% (um por cento) da receita corrente líquida realizada no exercício anterior. Ressalva-se, contudo, a dispensa da obrigatoriedade sempre que houver impedimentos de ordem técnica. Mas, para o ano de 2020, para quando foi previsto o início da produção de efeitos da norma, este montante foi estabelecido, excepcionalmente, no percentual reduzido de 0,8% (oito décimos percentuais) da RCL.

Assim, a EC nº 100/2019 conferiu as seguintes características às emendas de bancada de parlamentares de Estados ou do Distrito Federal, ao dispor no artigo 166:

§ 12. A garantia de execução de que trata o § 11 deste artigo aplica-se também às programações incluídas por todas as emendas de iniciativa de bancada de parlamentares de Estado ou do Distrito Federal, no montante de até 1% (um por cento) da receita corrente líquida realizada no exercício anterior. (Redação dada pela Emenda Constitucional nº 100, de 2019)

§ 13. As programações orçamentárias previstas nos §§ 11 e 12 deste artigo não serão de execução obrigatória nos casos dos impedimentos de ordem técnica. (Redação dada pela Emenda Constitucional nº 100, de 2019)

§ 14. Para fins de cumprimento do disposto nos §§ 11 e 12 deste artigo, os órgãos de execução deverão observar, nos termos da lei de diretrizes orçamentárias, cronograma para análise e verificação de eventuais impedimentos das programações e demais procedimentos necessários à viabilização da execução dos respectivos montantes. (Redação dada pela Emenda Constitucional nº 100, de 2019)

§ 15. (Revogado) (Redação dada pela Emenda Constitucional nº 100, de 2019)

§ 16. Quando a transferência obrigatória da União para a execução da programação prevista nos §§ 11 e 12 deste artigo for destinada a Estados, ao Distrito Federal e a Municípios, independerá da adimplência do ente federativo destinatário e não integrará a base de cálculo da receita corrente líquida para fins de aplicação dos limites de despesa de pessoal de que trata o caput do art. 169. (Redação dada pela Emenda Constitucional nº 100, de 2019)

§ 17. Os restos a pagar provenientes das programações orçamentárias previstas nos §§ 11 e 12 poderão ser considerados para fins de cumprimento da execução financeira até o limite de 0,6% (seis décimos por cento) da receita corrente líquida realizada no exercício anterior, para as programações das emendas individuais, e até o limite de 0,5% (cinco décimos por cento), para as programações das emendas de iniciativa de bancada de parlamentares de Estado ou do Distrito Federal. (Redação dada pela Emenda Constitucional nº 100, de 2019)

§ 18. Se for verificado que a reestimativa da receita e da despesa poderá resultar no não cumprimento da meta de resultado fiscal estabelecida na lei de diretrizes orçamentárias, os montantes previstos nos §§ 11 e 12 deste artigo poderão ser reduzidos em até a mesma proporção da limitação incidente sobre o conjunto das demais despesas discricionárias. (Redação dada pela Emenda Constitucional nº 100, de 2019)

§ 19. Considera-se equitativa a execução das programações de caráter obrigatório que observe critérios objetivos e imparciais e que atenda de forma igualitária e impessoal às emendas apresentadas, independentemente da autoria. (Incluído pela Emenda Constitucional nº 100, de 2019)

§ 20. As programações de que trata o § 12 deste artigo, quando versarem sobre o início de investimentos com duração de mais de 1 (um) exercício financeiro ou cuja execução já tenha sido iniciada, deverão ser objeto de emenda pela mesma bancada estadual, a cada exercício, até a conclusão da obra ou do empreendimento. (Incluído pela Emenda Constitucional nº 100, de 2019)

Entretanto, apesar de o foco da EC nº 100/2019 ser a execução obrigatória das emendas de bancada estaduais e distrital (e assim está literalmente ementado no texto publicado no DOU de 27/06/2019, página 1), a partir de uma leitura mais atenta à redação desta emenda constitucional, percebemos que um de seus dispositivos – o novo § 10 do artigo 165, por ela incluído – impôs à Administração, sem se limitar às emendas parlamentares (como originariamente proposto na PEC 02/2015), o dever de executar obrigatoriamente as programações orçamentárias, para garantir a efetiva entrega de bens e serviços à sociedade.

Portanto, querendo ou não, tornou-se obrigatória a execução orçamentária na sua integralidade, deixando-se inequívoco o dever da Administração de executar as programações orçamentárias para garantir o atendimento das necessidades do cidadão, no que denominou o constituinte derivado de "entrega de bens e serviços à sociedade", ao estabelecer no artigo 165 da Constituição que:

§ 10. A administração tem o dever de executar as programações orçamentárias, adotando os meios e as medidas necessários, com o propósito de garantir a efetiva entrega de bens e serviços à sociedade. (Incluído pela Emenda Constitucional nº 100, de 2019)

Como abordado em capítulos anteriores, não obstante já termos nos manifestado pela obrigatoriedade da execução orçamentária na sua integralidade, desde o texto original da Constituição Federal de 1988, tanto por uma interpretação histórica, sistemática e teleológica, como pela interpretação literal da previsão constitucional que adota a expressão "fixação de despesa" constante no § 8º do artigo 165 (exceto nos casos de restrições financeiras, legais, técnicas ou materiais), a nós nos parece que a ora analisada mudança no texto da Lei Maior afasta de vez qualquer dúvida sobre o superado caráter meramente autorizativo do orçamento público, e reconhece, de maneira expressa e literal, o modelo de execução obrigatória integral do orçamento público, tradicionalmente conhecido por orçamento impositivo.

Nessa toada, pela superação do velho estigma de que os orçamentos no Brasil são "peças de ficção", assim se manifestou o então presidente do Congresso Nacional, quando da promulgação desta emenda constitucional, ao afirmar que *"o Orçamento é peça fundamental na condução da coisa pública e não pode ser uma mera formalidade ou obra de ficção"*[583]. Segundo ele, deve refletir as necessidades das unidades federadas e ser definido em debate aberto e transparente no Parlamento.

Ressalte-se que a proposta original que geraria depois a EC nº 100/2019 é proveniente da PEC nº 02/2015 da Câmara dos Deputados, a qual apenas previa a obrigatoriedade da execução da programação orçamentária advinda de emendas coletivas ao projeto de lei orçamentária em até 1% da receita corrente líquida (RCL). O objetivo era reequilibrar a atuação dos Poderes na função de definir políticas públicas, pois era comum que o Executivo deixasse de lado as programações orçamentárias oriundas de emendas originadas do Poder Legislativo.

Porém, no decurso da tramitação, a referida PEC passou por modificações na Comissão Especial da Execução Obrigatória das Emendas ao Orçamento, e os dispositivos inseridos no art. 165 estenderam sobremaneira o âmbito de aplicação da norma originalmente prevista, ampliando o dever de obrigatoriedade na execução agora também aos programas e metas prioritários do orçamento.

Sobre esse tema, é relevante, para a compreensão dos motivos que inspiraram o legislador constituinte derivado, citar um trecho da justificativa da Comissão Especial:

---

[583] Fala do Senador Federal Davi Alcolumbre (DEM-AP).

> [...] O orçamento impositivo permite ao Legislativo e à sociedade exigir dos órgãos de execução as providências necessárias à viabilização das ações, o que inclui a adoção de cronograma de análise dos projetos e programas, a identificação de impedimentos e demais medidas saneadoras, inclusive remanejamentos [...].
>
> Obviamente, não pode ser exigida do gestor a execução de programações com impedimento de ordem técnica ou legal, ressalvando-se ainda eventual necessidade de limitação fiscal necessária à manutenção da política fiscal. De outra parte, os órgãos de execução passam a ter o ônus de executar o programa de trabalho ou justificar a sua impossibilidade. Esse é o diferencial do novo modelo, fato que valoriza a elaboração e o acompanhamento do orçamento público. No modelo autorizativo o ordenador não se considerava responsável pela execução, tampouco se via obrigado a justificar a inação, cultura que favorece a inércia e a falta de eficiência do setor público [...].
>
> Não faz sentido, portanto, definir responsabilidade ou dever de execução apenas para as programações incluídas por emendas, uma vez que, teoricamente, o interesse público e do próprio Legislativo está na execução de todas as políticas públicas veiculadas pelo orçamento aprovado, e não apenas de subconjunto incluído pelas emendas [...].

Posteriormente, já no Senado Federal, como PEC 34/2019, o parecer da Comissão de Constituição e Justiça (CCJ) já observava e reconhecia a característica da impositividade orçamentária da proposta, ao dispor o seguinte:

> Como se observa pela tramitação da proposta, o escopo inicial foi modificado de tal forma a ampliar o propósito original. A inclusão das alterações no art. 165 da Constituição Federal transcendem as emendas parlamentares atingindo todo o orçamento público. Parece-nos trazer à pauta mais uma vez a discussão sobre a impositividade integral do orçamento público.

Igual constatação foi perfilhada na Nota Técnica nº 42/2019 da Consultoria de Orçamentos, Fiscalização e Controle do Senado Federal, que assim se manifestou em sua introdução:

> Como será visto adiante, um possível, mas não necessário, desdobramento da proposta é a mudança do modelo orçamentário brasileiro, que passaria

de autorizativo para impositivo (se não totalmente, ao menos de parcela relevante, além das programações oriundas das emendas de bancada). Essa possibilidade, por si só, demonstra a relevância da matéria e deixa patente a necessidade de uma discussão aprofundada.

Não obstante, a supramencionada nota técnica optou por não se posicionar de maneira categórica, e, ao revés, de maneira implícita, indicou entendimento contrário, no sentido de considerar que ainda assim o orçamento público no Brasil continuaria a ser meramente autorizativo:

> A definição da natureza jurídica dos orçamentos públicos do Brasil é tema bastante controverso. Na visão majoritária, considera-se que o orçamento público possui caráter autorizativo, ou seja, o Poder Legislativo autoriza as despesas que podem ser realizadas pelos Poderes da República. Portanto, o caráter cogente da lei orçamentária estaria relacionado ao fato de que somente as despesas nela autorizadas poderiam ser executadas. Assim, a lei orçamentária não impõe, salvo no que se refere às despesas obrigatórias, a execução integral das programações, mas estabelece o limite inicial até o qual a despesa poderá ser executada (empenhada, liquidada e paga). Há, no entanto, quem defenda que tal percepção não teria amparo no ordenamento jurídico brasileiro, presente ou passado, uma vez que esse entendimento estaria contrariando dispositivos da Constituição, da Lei 4.320, de 17 de março de 1964, da Lei Complementar 101, de 4 de maio de 2000, e da Lei 8.666, de 21 de junho de 1993, dado que a execução das autorizações orçamentárias seria naturalmente de interesse público e impositiva.

Ou seja, percebe-se do destaque acima que, mesmo dentro da Casa Legislativa nacional, até bem pouco tempo, ou seja, em pleno ano de 2019, e diante da promulgação da EC nº 100/2019, ainda ressoavam vozes – oriundas de agentes técnicos, dos Consultores Legislativos de Assessoramento em Orçamentos – contrárias à impositividade orçamentária, influenciadas, talvez, pela teoria labandiana ou pela doutrina clássica do Direito Financeiro e Orçamentário brasileiro, ao destacar que a "visão majoritária" consideraria o orçamento público como autorizativo.

Porém, ainda no mesmo ano de 2019, promulgou-se a *Emenda Constitucional nº 102*, objetivando aprimorar aquele novo modelo orçamentário que fora criado. Dada a sua inequívoca natureza impositiva, foi necessário prever novas condições e hipóteses para garantir a higidez e o equilíbrio orçamentário da execução obrigatória do orçamento público no Brasil. A EC nº 102/2019 trouxe as seguintes regras na execução orçamentária impositiva: a) deve-se respeitar as metas fiscais e limites de despesas; b) excetuam-se os casos de impedimentos de ordem técnica devidamente justificados; c) aplica-se, exclusivamente, às despesas primárias discricionárias. Assim passaram a estar redigidos os §§ 11, 12 e 13 do art. 165, CF/1988:

> § 11. O disposto no § 10 deste artigo, nos termos da lei de diretrizes orçamentárias: (Incluído pela Emenda Constitucional nº 102, de 2019)
> I – subordina-se ao cumprimento de dispositivos constitucionais e legais que estabeleçam metas fiscais ou limites de despesas e não impede o cancelamento necessário à abertura de créditos adicionais;
> II – não se aplica nos casos de impedimentos de ordem técnica devidamente justificados;
> III – aplica-se exclusivamente às despesas primárias discricionárias.
> § 12. Integrará a lei de diretrizes orçamentárias, para o exercício a que se refere e, pelo menos, para os 2 (dois) exercícios subsequentes, anexo com previsão de agregados fiscais e a proporção dos recursos para investimentos que serão alocados na lei orçamentária anual para a continuidade daqueles em andamento. (Incluído pela Emenda Constitucional nº 102, de 2019)
> § 13. O disposto no inciso III do § 9º e nos §§ 10, 11 e 12 deste artigo aplica-se exclusivamente aos orçamentos fiscal e da seguridade social da União. (Incluído pela Emenda Constitucional nº 102, de 2019)

Não à toa, no Parecer sobre a PEC nº 98/2019 (que gerou a EC nº 102/2019) da Comissão de Constituição, Justiça e Cidadania do Senado Federal, afirma-se claramente que a PEC está a "modificar a natureza jurídica de (parte) do orçamento (de autorizativo para impositivo)", e que

> não se pode dizer que a transformação do orçamento em impositivo, ainda que fosse total, violasse o âmago da separação de Poderes; basta lembrar que o país que adotou a mais rígida vertente da teoria de Montesquieu sobre a divisão das funções, os Estados Unidos da América, adotam um orçamento de caráter notadamente impositivo. [...]

Com a promulgação da Emenda Constitucional nº 100, de 2019, fica estabelecido "o dever de executar as programações orçamentárias" (art. 165, § 10, da Constituição). Ao determinar que a Administração tem o dever de executar as programações orçamentárias com o propósito de garantir a efetiva entrega de bens e serviços à sociedade, o texto permite diversas interpretações sobre quais programações geram ou não efetiva entrega de bens e serviços à sociedade. Com o acréscimo do § 11, pretende-se esclarecer o que é a impositividade do orçamento público, definindo de forma objetiva quais programações orçamentárias são objeto do dever de execução.

A propósito, o dispositivo constitucional supracitado, que restringe a impositividade orçamentária (§ 11, art. 165), se amolda perfeitamente ao dispositivo denominado de "limitação de empenho" previsto no artigo 9º da Lei de Responsabilidade Fiscal (LC nº 101/2000), para o caso de queda na arrecadação. A referida norma assim prescreve:

Art. 9º. Se verificado, ao final de um bimestre, que a realização da receita poderá não comportar o cumprimento das metas de resultado primário ou nominal estabelecidas no Anexo de Metas Fiscais, os Poderes e o Ministério Público promoverão, por ato próprio e nos montantes necessários, nos trinta dias subsequentes, limitação de empenho e movimentação financeira, segundo os critérios fixados pela lei de diretrizes orçamentárias.

Desse modo, fica plenamente autorizado o contingenciamento de gastos, impondo-se o adiamento ou a não realização de parte da programação de despesa prevista na Lei Orçamentária, em função da insuficiência de receitas.

Apenas para fins de registro, naquele mesmo ano, em 12 de dezembro de 2019, nova mudança ocorreu no regime das emendas individuais impositivas com o advento da *Emenda Constitucional nº 105/2019*, que inseriu o art. 166-A no texto constitucional. As emendas individuais impositivas apresentadas ao projeto de lei orçamentária anual passam a poder destinar recursos diretamente a Estados, DF e Municípios, por meio de transferências especiais ou de transferências com finalidade definida. Ressalva-se contudo, que tais recursos não integrarão a receita do ente beneficiado para fins do cálculo de repartição de receitas constitucionais e do limite de despesas com pessoal ativo e inativo, e de endividamento do ente federado, vedada, em qualquer caso, a aplicação dos recursos no pagamento de despesas com pessoal e encargos sociais relativas a ativos e inativos, pensionistas e com encargos referentes ao serviço da dívida.

De tudo o que se viu nesta seção, sobretudo com as inovações constitucionais introduzidas pelas Emendas Constitucionais nº 100/2019 e 102/2019, é razoável afirmar que se tornou literalmente obrigatória a execução plena do orçamento, e não apenas as provenientes de emendas parlamentares individuais ou de bancada, uma vez que o novo § 10 do art. 165 impõe à Administração, sem se limitar às emendas, o dever de executar obrigatoriamente as programações orçamentárias, para garantir a efetiva entrega de bens e serviços à sociedade e, em seguida, o § 11 estabelece as exceções ao orçamento impositivo, a fim de assegurar o equilíbrio fiscal.

Vivemos durante décadas sob a égide da teoria do orçamento autorizativo. Mas, assim como "Roma não foi construída em um único dia", também as novas versões das relações entre Poderes na realização dos gastos públicos necessitarão de certo tempo de maturação e acomodação entre nós, para se tornar inegável a natureza impositiva da execução orçamentária.

Capítulo 6
Considerações Gerais

Neste capítulo, faremos, a modo de resumo, uma compilação, em 100 tópicos, de todas as principais considerações formuladas no decorrer desta obra, de modo a facilitar a apreensão esquemática das ideias que a nortearam.

1. O desenvolvimento do fenômeno da constitucionalização dos direitos nas últimas décadas no Brasil acarretou a já consolidada consagração da efetividade e exigibilidade dos direitos fundamentais e sociais, fundada no respeito à dignidade da pessoa humana e ao mínimo existencial, os quais ostentam uma expressão financeiro-orçamentária que aqui denominamos *gastos fundamentais*.

2. A efetividade e exigibilidade dos gastos fundamentais decorrem, sucintamente: da rigidez e da garantia jurisdicional da Constituição; da força vinculante da Constituição; da sobreinterpretação constitucional; da aplicação direta das normas constitucionais; da técnica de interpretação conforme das leis e da influência da Constituição sobre as relações políticas e sociais.

3. Se o *Direito Financeiro* e, principalmente, as leis orçamentárias, não receberem em toda a plenitude os bons fluidos e reflexos jurídicos deste modelo de conformação constitucional dos direitos que as demais áreas jurídicas já absorveram, tais garantias se tornarão inúteis, dada a imprescindibilidade de dotações orçamentárias suficientes e obrigatoriamente destinadas e impositivamente executadas para a sua materialização.

4. As *finanças públicas* possuem a nobre e relevante função de direcionar positivamente os atos dos governantes durante a atividade financeira e influenciar para melhorar a vida em sociedade. Mais do que um conjunto de normas sobre o ingresso, a gestão e a aplicação dos recursos

financeiros do Estado, o Direito Financeiro é uma *ferramenta de mudança social*, para que a justiça fiscal se traduza em justiça social.

5. Neste contexto, o Direito Financeiro passa a exercer as funções de estatuto protetivo do cidadão-contribuinte, de instrumento de redistribuição de riquezas, de mecanismo de cooperação e equilíbrio federativo entre os entes, de veículo de participação da coletividade, de ferramenta de controle da arrecadação e dos gastos públicos e de meio para o desenvolvimento da sociedade e bem-estar da comunidade.

6. O *Estado* contemporâneo, fundado no poder legitimado pelo reconhecimento de uma ordem política e jurídica, é a forma de associação humana que se estabelece e se desenvolve em um território, com características e pretensões comuns, e que se submete a um ordenamento jurídico próprio, idealizado para proporcionar à coletividade as condições indispensáveis à realização do bem comum, da paz e da ordem social, visando garantir uma existência digna e satisfatória dos seus integrantes. A *função instrumental* do Estado é, portanto, atender as necessidades públicas e promover a realização do bem comum.

7. Não há, no entanto, um conteúdo apriorístico daquilo que constituiria uma *necessidade pública*, isto é, aquela a ser atendida com recursos públicos. A sua identificação se conecta diretamente com a história e cultura de cada nação, as ideologias políticas e econômicas reinantes em cada momento, dependendo daquilo que cada sociedade entende que, coletivamente, deve e pode oferecer a cada um de seus membros.

8. O perfil individualista e minimalista do *Estado liberal*, de poucos investimentos e gastos públicos e mínima intervenção, conduziu a consideráveis injustiças que foram o nascedouro dos movimentos sociais dos séculos XIX e XX. Já no *Estado Social* ou do Bem-Estar Social, em que o atendimento dos direitos sociais para toda a sociedade torna-se prioritário e universal, a máquina estatal se expandiu exageradamente e entrou em crise financeira. Em substituição a ambos, o denominado *Estado Democrático de Direito*, de fins do século XX, ampliou sua atuação econômico-social, assumindo novas funções que se vinculam ao progresso e bem-estar social, buscando conciliar a livre iniciativa com a manutenção de uma política social, assegurar a igualdade de oportunidades, a redistribuição de riquezas e o desenvolvimento econômico equilibrado, conside-

rando as limitações orçamentárias na realização dos deveres estatais e no atendimento dos direitos fundamentais e sociais.

9. Como ocorre no Estado Democrático de Direito, quando uma sociedade toma para si o encargo de custear uma determinada necessidade humana às expensas dos recursos públicos, isto significa que aquela sociedade se compromete jurídica e politicamente a, no todo ou em parte, suprir aquela necessidade da totalidade dos cidadãos ou de grupos determinados de cidadãos. Este compromisso deriva da *norma jurídica*, sendo que as linhas mestras da eleição de prioridades dos gastos públicos e os meios para o seu financiamento encontram-se enunciados na própria Constituição.

10. Se o Direito Constitucional afirma a *exigibilidade do cumprimento da norma*, o Direito Financeiro assevera a *exigibilidade orçamentária* da alocação de recursos para atender o seu cumprimento.

11. A *Economia Política* é o ramo interdisciplinar das ciências sociais que tem por objeto o estudo da realidade social, dos fatores econômicos e dos elementos da riqueza existentes à disposição do Estado, a fim de identificar e utilizar os recursos financeiros do patrimônio público e particular que lhe estejam disponíveis, para que se possa realizar a definição das finalidades e prioridades estatais, sempre de acordo com o ambiente jurídico, econômico e social no qual se está inserido e as previsões valorativas de direitos fundamentais e sociais que a Constituição elegeu.

12. A atividade do Estado na seara financeira vai haurir seu pressuposto de validade na própria Constituição, bem como nela encontrará as metas a serem alcançadas, buscando dar resposta às necessidades coletivas de uma nação de dimensões continentais, levando-se em consideração também as idiossincrasias de cada região do país.

13. Esta atividade se estabelece em três bases: a arrecadação, a gestão e o dispêndio. Além de uma correta e justa arrecadação, é necessário, também, dotar o Estado de mecanismos para exercer uma eficiente gestão, bem como estabelecer parâmetros para sua aplicação, atendendo fielmente aos interesses da coletividade e às necessidades públicas.

14. Para realizar suas atividades e atender às demandas da sociedade, o Estado necessita de recursos financeiros, que se denominam, em sentido amplo, de *receitas públicas* e podem se originar: do patrimônio estatal; do patrimônio do particular; das transferências intergovernamentais e dos

ingressos temporários. Por sua vez a despesa ou *gasto público* nada mais é do que a alocação das receitas públicas arrecadadas pelo Estado na sua atividade financeira.

15. Como os recursos públicos são limitados, o governante não pode gastá-los de forma descontrolada e desarrazoada. Não se podem negligenciar as formas e escolhas para sua justa e devida gestão e aplicação, cuja temática apresenta-se como objeto de interesse da chamada *"Teoria dos Custos dos Direitos".*

16. Como vivemos em um Estado de Direito, onde o administrador da coisa pública não está livre para empregá-la da maneira que melhor lhe convier, este encontrará os parâmetros para sua atuação na lei e na Constituição, razão pela qual as despesas públicas deverão estar adequadamente previstas no orçamento.

17. O Direito Financeiro também se configura como um ramo do ordenamento jurídico constitucionalizado, não sendo só mais um ramo absconso do direito, situado na fronteira indigesta da Economia e da Contabilidade, com seus números e matemática a aterrorizarem os juristas. Agora, parte considerável de suas principais instituições ganharam destaque em lugar nobre, o próprio texto da Lei Maior, recebendo diretamente o influxo da principiologia constitucional, sobretudo quanto ao conteúdo do orçamento e sua forma de execução.

18. A Constituição brasileira, em seu art. 1º, inciso III, estabelece como um dos pilares de nossa República a dignidade da pessoa humana. Para os atuantes na esfera jurídica, é inarredável a necessidade de trabalhar com o conceito de dignidade humana, cujo sentido, *prima facie*, parece ser unívoco e universalmente válido, com aspectos de axioma. Contudo, o conceito teórico de dignidade humana é polissêmico, de acordo com a visão de mundo ou ideologia que o informa.

19. No Mundo Antigo, abstraindo-se do conceito judaico-cristão, há uma grande dificuldade filosófica de apreensão da ideia-conceito de dignidade humana como igualdade fundamental entre os homens. Entre os gregos, donde brotou a filosofia ocidental, a condição de cidadão-livre era estendida apenas aos homens maiores de idade que integravam a "polis" (não a todos), os quais possuíam direitos como o do voto, de assumir cargos públicos, mas também o dever de auxiliar nas despesas com conflitos

militares. O mesmo ocorria na *civis* romana. E, em ambas as culturas, a prática da escravidão era disseminada e naturalizada.

20. No livro bíblico hebraico de Gênesis, é dito que o ser humano foi feito à imagem e semelhança de Deus (em hebraico, *Tzelem Elohim* – imagem de Deus) como último ser da criação (no sexto dia do relato bíblico de criação do mundo em sete dias, sendo o sétimo o dia de descanso da divindade), a coroar a obra divina de trazer à existência as criaturas. Nessa imagem e semelhança com Deus residiria o motivo intrínseco da inviolabilidade e mesmo sacralidade da vida humana: se Deus é sumamente sagrado, aquele que com ele se assemelha também guarda em si, por analogia, algo da excelência e honra que são, de modo próprio, tributáveis apenas a Deus.

21. A difusão desta cosmovisão originalmente judaica se deve, sobretudo, ao espalhamento do cristianismo, inicialmente no Velho Continente (com a assunção desta religião como sendo a oficial do Império Romano), mas depois, no período das grandes navegações e do colonialismo, também em direção às Américas, África, Ásia e Oceania.

22. O projeto filosófico do Iluminismo se colocou em contraposição à visão teocêntrica típica da Idade Média (e também compartilhada pelo judaísmo ortodoxo) que parte não apenas da capacidade humana de conhecer o mundo, mas também do dado de uma Revelação por iniciativa divina (Deus que se revela e se comunica com os seres humanos). A fundamentação do valor da pessoa humana passa a abstrair de uma eventual origem sobrenatural e divina, baseando-se então na descoberta das leis naturais que regem a conduta humana e no tratamento que seja conforme ao modo como o ser humano está constituído (o conceito filosófico iluminista de *natureza humana*).

23. A novidade nesta proposta está em que, pela primeira vez, busca-se fundamentar a dignidade humana sem recorrer-se a argumentos transcendentes vinculados a uma religião organizada e institucionalizada, o que abrirá caminho para que, no século XIX, chegue-se a uma formulação de radical negação de qualquer realidade divina.

24. Destaca-se no Iluminismo a filosofia kantiana, uma das principais tentativas modernas de fundamentar a intrínseca dignidade humana sem necessidade de recurso a uma divindade. Segundo Kant, os atos humanos deveriam se orientar por um imperativo categórico expresso na máxima

"age apenas segundo uma máxima tal que possas ao mesmo tempo querer que ela se torne lei universal". Kant também afirma que o ser humano existe como "fim em si mesmo e não só como meio para o uso arbitrário desta ou daquela vontade". Assim, em todas as suas condutas, seja quanto a si mesmo ou em referência aos demais seres humanos, o homem nunca pode ser visto como um mero meio. Os seres humanos são seres pessoais, e não coisas. Estas últimas possuem seu valor em termos de preço (valor de troca), enquanto as pessoas estão dotadas de dignidade, ou seja, não podem ser precificadas.

25. A autonomia da fundamentação da dignidade da pessoa humana de um referencial transcendente de fundo religioso, que já vinha sendo gestada no Iluminismo, culminará, no século XIX, com uma série de filosofias que avançam para afirmar a total inexistência do dado religioso. Destacam-se, sobretudo, a filosofia de Karl Marx, com seu materialismo histórico, o positivismo cientificista de Auguste Comte e a rebelião subversiva da moral tradicional por parte de Friedrich Nietzsche.

26. No marxismo, o materialismo (ou seja, a gênese de todas as coisas a partir da matéria pura, desprovida de qualquer elemento espiritual) acaba retirando da fundamentação filosófica da dignidade humana sua força específica: se o homem é apenas um amontoado de átomos, o que o faz diferente dos outros animais? Há sempre o risco de instrumentalização do ser humano visto como apenas uma "peça" da grande "engrenagem" do todo social.

27. O positivismo prima pelo empirismo, ou seja, apenas aqueles fenômenos observáveis pela experiência sensível com base no mundo físico constituem formas de conhecimento válido. Para essa corrente, a sociedade também operaria de modo similar ao mundo físico, isto é, por meio de leis e constantes absolutas, elegendo o método das modernas ciências naturais como único método válido para o conhecimento. Esta visão, quando projetada sobre as ciências humanas, tem sido criticada como demasiadamente estreita e amputadora das múltiplas possibilidades de sentido *interpretativo* que o ser humano é capaz de legar aos fatos sociais, estando sempre presente uma dimensão valorativa.

28. O paradoxal é que a crença no progresso científico como significando o alvorecer de uma nova era não tenha, no curso histórico, sido acompanhada por um real progresso ético. Retirado do horizonte o limite

moral colocado seja por visões religiosas de mundo ou por considerações do ser humano como fim em si mesmo (por exemplo, a ética kantiana), o homem acabou gemendo sob o peso da ausência de proteção concreta e efetiva contra barbáries que foram cometidas ao longo do século XX, com destaque para o morticínio de judeus na Segunda Guerra Mundial e das políticas de extermínio em massa nos regimes soviético e chinês.

29. Traumatizadas por tais fatos trágicos, que ceifaram a vida de milhões de pessoas como nunca dantes visto na história mundial, as nações começaram a se preocupar com uma dimensão axiológica e valorativa, mas com consequências práticas: como passar do discurso dos direitos naturais ou humanos para sua efetiva concretização no plano internacional e doméstico. Por isso, pode-se classificar nosso momento histórico como uma "era dos direitos humanos".

30. Os *direitos fundamentais*, nomenclatura preferida entre os autores alemães, são também comumente denominados pelas expressões *direitos humanos* ou *direitos do homem*, podendo ser definidos como aquele conjunto de situações jurídicas basilares a serem garantidas aos seres humanos como condição para seu florescimento digno. São corolários, em suas mais diversas facetas, do princípio da dignidade humana.

31. Contudo, não podemos nos olvidar de que o catálogo dos direitos humanos não é um rol fechado e tende a se expandir, como parte de uma cultura internacional de direitos humanos. De certa forma, se é que, na pós-modernidade, diante da *liquidez* das certezas (Zygmunt Bauman), ainda se pode falar em dogmas em qualquer área do saber, os direitos humanos fazem parte desse núcleo duro de ideias que animam as sociedades ocidentais contemporâneas.

32. Na Alemanha do pós-guerra, o debate se centrou no fortalecimento dos direitos sociais e de sua equiparação com os direitos fundamentais clássicos. Konrad Hesse salienta que ocorreu uma mutação no papel do próprio Estado, que então passa a ser planificador e dirigente, devendo oferecer meios para uma "busca existencial", não sendo os direitos fundamentais entendidos somente como direitos de defesa – pois a liberdade humana não surge apenas a partir de abstenções estatais –, mas também requerendo uma ação estatal ampla.

33. Peter Häberle assevera que os direitos fundamentais também ostentam uma dimensão ou versão social, a que denomina de direitos

fundamentais sociais e que, ainda que configurem direitos públicos subjetivos, por vezes aparecem travestidos sob o manto das tarefas a serem realizadas pelo Estado. Partilham da mesma natureza de direitos públicos subjetivos e exigíveis, mesmo que esparsos pelo texto constitucional. O critério topográfico, portanto, não é relevante para a determinação do conteúdo de um direito constitucionalmente afiançado. A própria Constituição brasileira é exemplo disso, pois em seu artigo 5º não estão presentes os direitos sociais. Em Portugal, sob a influência direta da doutrina tedesca, o constitucionalista José Joaquim Gomes Canotilho foi um dos grandes consagradores da categoria dos direitos fundamentais sociais, exercendo forte ascendência sobre o direito brasileiro.

34. Uma primeira objeção que se faz à elevação dos direitos sociais à mesma categoria dos direitos fundamentais clássicos (civis e políticos) é aquela representada pela crítica liberal de que o Estado não se deve intrometer na esfera de liberdade do cidadão. Por sua vez, os direitos sociais demandariam prestações positivas estatais, com o aporte de maciços recursos nem sempre disponíveis – argumento da *reserva do possível* – a fim de garantir tais direitos aos cidadãos.

35. Sunstein e Holmes reforçam essa constatação assumindo um viés orçamentário radical. Logo no início da obra *O custo dos direitos*, os autores americanos definem *custo*, para os efeitos de seu trabalho, como *custos orçamentários*, e *direitos* como interesses relevantes que podem ser protegidos de forma confiável por meio de instrumentos governamentais para garanti-los. Assim, chegam à formulação ousada de que um direito existe, na realidade, somente quando e se houver custos orçamentários para garanti-lo.

36. Conceito derivado da dignidade da pessoa humana, encontra-se a formulação que evoca a expressão do *mínimo existencial*, tendo na sua identificação primeira o conteúdo de um mínimo vital, isto é, o conjunto mínimo de condições para a mera sobrevivência física – o que denominamos *conceito fraco de mínimo vital* (Tomás de Aquino, Moisés Maimônides, Baruch Espinoza, Hegel, Herbert Hart etc.). Já num conceito ampliado – denominado por nós *conceito forte de mínimo vital* -(John Rawls, Robert Alexy), este consistiria não apenas na oferta das condições de sobrevivência, mas sim em um nível acima: o florescimento humano básico ou uma

vida com um mínimo de qualidade, naquilo que poderíamos chamar de um *salto qualitativo prestacional*.

37. No Brasil, Ricardo Lobo Torres é o responsável pela difusão da ideia de mínimo existencial, afirmando que o mínimo existencial não estaria consagrado expressamente na Constituição brasileira, mas, nas pegadas da doutrina alemã, o reconhece a partir da perspectiva da igualdade material, que protegeria contra a pobreza absoluta resultante da desigualdade social, bem como estaria implícito na cláusula geral de respeito à dignidade humana e na eleição de um modelo de Estado Social de Direito.

38. A peça orçamentária, no âmbito de um Estado Democrático de Direito, é um espelho das eleições fundamentais feitas por aquela sociedade quanto aos *gastos fundamentais* a serem feitos em nome do povo e do bem comum; e é nela que se concretizará a alocação de recursos às atividades concretas, obedecidos os parâmetros lançados pela Constituição.

39. No caso brasileiro, a Constituição Federal de 1988 veicula uma série de direitos fundamentais sociais, especialmente aqueles nas áreas de educação, saúde (e sua decorrência no saneamento básico), moradia e assistência social. Alguns destes são considerados tão relevantes que o próprio texto da Constituição estabelece vinculações obrigatórias de percentual fixo de recursos orçamentários para seu custeio, como é o caso da saúde e da educação.

40. No Estado moderno, em que os recursos públicos são escassos e as definições das despesas eleitas pelo governante chegam a ser consideradas "escolhas trágicas", assume o orçamento público função de fundamental importância para a sociedade, não apenas como instrumento de planejamento, gestão e controle financeiro, mas principalmente por estabelecer as políticas públicas e realizar os gastos fundamentais para atender às necessidades e interesses do cidadão.

41. As origens do orçamento público como documento democrático e representativo da vontade popular na alocação de recursos remonta ao processo de transmutação do modelo de regimes absolutistas para o Estado de Direito com o desenvolvimento do constitucionalismo, em que as receitas e os gastos do governante passam a ser definidos pelo Parlamento. Historicamente, o controle do Parlamento sobre as finanças do

governante se deu primeiramente na sua face arrecadatória (tributação), e só posteriormente foi estendido para a orçamentária (despesa).

42. Trata-se, hoje, o orçamento público de um plano governamental normativo que materializa as prioridades e programas de ação da Administração Pública perante a coletividade, conjugando os interesses dos três Poderes, seus órgãos, agentes e entidades, de maneira harmônica e interdependente, com as necessidades da sociedade, de todos os contribuintes, de todas as classes, de todos os setores de produção, enfim, de toda a nação.

43. É, assim, um mecanismo jurídico de racionalização do processo de alocação de recursos, dotado de valores éticos para a realização dos direitos humanos fundamentais, e para a concretização de sua função social: servir de instrumento de mudanças positivas para a sociedade, reduzindo as desigualdades sociais, extirpando a miséria da realidade brasileira e alavancando o desenvolvimento da economia.

44. Representa, ainda, a peça fundamental da democracia e da cidadania financeira, uma vez que é através das leis orçamentárias que o cidadão identifica a destinação dos recursos que o Estado arrecada.

45. A Constituição Federal de 1988 é pródiga em estabelecer regras para as leis orçamentárias. No seu Capítulo II, que se estende do art. 163 ao art. 169, temos a disciplina das "Finanças Públicas". No art. 163, encontramos a previsão da reserva de matéria à lei complementar para a temática financeira. No art. 164, temos a previsão da competência monetária da União e do Banco Central. E, do art. 165 ao art. 169, encontramos a disciplina das leis orçamentárias e respectivas normas gerais para a sua criação e gestão.

46. O art. 165 da Constituição prevê que leis de iniciativa vinculada do Poder Executivo – cabendo ao Poder Legislativo, pelas duas Casas do Congresso Nacional, votá-las e aprová-las como leis ordinárias e, posteriormente, controlar sua execução –, estabelecerão: I – o plano plurianual; II – as diretrizes orçamentárias; III – os orçamentos anuais. O primeiro seria um planejamento estratégico de longo prazo, de conteúdo abstrato e programático; o segundo, um planejamento operacional de curto prazo, em que se estabelecem metas e prioridades; e o terceiro, a materialização dos planejamentos em uma lei de realização, de conteúdo concreto e imperativo.

47. A *Lei do Plano Plurianual* estabelece, de forma regionalizada, as diretrizes, objetivos e metas da Administração Pública para as despesas de capital e outras delas decorrentes e para as relativas aos programas de duração continuada; a *Lei de Diretrizes Orçamentárias* compreende as metas e prioridades da administração pública, incluindo as despesas de capital para o exercício financeiro subsequente, orienta a elaboração da lei orçamentária anual, dispõe sobre as alterações na legislação tributária e estabelece a política de aplicação das agências financeiras oficiais de fomento; a *Lei Orçamentária Anual* contempla o orçamento fiscal, de investimentos e da seguridade social, contendo todas as receitas e despesas referentes aos três Poderes, seus fundos, órgãos e entidades da Administração direta e indireta, inclusive fundações.

48. Infelizmente, no ideário jurídico brasileiro ainda ecoa hoje, de maneira titubeante, a tese de que o orçamento público seria meramente autorizativo. Isto significa que se trataria de uma peça desprovida de efeitos vinculantes na sua elaboração e execução, na qual se contém a previsão de receitas e mera autorização das despesas, estando o Poder Público facultado a executá-las, sem a obrigação do seu cumprimento na integralidade. Ficaria, assim, a cargo do gestor público a avaliação do interesse e da conveniência – de maneira discricionária – de adotar políticas públicas segundo seus ideais e definir as despesas que entender prioritárias e de, na execução, realizar livremente os gastos e implementar contingenciamentos e remanejamentos de gastos a seu bel prazer, em detrimento da execução em sua plenitude.

49. Esta maneira de encarar as leis orçamentárias deriva do *binômio lei formal-lei material*, teoria formulada por Paul Laband há cerca de 150 anos, com viés autoritário e com base no princípio monárquico vigente à época, tendo diante de si a busca de uma solução para o conflito orçamentário prussiano da década de 1860, em um ambiente jusfilosófico absolutamente diverso do Estado Democrático de Direito que temos hoje.

50. O desenvolvimento do *princípio monárquico*, embora tenha também encontrado terreno fértil nas nações germânicas, tem origem francesa, na Carta Constitucional de 4 de junho de 1814, outorgada por Luís XVIII. Por ele, haveria uma espécie de liberalidade do monarca, que se despoja de parte de suas atribuições e prerrogativas fazendo uma concessão a

seus próprios súditos, compromisso este firmado por meio de um pacto constitucional.

51. Porém, na prática, o poder do príncipe se mantém ao mesmo tempo em que se faz a concessão da existência de um Parlamento capaz de aprovar leis. Todavia, nesta visão, esta atividade não poderia tocar algumas notas que, essencialmente, pertenceriam ao monarca, dentre as quais, as dotações orçamentárias essenciais à manutenção das atividades administrativas cuja execução compete ao Executivo.

52. O mencionado conflito orçamentário da Prússia se iniciou em 1860 quando o Poder Executivo se viu às voltas com a necessidade de aumentar os gastos bélicos, apresentando um projeto de lei que acabou não sendo aprovado pelo Parlamento, fato que se repetiu nos anos subsequentes, em queda de braço entre poderes, que se estendeu até 1866. Para solucionar a questão, o chanceler Otto von Bismarck invoca o argumento de ser impossível a qualquer Estado, sob pena de colapso total, paralisar integralmente as suas atividades essenciais, dentre elas a defesa nacional. Caberia à doutrina germânica, encabeçada nesse particular por Laband, explicar e solver juridicamente o impasse.

53. Paul Laband (1838-1918) apresentou, ao tratar do tema do orçamento, o binômio *lei formal-lei material*, a partir da sua interpretação do significado do termo "lei" previsto na Constituição prussiana de 1850. Segundo ele, o mero requisito formal isolado não era suficiente para conferir o caráter propriamente dito de lei. Manter as formalidades do processo legislativo não era suficiente. A base da compreensão labandiana da lei estava em seu conteúdo, ou seja, de que uma lei propriamente dita, além de possuir forma de lei, deve ter seu conteúdo consubstanciado por uma "regra jurídica" (*Rechtssatz*), que implique uma obrigação.

54. Quanto ao orçamento, Laband o qualifica como uma mera conta que se refere aos gastos e ingressos estimados, não servindo para satisfazer uma necessidade jurídica, mas tão somente a uma necessidade econômica. Por não veicular regras jurídicas, sendo sua elaboração e o posterior controle de contas uma tarefa típica da Administração (Poder Executivo), seria um ato administrativo, razão pela qual a participação da representação popular (Câmara) na aprovação do orçamento não configuraria exercício de Poder Legislativo propriamente dito, mas sim participação do Parlamento em uma função típica do Poder Executivo.

55. Esta visão, tributária da construção teórica de Paul Laband, não deixa de ser uma visão essencialmente *artificial* – a lei, para sê-lo em sentido pleno, necessita não apenas de uma forma exterior de lei, mas também de apresentar um conteúdo ou matéria específica. Certamente, esta não é uma distinção de lógica formal aplicável a todo e qualquer tempo, mas um construto jurídico que deita suas raízes nos problemas constitucionais alemães da época.

56. A teoria orçamentária de Laband encontrou rapidamente aceitação em outros países, tanto por sua roupagem jurídica como por sua proposta política, e acabou sendo muito difundida em fins do século XIX e início do XX, sobretudo na França e Itália, donde acabou por influenciar Portugal e o Brasil.

57. Os postulados da teoria de Laband, abraçados e aceitos firmemente por autores de diversos países, se consubstanciam na concepção de que a intervenção do Legislativo em matéria orçamentária ocorria apenas como meio político de controle da atuação do Governo, não constituindo o exercício de uma função propriamente legislativa; na negação do orçamento público como ato jurídico unitário, sendo necessário distinguir o orçamento propriamente dito da lei que o aprova; e na configuração do orçamento como mero ato administrativo, desprovido de valor jurídico, por não conter verdadeiras normas jurídicas.

58. Assim, aqueles que consideram o orçamento apenas como *lei formal* afirmam que seu conteúdo seria o de um *ato administrativo*, por apenas prever as receitas e autorizar as despesas, ainda que através da roupagem de lei. Desprovidas de conteúdo normativo, as leis orçamentárias – para alguns, segmentadas entre a seção arrecadatória (receitas) e a seção das despesas (gastos) – realizariam unicamente as funções de autorização exigidas para a realização da atividade da Administração Pública, sem vincular o gestor ou gerar direitos subjetivos ao cidadão.

59. Esta dogmática foi seguida por juspublicistas alemães como Ardnt, Seidler, Gneist, Schulze, Gerber, Bornhak, Von Martitz, Jellinek e Otto Mayer, passando pela França (Jèze, Duguit, Hauriou, Allix, Esmein, Gaudemet, Laufenburguer, Trotabas etc.), Itália (Giannini, Orlando, Ranelletti, Graziani, Vitagliano, Santi Romano, Talice etc.), Espanha (Gallego), Portugal (António Pereira Jardim) e, ao atravessar o Atlântico, corre ainda pela Argentina (Bielsa, De Juano e Villegas) e Colômbia (Jaramillo,

Cruz Santos e Palacio Rudas), até chegar ao Brasil nas lições da doutrina tradicional de Aliomar Baleeiro, Amilcar Falcão, Alberto Deodato, Hely Lopes Meirelles, Ricardo Lobo Torres, dentre outros.

60. Entretanto, conceitos jurídicos apresentam uma dimensão histórica inarredável, e são produto de uma determinada visão de mundo e das ciências jurídicas histórica e culturalmente localizadas, razão pela qual, para uma compreensão mais abrangente de um determinado instituto jurídico, faz-se necessário entender o ambiente em que foi gestado. Portanto, o conceito labandiano acerca da natureza jurídica do orçamento público como mera lei formal queda-se fora de contexto, como se constituísse uma iluminação abstrata, ou como uma espécie de decorrência lógica incontrastável, e não fruto de uma mentalidade específica de época.

61. Acreditamos que situar historicamente o momento que viviam os Estados germânicos quando da elaboração da teoria labandiana no século XIX tem o valor de nos indicar como uma construção teórica de século e meio, formulada a partir de bases constitucionais muito distintas daquelas plasmadas pela Constituição brasileira de 1988, não pode ter a pretensão de continuar sendo aplicada literalmente sem uma releitura dos pressupostos de que partiu. O binômio *lei formal-lei material* apresentado para a resolução do problema da natureza jurídica do orçamento não é uma distinção de lógica formal aplicável ao nosso tempo. Resta indagar se uma distinção criada a partir do princípio monárquico, com prevalência do Poder Executivo e com viés autoritário, deveria ainda hoje servir de base para as discussões acerca do orçamento público.

62. Mas a teoria dualista labandiana não foi unanimidade e na própria Alemanha do século XIX sofreu grande reação, principalmente de Myrbach-Rheinfeld, Zorn e Haenel, ao argumento de que limitar a atividade legislativa do parlamento era escamotear um dos direitos mais importantes das representações nacionais e os resultados mais decisivos das lutas políticas, e de que toda lei deve ser considerada uma lei material, mormente se aprovada após passar pelo *"iter legislativo"* previsto na constituição.

63. A concepção *monista* do orçamento como lei material foi defendida na Alemanha por Myrbach-Rheinfeld, Zorn e Haenel; na Itália foi acompanhada por Ingrosso, Esposito, Majorana, Mortara, Vitagliano, Micheli, Amatucci; Carré de Malberg na França; Fernando Sainz de

Bujanda, Jaime Garcia Añoveros, Adolfo Carretero Perez, Álvaro Rodriguez Bereijo, Eusebio González García, José Juan Ferreiro Lapatza, Fernando Pérez Royo, Carlos Palao Taboada, Alejandro Menéndez Moreno, Miguel Ángel Martínez Lago, Juan Antonio Toscano Ortega, José Pascual García, Germán Orón Moratal, Gabriel Casado e Juan Martín Queralt na Espanha; José Joaquim Gomes Canotilho, António Lobo Xavier, António L. de Sousa Franco, Luis Cabral de Moncada e João Ricardo Catarino, em Portugal; Giuliani Fonrouge, Dino Jarach, Horacio Corti e Gustavo Casanova, na Argentina; Mauricio Plazas Vega, na Colômbia.

64. No Brasil, a compreensão das leis orçamentárias como *lei material* é seguida por Francisco Campos, Regis Fernandes de Oliveira, Adilson Abreu Dallari, Eduardo de Mendonça, Heleno Taveira Torres, José Marcos Domingues, dentre outros. Para estes, além de não ser possível a distinção entre o orçamento e a lei que o aprova, este traria para o Estado o dever de implementá-lo e, para o cidadão, o direito de exigir sua realização.

65. A realidade é que o tema sobre a natureza jurídica do orçamento público por muito tempo esteve longe de ser pacífico. Já foi possível encontrar entendimentos de diversas naturezas a respeito do orçamento público. Para uns, o orçamento seria apenas e essencialmente uma *lei formal*. Para outros, seria uma *lei material*, dotada de todos os efeitos e reflexos como tal. Há, ainda, quem afirme tratar-se de uma *lei especial*, diversa de todas as demais. Temos, também, o entendimento de que se trata de um mero *ato administrativo*. Finalmente, encontramos as manifestações intermediárias, que englobam aspectos dos vários entendimentos distintos, atribuindo-se ao orçamento público uma *natureza mista*, de lei formal externamente e de ato administrativo no seu conteúdo.

66. Os efeitos práticos da discussão acerca da natureza das leis orçamentárias no Brasil se resumem a: a) na obrigatoriedade ou não do cumprimento dos programas e a realização das despesas nele previstas pelo Poder Executivo; b) na vinculação das prioridades constitucionais a constarem obrigatoriamente no seu conteúdo; c) no surgimento ou não de direitos subjetivos para o cidadão, a ensejar a judicialização, não apenas dos programas e despesas previstas na lei orçamentária, mas também dos direitos fundamentais e dos direitos sociais constitucionalmente garantidos; d) na possibilidade do exercício do controle pelo Poder Judiciário;

e) na sua submissão ao controle concentrado de constitucionalidade pelo Supremo Tribunal Federal.

67. Hoje, no Brasil, infelizmente parcela da doutrina, sobretudo a tributária de linha clássica, ainda aplica o entendimento de que, com exceção das despesas obrigatórias (legais e constitucionais), as leis orçamentárias têm natureza de lei formal, de conteúdo meramente autorizativo para as despesas públicas, sendo possível a realização de contingenciamentos, remanejamentos e até mesmo o cancelamento da execução da programação orçamentária sem sequer a necessidade de motivação por parte da Administração Pública, ainda que não seja o caso de restrições financeiras ou técnicas.

68. Não obstante, cada vez mais vem se desenvolvendo no Brasil, na esteira do resto do mundo, a concepção de que as leis orçamentárias têm natureza de lei material dotada de efeitos vinculantes, devendo ser obrigatoriamente elaborada de acordo com as prioridades e valores constitucionais, e executada a programação orçamentária nela constante em sua totalidade, como dever e responsabilidade do administrador público, salvo em caso de impedimento técnico, legal ou financeiro, e desde que devidamente justificado.

69. Há diversos bons argumentos – e a seguir apresentaremos dez deles – que demonstram a importância do orçamento público como fundamental instrumento para a materialização dos direitos humanos e sociais através da realização prioritária e obrigatória dos denominados *gastos fundamentais*.

70. Primeiro, quando falamos em princípio da legalidade tributária, não podemos desassociá-lo da legalidade orçamentária como um princípio jurídico uno, que expressa a imperiosa necessidade da participação do cidadão nas escolhas arrecadatórias e alocativas, conferindo legitimidade ao governante para que possa realizar adequadamente suas funções através dos recursos públicos. Trata-se, pois, do binômio "legalidade tributário-orçamentária", mandatório na concepção do consentimento do cidadão nas finanças públicas como um todo, uma vez que a falta de participação parlamentar na destinação do produto da arrecadação, limitando-a à fase arrecadatório-tributária, esvaziaria o próprio valor e objetivo da representatividade do cidadão.

71. Quebrar a *legalidade fiscal* em duas partes (tributária e orçamentária), e deixá-la apenas vigente na sua face tributária, sem se levar a sério a legalidade orçamentária, é voltar a conferir preponderância ao Poder Executivo sobre o Legislativo, em afronta ao princípio basilar republicano do equilíbrio entre poderes (art. 2º, Constituição).

72. Segundo, a nossa Constituição Federal de 1888 prevê, de maneira cuidadosa e detalhada, um conjunto de regras próprias – e sem paralelo com outras normas jurídicas – para o regime das leis orçamentárias, com a participação fundamental do Legislativo e do Executivo. Prevê, ainda, uma série de conteúdos e compromissos que devem constar nas leis orçamentárias, elaboradas de maneira integrada e harmoniosa, os quais refletem o perfil social da nossa Constituição, devendo dar-lhe concretude e realizar os seus objetivos prescritos no artigo 3º, quais sejam: construir uma sociedade livre, justa e solidária; garantir o desenvolvimento nacional; erradicar a pobreza e a marginalização e reduzir as desigualdades sociais e regionais; e promover o bem de todos, sem preconceitos de origem, raça, sexo, cor, idade e quaisquer outras formas de discriminação.

73. A inequívoca importância jurídica e política – indelegável e irrenunciável – do ato parlamentar conferido às leis orçamentárias pela Constituição não pode significar uma redução ou mitigação da legalidade orçamentária. Ao contrário, tais características somente vêm a robustecer a natureza e a força cogente e vinculante das leis orçamentárias.

74. Terceiro, a Constituição Federal de 1988 estabelece que o orçamento público seja veiculado como lei, de três espécies e funções distintas, porém harmonicamente entrelaçadas. E o seu texto é claro e literal ao dizer que a lei orçamentária anual não conterá dispositivo estranho "*a previsão da receita e à fixação da despesa*". Vê-se que o texto constitucional não utiliza a palavra "autorização" para se referir às despesas orçamentárias, mas sim adota a expressão "fixação", que tem uma conotação de compromisso rígido e impositivo, e que só pode ser afastado diante de motivos devidamente fundamentados.

75. Portanto, é a própria Constituição, desde o seu texto original de 1988, que estabelece expressamente uma obrigação vinculante e não uma mera faculdade no estabelecimento e execução das despesas públicas. Tal concepção que prega a facultatividade, a nosso ver, é impertinente, anacrônica e, como já demonstrado, originária de um modelo autoritário

de cerca de 150 anos atrás. Porém, após as recentes alterações no texto da Carta, sobretudo com as emendas constitucionais do ano de 2019, as dúvidas que ainda persistem são fruto de um olhar enviesado, para não se dizer obcecado.

76. Quarto, a concepção do *princípio da legalidade orçamentária* deve abranger não apenas a sua integração com a legalidade tributária – cada uma das quais partes de um princípio único que denominamos de "princípio da legalidade fiscal" –, como também o seu viés impositivo e vinculante, atribuindo ao administrador público obrigatoriedade nas escolhas e na execução das despesas públicas fixadas e constantes nas leis orçamentárias, sob pena de se fazer *tabula rasa* da participação do Poder Legislativo neste importante processo democrático.

77. A propósito, conferir poderes ilimitados ao Poder Executivo para elaborar e executar o orçamento público conforme seus interesses e conveniência, contingenciando, remanejando ou cancelando despesas, de maneira a monopolizar ilegítima e artificialmente o processo orçamentário é, a nosso ver, o mesmo que reduzir o papel do Poder Legislativo a mero "carimbador" no processo orçamentário, o que não se coaduna com o modelo republicano brasileiro, e nem com o exercício da elevada função legiferante própria daquele Poder.

78. Quinto, do princípio da legalidade orçamentária decorre o sentido unívoco de "lei" previsto na nossa Constituição, que se aplica igual e uniformemente às leis orçamentárias, tal qual em relação às outras leis por ela referidas em todo o seu texto, não tendo sido instituídos dois ou mais modelos de leis, inexistindo em nosso ordenamento jurídico, quer explícita ou implicitamente, as categorias de lei formal e de lei material.

79. Assim, especificamente em relação às leis orçamentárias, a Constituição se refere literalmente em todo o seu texto à "lei" como sendo a lei ordinária o veículo normativo por ela escolhido e determinado – sejam elas a do Plano Plurianual, a de Diretrizes Orçamentárias e a Orçamentária Anual –, sem realizar qualquer ressalva dos seus efeitos como normas jurídicas, que, independentemente da forma ou estrutura, são dotadas de imperatividade, cogência ou coercibilidade.

80. Daí porque as leis orçamentárias são normas jurídicas dotadas de ambos os sentidos: o sentido *formal*, por emanarem do Poder Legislativo após o devido procedimento legiferante, e o sentido *material*, porque

lhes cabe realizar os valores e objetivos consagrados pela Constituição ao estabelecerem obrigações para a Administração Pública realizar em favor da sociedade.

81. Sexto, o Brasil deixou para trás o modelo típico de orçamento tradicional ou clássico, em que apenas se estimava receitas e fixava despesas dentro dos limites de cada dotação, e passou a adotar o modelo orçamentário de orçamento-programa, que contempla, além das informações financeiras sobre as receitas e despesas, os programas de ação do Estado, pelo estabelecimento dos projetos, planos, objetivos e metas, fundamental para o planejamento governamental.

82. Portanto, nos dias de hoje, as nossas leis orçamentárias passam a dispor de um conteúdo que vai muito além de um mero plano de contas com previsão de receitas e despesas, e são dotadas de substância analítica que materializa programas, políticas públicas, planos de ação e objetivos governamentais, conferindo a partir de previsões genéricas e abstratas maior concretude aos atos administrativos que serão realizados a partir da lei orçamentária anual, passando seu conteúdo a ser imbuído de densidade normativa.

83. Esta *densidade normativa* das previsões contidas na lei orçamentária anual, decorrente da especificação e do detalhamento das ações e programas contidos no seu texto – estabelecidos de acordo com os objetivos, compromissos, prioridades governamentais e diretrizes para a sua implementação fixados nas leis do plano plurianual e nas diretrizes orçamentárias –, asseguram a eficácia e a exigibilidade da sua execução, vinculando a Administração Pública no seu cumprimento.

84. Percebe-se que a LOA, integrada com os planos do PPA e a LDO, contempla uma série de programas e ações a serem realizados, com nível de detalhamento suficiente para constituírem obrigações vinculadas ao administrador público (com prazos de realização, valores a serem despendidos etc.), cujas disposições podem ser equiparadas aos comandos normativos (obrigações de fazer) típicos das leis dotadas de densidade normativa.

85. A partir da generalização das previsões no PPA, da fixação de diretrizes e metas na LDO, e o consequente detalhamento executivo na programação orçamentária da LOA, identificamos a exigibilidade

das prestações estatais ali fixadas, as quais se tornam vinculantes para a Administração Pública.

86. A substancialidade do conteúdo das leis orçamentárias que confere densidade normativa às suas previsões reduz sensivelmente o grau de discricionariedade na definição do seu conteúdo e na implementação dos seus comandos, mormente quando estamos diante de despesas relacionadas aos direitos humanos e sociais, cuja face orçamentária denominamos de *gastos fundamentais*.

87. Sétimo, a discricionariedade em seu sentido original e a concepção do orçamento como lei formal têm a mesma genealogia na soberania decisória do monarca absoluto e, igualmente, comungam da mesma marcada temporalidade, em choque com a ordenação jusconstitucional em que nos encontramos hoje.

88. No vigente Estado Democrático de Direito, sobretudo pela constitucionalização do Direito Administrativo, há uma revisão nos conceitos jurídicos diante das diretrizes fixadas pela Constituição, e a clássica discricionariedade administrativa como poder jurídico passa a não ser mais limitada só pela lei em sentido formal, mas também pela ideia de justiça, com todos os valores que lhe são inerentes, parametrizando o processo de escolhas do conteúdo e de realização do orçamento público.

89. Na seara orçamentária, nos dias atuais, não há mais espaço para escolhas discricionárias injustificadas, tanto no estabelecimento do conteúdo das leis orçamentárias, que são parametrizadas pelos objetivos e valores constitucionais, como na sua execução, que passa a ser obrigatória e vinculante para o administrador público, não sendo possível a realização de contingenciamentos, remanejamentos ou cancelamentos de despesas orçamentárias de maneira imotivada.

90. Por óbvio que, nos casos em que a arrecadação não se realizar em toda a sua potencialidade e no numerário previsto, e não haja recursos suficientes para atender as despesas fixadas nas leis orçamentárias, ou surgindo restrições de ordem fática, técnica ou mesmo jurídica, a não execução do orçamento na sua integralidade estará justificada, cujo ato devidamente motivado exonerará o administrador de responsabilidade.

91. Oitavo, no Estado de Direito, fidelidade, confiança e boa-fé são as bases da relação orçamentária entre o Estado e o cidadão. A elaboração e a execução dos orçamentos públicos devem refletir as reais necessidades

da sociedade e, como leis que foram produzidas dentro do regular processo legislativo, necessitam atender o ideal de boa-fé e dos valores éticos pelos quais todos os Poderes, instituições e agentes públicos devem se pautar perante o cidadão.

92. Dentre as exigências comportamentais decorrentes do princípio da *boa-fé estatal* temos que o governante não deve, nas suas relações com a sociedade, gerar expectativas indevidas ou adotar condutas desleais. Este padrão comportamental na seara fiscal é sintetizado no *princípio da sinceridade orçamentária*, acolhido pela doutrina francesa – *le principe de sincérité budgétaire* –, e possuindo uma dimensão jurídica e política, com a finalidade de tornar o *orçamento realista*, tanto na previsão de receitas quanto na fixação de despesas.

93. Ao ser inserido um rol de despesas públicas nas leis orçamentárias, cria-se para o cidadão individualmente, e para a sociedade como um todo, um direito subjetivo a exigir a sua materialização, salvo se o gestor público estiver diante de uma restrição de natureza técnica, legal ou financeira, quando então deverá motivar o seu ato. O contingenciamento, remanejamento ou cancelamento da programação orçamentária de maneira imotivada não se coaduna com o comportamento que se espera em um Estado de Direito como o nosso.

94. Lealdade, correção e veracidade compõem o substrato com o qual os Poderes Executivo e Legislativo devem conduzir todo o processo orçamentário, sob pena de ludibriarem o cidadão através de leis orçamentárias que não são executadas em sua integralidade, tornando-as "peças de ficção".

95. Nono, a confirmação de que a elaboração e a execução das leis orçamentárias são desprovidas de discricionariedade e vinculadas aos preceitos constitucionais evidencia-se a partir do fundamento subjacente nas decisões judiciais que reconhecem e concedem um direito fundamental ou social dentro do fenômeno da judicialização dos direitos fundamentais e das políticas públicas crescente nas últimas duas décadas: o redirecionamento de recursos públicos que não tiveram a adequada alocação e execução orçamentária decorrente da omissão do Poder Público pelo não atendimento de determinado direito.

96. O que o Poder Judiciário realiza, de maneira atípica e excepcional, ao determinar por meio de uma decisão judicial a prestação de uma ativi-

dade estatal de natureza fundamental ou social ao cidadão demandante é, entendendo-se como devido aquele direito, corrigir uma situação que já deveria sido contemplada pelos Poderes Executivo e Legislativo na elaboração e execução do orçamento, realocando os recursos públicos para o atendimento daqueles que buscam o direito demandado, tais como o fornecimento de medicamentos, a realização de exames e tratamentos médicos, procedimentos cirúrgicos, internação hospitalar, matrículas em escolas, creches, dentre outros.

97. A propósito, o Supremo Tribunal Federal já assentou que o Poder Executivo, ao exercer o seu múnus, não pode ignorar os preceitos da Constituição sob o argumento das limitações orçamentárias e da reserva do possível, inclusive adotando um nova postura em admitir o controle concentrado e abstrato de constitucionalidade em face de leis orçamentárias, superando a sua defasada concepção de que haveria uma suposta ausência de normatividade, abstração e generalidade nas leis orçamentárias, ainda que estas sejam casuísticas e dotadas de temporariedade, e passando a reconhecer materialidade e substancialidade a seu conteúdo neste tipo de processo.

98. Não obstante, reconhece-se que, ordinariamente, ao Judiciário compete fazer a justiça do caso concreto, não sendo a situação ideal que formule políticas macroscópicas de atendimento a todo um segmento populacional, embora não se possa renegar as promessas constitucionais não realizadas. Portanto, uma via capaz de minimizar o chamado paternalismo judicial excessivo decorrente da multiplicação progressiva dos casos de judicialização de direitos e evitar uma ingerência demasiada do Poder Judiciário sobre a formulação de políticas públicas e na alocação orçamentária, está em reconhecer e valorizar o orçamento impositivo como instrumento relacional entre Legislativo e Executivo capaz de garantir a efetividade dos gastos fundamentais eleitos pela Constituição.

99. Décimo, e último argumento, temos que em virtude da *Emenda Constitucional nº 86/2015*, originária da "PEC do orçamento impositivo", estabeleceu-se a execução obrigatória das emendas parlamentares ao orçamento até o limite de 1,2% da receita corrente líquida da União (RCL). Em seguida, com o advento da *Emenda Constitucional nº 100/2019*, que alterou os artigos 165 e 166 da Constituição Federal, tornou-se obrigatória a execução orçamentária, ao prever que "a administração tem o

dever de executar as programações orçamentárias, adotando os meios e as medidas necessários, com o propósito de garantir a efetiva entrega de bens e serviços à sociedade" (§ 10, art. 165). Já a *Emenda Constitucional nº 102/2019* vem a ser editada para aprimorar o modelo de impositividade orçamentária, ao prever as condições e hipóteses para a execução obrigatória do orçamento público no Brasil: a) devendo-se respeitar as metas fiscais e limites de despesas; b) excetuando-se os casos de impedimentos de ordem técnica devidamente justificados; c) aplicá-la, exclusivamente, às despesas primárias discricionárias (§§ 11, 12 e 13, art. 165, CF/1988).

100. Por todo o exposto, as leis orçamentárias em nossa nação devem ser consideradas vinculantes e impositivas tanto na fase de sua elaboração, como também ao longo da sua execução, de maneira que se possa atender ampla e irrestritamente os valores e objetivos constitucionais, convertendo os gastos fundamentais na realização e materialização dos nobres objetivos da República Federativa do Brasil.

Conclusões

Passadas mais de três décadas de vigência da Constituição de 1988, o Direito Financeiro pátrio retoma hoje seu posto de disciplina jurídica fundamental, devendo ser concebido a partir do modelo de conformação constitucional dos direitos.

E o orçamento público no Brasil – materializado na lei do plano plurianual (PPA), na lei de diretrizes orçamentárias (LDO) e na lei orçamentária anual (LOA) – transformou-se em um imprescindível instrumento de mudanças sociais, para o atendimento e realização de prestações básicas e essenciais ao cidadão, fundadas no mínimo existencial e na dignidade da pessoa humana, que aqui identificamos em sua expressão financeiro-orçamentária como configurando uma verdadeira *teoria dos gastos fundamentais*.

Nossa Constituição é pródiga em previsões normativas voltadas à concretização dos direitos fundamentais e sociais, como nos comprovam, por exemplo, os dispositivos analisados sobre educação, saúde, saneamento básico, moradia e assistência social, sendo a realização de tais gastos fundamentais – no caso brasileiro, por meio de vultosas somas – o *iter* financeiro para o cumprimento de tal desiderato.

Devemos reconhecer que, em pleno século XXI, ainda titubeantemente ecoam na doutrina nacional vozes que se agarram ao modelo "labandiano" forjado há 150 anos em outro ambiente político, institucional e jurídico, e que equivocadamente apregoam a aplicação do binômio *"lei formal-lei material"* ao orçamento público, encarando-o como mero ato administrativo, desprovido de valor jurídico e com natureza meramente autorizativa.

Porém, como se viu nesta obra, as leis orçamentárias têm forma e conteúdo de lei material e força vinculante. Devem ser obrigatoriamente elaboradas de acordo com as prioridades e valores constitucionais, e executadas em sua plenitude, garantindo-se efetividade à programação orçamentária nelas constante, como dever e responsabilidade do administrador público, salvo em caso de impedimento técnico, legal ou financeiro, e desde que devidamente justificado.

Felizmente, o novo modelo orçamentário acabou por ser recepcionado pelo Constituinte Derivado, através das Emendas Constitucionais nº 100 e 102, promulgadas no ano de 2019, redesenhando o modelo de execução do orçamento público.

Por fim, a conclusão a que se chega é a de que o orçamento público atualmente no Brasil tem natureza *impositiva*, tanto em sua elaboração como em sua execução.

Referências

ABRAHAM, Marcus. *Raízes judaicas do direito*: princípios jurídicos da lei mosaica. Rio de Janeiro: Forense, 2020.

—. *Curso de Direito Financeiro Brasileiro*. 6. ed. Rio de Janeiro: Forense, 2021.

—; PEREIRA, Vítor P. A influência da Torá nas instituições jurídicas brasileiras. *Revista do IHGB*, Rio de Janeiro, ano 176, n. 466, jan./mar. 2015.

—. Orçamento Público como Instrumento de Cidadania Fiscal. *Revista de Direitos Fundamentais e Democracia*, Curitiba. v. 17, n. 17, 2015.

—. Políticas Públicas e o seu Controle Judicial na Área de Saúde: uma Crítica à Reserva do Possível no Brasil. In: ABRAHAM, Marcus *et alii* (Org.) *Estado fiscal e tributação*. Rio de Janeiro: GZ, 2015.

ABRAMOVICH, Victor; COURTIS, Christian. *Los derechos sociales como derechos exigibles*. Madrid: Trotta, 2014.

ACKERMAN, Bruce. *A Nova Separação de Poderes*. Tradução de Isabelle Maria Campos Vasconcelos e Eliana Valadares Santos. Rio de Janeiro: Lumen Juris, 2009.

ADAMS, Charles. *For Good and Evil*: the Impact of Taxes in the Course of Civilization. New York: Madison Books, 1993.

AGOSTINHO. *A Cidade de Deus*: contra os pagãos. Trad. Oscar Paes Leme. Petrópolis: Vozes, 1990. 2 volumes.

—. *Obras de San Agustín*. Tomo XV: Del Génesis contra los maniqueos. Madrid: BAC, 1957.

AHUMADA, Guillermo. *Tratado de Finanzas Públicas*. Vol. I. Córdoba: Assandri, 1948.

ALESSI, Renato. *Instituciones de Derecho Administrativo*. Tomo I. 3. ed. Trad. Buenaventura Pellisé Prats. Barcelona: Bosch, 1970.

ALEXY, Robert. *Teoria dos direitos fundamentais*. Trad. Virgílio Afonso da Silva. São Paulo: Malheiros, 2008.

ALMEIDA, Suely Creusa Cordeiro de. O Estado, a Igreja e a Caridade. In: *Simpósio Nacional de História*, 2005, Londrina. Anais do XXIII Simpósio Nacional de História – História: guerra e paz. Londrina: ANPUH, 2005. Disponível em: <https://anpuh.org.br/uploads/anais-simposios/pdf/2019-01/1548206573_ec5efeec-c5ea5c87893197a62e06a61c.pdf>. Acesso em: 31/08/2020.

ALMIRO, Affonso. *Questões de Técnica e de Direito Financeiro*. Rio de Janeiro: Edições Financeiras, 1957.

AMATUCCI, Andrea. *El Ordenamiento Jurídico de la Hacienda Pública*. Traducción de la 8. ed. de Daniele Davide Panteghini (dirección Mauricio Alfredo Plazas Vega). Bogotá: Temis, 2008.

AMED, Fernando José; NEGREIROS, Plínio José Labriola de Campos. *História dos Tributos no Brasil*. São Paulo: Sinafresp, 2000.

AMOROS, Narciso; MARIN, Manuel. *Hacienda Pública*: actividad financiera, presupuesto y gasto público. Madrid: Editorial de Derecho Financiero, 1973.

AÑOVEROS, Jaime García. Naturaleza jurídica del Presupuesto. In: *Estudios en homenaje a Jordana de Pozas*. Tomo III. Vol. 2. Madrid: Instituto de Estudios Políticos, 1962.

AQUINO, Tomás de. *Suma Teológica*. Prima Pars. 2. ed. Vol. II. São Paulo: Loyola, 2005.

—. *Escritos políticos de Santo Tomás de Aquino*. Trad. Francisco Benjamin de Souza Neto. Petrópolis: Vozes, 1997.

—. *Suma de Teología*. Parte II-II. Tomo III. Madrid: BAC, 1990.

—. *Collationes in Symbolorum Apostolorum (The Sermon Conferences of St. Thomas Aquinas on the Apostle's Creed)*. Translated by Nicholas Ayo. Indiana: University of Notre Dame Press, 1988.

ARAGÃO, Alexandre Santos de. A concepção pós-positivista do princípio da legalidade. *Revista de Direito Administrativo – RDA*, v. 236, 2004.

ARDANT, Gabriel. *Histoire de l'impôt*. Paris: Fayard, 1972.

ARENDT, Hannah. *The origins of totalitarianism*. New York: Harcourt Brace & Company, 1973.

ARGUELHES, Diego Werneck; LEAL, Fernando. O argumento das "capacidades institucionais" entre a banalidade, a redundância e o absurdo. *Direito, Estado e Sociedade*, n. 38, 2011. Disponível em: <http://direitoestadosociedade.jur.puc-rio.br/media/01_Arguelhes_Leal.pdf>. Acesso em: 31/08/2020.

ARISTÓTELES. *Metafísica*. Vol. 2. São Paulo: Loyola, 2002.

—. *Ética a Nicômaco*. Trad. Edson Bini. São Paulo: Edipro, 2002.

—. *Política*. Lisboa: Vega, 1998.

ARROW, Kenneth. *Social choice and individual values.* 2nd ed. New York: Wiley & Sons, 1963.

AZAMBUJA, Darcy. *Teoria Geral do Estado.* 4. ed. São Paulo: Globo, 2008.

BACHOF, Otto. *Normas constitucionais inconstitucionais.* Coimbra: Atlântica, 1977.

BADIN, Arthur Sanchez. *Controle judicial das políticas públicas*: contribuição ao estudo do tema da judicialização da política pela abordagem da análise institucional comparada de Neil K. Komesar. São Paulo: Malheiros, 2013.

BAGEHOT, Walter. *The Postulates of English Political Economy.* London: Longmans, Green, and Co., 1885.

BALEEIRO, Aliomar. *Uma introdução à ciência das finanças.* 17. ed. Rio de Janeiro: Forense, 2010.

—. —. 15. ed. Rio de Janeiro: Forense, 1997.

BALLESTEROS, Pío. *Manual de Hacienda Pública.* Madrid: Revista de Derecho Privado, 1940.

BARBOSA, Rui. *Comentários à Constituição Federal Brasileira.* São Paulo: Saraiva, 1933.

BARCELLOS, Ana Paula de. Sanitation Rights, Public Law Litigation, and Inequality: A Case Study from Brazil. *Health and Human Rights Journal,* n. 2, vol. 16, December 2014.

—. *A Eficácia Jurídica dos Princípios Constitucionais*: o Princípio da Dignidade da Pessoa Humana. 3. ed. Rio de Janeiro: Renovar, 2011.

—. Neoconstitucionalismo, Direitos Fundamentais e Controle das Políticas Públicas. In: QUARESMA, Regina; OLIVEIRA, Maria Lucia de Paula; OLIVEIRA, Farlei Martins Riccio de (Org.). *Neoconstitucionalismo.* Rio de Janeiro: Forense, 2009.

—. Constitucionalização das políticas públicas em matéria de direitos fundamentais: o controle político-social e o controle jurídico no espaço democrático. In: SARLET, Ingo Wolfgang; TIMM, Luciano Benetti (Org.). *Direitos Fundamentais orçamento e "reserva do possível".* Porto Alegre: Livraria do Advogado, 2008.

—. Constitucionalização das Políticas Públicas em Matéria de Direitos Fundamentais: o Controle Político-Social e o Controle Jurídico no Espaço Democrático. *Revista de Direito do Estado,* Rio de Janeiro, n. 3, jul./set. 2006.

BARROSO, Luís Roberto. *A dignidade da pessoa humana no direito constitucional contemporâneo*: a construção de um conceito jurídico à luz da jurisprudência mundial. 3. reimpressão. Belo Horizonte: Fórum, 2014.

—. Constituição, Democracia e Supremacia Judicial: direito e política no Brasil contemporâneo, *Revista da Faculdade de Direito da UERJ*, v. 2, 2012. p. 5. Disponível em: <http://www.e-publicacoes.uerj.br/index.php/rfduerj/article/view/1794/2297>. Acesso em: 31/08/2020.

—. O constitucionalismo democrático no Brasil: crônicas de um sucesso imprevisto. Disponível em: <http://www.luisrobertobarroso.com.br/wp-content/uploads/2013/05/O-constitucionalismo-democratico-no-Brasil.pdf> Acesso em: 31/08/2020.

—. *O Direito Constitucional e a Efetividade de Suas Normas*. 9. ed. Rio de Janeiro: Renovar, 2009.

—. *Curso de direito constitucional contemporâneo*: os conceitos fundamentais e a construção do novo modelo. São Paulo: Saraiva, 2009.

—. Da Falta de Efetividade à Judicialização Excessiva: direito à saúde, fornecimento gratuito de medicamentos e parâmetros para a atuação judicial. *Revista de Direito da Procuradoria Geral do Estado do Rio de Janeiro*, vol. 63, 2008. Disponível em: <https://www.conjur.com.br/dl/estudobarroso.pdf>. Acesso em 31/08/2020.

—. Fundamentos Teóricos e Filosóficos do novo Direito Constitucional Brasileiro – Pós-modernidade, Teoria Crítica e Pós-positivismo. In: BARROSO, Luís Roberto (Org.). *Temas de Direito Constitucional*. Tomo II. Renovar: Rio de Janeiro, 2003.

—. *Saneamento básico: competências constitucionais da União, Estados e Municípios*. Revista de Informação Legislativa, a. 38, n. 153, jan./mar. 2002.

—. *Sem data venia: um olhar sobre o Brasil e o mundo*. Rio de Janeiro: História Real, 2020.

BARTHÉLEMY, Joseph. Les théories royalistes dans la doctrine allemande contemporaine. *Revue du droit public et de la science politique en France et a l'étranger*, vol. 22, 1905.

BAUMAN, Zygmunt. *Globalização*: as consequências humanas. Trad. Marcus Penchel. Rio de Janeiro: Jorge Zahar, 1999.

BERDIAEV, Nicolás. Persona humana y marxismo. *Revista Mexicana de Ciencias Políticas y Sociales*, vol. 36, nº 142, 1990.

BEREIJO, Álvaro Rodríguez. *El Presupuesto del Estado*. Madrid: Tecnos, 1970.

BIELSA, Rafael. *Compendio de Derecho Público Constitucional, Administrativo y Fiscal*. Buenos Aires, 1952.

BIGONGIARI, Dino. *The political ideas of Saint Thomas Aquinas*. New York: Hafner, 1957.

BINENBOJM, Gustavo. *Liberdade igual*: o que é e por que importa? Rio de Janeiro: História Real, 2020.

—. *Uma Teoria do Direito Administrativo*: direitos fundamentais, democracia e constitucionalização. 3. ed. rev. atual. Rio de Janeiro: Renovar, 2014.

—; CYRINO, André Rodrigues. O Direito à Moradia e a Penhorabilidade do Bem Único do Fiador em Contratos de Locação. Limites à Revisão Judicial de Diagnósticos e Prognósticos Legislativos. In: SARMENTO, Daniel (Org.). *Direitos Sociais*: fundamentos, judicialização e direitos sociais em espécie. Rio de Janeiro: Lumen Juris, 2009.

BLIACHERIENE, Ana Carla. Orçamento Impositivo à Brasileira. In: HORVATH, Estevão; CONTI, José Maurício; SCAFF, Fernando Facury (Org.). *Direito Financeiro, Econômico e Tributário*: Estudos em Homenagem a Regis Fernandes de Oliveira. São Paulo: Quartier Latin, 2014.

BLUMENSTEIN, Ernst. El orden jurídico de la economía de las finanzas. In: GERLOFF, Wilhelm; NEUMARK, Fritz (Org.). *Tratado de Finanzas*. Vol. I. Buenos Aires: El Ateneo, 1961.

BLUNTSCHLI, Johann Kaspar. *The Theory of the State*. Oxford: Clarendon Press, 1895.

BOECIO. Contra Eutiques y Nestorio (Tratado sobre la persona y las dos naturalezas de Cristo). In: *Cinco opúsculos teológicos* (Opuscula Sacra). Lima: Pontificia Universidad Católica del Perú, 2002.

BONAVIDES, Paulo. *Curso de direito constitucional*. 15. ed. São Paulo: Malheiros, 2004.

—. *Do Estado Liberal ao Estado Social*. São Paulo: Malheiros, 1996.

BOURDIEU, Pierre. *Sobre o Estado*: cursos no Collège de France (1989-92). Trad. Rosa Freire d'Aguiar. São Paulo: Cia. das Letras, 2014.

BRASIL. Ministério da Fazenda. Secretaria do Tesouro Nacional. Manual de demonstrativos fiscais: aplicado à União e aos Estados, Distrito Federal e Municípios. 11. ed. Brasília: Secretaria do Tesouro Nacional, 2020.

—. Secretaria do Tesouro Nacional. *Receitas públicas*: manual de procedimentos: aplicado à União, Estados, Distrito Federal e Municípios. Brasília: Secretaria do Tesouro Nacional, Coordenação-Geral de Contabilidade, 2004.

BRINKS, Daniel; GAURI, Varun. Introduction: The Elements of Legalization and the Triangular Shape of Social and Economic Rights. In: BRINKS, Daniel; GAURI, Varun (Ed.). *Courting Social Justice*: judicial enforcement of social and economic rights in the developing world. New York: Cambridge University, 2008.

BROWN JR., Marvin L. The monarchical principle in Bismarckian diplomacy after 1870. *The Historian*, vol. 15, issue 1, sept. 1952.

BRUM, Guilherme Valle. *Uma Teoria para o Controle Judicial de Políticas Públicas*. Rio de Janeiro: Lumen Juris, 2014.

BUCCI, Maria Paula Dallari. O conceito de política pública em direito. In: BUCCI, Maria Paula Dallari (Org.). *Políticas Públicas*. Reflexões sobre o Conceito Jurídico. São Paulo: Saraiva, 2006.

BUCHANAN, James. *The Demand and Supply of Public Goods*. Indianapolis: Liberty Fund, 1999.

—. *Hacienda pública*. Trad. Alfonso Rodríguez Sáinz. Madrid: Editorial de Derecho Financiero, 1968.

—; TULLOCK, Gordon. *The Calculus of Consent*: the logical foundations of constitutional democracy. Ann Arbor: University of Michigan, 1965.

BUJANDA, Fernando Sainz de. *Lecciones de Derecho Financiero*. 10. ed. Madrid: Universidad Complutense, 1993.

—. *Sistema de derecho financiero*. Introducción. Vol. I. Madrid: Facultad de Derecho de la Universidad Complutense, 1977.

—. *Hacienda y Derecho*. v. I. Madrid: Institutos de Estudios Políticos, 1962.

BURKHEAD, Jesse. *Orçamento Público*. Rio de Janeiro: Fundação Getúlio Vargas, 1971.

CAIRNES, John Elliot. 2nd ed. *The Character and Logical Method of Political Economy*. London: Macmillan and Co, 1875.

CAMPOS, Carlos Alexandre de Azevedo. *Estado de coisas inconstitucional*. Salvador: JusPodium, 2016.

—. *Dimensões do Ativismo Judicial do STF*. Rio de Janeiro: Forense, 2014.

—. *Supremo Tribunal Federal, Política e Democracia*. Disponível em: <https://www.academia.edu/12901984/Supremo_Tribunal_Federal_Política_e_Democracia>. Acesso em: 31/08/2020.

CAMPOS, Dejalma de. *Direito Financeiro e Orçamentário*. 3. ed. São Paulo: Atlas, 2005.

—. —. São Paulo: Atlas, 1995.

CAMPOS, Francisco. *Pareceres*. Orçamento. Natureza Jurídica. Anualidade. *Revista de Direito Administrativo*, v. 71, jan/mar. 1963.

—. Orçamento – Natureza Jurídica – Lei Material e Lei Formal – Exposição e Crítica da Doutrina de Laband – Direito Comparado – Elevação do Impôsto de Vendas e

Consignações em São Paulo. *Revista de Direito Administrativo*, Rio de Janeiro, v. 14, 1948. Disponível em: <http://bibliotecadigital.fgv.br/ojs/index.php/rda/article/view/10849/9838>. Acesso em: 31/08/2020.

CANOTILHO, J. J. Gomes. O direito constitucional como ciência de direcção – o núcleo essencial de prestações sociais ou a localização incerta da socialidade (contributo para a reabilitação da força normativa da "constituição social"). In: CANOTILHO, J. J. Gomes; CORREIA, Marcus Orione Gonçalves; CORREIA, Érica Paula Barcha (Coord.). *Direitos fundamentais sociais*. São Paulo: Saraiva, 2010.

—. *Direito constitucional e teoria da constituição*. Coimbra: Almedina, 1998.

—. *Constituição dirigente e vinculação do legislador*: contributo para a compreensão das normas constitucionais programáticas. Coimbra: Coimbra Editora, 1982.

—. A lei do orçamento na teoria da lei. *Boletim da Faculdade de Direito* – Estudos em homenagem ao Prof. Dr. J. J. Teixeira Ribeiro. Coimbra: Universidade de Coimbra, 1979.

CAPELLETTI, Mauro. *Acesso à justiça*. Tradução de Ellen Gracie Northfleet. Porto Alegre: Fabris, 1988.

CARBONELL, Miguel; GIL, Rubén Sánchez ¿Qué es la constitucionalización del derecho? *Quid Iuris*, año 6, vol. 15, 2011.

CARNEIRO, Cláudio. *Curso de direito tributário e financeiro*. 4. ed. São Paulo: Saraiva, 2012.

CASANOVA, Gustavo J. Naveira de. *Finanzas Públicas y Derecho Financiero*. 3. ed. Buenos Aires: Estudio, 2016.

CASTAÑO, Sergio Raúl. Una introducción en el tema de la legitimidad política. *Espíritu*, LIX, n. 140, 2010.

CASTRO, Augusto Olympio Viveiros de. *Tratado dos impostos*: estudo theorico e pratico. 2. ed. Rio de Janeiro: Imprensa Nacional, 1910 apud TIMBÓ, Ivo Pinho Cordeiro. *A natureza jurídica do orçamento público*. 2012. 311 f. Tese (Doutorado em Direito) – Faculdade de Direito, Universidade Presbiteriana Mackenzie, São Paulo. 2012.

CATARINO, João Ricardo. *Finanças Públicas e Direito Financeiro*. 2. ed. Coimbra: Almedina, 2014.

—. *Princípios de finanças públicas*. Coimbra: Almedina, 2011.

CAVALCANTI, Themístocles Brandão. O orçamento – criação, majoração e cobrança de tributos – empréstimo público. *Revista de Direito Administrativo*, vol. 16, 1949.

CICERO, Marcus Tullius. *The Republic and the Laws*. Oxford: Oxford University Press, 1998; *De officiis*. London: William Heinemann, 1913.

CICERÓN. *Sobre los deberes*. Trad. José Guillén. Madrid: Alianza, 2001.

CLAYTON, Cornell. The supply and demand sides of judicial policy-making (or, why be so positive about the judicialization of politics?). *Law and contemporary problems*, vol. 65, n. 3, Summer 2002.

COÊLHO, Sacha Calmon Navarro. *Curso de Direito Tributário Brasileiro*. 7. ed. Rio de Janeiro: Forense, 2004.

COMANDUCCI, Paolo. Formas de neoconstitucionalismo: un análisis metateórico. *Isonomía*, n. 16, abr. 2002.

COMTE, Auguste. *Cours de philosophie positive*. Tome Premier. 2. ed. Paris: Borrani et Droz, 1852.

CONTI, José Maurício. *Orçamentos Públicos* – a Lei 4.320/1964 comentada. 2. ed. São Paulo: Revista dos Tribunais, 2010.

CORTI, Horacio. La Naturaleza Jurídica de la Ley del Presupuesto. In: VEGA, Mauricio Alfredo Plazas (Coord.). *Del Derecho de la Hacienda Pública al Derecho Tributario*: estudios en honor de Andrea Amatucci. Vol. III. Bogotá: Temis, 2011.

—. *Derecho Constitucional Presupuestario*. 2. ed. Buenos Aires: Abeledo Perrot, 2001.

—. La constitucionalización del gasto público. *Lecciones y Ensayos*, n. 64, 1995.

CRUZ, Flavio. Comentários sobre a Reforma Orçamentária de 1988. *Revista de Contabilidade "Vista & Revista"*, v. 4, nº 1, fev. 1992.

CUNHA JUNIOR, Dirley da. *Controle judicial das omissões do poder público*. São Paulo: Saraiva, 2004.

CYRINO, André Rodrigues. *Direito Constitucional Regulatório*: elementos para uma interpretação institucionalmente adequada da Constituição Econômica brasileira. Rio de Janeiro: Renovar, 2010.

DALLARI, Adilson Abreu. Orçamento impositivo. In: CONTI, José Maurício; SCAFF, Fernando Facury (Coord.). *Orçamentos públicos e direito financeiro*. São Paulo: Revista dos Tribunais, 2011.

—; FERRAZ, Sérgio. *Processo Administrativo*. São Paulo: Malheiros, 2002.

DALTON, Hugh. *Princípios de finanças públicas*. Trad. Maria de Lourdes Modiano. Rio de Janeiro: Fundação Getúlio Vargas, 1960.

—. *Principios de finanzas públicas*. Trad. Carlos Luzzetti. 2. ed. Buenos Aires: Arayú, 1953.

DE AYALA, José Luis Pérez. *Economía Política*. Tomo I. Madrid: Editorial de Derecho Financiero, 1971.

—. DE AYALA, José Luis Pérez. Estudio preliminar a la Introdución al Derecho Presupuestario. In: GARCÍA, Eusebio González. . *Introducción al derecho presupuestario*: concepto, evolución histórica y naturaleza jurídica. Madrid: Editorial de Derecho Financiero, 1973.

DE JUANO, Manuel. *Curso de Finanzas y Derecho Tributario*. Tomo III. Rosario: Molachino, 1964.

DE LA GARZA, Sergio. *Derecho financiero mexicano*. 28. ed. México: Porrúa, 2008.

DEL VECCHIO, Giorgio. *Lições de Filosofia do Direito*. 5. ed. Coimbra: Armenio Amado, 1979.

DEODATO, Alberto. *Manual de Ciência das Finanças*. 13. ed. São Paulo: Saraiva, 1973.

—. —. 10. ed. São Paulo: Saraiva, 1967.

DESCARTES, René. *Principia philosophiae*. In: ADAM, Charles; TANNERY, Paul (Org.). *Oeuvres de Descartes*. Vol. VIII. Paris: Léopold Cerf, 1905.

DI PIETRO, Maria Sylvia Zanella. *Direito Administrativo*. 25. ed. São Paulo: Atlas, 2012.

—. *Discricionariedade Administrativa na Constituição de 1988*. 3. ed. São Paulo: Atlas, 2012.

DOMINGUES, José Marcos. O Desvio de Finalidade das Contribuições e o seu Controle Tributário e Orçamentário no Direito Brasileiro. In: DOMINGUES, José Marcos (Coord.). *Direito Tributário e Políticas Públicas*. São Paulo: MP, 2008.

DROZ, Jacques. *Europa*: restauración y revolución – 1815-1848. Trad. Ignacio Romero de Solís. 8. ed. Madrid: Siglo XXI, 1984.

DUARTE, Tiago. *A lei por detrás do orçamento*: a questão constitucional da lei do orçamento. Coimbra: Almedina, 2007.

DUGUIT, Léon. *Traité de droit constitutionnel*. 2. ed. Tome IV. Paris: E. de Boccard, 1924.

—. —. 2. ed. Tome II. Paris: E. de Boccard, 1923.

—. —. 2. ed. Tome I. Paris: E. de Boccard, 1921.

DUNNING, William A. European theories of constitutional government after the Congress of Vienna. *Political Science Quarterly*, v. 34. n. 1, march 1919.

DUVERGER, Maurice. *Hacienda pública*. Trad. José Travesí. Barcelona: Bosch, 1968.

EMERSON, Donald E. *Metternich and the political police*: security and subversion in the Hapsburg monarchy (1815-1830). The Hague: Martinus Nijhoff, 1968.

ESPINOSA, Bento de. *Ética*. Parte III. Proposição VI. Trad. Joaquim Ferreira Gomes. Lisboa: Relógio d'água, 1992.

FAVOREU, Louis Joseph. La constitucionalización del derecho. *Revista de Derecho (Valdivia)*, año 2001, vol. XII.

FERREIRA, Aurélio Buarque de Holanda. *Novo Dicionário Aurélio da Língua Portuguesa.* 3. ed. Curitiba: Positivo, 2004.

FIGUEIREDO, Carlos Mauricio; NÓBREGA, Marcos. *Responsabilidade Fiscal*: Aspectos Polêmicos. Belo Horizonte: Fórum, 2006.

FIGUEIREDO, Lúcia Valle. *Curso de Direito Administrativo.* São Paulo: Malheiros, 1998.

FINE, Ben; MILONAKIS, Dimitris. *From political economy to economics*: method, the social and the historical in the evolution of economic theory. London: Routledge, 2009.

FINNIS, John. *Natural Law & Natural Rights.* 2nd. ed. Oxford: Oxford University Press, 2011.

—. *Aquinas*: moral, political, and legal theory. Oxford: Oxford University, 1998.

—. Public Good: The Specifically Political Common Good in Aquinas. In: FINNIS, John; GEORGE, Robert (Ed.). *Natural Law and Moral Inquiry*: Ethics, Metaphysics, and Politics in the Thought of Germain Grisez. Washington, D.C.: Georgetown University, 1998.

FONROUGE, Carlos María Giuliani. *Derecho Financiero.* v.1. 10. ed. Buenos Aires: La Ley, 2011.

FONTE, Felipe de Melo. *Políticas públicas e direitos fundamentais*: elementos de fundamentação do controle jurisdicional de políticas públicas no estado democrático de direito. São Paulo: Saraiva, 2013.

FRAGA, Gabino. *Derecho administrativo.* 24 ed. México, D.F.: Porrúa, 1985.

FRANCO, António L. de Sousa. *Finanças públicas e direito financeiro.* Vol. I e II. 4. ed. Coimbra: Almedina, 2008.

FREIRE, Paulo. *Pedagogia da Autonomia*: saberes necessários à prática educativa. São Paulo: Paz e Terra, 1996.

FREITAS, Juarez. *Discricionariedade Administrativa e o Direito Fundamental à Boa Administração Pública.* 2. ed. São Paulo: Malheiros, 2009.

—. Princípio da Probidade Administrativa e sua Máxima Efetivação. *Revista de Direito Administrativo*, Rio de Janeiro, v. 204, abr./jun. 1996.

FRIEDMAN, Milton. *Capitalism and freedom.* Chicago: the University of Chicago, 2002.

GALDINO, Flávio. *Introdução à teoria dos custos dos direitos*: direitos não nascem em árvores. Rio de Janeiro: Lumen Juris, 2005.

REFERÊNCIAS

GARAPON, Antoine. *O juiz e a democracia*: o guardião de promessas. Rio de Janeiro: Revan, 1999.

GARCÍA, Eusebio González. *Introducción al derecho presupuestario*: concepto, evolución histórica y naturaleza jurídica. Madrid: Editorial de Derecho Financiero, 1973.

GARCÍA-PELAYO, Manuel. *Las Transformaciones del Estado Contemporâneo*. Madrid: Alianza, 1977. p. 52 apud MENDES, Gilmar Ferreira et al. *Curso de Direito Constitucional*. 3. ed. São Paulo: Saraiva, 2008.

GIACOMONI, James. *Orçamento Público*. 15. ed. São Paulo: Atlas, 2010.

—.—. 13. ed. São Paulo: Atlas, 2005.

GUASTINI, Riccardo. La "constitucionalización" del ordenamiento jurídico: el caso italiano. In: CARBONELL, Miguel (Ed.). *Estudios de teoría constitucional*. México, D.F.: UNAM, 2001.

GUSMÃO, Paulo Dourado de. *Introdução ao estudo do direito*. 29. edição. Rio de Janeiro: Forense, 2001.

GRIZIOTTI, Benvenuto. *Principios de ciencia de las finanzas*. Buenos Aires: Depalma, 1949.

GROVES, Harold M. *Finanzas Públicas*. Trad. Odón Durán de Ocón. México: F. Trillas, 1965.

HÄBERLE, Peter. *El Estado Constitucional*. Trad. Héctor Fix-Fierro. México, D.F.: UNAM, 2003.

HABERMAS, Jürgen. *Direito e democracia*: entre facticidade e validade. vol. 1 e 2. 2. ed. Rio de Janeiro: Tempo Brasileiro, 2003.

—. *Consciência moral e agir comunicativo*. Rio de Janeiro: Tempo Brasileiro, 1989.

HAENEL, Albert. *Das Gesetz im Formellen und Matelellen Sinne*. Leipzig, 1888 apud BEREIJO, Álvaro Rodríguez. *El Presupuesto del Estado*. Madrid: Tecnos, 1970.

HANSEN, Alvin H. *Business cycles and fiscal policy*. New York: W.W. Norton & Company, 1941.

HARADA, Kiyoshi. *Direito financeiro e tributário*. 23. ed. São Paulo: Atlas, 2014.

—. 21. ed. São Paulo: Atlas, 2012.

—. Orçamento anual – processo legislativo. *Consulex*, Brasília, n. 118, 2001. p. 26; IVO, Gabriel. Lei orçamentária anual: não remessa para sanção, no prazo constitucional, do projeto de lei. In: MOREIRA FILHO, Aristóteles; LÔBO, Marcelo Jatobá (Coord.). *Questões controvertidas em matéria tributária*: uma homenagem ao professor Paulo de Barros Carvalho. Belo Horizonte: Fórum, 2004.

HART, Herbert. *O Conceito de Direito*. Trad. A. Ribeiro Mendes. Lisboa: Calouste Gulbenkian, 2007.

HASSNER, Pierre. Immanuel Kant. In: CROPSEY, Joseph; STRAUSS, Leo (Ed.). *History of Political Philosophy*. 3. ed. Chicago: University of Chicago, 1987.

HAYEK, Friedrich A. *The Pure Theory of Capital*. Auburn: Ludwig von Mises Institute, 2009.

—. *Direito, legislação e liberdade*: a miragem da justiça social. Vol. 2. São Paulo: Visão, 1985.

—. *Individualism and economic order*. Chicago: The University of Chicago, 1958.

HEGEL, Georg Wilhelm Friedrich. *Princípios da filosofia do direito*. Trad. Orlando Vitorino. São Paulo: Martins Fontes, 1997.

HELLER, Herman. *Teoría del Estado*. Trad. Luis Tobío. México D.F.: Fondo de Cultura Económica, 1971.

HERNÁNDEZ, Carlos Bretón Mora. Los derechos humanos en Francisco de Vitoria. *EN-CLAVES del pensamiento*, año VII, núm. 14, jul./dic. 2014.

HESSE, Konrad. *Escritos de derecho constitucional*. Trad. Pedro Villalón y Miguel Sánchez. Madrid: Centro de Estudios Políticos y Constitucionales, 2011.

—. *Elementos de direito constitucional da República Federal da Alemanha*. Trad. Luís Afonso Heck. Porto Alegre: Sergio Antonio Fabris, 1998.

—. *A força normativa da Constituição*. Trad. Gilmar Mendes. Porto Alegre: Sergio Antonio Fabris, 1991.

HOBBES, Thomas. *Leviatã*: ou matéria, forma e poder de uma república eclesiástica e civil. São Paulo: Martins Fontes, 2003.

HOBSBAWN, Eric. *La era de la revolución*: 1789-1848. Trad. Felipe Ximénes de Sandoval. 6. ed. Buenos Aires: Crítica, 2009. p. 108.

HODGSKIN, Thomas. *Popular Political Economy*: Four Lectures Delivered at the London Mechanics' Institution. London: Charles Tait, 1827

HOLMES, Stephen; SUNSTEIN, Cass R. *The Cost of Rights*: why liberty depends on taxes. Nova Iorque: W. W. Norton & Company, 1999.

HURTADO, José Manuel Piernas y. *Tratado de Hacienda pública y examen de la española*. 4. ed. Madrid: Librería de Don Victoriano Suárez, 1891.

INGROSSO, Giovanni. *Corso di Finanza Pubblica*. Napoli: Jovene, 1969.

INGROSSO, Gustavo. *Diritto Finanziario*. Napoli: Jovene, 1956.

—. *Istituzioni di Diritto Finanziario*, 3 v. 1935 apud DEODATO, Alberto. *Manual de Ciência das Finanças*. 10. ed. São Paulo: Saraiva, 1967.

INSTITUTO DE ENSINO E PESQUISA – Insper. *Judicialização da saúde no Brasil*: perfil das demandas, causas e propostas de solução. Brasília: Conselho Nacional de Justiça, 2019. p. 13 e 45. Disponível em: <https://www.cnj.jus.br/wp-content/uploads/2019/03/66361404dd5ceaf8c5f7049223bdc709.pdf>. Acesso em: 31/08/2020.

JARACH, Dino. *Finanzas públicas y derecho Tributario*. 4. ed. Buenos Aires: Abeledo Perrot, 2013.

—. —. 3. ed. Buenos Aires: Abeledo Perrot, 1999.

JARDIM, António dos Santos Pereira. *Princípios de Finanças*. Coimbra: Imprensa da Universidade, 1880.

JELLINEK, Georg. *Teoría general del Estado*. Trad. Fernando de los Ríos. Buenos Aires: Albatros, 1981.

JÈZE, Gaston. *Cours de science des finances et de législation financière française*: théorie générale du budget. 6. ed. Paris: Marcel Giard, 1922.

—. *Traité de Science des Finances*: le budget. Paris: Marcel Giard, 1910.

JOLIVET, Régis. *Vocabulário de filosofia*. Rio de Janeiro: AGIR, 1975.

JUSTEN FILHO, Marçal. *Curso de direito administrativo*. 8. ed. Belo Horizonte: Fórum, 2012.

—. *Curso de Direito Administrativo*. São Paulo: Saraiva, 2005.

KANT, Immanuel. *A metafísica dos costumes*: contendo a doutrina do direito e a doutrina da virtude. Trad. Edson Bini. São Paulo: Edipro, 2003.

—. *Fundamentação da metafísica dos costumes*. Trad. Paulo Quintela. Lisboa: Edições 70, 1995.

KELSEN, Hans. *Teoria Geral do Direito e do Estado*. Trad. Luís Carlos Borges. São Paulo: Martins Fontes, 2000.

KEYNES, John Maynard. *The General Theory of Employment, Interest and* Money. San Diego: Harcourt, Brace, Jovanovich, 1964.

KRELL, Andreas Joachim. Realização dos direitos fundamentais sociais mediante controle judicial da prestação dos serviços públicos básicos (uma visão comparativa). *Revista de informação legislativa*, v. 36, n. 144, out./dez. 1999.

LABAND, Paul. *Derecho presupuestario*. Trad. José Zamit. Madrid: Tecnos, 2012.

—. *Le droit public de l'Empire allemand*. Tome II. Paris: V. Giard & E. Brière, 1901.

LAGO, Miguel Ángel Martínez. *Lecciones de Derecho Financiero y Tributario*. 11. ed. Madrid: Iustel, 2015.

—. *Ley de Presupuestos y Constitución*. Madrid: Trotta, 1998.

LAIDLER, David. Keynes and the birth of modern macroeconomics. In: BACKHOUSE, Roger; BATEMAN, Bradley (Ed.). *The Cambridge Companion to Keynes*. Cambridge: CUP, 2006.

LAPATZA, José Juan Ferreiro. *Curso de Derecho Financiero Español* – Instituciones. 25. ed. Madrid: Marcial Pons, 2006.

LARENZ, Karl. *Derecho justo*: fundamentos de ética jurídica. Madrid: Civitas, 2001.

LASTRA, Arturo Pellet. *Teoría del Estado*. Buenos Aires: Abeledo-Perrot, 1999.

LE GRAND, Julian; NEW, Bill. *Government Paternalism*: Nanny State or Helpful Friend? Princeton: Princeton University, 2015.

LESLIE, Thomas. *Essays in Political Economy*. 2nd ed. London: Longmans, Green, and Co., 1888.

LIÃO, Irineu de. *Contra as heresias*: denúncia e refutação da falsa gnose. São Paulo: Paulus, 1995.

LOCKE, John. *Two Treatises of Government*. Cambridge: Cambridge University Press, 1988.

LORBERBAUM, Yair. Human dignity in the Jewish tradition. In: DÜWELL, M. et al. (Ed.). *The Cambridge Handbook of Human Dignity*: Interdisciplinary Perspectives. Cambridge: Cambridge University Press, 2014.

LOWE, Robert. Speech on the Irish Land Bill, April 4th, 1780 apud LESLIE, Thomas. *Essays in Political Economy*. 2nd ed. London: Longmans, Green, and Co., 1888.

LUÑO, Antonio Enrique Perez. *Los derechos fundamentales*. 8. ed. Madrid: Tecnos, 2004.

MACHADO, Hugo de Brito. *Os Princípios Jurídicos na Constituição de 1988*. 3. ed. São Paulo: Revista dos Tribunais, 1994.

MADISON, James. The meaning of the Maxim, which requires a Separation of the Departments of Power, examined and ascertained. n. LI. *The Federalist*: on the new Constitution, written in 1788 by Mr. Hamilton, Mr. Jay and Mr. Madison. New York: Williams & Whiting, 1810.

MAHDI, Muhsin. Alfarabi. In: CROPSEY, Joseph; STRAUSS, Leo (Ed.). *History of Political Philosophy*. 3. ed. Chicago: University of Chicago, 1987.

MAIMÓNIDES. *Guía de perplejos*. 3. ed. Madrid: Trotta, 2001.

—. *Gifts to the Poor*: Moses Maimonides' Treatise on *Tzedakah*. Translation Joseph B. Meszler. Williamsburg: Department of Religion of the College of William and Mary, 2003. Disponível em: <https://www.sefaria.org/Mishneh_Torah%2C_Gifts_to_the_Poor.10?lang=bi>. Acesso em: 31/08/2020.

MAJORANA, Angelo. *La legge del bilancio e i suoi effetti civili rispetto ai diritti dei terzi*: studio di diritto costituzionale privato. Catania: Tipografia di Adolfo Pausini, 1891.

MALBERG, R. Carré de. *Contribution à la théorie générale de l'État*. Tome Premier. Paris: Recueil Sirey, 1920.

MALUF, Sahid. *Teoria Geral do Estado*. 31. ed. São Paulo: Saraiva, 2013.

MARX, Karl; ENGELS, Friedrich. *A ideologia alemã*. São Paulo: Martins Fontes, 1998.

—. *O Capital*: crítica da economia política. Vol. 1. Tomo 1. Trad. Regis Barbosa e Flávio Kothe. São Paulo: Nova Cultural, 1996.

MEDAUAR, Odete. *Controle da Administração Pública*. 2. ed. São Paulo: Revista dos Tribunais, 2012.

MEIRELLES, Hely Lopes. *Direito Municipal Brasileiro*. 10. ed. São Paulo: Malheiros, 1998.

—. *Finanças Municipais*. São Paulo: Revista dos Tribunais, 1979.

MELLO, Celso Antônio Bandeira de. *Curso de Direito Administrativo*. 32. ed. São Paulo: Malheiros, 2015.

—. *Grandes Temas do Direito Administrativo*. São Paulo: Malheiros, 2009.

MENDES, Gilmar Ferreira; COELHO, Inocêncio Mártires; BRANCO, Paulo Gustavo Gonet. *Curso de Direito Constitucional*. 4. ed. São Paulo: Saraiva, 2009.

MENDONÇA, Eduardo Bastos Furtado de. *A constitucionalização das finanças públicas no Brasil*. Rio de Janeiro: Renovar, 2010.

MEYER, Georg. *Lehrbüch des deutschen Staatsrechts*. 4. ed. Leipzig: Duncker & Humblot, 1895 apud BARTHÉLEMY, Joseph. Les théories royalistes dans la doctrine allemande contemporaine. *Revue du droit public et de la science politique en France et a l'étranger*, vol. 22, 1905.

MILL, John Stuart. *Principles of Political Economy with some of their Applications to Social Philosophy*. London: Longmans, Green and Co., 1848.

MIRANDOLA, Pico della. *De la dignidad del hombre*. Madrid: Editora Nacional, 1984.

MISES, Ludwig von. *A Critique of Interventionism*. Auburn: Ludwig von Mises Institute, 2011.

—. *Ação humana*: um tratado de economia. São Paulo: Instituto Ludwig von Mises Brasil, 2010.

MONCADA, Luis S. Cabral de. *A problemática jurídica do planeamento económico*. Coimbra: Editora Coimbra, 1985.

MONTESQUIEU, Charles de Secondat. *O espírito das leis*. Trad. Cristina Murachco. São Paulo: Martins Fontes, 2000.

MORA, José Ferrater. *Diccionario de filosofía*. 5. ed. Buenos Aires: Sudamericana, 1965.

MORATAL, Germán Orón. *La Configuración Constitucional del Gasto Público*. Madrid: Tecnos, 1995.

MOREIRA NETO, Diogo de Figueiredo. *Curso de Direito Administrativo*: parte introdutória, parte geral e parte especial. 16. ed. rev. atual. Rio de Janeiro: Forense, 2014.

MOREIRA, Egon Bockmann. *Processo Administrativo*: princípios constitucionais e a lei 9.784/1999. São Paulo: Malheiros, 2007.

MORENO, Alejandro Menéndez. *Derecho Financiero y Tributario* – Parte General. 16. ed. Pamplona: Thomson Reuters, 2015.

MORTARA, Ludovico. *Commentario del codice e delle leggi di procedura civile*. Milano: F. Vallardi, 1908.

MUSGRAVE, Richard. The Voluntary Exchange Theory of Public Economy. *The Quarterly Journal of Economics*, vol. 53, n°. 2 (feb., 1939). p. 213-237.

—; MUSGRAVE, Peggy. *Public finance in theory and practice*. 5th ed. New York: McGraw-Hill, 1989.

MYRBACH-RHEINFELD, Franz von. *Grundriss des Finanzrecht*. Trad. francesa, *Précis de Droit Financière*. Paris: Giard et Briere, 1910 apud BEREIJO, Álvaro Rodríguez. *El Presupuesto del Estado*. Madrid: Tecnos, 1970.

NABAIS, José Casalta. A face oculta dos direitos fundamentais: os deveres e os custos dos direitos. In: NABAIS, José Casalta (Org.). *Por uma Liberdade com Responsabilidade* – Estudos sobre Direitos e Deveres Fundamentais. Coimbra: Coimbra Editora, 2007.

NASCIMENTO, Carlos Valder do. *Curso de Direito Financeiro*. Rio de Janeiro: Forense, 1999.

—. *Finanças públicas e sistema constitucional orçamentário*. Rio de Janeiro: Forense, 1997.

NETTO, José Paulo; BRAZ, Marcelo. *Economia política*: uma introdução crítica. São Paulo: Cortez, 2006.

NEWTON, Isaac. Letter to Robert Hooke dated February 5, 1676. *The Correspondence of Isaac Newton*: 1661-1675. TURNBULL, H.W. (Ed.). Vol. 1. London: Royal Society, 1959.

NIETZSCHE, Friedrich. *Genealogia da moral*: uma polêmica. Trad. Paulo César de Souza. 10. reimp. São Paulo: Companhia das Letras, 1998.

NIKITIN, Piotr Ivanovich. *Economía política*. México, D.F.: Fondo de Cultura Popular, 1962.

OLIVEIRA, Regis Fernandes de. *Curso de Direito Financeiro*. 7. ed. São Paulo: Revista dos Tribunais, 2015.

—. —. 6. ed. São Paulo: Revista dos Tribunais, 2014.

—. —. 2. ed. São Paulo: Revista dos Tribunais, 2008.

OLSEN, Ana Carolina Lopes. *Direitos fundamentais sociais*: efetividade frente à reserva do possível. Curitiba: Juruá, 2008.

OPPENHEIMER, Franz. *L'État, ses origines, son évolution et son avenir*. Trad. M. W. Horn. Paris: M. Giard et E. Brière, 1913.

ORLANDO, Vittorio Emanuele. *Principii di diritto costituzionale*. Firenze: Barbèra, 1889.

ORTEGA, Juan Antonio Toscano. *Límites constitucionales al contenido material de las leyes de presupuestos del Estado*. Madrid: Congreso de los Diputados, 2005.

OUTHWAITE, William. *Habermas*: A Critical Introduction. 2. ed. Cambridge: Polity, 2009.

OXFORD DICTIONARY OF LATIN. Oxford: Clarendon Press, 1968.

PANCRAZI, Laurent. *Le Principe de Sincérité Budgétaire*. Paris: L. Hartmann, 2012.

PARETO, Vilfredo. *Manual de Economia Política*. Trad. João Guilherme Vargas Netto. São Paulo: Nova Cultural, 1996.

PASCUAL, José García. *Régimen Jurídico del Gasto Público* – Presupuestación, Ejecución y Control. 6. ed. Madrid: Boletín Oficial del Estado, 2014.

PASTOR, Juan Alfonso Santamaría. *Princípios de Derecho Administrativo*. Vol. I. 3. ed. Madrid: Ramon Areces, 2000.

PAYNE, Anthony (Ed.). *Key debates in new political economy*. London: Routledge, 2006.

PEREIRA, Caio Mário da Silva. *Instituições de direito civil*. Vol. I. 24. ed. Rio de Janeiro: Forense, 2011.

PÉREZ, Adolfo Carretero. *Derecho Financiero*. Madrid: Santillana, 1968.

PÉREZ, Francisco Porrúa. *Teoría del Estado*. 39. ed. México, D.F.: Porrúa, 2005.

PÉREZ, Julio Banacloche. *Manual de economía financiera*. Madrid: Editorial de Derecho Financiero, 1971.

PERLINGEIRO, Ricardo. É a reserva do possível um limite à intervenção jurisdicional nas políticas públicas sociais? *Revista de Direito Administrativo Contemporâneo*, ano 1, v. 2, set./out. 2013.

PEROGORDO, Juan José Bayona de; ROCH, María Teresa Soler. 2. ed. *Derecho Financiero*. Vol. I. Alicante: Compas, 1989.

PERSSON, Torsten; TABELLINI, Guido. *Political economics*: explaining economic policy. Cambridge, MT: MIT Press, 2000.

PESENTI, A. *Manual de economía política*. Trad. Emilio Muñiz, Ema Rosa Fondevila. Madrid: Akal, 1979. 2 vols.

PETIT, Eugène. *Tratado Elemental de Derecho Romano*. 23. ed. México, D.F: Porrúa, 2007.

PETTER, Lafayette Josué. *Direito financeiro*. 5. ed. 2010. Porto Alegre: Verbo Jurídico, 2010.

PIGOU, Arthur Cecil. *A study in public finance*. 3rd. ed. London: Macmillan, 1960.

PINHEIRO, Luís Felipe Valerim. Rumo ao Orçamento Impositivo: a delimitação da ação administrativa pelas leis orçamentárias. In: CONTI, José Maurício; SCAFF, Fernando Facuri (Coord.). *Orçamentos Públicos e Direito Financeiro*. São Paulo: Revista dos Tribunais, 2011.

PIRES, José Santo Dal Bem; MOTTA, Walmir Francelino. A Evolução História do Orçamento Público e sua Importância para a Sociedade. *Revista Enfoque*: Reflexão Contábil nº 2, v. 25, mai./ago. 2006.

PLATÃO. *A República*. Trad. Albertino Pinheiro. Bauru: Edipro, 1994; *As leis*: inclundo Epinomis. Trad. Edson Bini. São Paulo: Edipro, 1999.

PLUTARCO. *Las vidas paralelas*. Tomo II. Madrid: Imprenta Nacional, 1821.

PRZEWORSKI, Adam. Reforma do Estado: responsabilidade política e intervenção econômica. Tradução de Vera Pereira e revisão de Argelina Cheibub Figueiredo. *Revista Brasileira de Ciências Sociais*, São Paulo, v.11, n. 32, 1996.

QUERALT, Juan Martin et al. *Curso de Derecho Financiero y Tributario*. 26. ed. Madrid: Tecnos, 2015.

RANKE, Leopold von. *Weltgeschichte*. 9 Teil. 2 Abtheilung. Leipzig: Duncker & Humblot, 1888.

RAWLS, John. *Justiça como eqüidade*: uma reformulação. Trad. Claudia Berliner. São Paulo: Martins Fontes, 2003.

—. *O liberalismo político*. Trad. Dinah de Abreu Azevedo. 2. ed. São Paulo: Ática, 2000.

REALE, Miguel. *Filosofia do direito*. 19. ed. São Paulo: Saraiva, 2002.

—. *Teoria do Direito e do Estado*. 5. ed. São Paulo: Saraiva, 2000.

REGAN, Tom. *Jaulas vazias*: encarando o desafio dos direitos dos animais. Trad. Regina Rheda. Porto Alegre: Lugano, 2006

RICARDO, David. On the Principles of Political Economy and Taxation. In: SRAFFA, Piero (Ed.). *The Works and Correspondence of David Ricardo*. Vol. 1. Cambridge: Cambridge University, 1951.

ROSA JR., Luiz Emygdio. *Manual de direito financeiro e direito tributário*. Rio de Janeiro: Renovar, 2003.

ROUSSEAU, Jean Jacques. *O Contrato Social*: princípios do direito político. Trad. Antonio Danesi. São Paulo: Martins Fontes, 1999.

ROYO, Fernando Pérez. *Derecho Financiero y tributario parte general*. Madrid: Civitas, 1998.

SANDEL, Michael. *What money can't buy*: the moral limits of markets. London: Penguin, 2012.

SANTOS, J. Albano. A lei de Wagner e a realidade das despesas públicas. *Estudos de Economia*, vol. VI, nº. 2, jan./mar. 1986. p. 169-190.

SARLET, Ingo Wolfgang (Org.). *Direitos fundamentais, orçamento e reserva do possível*. Porto Alegre: Livraria do Advogado, 2010.

—. O Direito Fundamental à Moradia na Constituição: Algumas Anotações a Respeito de Seu Contexto, Conteúdo e Possível Eficácia. *Revista Eletrônica sobre a Reforma do Estado*, n. 20, dez./fev. 2009/2010. p. 35-42. Disponível em: <http://www.direitodoestado.com.br/artigo/ingo-wolfgang-sarlet/o-direito-fundamental-a-moradia-na-constituicao-algumas-anotacoes-a-respeito-de-seu-contexto-conteudo-e-possivel-eficacia>. Acesso em: 31/08/2020.

—. A Eficácia do Direito Fundamental à Segurança Jurídica: Dignidade da Pessoa Humana, Direitos Fundamentais e Proibição de Retrocesso Social no Direito Constitucional Brasileiro. In: ANTUNES, Cármen Lúcia (Org.). *Constituição e segurança jurídica*: direito adquirido, ato jurídico perfeito e coisa julgada. Estudos em homenagem a José Paulo Sepúlveda Pertence. Belo Horizonte: Fórum, 2004.

—. *A Eficácia dos Direitos Fundamentais*. 2. ed. rev. atual. Porto Alegre: Livraria do Advogado, 2001.

SARLET, Ingo Wolfgang; MARINONI, Luiz Guilherme; MITIDIERO, Daniel. *Curso de Direito Constitucional*. 2. ed. São Paulo: Revista dos Tribunais, 2013.

SARMENTO, Daniel. Interpretação Constitucional, Pré-compreensão e Capacidades Institucionais do Intérprete. In: SOUZA NETO, Cláudio Pereira de; SARMENTO, Daniel; BINENBOJM, Gustavo (Org.). *Vinte Anos da Constituição Federal de 1988*. Rio de Janeiro: Lumen Juris, 2009.

—; SOUZA NETO, Claudio Pereira de. *Direito constitucional*. Teoria, história e métodos de trabalho. Belo Horizonte: Fórum, 2012.

SAY, Jean Baptiste. *Traité d'économie politique*. Paris: Guillaumin, 1841.

SCADUTO, M. *New Catholic Encyclopedia*. verbete Charity, Works of. Vol. 3. 2nd. ed. Washington D.C.: Thomson-Gale, 2003.

SCAFF, Fernando Facury. Reserva do possível, mínimo existencial e direitos humanos. *Verba* Juris, ano 4, n. 4, jan./dez. 2005.

SCHIER, Paulo Ricardo. *Filtragem Constitucional*. Construindo uma nova dogmática jurídica. Porto Alegre: Sergio Antonio Fabris, 1999.

SCHOFIELD, Norman; CABALLERO, Gonzalo (Ed.). *Political economy of institutions, democracy and voting*. Berlin: Springer, 2011.

SCOCCIA, Danny. The right to autonomy and the justification of hard paternalism. In: COONS, Christian; WEBER, Michael (Ed.). *Paternalism*: theory and practice. New York: Cambridge, 2013.

SEN, Amartya. *Collective choice and social welfare*. 2nd ed. New York: North-Holland, 1984.

SÉNECA. *Epístolas morales a Lucilio*. Madrid: Gredos, 1986.

SGARBOSSA, Luís Fernando. *Do Estado-Providência ao Mercado-Providência*: direitos sob a "reserva do possível" em tempos de globalização neoliberal. 2009. 250 f. Dissertação (Mestrado em Direito) – Faculdade de Direito, Universidade Federal do Paraná, Curitiba, 2009.

SILVA, José Afonso da. *O Orçamento-Programa no Brasil*. São Paulo: Revista dos Tribunais, 1973.

—. Normas Básicas para Elaboração, Implantação, Execução do Orçamento-Programa Municipal. *Boletim Informativo do SENAM* (Serviço Nacional dos Municípios), Rio de Janeiro, nº 8, 1968.

SINGER, Peter. *Libertação animal*. Trad. Marly Winckler. São Paulo: WMF Martins Fontes, 2010.

SMITH, Adam. *Riqueza de las naciones*. Trad. José Alonso Ortiz. Barcelona: Bosch, 1955. 3 vols.

SOUSA, Rubens Gomes de. Orçamento – Previsão da Receita e Autorização para a Cobrança de Tributos – Natureza Jurídica da Lei Orçamentária – Elevação do Imposto de Vendas e Consignações em São Paulo. *Revista de Direito Administrativo*, vol. 15, 1949.

SOUTO, Marcos Juruena Villela. *Direito Administrativo da Economia*. 3. ed. Rio de Janeiro: Lumen Juris, 2003.

SOUZA NETO, Cláudio Pereira de. A Justiciabilidade dos Direitos Sociais: críticas e parâmetros. In: SARMENTO, Daniel; SOUZA NETO, Cláudio Pereira de. (Coord.). *Direitos Sociais*: fundamentos, judicialização e direitos sociais em espécie. Rio de Janeiro: Lumen Juris, 2009.

—. Fundamentação e normatividade dos direitos fundamentais: uma reconstrução teórica à luz do princípio democrático. In: BARROSO, Luís Roberto (Org.). *A nova interpretação constitucional*: ponderação, direitos fundamentais e relações privadas. 2. ed. Rio de Janeiro: Renovar, 2006.

SOUZA, Rafael da Cruz. *Política Pública da Saúde no Brasil*: História e Perspectivas no Sistema Único de Saúde – SUS. VII CONEPI, 2012.

STAHL, Friedrich Julius. *The Doctrine of State & the Principles of State Law*. Book IV. Translated by Ruben Alvarado. S.l.: WordBridge, 2009.

STEIN, Torsten. El principio de subsidiariedad en el derecho de la Unión Europea. *Revista de Estudios Políticos (Nueva Época)*, n. 90, oct./dic. 1995.

STENGEL, Karl Michael Joseph Leopold. *Das staatsrecht des königreichs Preussen*. Freiburg i. B. und Leipzig: J. C. B. Mohr, 1894 apud BARTHÉLEMY, Joseph. Les théories royalistes dans la doctrine allemande contemporaine. *Revue du droit public et de la science politique en France et a l'étranger*, vol. 22, 1905.

STIGLITZ, Joseph E. *Economics of the Public Sector*. 3rd ed. New York/London: W.W. Norton & Company, 2000.

STOLLEIS, Michael. *Public Law in Germany* (1800-1914). Oxford: Berghahn, 2001.

SUNSTEIN, Cass. *Laws of fear*: beyond the precautionary principle. New York: Cambridge University, 2005.

—; VERMEULE, Adrian. *Interpretation and Institutions*. Chicago Public Law and Legal Theory Working Paper Series, Chicago, n. 28, 2002.

TABOADA, Carlos Palao. *Derecho Financiero y Tributario*. 2. ed. Madrid: Colex, 1987.

TACITUS. *The Annals*. Translation John Jackson. Vol. II. Cambridge, MA: Harvard University, 1962.

TATE, C. Neal; VALLINDER, Torbjorn (Org.). *The Global Expansion of Judicial Power*. New York: New York University Press, 1995.

TERTULLIEN. *Oeuvres de Tertullien*: traité du baptême. Paris: M. Charpentier, 1844.

THEODOULOU, Stella Z.. The Contemporary Language of Public Policy: a starting point. In: THEODOULOU, Stella Z; CAHN, Matthew A. (Org.). *Public Policy*: The Essential Readings. New Jersey: Prentice Hall, 1995.

TIMBÓ, Ivo Pinho Cordeiro. *A natureza jurídica do orçamento público*. 2012. 311 f. Tese (Doutorado em Direito) – Faculdade de Direito, Universidade Presbiteriana Mackenzie, São Paulo. 2012.

TORRES, Heleno Taveira. *Direito constitucional financeiro*: teoria da constituição financeira. São Paulo: Revista dos Tribunais, 2014.

TORRES, Ricardo Lobo. *Curso de Direito Financeiro e Tributário.* 18. ed. Rio de Janeiro: Renovar, 2011.

—. *O direito ao mínimo existencial.* Rio de Janeiro: Renovar, 2009.

—. *Tratado de direito constitucional financeiro e tributário*: o orçamento na Constituição. Vol. V. 3. ed. revista e atualizada. Rio de Janeiro: Renovar, 2008.

—. A Legitimação da Capacidade Contributiva e dos Direitos Fundamentais do Contribuinte. In: SCHOUERI, Luís Eduardo (Coord). *Direito Tributário* – Homenagem a Alcides Jorge Costa. São Paulo: Quartier Latin, 2003.

—. *A ideia de Liberdade no Estado Patrimonial e no Estado Fiscal.* Rio de Janeiro: Renovar, 1991.

—. O mínimo existencial e os direitos fundamentais. *Revista de Direito Administrativo,* Rio de Janeiro, n. 177, jul./set. 1989.

TROTABAS, Louis. *Finances Publiques.* Paris: Dalloz, 1964.

VALLE, Vanice Regina Lírio do. *Políticas Públicas, Direitos Fundamentais e Controle Judicial.* Belo Horizonte: Fórum, 2009.

VANONI, Ezio. *Natureza e Interpretação das Leis Tributárias.* Trad. Rubens Gomes de Sousa. Rio de Janeiro: Financeiras, 1932.

VASCONCELLOS, Alexandre. *Orçamento Público.* 2. ed. Rio de Janeiro: Ferreira, 2009.

VEGA, Mauricio Plazas. *Derecho de la hacienda pública y derecho tributario.* Tomo I. 2. ed. Bogotá: Temis, 2006.

—. *Ideas políticas y teoría del derecho.* Bogotá: Temis, 2003.

VELJANOVSKI, Cento. *The Economics of Law.* 2nd ed. London: The Institute of Economic Affairs, 2006.

VIALATOUX, J. *La cité de Hobbes*: théorie de l'État totalitaire – essai sur la conception naturaliste de la civilisation. Paris: J. Gabalda et Compagnie, 1935.

VILLEGAS, Héctor B. *Curso de finanzas, derecho financiero y tributario.* 9. ed. Buenos Aires: Astrea, Depalma, 2007.

—. —. 7. ed. Buenos Aires: Depalma, 2001.

—. *Manual de Finanzas Públicas.* Buenos Aires: Depalma, 2000.

VITAGLIANO, Gaetano. *Il contenuto giuridico della legge del bilancio.* Roma: Officine Tipografiche Italiane, 1910.

WAGNER, Adolph. *Les fondements de l'économie politique.* Trad. Léon Polack. Paris: V. Giard et E. Brière, 1904-1914. 5 vols.

WEBER, Max. *Economía y Sociedad*: esbozo de sociología comprensiva. Madrid: Fondo de Cultura Económica, 2002.

WEBER, Thadeu. Dignidade humana e liberdade em Hegel. *Chapecó*, v. 15, n. 2, jul./dez. 2014.

WEINGAST, Barry R.; WITTMAN, Donald A. (Ed.). *The Oxford handbook of political economy*. Oxford: Oxford University, 2008.

XAVIER, António Lobo. O Orçamento como Lei – Contributo para a Compreensão de Algumas Especificidades do Direito Orçamental Português. *Boletim de Ciências Económicas*, Coimbra, 1990.

ZIPPELIUS, Reinhold. *Teoria geral do Estado*. Trad. António Cabral de Moncada. 2. ed. Lisboa: Calouste Gulbenkian, 1984.

ZORN, Phillipe. *Das Staatsrecht des Deutchen Reichs*. Vol I. 2. ed. 1883 apud CAMPOS, Francisco. Orçamento – Natureza Jurídica – Lei Material e Lei Formal – Exposição e Crítica da Doutrina de Laband – Direito Comparado – Elevação do Impôsto de Vendas e Consignações em São Paulo. *Revista de Direito Administrativo*, Rio de Janeiro, v. 14, 1948.